企業倫理：
信頼に投資する

アンドレアス・ズーハネク［著］

柴田 明　［訳］
岡本丈彦

Andreas Suchanek
Unternehmensethik:
In Vertrauen investieren

同文舘出版

UNTERNEHMENSETHIK IN VERTRAUEN INVESTIEREN by Andreas Suchanek
Originally published by Mohr Sièbeck in Tubingen, Germany
Copyright © 2015 Mohr Siebeck, Tübingen.
Japanese translation rights arranged with Mohr Siebeck GmbH & Co.KG
through Japan UNI Agency, Inc., Tokyo

日本語版への序

　お金を振り込む，食料品を買う，契約を締結する，タクシーに乗る……。日々，どれほどお互いの信頼をよりどころとして生きているのか，たいていはほとんど意識されていない。この事実は，それ自体としてみればいいことである。ごくありふれた日々の行為がすべて危険にさらされているのではないか……，といつも疑いながら生きることはできないからである。息をするために空気を必要とするのと同じく，信頼が必要なのである。

　けれども，ここ数年あるいは数十年の多くの出来事によって，また社会全体の変化もその要因だが，われわれが無意識に信頼していたものについて，多くのことが疑問視されるようになっている。だからこそ今日では，信頼に満ちた協力がどのようにすれば可能となるのか，それをはっきりと理解するという努力を，これまで以上に行わなければならないのだ。

　本書は，経済，とりわけ企業の世界に焦点を当てながら，この問題に取り組んでいる。財やサービスが毎日われわれの手元に届くのは，われわれが企業を十分信頼できるということにかかっているからであり，そして企業が持続的に成功するということは，われわれの信頼が企業にもたらされるということにかかっているからである。だからこそ，信頼への投資が重要なのである。

　本書が日本語に翻訳されるのは，名誉なことであり，喜ばしいことである。訳者の柴田明氏と岡本丈彦氏には，心からの感謝を申し上げたい。特に柴田氏は，本書を深く理解し，綿密な配慮の下に翻訳を完成させてくれた。

　2016 年 10 月

アンドレアス・ズーハネク

序　文

　より大きなイメージを持てという言葉は，経営者たちに古くから言われる助言の1つである。確かにそれには意味がある。けれども，その場合には具体的な成果や細部の重要な事柄に目がいかなくなるかもしれない。他方，1つのことに集中せよ，とも助言できるし，それは有意義だろう。しかし，その際には大きなイメージが見えなくなるかもしれない。

　企業倫理においても，大きなイメージを持つことと1点に集中することの間に緊張関係が現れるし，それは特に価値と現実の緊張関係に現れている。公正，インテグリティ，持続可能性といった価値は，大きなイメージを代表するものである。それらは理性的で一般化できる意志を要約したものである。しかし現実，つまりその時々の具体的な状況は，差し迫った要求やそれにより生まれる圧力を伴いながら，何度も目前に現れる。そうなると価値はもうどこかへ行ってしまって，単なる言葉の1つに成り下がる。そうして，他のことに目が行ってしまって価値を忘れてしまうことも多いのである。

　しかし価値は生活の中で大事なものを表現している。だからこの世界で価値を実現するための投資を行わなければならない。決定的にこれが見られるのが，投資を求め，投資するに値する「資産」としての信頼である。これは本書において中心となる考え方であり，そこではこのような投資を促す道徳的判断能力に貢献することが問題となるだろう。

　個人倫理は，規範倫理学が昔から対象としてきた行為者としての個々人を考察し，制度倫理は個人的責任の限界をテーマとし，社会的協力が成功するための前提条件としての適切なルールの必要性を強調してきたが，信頼を中心に考えることで，両者の考察を体系的に架橋できるだろう。

　本書の目標である統合は，これだけではない。日常生活で重要なことと基礎理論による省察とを結びつけることも重要であり，したがって日常生活で使う様々な概念を明らかにすることも大事である。しかし，それらを理論的にとらえるのは大きな試練である。まさにこの日常生活から，非常に多数の様々な側面がその中に流れ込むからである。それは，すべてを違うように見ることもできるからこそである。だからこそ，とりわけ今日では，倫理は重要であると同時に難しくもなった。見方がまったく違うとしても，深刻なコンフリクトを克服するために十分な共通理解が絶えず求められるからである。

　このような形でうまく作られ，誰もが受け入れることのできる方向付けを準備しようとする倫理は，いずれもがさらに別の試練にも直面する。すなわち，そのような倫理は，できる限り単純で分かりやすくなければならないと同時に，方法的に入念であること，関連する認識を考慮していることも示さなければならないのである。後者は科学にとって欠かすことのできない基準であり，道徳の理論である倫理にとってもそれは同じである。つまり，倫理が省察的であり，日常的にも有用なことが大事なのである。

それゆえ信頼に理性的に投資することについて，相互作用の倫理という点から理論化する今回の試みは，読者にいくつかの犠牲を強いる。たいてい，それ自体がすでに1つの投資なのである。筆者の努力は報いのある投資だったし，今もそうである。

　本書のあらゆる責任はすべて筆者に帰するものの，本書の成立にはさまざまな人たちの協力があった。よって心からの感謝を申し上げたい。

　尊敬すべき学問上の師であるカール・ホーマン（Karl Homann）は，相互作用の倫理学の理論的基礎を作り（Homann 2014），私が自分の考察を別の方面へとさらに発展させようとした際にも，その理論的基礎から多くの刺激を糧にすることができた。P. ヨハネス・コップ S.A.C.（P.Johannes Kopp S.A.C.）は，「どうやって」という問いが重要な意義を持つことをわからせてくれた。ミヒャエル・コルテレッティ（Michael Cortelletti），ディートマール・ココット（Dietmar Kokott），ミヒャエル・ヴァジリアディス（Michael Vassiliadis）とステファン・B・ヤング（Stephen B. Joung）は，親切にもインタビューの機会を与えてくれ，そこでのディスカッションでも私は多くのことを学んだ。ベルトホールド・ライビンガー（Berthold Leibinger），エッガート・フォーシェラウ（Eggert Voscherau），そして特にユルゲン・シュトゥルベ（Jürgen Sturbe）は，気前よく支援してくれ，多くの課題を任せることができた。新旧の助手や博士課程の学生たちは，たくさんの会話の中で自分の考え方をはっきりさせてくれたし，彼ら自身の研究を通して，本書に集められた多くの知識の発展に貢献してくれた。HHL（ライプツィヒ経営大学院）の同僚たち，助手や学生は，幾度ものディスカッションの中で非常に刺激的な環境を与えてくれ，ここに公表された考え方を発展させることができた。ヴィッテンベルク・グローバル倫理センターの同僚たちは，それぞれに彼らのやり方で支援してくれ，価値ある洞察をくれた。助手のエリーザ・M・ベルディッケ（Elisa M. Böldicke）は，本書に仕上げにきわめて貢献してくれた。出版社のモーア・ジーベック（Mohr Siebeck）社，とりわけステファニー・ヴァーンケ・デ・ノビリ博士（Dr. Stephanie Warnke-De Nobili）は，出版の締結に際して支援してくれた。

　ドクター・ヴェルナー・ヤッケシュテッド（Dr. Werner Jackstädt）財団にも格別の感謝を申し上げたい。これまですでに6年もの間，HHLでの私の講座の財政支援をしてくれており，それは私の仕事の財政的基盤となった。

　そして最後に，このプロジェクトに時間を費やすことをいつも許してくれた私の家族に，心からの感謝を述べたい。

　　2014年11月，ベルリンにて

　　　　　　　　　　　　　　　　　　　　　　　　　　アンドレアス・ズーハネク

---

[1] 本書では，読みやすさを考慮して，例えば女性の読者（LeserInnen）のような性別を特定する区分をしていない。対応の表記は，平等に扱っているという意味で，つねにあらゆる性別に該当する。

目　　次

日本語版への序 ……………………………………………………………… (1)
序　　文 ……………………………………………………………………… (3)
図表一覧 ……………………………………………………………………… (11)

第1章　イントロダクション ───────────────────── 1

1.1　（企業）倫理はどれほど重要なのか？ ………………………………… 2
　　1.1.1　2つのパースペクティブ　*2*
　　1.1.2　倫理命題はありきたりなのか？　*4*
　　1.1.3　倫理には中身がないのか？　*9*
　　1.1.4　責任は「ぜいたく」なのか？　*11*
1.2　7つのテーゼ ……………………………………………………………… 13
1.3　ゲームの進行，ゲームのルール，ゲームの理解 …………………… 18
　　1.3.1　シェーマ　*19*
　　1.3.2　事例：スポーツ　*21*
　　1.3.3　事例：健康保険制度　*25*
1.4　「ビジネス上の駆け引きは倫理的か？」……………………………… 30

第1部　道徳的判断能力 ─────────────────────── 35

　　序　　文 ……………………………………………………………………… 35

第2章　自　　由 ─────────────────────────── 36

2.1　自由の価値 ………………………………………………………………… 36
2.2　自由と3つのレベルのシェーマ ……………………………………… 37
　　2.2.1　ゲームの進行　*37*
　　2.2.2　ゲームのルール　*38*

2.2.3　ゲームの理解　*39*
2.3　「したいこと」と「できること」：実践的三段論法 ……………… 40
2.4　条件に投資するということ ………………………………………… 45
　　2.4.1　導　　　入　*45*
　　2.4.2　投資というコンセプト　*46*
　　2.4.3　セルフ・コミットメント（Ⅰ）　*48*
　　2.4.4　条件への投資　*51*

第3章　協　　　働 ――――――――――――――――― 54

3.1　相互行為に埋め込まれていること ………………………………… 54
3.2　協働の形態 …………………………………………………………… 55
　　3.2.1　共有財の利用　*56*
　　3.2.2　処分権の相互承認　*57*
　　3.2.3　資源の統合　*58*
　　3.2.4　交　　　換　*58*
　　3.2.5　分　　　業　*59*
　　3.2.6　リスクマネジメント　*59*
3.3　ジレンマ構造 ………………………………………………………… 60

第4章　信　　　頼 ――――――――――――――――― 64

4.1　序　　　文 …………………………………………………………… 64
4.2　信頼の機能 …………………………………………………………… 67
4.3　信頼ゲーム …………………………………………………………… 70
　　4.3.1　信頼する側　*72*
　　　　4.3.1.1　裏切られやすさ　*72*
　　　　4.3.1.2　支払い　*73*
　　　　4.3.1.3　不確実性　*75*
　　　　4.3.1.4　選択肢　*76*
　　　　4.3.1.5　信頼する側の期待　*78*
　　　　4.3.1.6　信頼の種類　*82*
　　　　4.3.1.7　信頼する側の考え方（「ゲームの理解」）　*83*
　　4.3.2　信頼される側　*84*

    4.3.2.1　状況的な利害のコンフリクト　*84*
    4.3.2.2　セルフ・コミットメント（Ⅱ）　*87*
    4.3.2.3　信頼に値するということ　*89*
 4.4　シグナル…………………………………………………………………92
  4.4.1　概　　論　*92*
  4.4.2　根本的非対称性　*93*
  4.4.3　重要な不一致（Ⅰ）　*97*
 4.5　信頼する側の行為可能性……………………………………………104
  4.5.1　スクリーニング　*104*
  4.5.2　信頼される側の行為条件をデザインすること　*106*
  4.5.3　コントロール　*107*
 4.6　ダイアログ……………………………………………………………109

第5章　より大きなイメージ ─────────── 111

 5.1　序　　文………………………………………………………………111
 5.2　社会次元………………………………………………………………113
  5.2.1　望ましくない協働　*113*
  5.2.2　望ましいコンフリクト（競争）　*116*
  5.2.3　レファレンス・ポイント：社会的協働ないしコンセンサス　*118*
 5.3　時間次元………………………………………………………………121
  5.3.1　導　　入　*121*
  5.3.2　安定性と変化　*122*
  5.3.3　資　　産　*124*
  5.3.4　エンドゲームの回避　*125*
  5.3.5　時間の貴重さ　*127*

第6章　行為の方向づけ ─────────── 129

 6.1　方向づけのポイント…………………………………………………129
 6.2　約　　束………………………………………………………………132
 6.3　ルール…………………………………………………………………134
  6.3.1　導　　入　*134*
  6.3.2　ルールの機能　*135*

6.3.3　セカンドオーダーのジレンマ　*137*
　　　6.3.4　ルールの費用　*140*
　　　6.3.5　ルールがオープンであること　*141*
　　　6.3.6　ゲームのルールとゲームの理解　*142*
　6.4　価　　　値………………………………………………………………142
　　　6.4.1　価値の機能　*143*
　　　6.4.2　「基本価値」　*145*
　　　　6.4.2.1　連　　帯　*145*
　　　　6.4.2.2　尊　　敬　*146*
　　　　6.4.2.3　公　　正　*147*
　　　　6.4.2.4　持続可能性　*148*

第7章　道義的観点 ── **151**

　7.1　道徳的判断能力………………………………………………………151
　7.2　道徳的判断の諸側面…………………………………………………153
　　　7.2.1　行為の帰結　*154*
　　　7.2.2　意　　図　*156*
　　　7.2.3　徳　*158*
　　　7.2.4　制　　度　*161*
　7.3　責　　　任……………………………………………………………163
　7.4　後悔するということ…………………………………………………166
　　　7.4.1　基本思考　*166*
　　　7.4.2　後悔することの段階　*167*
　　　7.4.3　もう一方の側の責任　*169*
　7.5　重要な不一致（Ⅱ）…………………………………………………170
　7.6　中立な観察者…………………………………………………………172
　　　7.6.1　その思想　*172*
　　　7.6.2　規範主義的な短絡思考　*174*
　　　7.6.3　経験主義的な短絡思考　*175*
　7.7　黄金律…………………………………………………………………177

第 2 部　価値と現実 ─────── 183
　序　　文 ………………………………………………………… 183

第 8 章　道徳と自己利益の基本的コンフリクト ─────── 186

第 9 章　条　　　件 ─────── 191
　9.1　人間が持つ特性 ……………………………………………… 193
　　9.1.1　序　　文　*193*
　　9.1.2　インセンティブ：状況という事態が持つ力　*197*
　　9.1.3　判断：選択的な知覚パターンの持つ力　*202*
　9.2　時間次元 ……………………………………………………… 205
　　9.2.1　忘れるという問題　*206*
　　9.2.2　マイオピア問題　*207*
　　9.2.3　時間の不足という問題　*210*
　9.3　社会次元 ……………………………………………………… 213
　　9.3.1　序　　文　*213*
　　9.3.2　疎外と社会システムの機能性　*215*
　　9.3.3　集合的セルフ・コミットメントの問題　*217*

第 3 部　企業の責任 ─────── 221
　序　　文 ………………………………………………………… 221

第 10 章　責任を割り当てられる主体としての企業 ─────── 223
　10.1　企業とは何か？ …………………………………………… 223
　10.2　企業は責任の担い手である ……………………………… 227
　10.3　責任の組織化 ……………………………………………… 230
　10.4　自然人とコーポラティブ・アクターとの間の共通点と相違点 … 231

第 11 章　企業の責任 ─── 237

　11.1　序　　文 …………………………………………………237
　11.2　企業の責任とは慈善なのか？ …………………………239
　11.3　企業の責任とは利益の獲得なのか？ …………………242
　11.4　企業の責任とは正当な信頼期待を実現することである …………245

第 12 章　重要な不一致（Ⅲ）─── 252

　12.1　重要な不一致の理解のために …………………………252
　12.2　同定すること ……………………………………………256
　12.3　診　　断 …………………………………………………260
　　　12.3.1　企業の環境条件　*261*
　　　12.3.2　企業の「したいこと」　*262*
　　　12.3.3　企業が「できること」　*264*
　　　12.3.4　ステイクホルダーの期待　*266*
　12.4　予　　防 …………………………………………………267
　　　12.4.1　意　　図　*267*
　　　12.4.2　徳　*270*
　　　12.4.3　促進的な制度構造　*273*
　12.5　治　　療 …………………………………………………275

今後の展望：ステイクホルダーの責任 …………………………278

参考文献 ……………………………………………………………283

訳者あとがき ………………………………………………………295

索　引 ………………………………………………………………303

〈図表一覧〉

図表 1	3つのレベルのシェーマ	19
図表 2	経済性と倫理の緊張関係（と思われているものも含む）	28
図表 3	実践的三段論法（1）	43
図表 4	実践的三段論法（2）	43
図表 5	実践的三段論法（3）	44
図表 6	投資のコンセプト（1）	47
図表 7	投資のコンセプト（2）	47
図表 8	囚人のジレンマ（1）	61
図表 9	囚人のジレンマ（2）	64
図表10	実践的三段論法（4）	67
図表11	信頼ゲーム（1）	70
図表12	実践的三段論法（5）	82
図表13	信頼ゲーム（2）	86
図表14	信頼ゲーム（3）	87
図表15	実践的三段論法（6）	94
図表16	古典的三段論法	95
図表17	信頼の状況	100
図表18	コントロール措置の悪循環	108
図表19	実践的三段論法（7）	109
図表20	実践的三段論法（8）	119
図表21	時間次元における行為（1）	121
図表22	ムカデゲーム	125
図表23	コーディネーション・ゲーム	130
図表24	コーディネーション・ゲームにおける方向づけのポイント	131
図表25	ルールを伴った信頼状況	136
図表26	囚人のジレンマ（3）	139
図表27	道徳的判断の側面	154
図表28	いくつかの徳	160
図表29	責　　任	165
図表30	規範主義的な短絡思考	174
図表31	経験主義的な短絡思考	176
図表32	実践的三段論法（9）	186
図表33	時間次元における行為（2）	206
図表34	利潤獲得の種類	246
図表35	企業の価値創造	249
図表36	重要な不一致の原因の状況	261
図表37	REWEの理想像	268

第1章　イントロダクション

　企業ほどわれわれの生活に影響を与えているものはない。企業を通して，日常的な価値創造や，生活するうえで必要な物資の供給が，まさに文字通り組織されている。企業は，今日の社会では，社会生活の根本となった。
　しかしながら，われわれの欲求はイノベーションのはたらき，効率性，生産性，あるいはそれに伴うグローバル化やデジタル化によって一段と大きくなり，それを充足させる可能性が並外れて高まるとともに，新たな試練も生まれた。期待は高まり，希少性は先延ばしにされる。グローバルな相互依存が拡大し，適応するにはテンポを上げることが必要となる。さらに競争圧力が多くのレベルで強くなる。要するに，コンフリクトのポテンシャルも大きくなったのである。
　たとえ気候変動，児童労働，紛争鉱物，腐敗・汚職，収入や資産配分における激しい格差……などのようなマクロの問題が取り上げられるにしても，例えば家庭と仕事の両立困難，健康面での負担，同僚とのいざこざ，信頼できないサービス，未支払い，情報不足，はたまた意図的な詐欺でさえもそうだが……，これらのような日常の問題が取り上げられるにしても，企業はいろんな角度から見て，原因を引き起こす側であると同時に被害者でもある。
　それだけに，場合によって起こりうるコンフリクトをできるだけ理性的に対処するという思考上の投資は，する価値のあるものだ。企業倫理ではそれが重要となる。このことは当然複雑な領域であるので，本章ではさっそく，いくつかのやり方でテーマにアプローチしていくことにする。
　とっかかりとして，「倫理はどのように重要なのか」という問題を取り上げることにする。そこから，この先何が問題となるのかについて，すでに第一の手がかりが得られることになる。
　1.2節では，7つのテーゼを提示し，それを簡潔に説明することで，ここで紹介された倫理の主要命題を概観する。おそらくこれらのテーゼは，一読しただけではまだ非常に抽象的だろう。だから，より内容を理解するために，1回だけでなく，後でもう一度見ることが有益だろう。
　1.3節で，本書のテーマへの3度目のアプローチが行われることになる。そこでは，ゲーム（Spiel）というメタファーと，ゲームの進行（Spielzüge），ゲームのルール（Spielregeln）とゲームの理解（Spielverständnis）という観点が用いられる。これらの概念は覚えやすいものの，倫理的な視点から見れば問題がないとはいえない。しかし，中心となる考え方のいくつかを直観的に理解することに役立つ。これらは，スポーツと健康保険制度の領域を手がかりに説明される。

最後に，アルバート・カー（Albert Carr）の興味深い論考の議論を用いて，もう一度別の形でテーマにアプローチする。カーは，経済という「ゲーム」ははったりが支配する，すなわちうそをつくのが普通のポーカーに似ているのだ，というテーゼを打ち立てている。ともかく経済はゲームなのだ，と。カーによれば，経済においても多くのトリックや欺瞞が横行しているのであり，法を守り，かつ利潤の獲得に役立つ限りで，それらは普通に受け入れられるものだという。ビジネスの世界の倫理は，ともかく個人の生活の倫理とは違うのだ，と。

このテーゼは抽象的な理論を打ち立てているわけではなく，経営者たちの日常の観点から考えられたものであり，一考に値するものである。もっとも，倫理的な方向付けに関する問題，すなわちあらゆるゲームに関与すべきなのか，あるいは関与してもよいのかという問題は未解決である。カーがこの議論において，決定的に重要な「**資産**」，すなわち「**信頼**」を考慮してないことが明らかになるだろう。信頼は倫理的観点からも企業の観点からも根本的な意義を有しており，だからこそ本書の中心となっているのだ。

1.1 （企業）倫理はどれほど重要なのか？

1.1.1 2つのパースペクティブ

倫理がどれほど重要なのかという問題については，様々な見解がある。企業倫理に関する著作の中で，次のような主張がなされていたとしてもなんら不思議ではない。

　　第1のパースペクティブ：（企業）倫理には根本的意義がある。

なんといってもそれには十分な根拠がある。倫理学においては少なくともアリストテレス（Aristoteles）以来，生活をうまくいかせる（gelingendes Leben）という問題，そしてそのように生活をうまくいかせるために自分自身どのように振舞えばよいのかという問題が重要なのである。それより大事なものが他にあるだろうか。生活をうまくいかせるとはすなわち，自由と相互の承認を持つ生活，公正で持続的な社会において平和がある生活であり，生活が提供してくれる様々な可能性の中から最良のものを他者と一緒に行う生活である。

そのように見れば，企業倫理も根本的に重要である。人が生活をうまくいかせようとする際に，企業は今日の社会ではもはや無視できない役割を果たしているからである。企業は文字通り，経済的活動の組織化に役立つ。われわれ人間が生活をうまくいかせるために必要とする財やサービスがすべて生産され，分配されるのは，主として企業を通してである。企業倫理は，内容的に見れば以下のことに取り組む理論である。すなわち，功名心でもって細々としたことを眺めるのではなく，すべての人が生活を

うまくいかせられるよう，持続的で信頼に満ちた協調に考察を向けること，そしてそれに反するような行為をできる限りさせないことに関する理論なのである。

そうだとすると，倫理学は本来，職業教育や再教育の様々な段階で，研究や教育で，そして結局は政治や経済の戦略や計画の実施といった問題のすべてに対しても根本的な意義を有するはずである。そしてそれに従えば，企業倫理は企業に関係する活動にかかわる職業教育すべての本質的な構成要素のはずである。

しかしながら，経済の日常を生きる人，あるいは職業教育や再教育で活動する人の多くに言わせれば，以上のことは，一般によく言われる企業倫理の理解にむしろ合致していない。高貴な式辞とか公の意見表明において，たとえどれほど倫理，モラル，価値，信頼，そしてこれらすばらしい物事のすべてが重要だと強調されたとしても，グラスワインを傾けながら談笑したり，小さなグループの中で議論したりすると，たびたび，もう1つ別の信念が表れてくる。それは，これらに関わる人々の実際の意見を反映したものである。

> 第2のパースペクティブ：企業倫理は，（経済の）日常では，問題があるとは言わないまでも，無用である。

興味深いのは，この見方にも納得のいく理由を挙げられることである。これらの理由は，哲学的に省察されたものというよりはむしろ，多様な日常経験から得られたものである。だからこそ真剣に検討する必要があるのだ。例えば以下のものである。

- 倫理学による**基本メッセージ**には例えば次のようなものがある。「礼儀正しく，正直であれ！」，「責任感を持って行動せよ！」，「公益に仕えよ！」などなど。しかしこれらのメッセージは**ありふれたもの**だし，子供の時に聞いたはずのものだろう（もし聞いていないなら，いずれにしても手遅れだろう）。だから（企業）倫理は決して認識に付加価値をもたらすものではないし，それゆえに実践にとっても余計なものだろう。
- 倫理学は**理論**として浮き世離れしている。例えば功利主義が，将来世代をすべて含んだ，あらゆる人間の効用が最大になるように行為することを問題としているのを見れば，それがわかる。いったい誰がそれを行うのか？そもそもどのように進めるのか？もしくは討議倫理学が，関わる可能性のある人々すべてに対する，行為への帰結や副作用が必然的に現実の討議の中で受け入れ可能になると想定できる格率に従って行為せよ，という原則を打ち立てているのを見ても同じである。そのような原則はどうみても，経営者として日常で能力を示さなければならない世界とはまったく異なる世界で作られたものである。下請け業者と大企業の顧客，あるいは取締役会のメンバーと上級管理者との間の支配的関係のない自由な討論というイメージ

---

[1] 要求度の高い倫理的問いかけをこれに続けることもできる。すなわち，良き生活のために提供されるもののすべてが実際に必要なのか。誰がそれを決めるのか。どのようにその決定を調整するのか，などなど。

は，とにかく素朴すぎる。簡単に言えば，倫理の理論は，見たところ実践の点から見て**抽象的であり，中身がなく，新しいことを付け加えるものではない。**

- 最後に，ときおり倫理の名の下に意思決定する人に向けられる**要請**も，倫理学が浮き世離れしていることを確認できるものである。もちろん，例えば社会標準とか自然保護などが問題であれば，最高の倫理基準をいつも満たすことは素晴らしいことだろう。しかしながら，グローバルな競争を戦わなければならない現実の企業にとってみれば，そのような要請を満たすことはある種の「ぜいたく」[2]だろう。競争している中で，そのようなぜいたくをあえてする余裕はないのだ。ここでも以下のことが明らかになる。一見したところ，倫理は経済の日常という現実世界ではかなり浮き世離れしている。実務で活躍する人は，何のために善くあるべきなのか，と問うだろう。

いったいどちらのパースペクティブが正しいのだろうか。倫理は重要であると同時に役に立たない，というように，両方同時に正しいということがあり得ないのは明らかである。と同時に，そのことによって，人間がそのように倫理を理解することで得た経験が明らかになっているのだ，という第二の見方も認められるべきである。どのようにしてこのような奇妙な矛盾に至るのか？これについてどのような理由が考えられるのかを考察することが本書の内容である。

さて，何が生活をうまくいかせるのか，あるいは平和や自由，正義の中でどのように共同の生活ができるのか，という問いが実際重要であるという第一の見方の基本命題に異議を唱える者はおそらくいないだろう。それゆえ，（企業）倫理の受け入れに慎重になるきっかけは，倫理が持つこのような基本テーマそれ自体にあるのではなく，むしろ，基本的メッセージであれ，理論であれ，あるいはそれに応じた要請であれ，それを主題化する方法だろう。

それゆえ，どうすればこの問題を有意味に追求できるかについてのヒントを得るために，以下の批判的ポイントをより詳しく見てみよう。

- 倫理命題はありきたりなのか？
- 倫理学の理論には内容がないのか？
- 責任ある行為は「ぜいたく」なのか？

1.1.2 倫理命題はありきたりなのか？

倫理学の基本命題の多くがありきたりに聞こえる，というのは確かに正しい。すでに挙げた例の他にも，例えば以下のものがあるだろう。

- 約束は守られるべきだ！

---

[2] 実際，対談やインタビュー，壇上でのディスカッションにおいて，しかるべき質問を装うのが典型的だが，かなり頻繁にこの「ぜいたく」という言葉に出くわすのである。

- いつもお互いを尊重すべきだ。
- 企業は法律を守るべきだ。
- 正直さや礼儀正しさは，ビジネス活動を行う上での基本であるべきだ，など。

　これらの命題がありきたりな印象しか与えないのは，それが当たり前に聞こえるからである。そしてそのことは，それ自体としてみればいい知らせである。そこから少なくとも，しかるべき基本命題が一般に知られており，基本的には受け入れられてもいるということがわかるからである。**みんなが納得できる規範を打ち立てる**という，倫理学の根本目標は，まさにその点にあるのだ。

　規範がみんなに受け入れられるべきものだからこそ，まずもってそれは普遍的なのであり，よって当然のことながら実際にはありきたりにならざるを得ないのである。ただし，それは規範がこのような普遍的な形で定式化されている限りにおいてである。なぜなら，その場合に規範に簡単に同意できるようになるのは明らかだからである。

　しかしこのありきたりさは，「約束は守られるべきだ」という定理を知っており，ありきたりだと思っている人が全員，これを現実世界でどのように用いるべきかについてもすでにわかっている，ということと同義ではない。だからこそ，多くの諸要因や諸条件を考慮すべき具体的な状況の中で道徳的規範を**どのように**実行させるべきかが問題になるやいなや，倫理的命題や主題がありきたりだという見解は誤っていることが明らかとなる。

　普遍原理や規範を表現することは，実際にはとても簡単に思えるかもしれない。しかし，実際それを日常で応用するとなると，たいていそれが決してありきたりではないことが明らかになる。いくつかの例がそれをはっきりと表すだろう。

- ある企業は顧客に高度な環境スタンダードを約束している。いま，このスタンダードの遵守を保証している，ある重要なサプライヤーが操業を突然停止してしまった。時間に正確な供給という別の約束を守るために，この標準を（たとえ満たすと主張していても）おそらく満たさないように見える別のサプライヤーに鞍替えすべきだろうか？このような状況にどのように対処するのか？
- 外勤の女性従業員が，その企業で最も重要な顧客の1人からセクシャル・ハラスメントを受けている。しかもその顧客は，今後も彼女を担当にせよと要求している。これを拒めば，売り上げのかなりの部分を失う恐れがある。この顧客が競争相手に乗り換えるだけでなく，自分のネットワークを通じて他の顧客にも乗換えを促すかもしれないからである。女性従業員の上司としてこれにどのように対応すべきか？
- ある企業が，比較的腐敗・汚職が多いと見なされているある国で注文を受けようとしている。競争相手が贈収賄の手段を使ってくるのは間違いない。最初の会談で，政府担当者は，自分の息子に何かできないのかと問うてきた。彼は定評のあるビジネス・スクールで勉強したがっているのだが，あなたはその監査役の1人だとしよう。奨学金を与えないとどうなるだろうか？政府の役人にどう返答するのか？
- ある大企業で働いていて，そこでCSR戦略を展開するという仕事を引き受けると

考えてみても，それがありきたりでないことは確かである。CSR とは「企業の社会的責任」のことであり，本書の基になった理解に従えば，企業の責任を意味する。それ自体として，それはまさに企業倫理の中心的コンセプトである。もし倫理が本当にありきたりなものだとしたら，それに沿った戦略を立てることなど，いとも簡単であるに違いない。けれども，決してそうでないことは容易にわかるだろう。むしろ次のような問題に直面することになる。そもそも何が重要なのか？何が問題なのか？それによってどのような目標を達成せよというのか？どのようにそれを実現できるのか？，など。

まさに最後の事例は，企業倫理がありきたりだという時に，どこに誤りがあるのかを明らかにしてくれるかもしれない。そのように見れば，もし経営学が，企業は利益を獲得すべきであり，その際利益獲得は効率的でなければならず，さらにそこでは市場条件もしっかりと考慮しなければならないと要請するなら，経営学もすべてありきたりといえるだろう。この主張が的確であることは明らかである。そしてそのことも，本来まったくありきたりなことである。しかし，それを具体的にどう行うべきかを探求することに本当の試練がある，ということもまた明らかなことである[3]。

さらにこれに，両面価値とも言い換えられるポイントが加わる。それが何を意味するかは，周知の定理「良いが意味するのは，良いの反対である」が一般によく言われるので，なんとなく感じ取れるだろう。一見価値がある，正しい，あるいは有用だと思われるものの多くが，価値がない，間違っている，あるいは有害だとわかることもありうる。両面価値の例をいくつか挙げる。

- **自由**は両面価値的である。それどころか，いくつかの点では良いことにも悪いことに使われる。われわれ人間にとって，それは基本的に重要ではあるが，重荷にもなりうるだろう。とりわけ他者の自由は私利私欲の可能性があるし，コンフリクトの源泉になることも多い。
- **競争**は両面価値的である。経済学者はたいていそのポジティブな側面を強調する。それは成果や効率的な資源の投入を促し，イノベーションを促進し，繁栄をもたらす。しかしながら，競争圧力は主観的ストレスやはたまた病気を引き起こすのみならず，費用の外部化という形で無責任な行為を動機付けることも多い。
- **イノベーション**は両面価値的である。企業においても経済科学においても，そのポジティブな側面がたいてい前面に出される。イノベーションは新たな問題解決法，より効率的な生産方法，よりよい製品などを産み出すのだ，と。しかしながらイノベーションには負の側面もある。それは意味ある伝統を徐々に蝕んでいくし，安定して動いている構造やプロセスを徐々に破壊していく。新しい従属関係も生み出す

---

[3] 厳密に言えば，この中心命題の規定もすでにまったくありきたりではない。利潤獲得が企業活動のまさに上位目標そのものであるかどうか，あるいは社会の価値創造という本来の目標において，必要な境界条件がむしろ問題となっていないかどうかについての意見の一致は決して見られないからである。

し，意図せざる，望まざる社会的・生態的副作用を引き起こす，なども考えられる。
- **道徳**それ自体さえ，両面価値的だとみなすことができる。道徳を無条件に何かよいものだと見なすことは，さしあたってはもっともなことである。けれども著名な社会学者ニクラス・ルーマン（Niklas Luhmann）は，モラルに気をつけるよう警告することが倫理学の課題だとした（1989, 446f.）。それが意味するのは，道徳的な期待，判断や要請が不適切なこともある，ということだ。[4]

そう見れば，これら両面価値は倫理学がありきたりではないことを示唆している。それらが（道徳的）**判断能力**，そして概念の意味の明確さも求めていることは明らかだからである。正しい行為や間違った行為，その前提条件や帰結を問う限りで，倫理においてはまさにこの判断能力が重要なのである。

オスカー・ワイルド（Oscar Wilde）が記したウィットに富んだ言葉，「芸術と同じように，モラルというのは，どこかに線を引くことにその本質がある」を聞けば，道徳的判断能力が必要であることが，もしかするともっと明らかになるかもしれない。それが言及しているのは，政治や生活一般と同様，経済活動においても絶えず，要求度の高い問題，すなわちどこで妥協をし，どこで妥協をしないのかという問題が未解決だ，ということである。

この問題は，特に道徳的規範の遵守に関して表れてくる。以下の例がこれを明らかにするかもしれない。
- カント（Immanuel Kant）によれば，**嘘をつくこと**はいつでもどこでも道徳的に間違っている。カントは，不当に迫害され，保護を求めている人に追っ手が来ているという例さえも持ち出している。もちろんこの場合も，追っ手に嘘をついてはならないのである（Kant 1968d）。しかしながらそのように倫理的に厳格であることは，日常にまったく適していないように思われる。もし上司のところに招待され，奥さんに食事がおいしかったかと聞かれたとき，場合によっては，事実とは異なる礼儀正しい返答の方が，正直な返答よりも適切だろう。あるいは，ゴールキーパーがペナルティーキックを蹴るキッカーに，どのコーナーに蹴るつもりかを聞く，と思い浮かべて欲しい。そこで彼は，嘘をつくなという掟を思い出すだろうか。

　また，混乱を避ける，あるいは誤解や誤った解釈をもたらさないよう，報道陣に対して交渉に関する表現を簡略化することも適切だと言える。しかしそこでは故意の隠蔽が起こる可能性もあり，そうなるとまたそれは両面価値的だと言え，ここでは特に透明性に関する両面価値を示すものである。同じことは，秘密の内容を知らせないように本当のことを黙っている，という場合にも言える。親密さは，経済の多くの関係の中にありふれている。そしてそれは，本書でさらに重要な役割を演じることになる「信頼」の重要な要素の1つである。そのような親密な情報を暴露することが，信頼の崩壊をもたらすのはいつなのか？それはどんな場合に責任という

---

[4] これについては，特に 7.6.2 節で「規範主義的な短絡思考」という概念で再び取り上げる。

掟となるのか？そしてどこに線を引くのか？
- **約束を守ること**はもう1つの根本的道徳規範であり，その意義はさらにこの先でより詳しく取り上げる。しかしここでも，われわれは確かに日常生活で多くの約束をするが，しかし決してすべて守られるわけではないということ，そして約束を守ると期待しないほうが賢明な場合もある，ということは容易にわかる。休暇先での表面的なつきあいとか，会議とかメッセなどで参加者が名刺を差し出し一言「必ず連絡します」と言うのは，たいていは，連絡をしなくても失望させないための一言である。さらに，職探しをしている若者は，求人票に書かれている約束をすべて信じないよう薦められるだろう。けれども，約束が守られないことが問題となるのはどこからだろうか？それに対する分かりやすい答えは「場合による」と言うものだろう。しかし実際には，企業倫理は少なくとも部分的には，その「場合」がいつかを解明しなければならないのだ。
- 腐敗・汚職を避けることも，同じく道徳的に望ましいことは疑いない。ここであまりにも特殊な例を出さなくとも，腐敗・汚職が第三者を犠牲にした（買収する側と買収される側の間の）交換であることは，それを正確に理解していなくてもすぐにわかることである。しかしどこからが腐敗・汚職なのか。気前よく夕食を振る舞うのはすでに腐敗・汚職なのか？ここでも，どこで線を引くべきか，すなわちどこまでがお互いの親切で，どこからが腐敗・汚職なのか，それに対する普遍的かつ具体的な返答は存在しない。そのための道徳的判断能力が求められるのである。
- **公正**は，よき社会秩序の基本的価値の1つである。しかしここでもまた，日常的に妥協することを再三強いられる。大学教員としての自分の経験を語ると，筆記試験で公平な評価をするためには，受験者にあらかじめ（少なくとも大まかにでも）知らされていなければならない基準で客観的に判断する必要がある。とはいえ，例えば病気で試験が受けられないとか個人の境遇などのような個人的な事情はいつも存在する。そしてこれらの事情にこの基準を当てはめられないことには納得できるだろう。だがそれは他の受験者に対して公平だろうか？個人的な事情を考慮することは，どのようなケースで，どのような論拠で認めることができるだろうか？
- **コスト・マネジメント**：競争下にある企業はいずれも，原則的にいつも費用をできるだけ引き下げるよう圧力を受けている。しかし，従業員あるいは顧客の安全性に対しても節約をできるだろうか？例えば自動車はいくらでも安全性を高めることができるだろうが，しかしその場合，重さ，価格，美しさやその他のような，顧客にとって重要な特性が犠牲になるだろう。[5]
- この他にも事例は多数挙げられるが，最後に日々の**消費活動**を挙げたい。抽象的に考えれば，毎日責任ある消費がなされること，つまり製造や販売にあたり適切な社会あるいは環境スタンダードを満たさないような製品を消費しないということは，道徳的に望ましいことは疑いない。それに対応した道徳的な直観は存在しうる（た

---

[5] 古典的な事例の1つに，フォード社のピントの事例がある。

だしそれは確実に全員に共有されているわけではない。だからこそ，まさにそこに倫理学の必要性が明らかになるのだ）。例えば，食べ物を捨ててはならない，消費財を買うときには，とりわけ人権という観点から最低限のスタンダードがサプライチェーンの中で遵守されているか注意しなければならない，持続可能性を考えなければならない，などである。しかしながら，行動する際にこれらすべての観点を考慮する消費者はほんのわずかだろう。そしてそれにはもっともな理由がある。日々消費する商品のすべてについて，そのサプライチェーンにまでさかのぼって考えることは，彼ら自身には現実的に不可能だからである。しかし，だからといって消費者としての責任は全くなくなるのか？もしそうでないとしたら，どこで線引きできるのか。公正に製造されたチョコレートをもっとたくさん購入しようとするだろうか？どれくらい買うのか？「公正に製造される」ことへの要求はどのようなものなのか？

ありきたりでないこと，両面価値，そして妥協という試練に関するこれらの考察はすべて，次のことを明らかにしている。倫理的な問いかけは，しばしば日常においてとても要求度が高いだけでなく，自分で感じているよりもつねに，ずっと世の中にありふれて存在している，ということである。実際，様々な状況においていつも，何が正しくて何が正しくないのか，かなり考えているのである。その際**道徳的判断能力**を使っていると言える。（企業）倫理においてはまさにこの能力が重要となる。それはすなわち，日常の行為における道徳的観点を察知し，自分の行為の中で，あるいは他者の行為を自分で判断する際にそれを適切に考慮することができる能力である。

> **結論**：倫理は，道徳的な価値や規範，原則を日常生活で実行するという問題が重要となる際には，決してありきたりではなく，道徳的判断能力を求める。

1.1.3　倫理には中身がないのか？

最初の結論は，倫理や倫理理論の課題は道徳的判断能力を導き，教育することだと説いている。それが十分行われているのは明らかである。しかし第二の批判によれば，それは全くうまくいっていないように見える。すなわち，倫理理論は高度に抽象的でアカデミックな省察に耽っているだけで，行為者が日常で感じる問題を考察の出発点とし，この問題に対して，実感でき，実際にも使えるような助言を与えることに優れているわけではないのである。

どうしてこのような印象が持たれるのか。倫理は，規範，原則，価値の形で，あるいは論証パターンないし観点という形であっても，行為の方向付けを展開するという目標を持つ。それは，自由，連帯などの中で生活をうまくいかせようとする人間の役に立たなければならない。そしてこの方向付けは普遍的に拘束力を持つないし妥当性を持つ，あるいは承認されているべきであり，それを企図している。

そうなるために，倫理はますます具体的な状況を度外視していった。カントは，倫

理やその規範的な方向付け，すなわち規範，原理，価値などを絶対的に妥当する基礎の上に作るために，倫理は「あらゆる経験的なものから注意深く浄め」られねばならないとさえ言っている（1968a, 389）。そのことが彼を，**定言命法**という理念に導いた。定言命法とは，同時に普遍法則として考えることのできる物事だけを望むよう個々人に求めるものである。その背後には，自由を理性的に使うということは矛盾のない一貫した意志を意味する，というもっともな考えが隠されている。

しかし，理性的な意志に関する省察がさらに深められる中で，「できること」に関する問題，すなわち行為者の具体的な行為の状況を決める経験的な条件に関する問題がますます考察されなくなってしまった。それは決して偶然ではない。できることに関するこのような問題に首を突っ込めば突っ込むほど，もはや全く知られていない普遍的な言明，あるいはありきたりな，とも言えるような普遍的な言明をさらに行うことがより困難になるからである。

実際，われわれ人間は規範倫理学に，何が正しいことで何が善きことなのかについての方向付けを期待しているのだが，それを具体的に挙げることはかなり難しい。具体的な状況においては多数の偶発的な要因が重要となるからである。これまで，嘘をつかない，約束はすべて守るなどを要求することはむしろ問題をはらんでいることを見てきた。普遍的な道徳的規範を画一的にあらゆる状況に応用することを求める厳格主義は，生活という現実，つまり日常にはそぐわないだろう。社会という現実では状況は異常なまでに多様なのに，具体的な状況でも絶対の拘束性を要求するとすれば，それは知識や当為の（計り知れない）思い上がりである[7]。

他方で，企業倫理はまさに完全に普遍的なレベルにとどまるだけではダメだろう。より具体的でもあることが企業倫理の責任なのだ。ただし，知識や当為の思い上がりの虜にならないという試練がそこに待ち構えているのではあるが。

本書では第一に，日常の経済活動における実践上の挑戦という観点から考察していくことで，この課題に取り組んでいく。第二に，方法上の焦点は**ヒューリスティクス**の説明にある。それはすなわちコンセプトや単純なシェーマであり，解決への処方箋を提供することはないとはいえ，それは複雑な状況やそこにある倫理的挑戦を観念的に構造化するものである。第三に主題を焦点化する。主題とはすなわち，**コンフリクトが起こるケースで自由を利用することである**。そこに責任が姿を現すであろう。このコンフリクトのケースは，より詳細には，信頼期待が行為者に向けられているケースとして規定される。このように信頼期待を裏切ることを，**重要な不一致**（relevante Inkonsistenz）と呼ぶことにする。このような種類の不一致は避けられるべきであり，そのために**信頼に投資する**のである。

---

[6]【訳注】この文章は，野田又夫訳『カント　プレゴーメナ／人倫の形而上学の基礎づけ』中央公論新社，2005年，232ページから引用した。

[7]「知識の思い上がり」と言う概念は，ハイエク（F.A.v.Hayek）（1975, 同名の著作集で1996年に再版）にまでさかのぼる。当為の思い上がりについては，Suchanek 2004a を参照。

結論：企業倫理の理論は日常に役立つものであるべきだ。すなわち，一方で普遍的な道徳的価値や規範と，他方で具体的な状況条件を関係づける必要があるだろう。

1.1.4　責任は「ぜいたく」なのか？

　ここで，次のように言うこともできよう。日常に適した倫理というアイディアは確かにすばらしいし，良いものだろう。しかしその際，倫理的な要求はしばしば「ぜいたく」だという問題が残るだろう，と。確かに倫理に従う気はある。しかし過酷な経済生活においては，残念ながら「あえてそれをやる」ことはできないだろう，と。

　さて，倫理はぜいたくであるというこのようなイメージは，本来，現実においては真剣に考えられるものではない。責任感を持って行為すべきだという企業倫理の要求を例として挙げよう。ある企業による以下のような発表を想像してほしい。「われわれXY社は，この困難な時代に浪費やぜいたくをする余裕はないし，その気もありません。責任はぜいたくだから，われわれは無責任に振る舞います！」

　この種の宣言は明らかに受け入れられないだろう。理由は単純である。**無責任に行動するとわかっている企業と協力したがる人は誰もいないからである**。顧客が責任感のある企業と責任感のない企業を選ぶ場合，同じ製品を選べるなら，責任ある企業を選ぶだろう。その理由は，たとえば安全でない，悪い製品，不十分なサービスなどによって顧客に損害を与えて利益を得ようとしない責任ある企業をより信頼するからである。同じことは，（潜在的な）従業員とかサプライヤー，投資家にも言える。彼らもまた，責任感があると判断した企業と協力することをつねに優先するだろう。理由も同じである。すなわち，無責任な企業は他者を犠牲にして利益を得ると予想されるからである。したがって，自分が不利に扱われることでその企業自身にメリットが得られる限り，そのような企業と関わる時にはそのような不利な扱いをいつも恐れなければならない。

　それゆえ，責任ある行為が「ぜいたく」であるということは納得しがたいように見える[8]。しかしそうであるなら，なぜこのような印象がもたれるのだろうか？おそらくそれは，次のような，一般に定着しており，しばしば全く的確な見解と関係している。すなわち，責任ある行為は具体的な状況で他者に利益をもたらすが，自分自身にとっては直接費用となってしまう，ということである。そしてその限りでぜいたくが意味するのは，極上の消費財を楽しむことではなく，責任ある行為を「あえてする」ことができるかどうかであることは明らかだ。このことは実際には，不当には思われない問いかけである。すなわち，企業の生き残りが問題となる時に，従業員をすべて維持し続けるとか，前もって約束した業績を上げるといったことが，もしかしたらできな

---

[8] さらに別の理由から見ても，ぜいたくというメタファーは適切ではないことがわかる。なぜなら，ぜいたくとは，とりわけ，たいてい特別に楽しんで得た，費用のかかる消費を表すからである。

いかもしれないのである。

しかしながら，個々人にとって受け入れがたいデメリット（「費用」）と結びついた要求あるいは要請を倫理から連想することは，間違っている。企業倫理で置き換えて考えれば，これは結局，責任ある振る舞いをする企業が市場から消えるという結果をたびたびもたらしてしまうだろう。そして，日常に適した倫理が目標とするのはそのような結果ではないだろう。

それにもかかわらず，責任ある行為が具体的なケースで「無理な要求」（経済学的に言えば費用）と結びつくという印象はもっともである。それは，具体的な金銭的費用のみでなく，経済学で**機会費用**と呼ばれるもの，すなわち魅力的な行為の選択肢を見逃すことで生まれる費用とも関係している。ミュンヘンとロンドンとの間で立地の選択をせねばならず，ロンドンを選んだ場合，ミュンヘンを選ぶことで得られたはずの効用が，機会費用である。相応の報酬が得られる職場と，大学での勉学との間で勉学を選択するなら，機会費用は，職場で得られるはずだった収入である。同様に見れば，責任ある行為が意味するのは，第三者の犠牲の下に利潤を追求するという短期的に魅力的な可能性を選択しないことである。そしてその場合，この得られなかった利益が責任ある行為という機会費用となるのである。

費用は，経済学を勉強するときにすぐ冒頭で学ぶように，意味ある**投資**との関連で発生した場合にはつねに正当化される。従業員は皆，費用の原因となるが，利益に貢献することもある。原材料，ライセンス，建物，保有車両，これらはすべてまずは費用であるが，これらはすべて，そもそも財やサービスを製造し，その後（できれば）利益をもたらすよう販売するために必要なのである。

このような考え方は，修正が必要だとしても，企業倫理にも転用できる。**ぜいたくではなく，理性的な投資が問題なのである**。このような発想は以下の命令に行き着く。それはここで提示された企業倫理のアプローチの核心をなすものである。

> **黄金律**（Die Goldene Regel）：お互いのメリットのための社会的協力の条件へ投資せよ !!

本書の内容について概観した次の節も，この命令で終わっている。

---

9 倫理の名において，ときおりそのような要求が申し立てられることは認めざるを得ない。しかしその場合問題は，このケースで日常に適していない倫理の側にある。
10 厳密に言えば，機会費用は選択肢の一般的な魅力度のことであり，ある人にとっては職場を受け入れることを意味するだろう。
11 とくにはっきりさせるべきなのは，倫理は，道徳的行為が支払いに見合う限りで問題のないものとするというモットーに従う，単なる「ビジネス・ケース（business case）」に還元されるものではないということである。むしろ，モラルと成功の両立を可能なものとする条件を絶えず生み出すことが重要なのである。

1.2　7つのテーゼ

　企業倫理が中身のあるものとなるためには、責任ある行為への方向付けとしての信頼への投資という発想の展開が求められるが、それはどのような姿をしているのだろうか？以下のテーゼは、それについての非常に簡潔で体系的な印象を与えるだろう。

1. 倫理は、道徳的判断能力の訓練に役立つ。
2. 道徳的判断能力は、コンフリクトが発生するケースで責任ある形で自由を利用するという問題に取り組む。
3. 他者が自分に向ける正当な信頼期待を裏切らないように自由を利用することは、責任ある行為である。
4. 責任感を持って自由を利用するためには、適切で信頼できるセルフ・コミットメントが必要である。
5. 行為したことを後悔しないように、責任ある行為をすべきである。その際、行為者が無責任な振る舞いを後悔するような条件を作り出すことが、社会の課題である。
6. そのためには、責任ある行為が何を意味するのかについての共通の基本的理解が重要な役割を果たす。
7. 責任ある行為は、お互いのメリットのために、（社会的）協力関係が成功するよう投資することである。

1）　道徳的判断能力

　「何をすべきか」という問いはしばしば、倫理の基礎をなす問題設定そのものとみなされるし、それは確かに間違いではない。実際に、意思決定や行為にかかわる判断能力が問題となるのである。

　しかし、例えば「今日の夜は家にいるべきか、映画に行くべきか？」といった問いは重要ではない。それには確かに判断能力が必要だが、しかしそれは道徳的判断能力ではない。他の人間が自分のする行為にかかわるとき、とりわけそのことで他者が損害を被るようになる時に、初めて道徳的判断能力が登場する。そしてそれは、われわれが他者の行為が（道徳的に）**正しいか間違っているか**を判断するときに現れる。したがってそれは、倫理の核心、あるいは道義的観点（*moral point of view*）をなす。そこでは、問題が社会ないしすべての関係者という観点から考察される。すなわち、他者は私に何を**期待する**のか？これらの私への期待のうち、どれが**正当**なのか？そして私は、正当な形で他者に何を期待できるのか？[12] あるいは別の表現をすれば、その行為は、**中立的な観察者**（Unparteiischer Betrachter）にとって受け入れられるものだろ

---

[12] その限りで、倫理の基本問題としての「私は何をすべきか？」という問いは、いささか狭く理解されている。少なくとも、他者は何をすべきかということも同じく非常に重要である。

うか？

　道徳的判断能力は，ここではかなり広い意味で理解されている。それは以下のことに該当する。

- 行為の道徳的側面，道義的観点への**感度**（*awareness*），すなわち，たびたび「道徳的意識」とも呼ばれるものを養成すること。
- 他者の行為に関して理性的な，あるいは適切な**期待**を形成する能力。他者がどのように行為するのかについて絶えず期待することは避けられないし，たいていは，彼らがどのように行為すべきか，そのイメージを持っている。善き生活，ないし社会的協力関係の成功にとっては，このような規範的な期待が適切であることが重要である。あるいは，それが理性的である，または少なくとも無思慮でないことが重要だ，とも言えよう。
- 道徳的基準に従って（それでも）自分の**意思決定**を下すことができる能力。これについてはあとで，**中立的な観察者**というコンセプトを用いて方法的に，そして**黄金律**を用いて内容的に詳述する。
- そして最後に，自分の行為，そして自分の期待をも適切に**伝達**し，場合によっては**根拠付ける**ことができる能力。

　しかしながら，道徳的判断能力は，それに沿った形で行為することもできる能力だ，とはまだ言えない。それは，世界中の本，あるいは教師，トレーナー，教祖などが個々人に与えることのできない能力である。誰しもが，自分自身でのみ，その自由を責任ある形で利用できる。しかしながら，認識から行為へ転換することがたびたびどれほど困難なのか，ということの認識を促進することはできるし，まさにそれは日常に適した倫理のテーマでもある。このための中心的コンセプトが**セルフ・コミットメント**であり，それは道徳的認識を行為に転換するための，**有益な条件への投資**に関わるものである。

2）自　　由

　行為はつねに，ポジティブにもネガティブにも他者に影響を与える。道義的観点は，このような影響が適切に考慮されるよう用いられる。その際，以下で次のような**非対称性**が明らかになるだろう。すなわち，悪い行い，すなわち第三者に被害を与えるのを回避することは，（個々の）善き行いを実現することよりも重要である。そしてこのことが，ここで提示されている倫理の問題設定をより厳密に規定する。重要なのは，**コンフリクトが起こるケースで責任ある形で自由を利用する**ことであり，第三者の正当な利害を適切に尊重することである。企業というコンテクストでは，それはとりわけ以下のことを意味するだろう。すなわち，第三者の正当な利害を損なうことなく，つねに多種多様な利害や見解が存在するということを考慮して協働を成功させること，である。

　しかし，**どのように**自由を利用するのかということは，「**したいこと**（Wollen）」の

問題のみでなく「**できること（Können）**」の問題でもある。それゆえ本書の全体を通してある1つのシェーマ，すなわち**実践的三段論法（der praktische Syllogismus）**を用いる。そこでは，**価値と現実**，あるいはまさに「したいこと」と「できること」を統合的に考察することが問題となる。経験的条件に関する知識は，道徳的要求や判断を適切にするために重要である。世界はつねにそのつどの現実から出発することでしか改善できないが，そのためにはまさに，価値のイメージ，道徳的な理想や方向付けが必要なのである。

それゆえにこそ，価値と現実の関係をはっきり理解することも重要なのである。経営実践においてまさにコンフリクトはたいてい複雑で多面的であり，単純な規範的解決はしばしば転用ができない，あるいは要求できないからであり，またそれは，規範的な考察においてはまったく考えられていなかった，意図せざる帰結や望まざる帰結に導くからである。他方，日常が複雑であることは，**生活において実際重要なものを簡単に忘れさせてしまう**。そのように見れば，倫理は生活において重要な物事が存在していることを確認する手段としても役立つのである。

3）信　頼

責任ある形で自由を利用するよう方向づける中心的な基準として，ここでは**信頼**を提案したい。このコンセプトが社会的協働の成功，**人間すべての連帯**にとってまさに中心的な前提条件だということに，その意義がある。最低限の信頼がなければどんな社会秩序も崩壊してしまうし，企業にとっての<u>レーゾンデートル</u>である**価値創造**は信頼なしには不可能である。

ただ，現実の経済活動において信頼は，通常，例えば契約，法秩序，透明性を生み出すコミュニケーションなどのような条件による支援を必要とする。けれども規則や契約は，企業の構成員であろうと，その協力パートナーであろうと，個々のアクターが他者を犠牲にして自分の自由を悪用しないことを決して保証することはできない。個々人の責任をルールによって置き換えることはできないのである。

責任とは，正当な信頼期待を適切に考慮することである。それはすなわち，**与えられた約束を守る，ルールを遵守する，道徳的規範や原則，とりわけ価値，尊敬，公正や持続可能性に注意を払う**ことによってなされる。

それはもっともだし，もしかすると当たり前のようにも聞こえるが，しかし**日常生活**においてそれはきわめて要求度の高いものである。約束とか規則を破ることが時に避けられないような状況に絶えず出くわすからである。人間は，あるいは企業もそうだが，100％つねに道徳的価値にのみ導かれるということは，期待すらできない。倫理が現実や人間の性質を真剣に考えようとすると，道徳的な理想や価値，規範の<u>実行</u>が問題になる際の譲歩は避けられない。譲歩できた場合にのみ，日常に適していると言えるのである。それは決して，そのことで理想や価値，規範それ自体が相対化されるということを意味するのではない。それらは，法律と同じように，遵守されない場合でも原則的に妥当する。しかしそれを具体的に応用する段になると，つねに状況的

条件，すなわち「できること」に左右されるようになる。そしてそこではときおり妥協をせざるを得なくなるのである。倫理とは，とりわけ，どのような条件下でどのような妥協を用意できるのか，どの妥協はしないほうがよいのかについての学問なのである。

ここでは，**重要な不一致**というコンセプトを使ってこれを考慮する。ここで問題となるのは，信頼する側の信頼期待と，信頼される側の行う，約束を破るとかルールを守らないとか道徳的原理に抵触することといった，信頼する側の期待を損なう行為との間の不一致である。ただし，期待を損なうすべての行為が直ちに信頼関係にひびを入れるわけではないので，「重要な」という付加語が大事である。不一致が重要となるのは，それが信頼関係や，場合によってはそれとともに，信頼される側が一般に信頼に値すること，ないしは信頼する側が全体として信頼しようとする意欲をも絶えず損なう場合である。

期待と行為との間の不一致が重要になる時期を示す，上位の内容的な基準は存在しないし，これら不一致を回避する具体的な処方箋も存在しない。そうだからこそ，道徳的判断能力を訓練することが大事なのである。

4） セルフ・コミットメント

重要な不一致を避けながら自由を利用することこそ，責任ある行為である。このことは，セルフ・コミットメント，つまり自分の自由が他者を害するようなケースでこの自由を自ら制約することによって実現される。長い時間にわたってそれに成功すれば，**信頼に値する**という**レピュテーション**が築かれる。とりわけ企業にとってこれは，信頼でき，そしてできる限り企業の価値観に基づいた**行動規範**の浸透を意味する。それが企業のメンバーに植えつけられていれば，協働の成功に必要な，根拠づけられた信頼を企業パートナー（「ステイクホルダー」）に与えられるのである。

ここで，経営者たちに基本的な課題が与えられる。彼らは企業を代表するがゆえに，彼らの行為やコミュニケーションは，内部の従業員にとっても，外部のステイクホルダーにとっても，もっとも重要な方向付けのポイントの1つである。彼らは，一方で約束，他方でガバナンス構造，契約，インセンティブ・システムなどの形で企業のセルフ・コミットメントを目的に合うような形で作り上げ，その意味を伝えなければならない。同時に彼らは，不可避に，模範となる機能を自らで持っている。つまり彼ら自身が，セルフ・コミットメントの信頼性や有効性にかなり影響を与えるのである。

5） インセンティブ両立性

あらゆる規範倫理学に待ち受けているように思われる重要な問いの1つは次のようなものである。「私はなぜ，道徳的ないし責任ある行為をしなければならないのか？」それに対しては，倫理学においてもさまざまな回答がなされてきた。例えば神（場合によっては地獄も）とか自然法，理性を指摘することが，その中で最も著名なものである。ここに示された返答が意味しているのは，道徳的ないし責任ある行為を<u>しなか</u>

ったことを**後悔**せざるを得なくなるのを避けることである。その背後には，振り返ったときにしないほうがよかったと思うはずの行為，すなわち後悔するような行為をしないことこそが，生活をうまくいかせるということだ，という理念がある。

　後で詳細に説明するが，そのような後悔は様々な段階でなされ，それに応じた形を取る。人が無責任な行為を後悔するのは，結果として損失を被ったとか罰金を支払うから，刑務所送りにならざるを得ないからであり，また他者が自分を社会的に軽蔑し，レピュテーションが損なわれたから，あるいは自分の行いの無責任さを自ら認識し，良心の呵責に苛まれたからである。そしてすでにここに，これらの考察がコーポラティブ・アクターとしての企業にも転用できることが示唆されていると言える。

　その限りで，経済学的に言えば，**適切に理解された自己利益**，ないしは**インセンティブ両立性**[13]が重要となる。これに関して重要なのは，倫理は，後で「信頼される側」として取り上げられることになる行為者のみでなく，「信頼する側」である社会のその他のメンバーにも向けられているということである。彼らは彼らで，行為者が無責任な行為を後悔するよう，一緒になって仕向けるという義務をある意味で負っている。それはたとえば，教育や教養を通して，社会的な尊敬や軽蔑という措置を通して，そしてとりわけ，信頼できるルールやコントロールの構築，そしてまたそれが必要だと思われる人への確実な制裁の構築などを通してもなされる。無責任な行為によって継続的に利益を得るようなインセンティブを社会が個々人に与えてしまったら，多くの責任あるアクターの存在を期待できなくなるからである。すなわち，ここに提示された（企業）倫理は古典的な個人倫理ではなく，**相互作用倫理**なのである。これは次のポイントでも登場する。

6）　共通の「ゲームの理解」

　社会が個々人に責任感のある行為を期待するとき，そのための基準（規範，原理，基準）ができるだけ明確にされていなければならないだけでなく，それがすべて知られており，全員に共有され，受け入れられていなければならない。討議倫理学とか契約理論のような影響力の強い倫理の伝統は，それに相当する基本的基準を**コンセンサス**と呼んでいる。以下，ここでは基本的に共通のゲームの理解という言い方をしたい。共同での生活をうまくいかせるという根本原理との関連でこれを促進することは，最終的には倫理学にとって中心的な挑戦そのものである。多元的で高度に複雑な世界社会では，何が正しくて何が間違っているか，拘束力を持った言明を要求できる権威はもはや存在しないからである。にもかかわらず倫理がそれを試みるなら，倫理がこの試みについての自らの限界を意識しているのなら，それは的を射たものとなる。もっともそのような試みは，残念なことに，以前からすでに複雑だった物事のすべてをも

---

[13] ここで重要となるのが，インセンティブ，すなわち状況的な行為の衝動に関して，全体の変動幅を考察すること，つまり金銭的なのか，社会的なのか，あるいは平和でありたいという願望のようなものなのかを考察することである。

っと複雑にするのだが。

　ともかく，例えば連帯，尊敬，公正，持続可能性のような価値を原則上承認することのような共通性は，全世界で絶えず見られるものである。その上，実際すでに日常的に，他者，あるいは理想化して言えば**中立的な観察者**が正しいとか間違っているとか判断すると想定するものを，われわれはいつも方向づけにしようとしていることが明らかになる。それは例えば，企業の行動規範における多くの推奨ないし監査基準の中に表れている。そこで言われているのは，「私の意思決定やその結果を翌朝新聞で読むことは果たして受け入れられるだろうか？」というものである。

　これらの考察が明らかにしているのは，どのような社会で生きたいのか，その基本価値は何なのかに関して，共通の「ゲームの理解」が問題となっているということである。しかしながらここで提示されたアプローチに特徴的なことは，実行の条件，すなわち経験的な関連についての共通の理解を促進することも，それが社会的な協働の成功にとって重要である限りで問題とすべきだ，ということである。それが意味するのは，経験的な制約から生じる制限，費用構造，妥協が避けられないことやその他多くのことについての理解を促進することである。ここに，倫理の本来の課題，すなわち，自分の期待に対してどこでどの程度の譲歩がなされるべきなのか，他方望んだ目標を達成するためにはどこで努力，つまり**投資**が必要となるのかを知るという課題がたびたび登場するのである。

7）黄金律

　規範的な（企業）倫理から当然期待できることは，倫理が行為の方向付けを与えることである。それがたとえかなり一般的でしかなくとも，である。ここで紹介された倫理による中心的な行為の方向付けは，世界中で見られ，「互恵性の論理」として経験的言明によっても基礎付けることのできる黄金律を，さらに変えて拡張したものである。それは，「**お互いのメリットのための社会的な協力関係の条件に投資せよ！**」というものである。

　道徳的判断能力は，どのようにこの道徳的命令に沿う形で自由を利用できるのか，そして**なぜ**それが理性的なのかについての感覚を鋭くするだろう。それを手本にする人は誰も後悔しないと私は期待している。

1.3　ゲームの進行，ゲームのルール，ゲームの理解[14]

　ここでのアプローチが本書のテーマへの3度目の接近となる。以下では，選ばれた応用事例を手がかりとして，重要なコンセプトやその諸関連を導入するために，わかりやすい比喩として，ゲームという比喩を用いる。

---

[14] これについて根本的には von Broock 2012 を参照。

1.3.1 シェーマ

すでに述べた通り，日常の具体的な倫理問題について倫理から具体的な回答が出てくることはたいてい期待できず，むしろ普遍的な方向付けとかヒューリスティクス，観点「ぐらいしか」期待できない。上述の通り，何をすべきで何をすべきでないか，人間に具体的に命令しようとすることは，倫理ないし倫理家の思い上がりである。

けれども，倫理は「より大きなイメージ」，すなわち**行為**の前提条件や帰結を考察することで，方向付けを与えることができる。その重要な前提条件を2つ挙げることができる。1つは**ルール**（規範，制度，スタンダードなど）であり，それは行為を構造化する。とはいっても，それに従わないこともできるのだが。もう1つは**理解**であり，それには，個人の態度（意図，考え方）という意味もあるし，文化的なイメージ，すなわち特定の状況で何を行い，何を行わないのかについての共通のイメージという意味もある。

ゲーム[15]というメタファーは，それによって問題とされる，行為，ルール，理解の関連を明らかにすることに役立つ。

図表1　3つのレベルのシェーマ

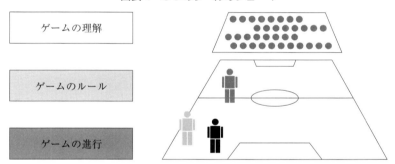

この比喩は，以下で繰り返し重要な役割を演じる諸関連をより深く理解させてくれる。すなわち，制度（「ゲームのルール」）は行為（「ゲームの進行」）の枠組みを定め，ゲームのルールの変更は別の行為を導き出す。しかしながら両者は，関係者全員が持つゲームの理解にもつねに影響を受ける。

---

[15] 場合によっては異論が出るかもしれないし，いくつかの点でそれは正当なのだが，ここでそれを和らげるために以下のことを述べたい。ゲームという概念は，軽薄とは言わないが，実際にはぞんざいであるように感じられるかもしれない。というのも，倫理においてはしばしば，苦しみと結びつくことも多い深刻な社会的コンフリクトや存在に関わる問題が議論されるという事実を突きつけられるからである。それでもここでこの概念に固執するのは，このメタファーの明確さによってそのような問題を議論できるようになるし，そのメタファーによって複雑な関連がより実感できるようになるからである。

比喩を使って説明しよう。フィールドのプレイヤー，監督，レフェリー，観客。そして，その場にはいないかもしれないが，ゲームのルールを作るとか，ゲームの資金調達を（共同で）行うなどによって影響を及ぼした人々。あるいは最初から関わっていた人々……。彼らはみな，ゲームがなぜ行われるのか，どのように行われるべきかなど，ゲームの**意味**について自らのイメージを持つと同時に，ゲームの枠内で他者が彼らから何を**期待**するのかについてのイメージをも持っている。すなわち，これらの他者はゲームの意味をどこに見ており，それに従って彼らが何をすると推測されるのかについてのイメージである。これらが持つ意味はゲームの目標の中にも現れるし，**どのように**ゲームがなされるのか，すなわち自身がどのような貢献をすべきで，どのような「収穫」が期待されるのか，ないしは，何を利益[16]と見なすのかは置いておくとしても，彼ら自身にとっての利益がどこにあるのかということにも現れる。

3つのレベルはすべて，絶えず相互に影響を及ぼし合う。だから例えば，ゲームの進行において生まれるイノベーションは新しいゲームのルールを必要とさせるし，場合によってはゲームの理解を変える。また参加者あるいは関係者のゲームの理解が変われば，再びそれは別のゲームの進行をもたらす……など。

この「3つのレベルのシェーマ」は重要な関連（構造，相互作用）を示してくれるので，（企業）倫理の多くの問題に役に立つ。そしてそれは，倫理それ自体の意味ないし機能をより理解させてくれる。つまり，全員にとってよりよいゲームが生まれるような共通のゲームの理解への貢献に役立つのである。

その際，2つの問いとその関連が重要になることに注意すべきである。2つの問いとは，再び比喩を使えば次のようになる。「**われわれはどんなゲームをするつもりなのか？**」とともに，「**実際にはどのようなゲームがなされるのか？**」という問い，あるいはより事実に即して表現すれば，「われわれは実際どのような社会に生きているのか」という問いと関連した「われわれはどのような社会で生きるつもりなのか？」という問いである。第二の問いを入れることではじめて，倫理は日常に適したものとなる。2つの問いを絶えず関連させて考察すること，そしてこれは日常あまりにも頻繁に見られるのだが，互いを分離して議論しないことに，方法上の根本的挑戦がある。

以下に挙げる事例は，この「3つのレベルのシェーマ」を用いてどのように複雑な現状を分かりやすく示し，構造化し，それによって数多くの興味深い認識を生み出すことができるのかをはっきりさせてくれる。これらの事例を用いることで，本書の先で展開される一連のコンセプトや考察，問題設定が，すでにこの時点で非公式に取り上げられていることになる。

---

16 倫理の視点から見れば，利益とは最終的には生活をうまくいかせることにあり，それは個々人が（できる限り）自分で決める形で自らに対して定義するものである。ただしそれは，つねに現実や社会を実現させるもののコンテクストに埋め込まれているのだが。

1.3.2　事例：スポーツ[17]

　ゲームの進行，ゲームのルール，ゲームの理解の関連をわかりやすく説明してくれる領域がスポーツである。ここでもルールの意義が即座に明確になる。すなわち，ゲームのルールなしにはそもそもゲームは存在しないし，競争もない。ゲームの目標は何か，そのためにどのような行為が許されているのか，どれが許されていないのか，許されていない行為はどんな帰結をもたらすのか，などといったことが不明確になってしまうからである。違う言い方をすれば，ゲームの進行を意味あるものとするために，ルールはまったく不可欠だろう。しかしながら，以下の事例が明らかにするように，多くのことはゲームの理解にも依存している。

　2012年11月20日，チャンピオンズ・リーグでの，ウクライナのシャフタール・ドネツクとデンマークのノアシェランとの試合。デンマークのプレイヤーが負傷した後で短い中断があり，その後，いわゆるドロップボールがあった。すなわち，レフェリーがボールを落とし，試合が続行するのである。通常，とりわけプロの世界では，以下のような**ゲームの理解**が通用している。「ドロップボールにおいては以下の不文律があります。「危険地帯」でドロップボールが実行されるチームは，安全な領域において攻撃側のチームにボールをパスし，それに介在することはしません。ドロップボールの実施の時点で攻撃側だったチームがボールをコントロール領域で持つようになってようやく，ゲームは通常の競技の形で続行します」[18]。そこでは**フェアプレー**の合意が問題となっている。すなわち，負傷が原因で中断した後で，フェアでないやり方で試合を再開してアンフェアなメリットを得るべきではないのである。それゆえ「中断の時点でボールキープをしていなかったチームのプレイヤーだけが位置につき，フェアプレーという意味で，対戦相手にボールをバックパスするのです」。このバックパスは通例，対戦相手のゴールキーパーまで行われる。

　それはこの試合でも見られるはずだった。けれども予想外なことに，ドネツクのフォワード，ルイス・アドリアーノ（Luiz Adriano）はボールを蹴りはじめ，驚いたディフェンスとノアシェランのゴールキーパーをすり抜けて，ボールをゴールに押し込んだのである。公式的な**ゲームのルール**という観点から見れば，これは規則どおりのゴールであり，その時レフェリーはゴールを認めたし，認めざるを得なかっただろう。けれどもこれは，**一般的なゲームの理解**にふさわしい**ゲームの進行**ではなかった。ゲームがどのように遂行されるべきなのかについての，以上のようなゲームの理解，すなわち公正という掟という形でのゲームの理解に向けてドネツクのプレイヤー全員が行為するということを，プレイヤーたち，とくにノアシェランのゴールキーパーは信頼していた。だからこそ，とりわけ彼がアンフェアだったとも言えるのだ。ゲームが

---

[17] 以下については Bockel 2015 も参照せよ。
[18] この引用は，ドイツサッカー連盟のプロジェクト・リーダーであるマティアス・アイレス（Matthias Eiles）氏との個人的なやり取りに由来する。

現実にどのように遂行されるのかについて別のゲームの理解をプレイヤーたちが持っていたならば，彼らは違う振舞いをしていただろう。

アドリアーノは，道徳的価値ないし道徳的規範に抵触したのである。別の言い方をすれば，アドリアーノは，自由の余地を自分の利益になるように利用し，その際に正当な信頼期待を失望させるという，**無責任な振る舞いをしたのである**[19]。

一般的には，ルールは，ゲームという意味でのゲームの進行，すなわちゲームに関わる人すべての価値や規範に一致するようなゲームの進行を実現する。そのために細々としたことまですべて指示される必要はなく，ルールによって作られた限界の枠内で，ゲームをできるだけ面白くわくわくさせるようにする**自由**を参加者が持つことが大事である。

しかしながらこの自由には，他者を犠牲にしてメリットを獲得する可能性もつねに残されている。（ゲームの前あるいはゲーム中に）他者に反則行為をしたり能力を弱めたりすることもできるし，ドーピング手段を使ったりレフェリーを買収したりすることもできる。このように無責任なやり方で自由を利用することの多くは，既存のゲームのルールに抵触する。しかしながら，対戦相手がフェアプレーをするだろうと思っているため，ルールの自由の余地は残されたままであり，それを一方が食い物にすることもできる。

そのようなスキが悪用される場合，対戦相手は場合によっては報復してくるかもしれず，ゲームがより熾烈になったり，一般的にはアンフェアになったりするという結果も想定しなければならない。ある意味で，アンフェアなゲームの進行はゲーム全体を「費用のかかる」ものにする。その場合，誰もが他者から以下のことを期待せざるを得ないからである。すなわち，彼は自分の利害を実現するために，例えば他者のデメリットになる形で自分のメリット，例えばルールの抜け道を不当に利用する，場合によっては意図的に他者に損害を与えようとする，ということである。**公正という道徳的価値**，あるいは尊敬やインテグリティのような他の価値の遵守がもはや期待できないなら，概して，他者は自身の目標を追求する際に周りへの思慮を欠くようになるし，他者の正当な利害を考慮することもないと予期せざるを得なくなるだろう。その場合には，このような配慮のなさの範囲や限界も不明確となろう。別の表現をすれば，お互いの**信頼**ではなく，お互いの不信がゲームの理解を特徴付けるようになる。

しかしそれはゲーム自体を損なってしまう。信頼はゲームの基本的前提条件であり，それどころか，**お互いのメリットのための協力**とも理解することができるからである[20]。お互いの（肉体的ないし心理的）損害が増大するのみならず，本来のゲームの意味に反するような手段による防御や「軍備拡張」に，より多くの資源がつぎ込まれるだろう。アンフェアなファウルの他にも，例えばドーピングや買収などが思い浮かぶだろ

---

[19] 後になって，ドネックの監督も協会も，公式の報道表明の中で謝罪した。
[20] 興味深いことに，コンフリクト，つまり競争がゲームの基本であるような協力が問題となっている。

う[21]。これらはすべて，相互の信頼期待を損ない，それに伴い参加者や関係者の共通の利害に一致する建設的なゲームも徐々に損なってしまう。

　実際には，信頼期待は至る所にある。

- チームのプレイヤーたちはお互いに信頼している。さもなければわざわざ試合を始める必要はない。
- プレイヤーたちは，監督（あるいは例えばチームドクターのような他の人たち）がとりわけチームやプレイヤーたち全員を支援し，チームを勝利に導くつもりだと信頼している。
- チームは，たとえ競争関係にあるとしても，ルールを守ること，そしてある程度フェアなゲームを仮定する限り，たいていはお互いに信頼するだろう。
- チームは，審判がゲームを客観的でフェアに導いていくと信頼するだろう。
- 審判は，プレイヤーたちが（身の危険を感じるほどの）敗北をした場合にも暴力的にならず，審判員にそのフラストレーションをぶちまけないと信頼するだろう。
- 観客は，支払うお金の対価として，面白く興奮するような試合という期待を満たすものが提供されると信頼している[22]。
- プレイヤーとレフェリーは，観客がひいきのチームを勝たせるために試合に介入しない，あるいはあとから不適切なやり方で不満をぶちまけないと期待している[23]。

　素朴だという印象を持たせないために，これらの信頼期待はたいてい盲目的ではなく，むしろある程度現実主義的だ，ということを述べておくべきだろう。すなわち，ゲームが実際どのようにプレイされるのかは，日常生活の中で考慮されるのである。プロサッカー選手は，それが難しいこともあるとわかっている。チーム内でも競争があるし，チームメイト個々人の相互の信頼はかなり限定的かもしれない。しかしなが

---

[21] たいていのそのようなアンフェアな行為は，ゲームのルールによって禁止されていることを論拠にすることもできよう。しかしここで重要となるポイントは，発見されなかった，あるいは場合によっては適切に規制されなかった違反も含めたルール違反が増えるということ，そして，ルールやフェアプレーの意味でゲームしようとする意欲から，ルール違反をしてもとにかく捕まえられないようにする，あるいはつねにルールの抜け道を探すという態度へと，ゲームの理解が変わるということである。

[22] 1982年のサッカーワールドカップ，スペイン大会で，「ヒホンの恥」と呼ばれる事態が起こった。一次予選の最終ゲームでドイツとオーストリアが対戦した。開始早々1対0になった後で，両チームは二次リーグ進出を決めるべく，アルジェリアと同点のチームが敗退することを両チームともすでにわかっていたので，ボールを主に自分のサイドで延々と回すことで，明らかに結果を「操った」のである。オーストリアのコメンテータ，ロバート・ゼーガー（Robert Seeger）は，視聴者にスイッチを切ることさえ促した。両チームの評判は，何年もこの出来事によって悪いままだったし，国際的なジャーナリズムもこの出来事をスポーツマンシップに則っていないと見なしたのである。

[23] アルジェリアの国内リーグ，USMアルジェ対JSカビリーのゲームで，カビリーが1対2で敗戦した試合後，カメルーンの選手であるアルベルト・エボッセ（Albert Ebosse）があるファンから石を投げられ，頭に激突し重傷を負った。それが原因で，彼は数時間後に死亡した。これについてはたとえばSpiegel Online 2014を参照。

ら，ある種の基本信頼のようなものがなければ，ゲームが秩序立って行われるのは不可能だ，とは言えるだろう．

信頼期待は，**ゲームのルール**の存在にも基づいている．ゲームのルールは，他者の行動によって損害を与えられないことへの信頼を促進するものである．しかし，ゲームのルールだけでは，たとえそれが信頼できる形で実施されているとしても，協働の成功を確実に保証することはできない．このゲームのルールがどのように解釈されるべきか，どのように遵守すべきかといったことについての**ゲームの理解**を共有することも，まさしくつねに必要なのである．これが自明でないことは，上で挙げられた信頼期待のいずれに対しても，裏切られた事例，すなわち，レフェリーが買収されたり，殴られたりしたとか，チーム同士で談合し，ハラハラさせる競技を期待する観客の信頼を失望させたとか，フーリガンが試合の実施を妨害あるいは危険にさらしたなどのような事例が存在することにも現れている．

しかし，そもそも信頼が危険にさらされたり，ゲームがアンフェアになったりのはなぜだろうか[24]．答えは明白である．具体的な状況では，個々人にとっては絶えず，たとえばアンフェアなゲームという形で，自分のメリットにはなるが他者を犠牲にして自由を利用するインセンティブが存在するからである．そこでは絶えず**状況的コンフリクト**が発生し，それは**重要な不一致**という結果をもたらしうる．一人のスポーツ選手の事例を用いてそのことをより詳しく考察しよう．

上で挙げられた事例におけるアドリアーノの行動は，理解できなくはない．フォワードとして彼は，ゴールを決めることに集中していた．もちろんそれは，ルールを守った上でのことである．でなければゴールは認められないし，彼も何も得られないだろう．彼はそれに対して，彼自身が試合での成果それ自体のために直接的な自己利害を持つという意味での**内因的なインセンティブ**を持っているだけではない．まさにプロスポーツにおいては，成功をおさめたフォワードだという**外因的なインセンティブ**もかなり存在する．すなわち，成果に対するプレミアムが支払われる，業績を上げると共に評価が高まる，自分の市場価値が高まり，場合によっては売り込みの際に有利な契約を得られるかもしれないのである．これらの外因的なインセンティブは，たびたび，ゲーム自体から得られる喜びよりも大きいこともある[25]．

そうだからこそ，プロスポーツ選手には，**競争**の圧力も強まる．競争はそれ自体望ましいものだし，スポーツにおいてそれは確かにその構成要件である．アマチュアのスポーツでもそうなのだから，プロではなおさらである．競争があってはじめて，「心地よい緊張感」[26]（*sweet tension*）が生み出されるのであり，それは観客にとってゲームを面白くするものであり，お金を支払うことにポジティブな影響を与える．けれども

---

[24] この問題は，ここに提示されたアプローチの基本的な方法的特徴に関わる．すなわちそれは，当為と存在の差異において，この差異の経験的理由を問うことである．特に9章を見よ．

[25] それはおそらく必要なことでもある．というのも，プロ・スポーツ選手はつねに，コンディションを維持するのにかなり苦労することになるし，非常に高い負傷リスクにも晒されているからである．

プロスポーツにおいては，まさしく競争は純粋にスポーツの構成要件となるのみでなく，職業的で金銭的な観点，つまりまったくその存在自体にかかわる観点に関してもなされる。あるフォワードの「市場価値」は，彼がどのように成果を出すかに左右される。彼が成果を出せば出すほど，売り込みの際に有利な契約が得られる可能性も高まるし，とりわけ彼の社会的な評価も高まるのである。フォワードがそれに従いゴールを決めることに**集中する**なら，インフォーマルなルールや価値を試みず，完全に忘れてしまうということもまったく考えられる。

その限りで，ここでも（企業）倫理というテーマ全体を貫く基本コンフリクトが明らかとなる。すなわち，**道徳と自己利益（ないし利潤）との間のコンフリクト**である。それはアドリアーノの行動に典型的に見られたものである。ここで企業倫理には，共通のゲームの理解や，これらコンフリクトを和らげる「投資」へ貢献するという課題がある。それは，インセンティブを変えるようなルール変更によってなされるかもしれないし，責任ある行動を納得のいくものにすることでなされるかもしれない。後者は，最初はコストがかかるかもしれないが，協働を成功させる将来の行為条件を維持することに貢献するし，改善させることにさえ貢献するかもしれない。

1.3.3　事例：健康保険制度[27]

スポーツの領域では，ゲームの進行やゲームのルール，ゲームの理解という考えはまだ直接理解できるものだったが，次に取り上げる分野では，これらの概念は簡単に利用できないだろう。ここでは，健康と病気，元気な状態と苦痛を伴う状態，時には生と死が問題となるからである。そして，ここで「ゲーム」という概念を用いることは不適切だと感じられるかもしれない。もし自分が患者ならば，少なくとも「一緒にゲーム」をしてくる人を探すといったことは普通はしないので，なおさらそう言えるだろう。[28]

しかし，3つの概念が持つヒューリスティックな力は，とりわけ健康保険制度というテーマ領域において，経済倫理や企業倫理の問題設定を構造化することにかなり役立つのであり，それゆえにこのコンセプトを依然として用いることにする。もっとも，たいていはより中立的に，行為，ルール，基本理解という用語が用いられることにはなるが。

よって基本理解に目を向ければ，まさに健康保険制度において2つのパースペクティブの間に際立った緊張関係があることがわかる。それは次のような冗談話に際立っ

26　この概念は Warren Fraleigh（1984）に由来する。
27　以下の文章の一部は Suchanek 2014a に依拠したものである。
28　参加できる（あるいはできない）か自由に選べることが「ゲーム」という概念から連想されるというポイントに，この選択の自由が非常に制限されている，あるいは場合によってはまったく与えられていないという現実の状況にこの概念を応用することを多くのケースで難しくする。他者の「ゲームの進行」に関わる人が問題となる場合，いっそうこれが当てはまるのである。

た形で明らかになっているものである。医者が残念な顔つきで患者に一言。「あなたは今，元気にならなければならない。あなたの病気は非経済的だ」と。

　この文章は，一方で規範的な価値のイメージ，典型的には連帯と，他方で経験的な条件，典型的には希少性とそれに端を発する希少な資源をやりくりする必要性が，健康保険制度においてどのように衝突するかを，きわめて印象的に伝えている。そこから次のような道徳的直観が述べられるだろう。ある人が病気で，彼を助けることができるのならば，実際に彼を助けるべきだろう，と。経済的な要因からそのような援助が拒否されるのは不適切だし，それどころか不道徳だとさえ思われる。

　他方われわれは，想像できること，望ましいことのすべてが実現できるわけではないことも同様に直観的にわかっている。これは，診断や診療のあらゆる可能性を，それが役立つだろうすべての人に与えることの財政的な制約が増加していることだけに関わるのではない[29]。例えば看護師，医者，製薬会社，薬剤師など，健康を維持してくれる働きをする人たちに，無制限に多くのことを期待すべきでもないだろう。例えばマザー・テレサのような，自分の能力や時間のすべてを他者に捧げる意志があり，実際にそれができるのはほんのわずかな人だけである。健康保険制度においても，**インセンティブ両立性**の基準は重要な役割を演じる。そして倫理的には，**自己責任**，すなわち自分自身にとっての責任が指摘できる。自分の健康が他者の健康よりも重要でないわけがない。

　道徳的直観と経験的条件との間にあるこのような緊張関係には，さらに別の側面がある。健康維持に貢献する人たちに経済的圧力が強まれば，全く必要のない機能がますます提供されるようになる。つまり，とりわけ治療すべき事象が全く病気とは見なすことができない場合に，効果が疑わしい薬や診療が開発されてしまうのである[30]。そこでは，医療的には適切ではないが，利益が出ると見積もられるオペレーション，あるいは，とりわけ研究の領域で，自分の研究作業にとってさらなる「症例」となる可能性を提供するようなオペレーションが実施されてしまうのである。

　これでもって，そのような行動が普通のことになると仮定すべきではない。しかしながら，以前よりそのような行動が増えたのは，健康保険制度の従事者への経済的圧力が，それに沿った健康保険政策の改革も相俟って，増大しているからである。このような傾向は，一般的には，健康保持の機能をもたらすのに，医学的な指示が排他的あるいは優先的に用いられず，ますます経済的（その他の）基準が用いられるという意味で，「経済化」と記すことができる。

---

[29] あるいは病気をより集中的に探求することもそれに関係するだろう。1万人のうち5人以下しか発症しないような，たいてい遺伝性でほとんどが生死に関わるような病気の，いわゆる「難病」が存在する。この人を孤立させないことは社会的連帯の1つの重要なシグナルだが，しかし同時に，どこに希少な資源の投入の限界を設けるのかは，慎重に検討しなければならない難しい問題である。

[30] そのようなケースではときおり，病気喧伝（*Disease Mongering*）が話題にされる。それについてはMoynihan / Henry 2006を参照。

規範的な連帯への期待か経済的な希少性の条件か。このような緊張関係はまさしく，近い将来ますます熾烈になることが見込まれる。このような展開を駆り立てるものとして，例えば以下のものがある。

- 医学の進歩。すなわち診断や治療の可能性が向上することで，スペシャリストの数，あるいは特別な治療をする可能性は増大するが，しかし可能となる診察や治療の費用もそれとともに増大することが多い。
- このような根本的な改良によって高まる期待。それは，自分の将来の治療のみでなく，健康保険システムが持つ連帯の機能に対する一般の期待にも関わるのであり，健康保険政策にとっても影響は大きい。
- そのことから必然的に生じる競争。これは，競争が政治的に意図されたものかそうでないかは関係ない。
- 健康という体系が，保険制度の性質と結びつくことでますます複雑になること。それは不透明さをもたらすし，それだけでなく，場合によっては患者の費用への意識を薄れさせる。すなわち，必要な情報や知識がいつもあるわけではないし，健康保険システムの機能を責任ある形で利用しようするインセンティブは比較的弱い形でしか現れないのである。
- 人口統計学上の変化[31]。社会保険に支払う人の数が少なくなると同時に保険システムの機能を必要とする人の数が増大することで，収入と支出の差が切迫したものとなる。

以上のような駆動要因によって，このような行為（治療）を必要とするのは望ましいと考えることと，利用できる資源を用いて実際に実現できることとの差が大きくなるという帰結は避けられないものとなる。それが意味するのは，割り当て，合理化，優先順位づけ，あるいはまさしく上ですでに述べた経済化の必要性がさらに増大するということである。そこから生じるコンフリクトも，同じくほとんど不可避であり，それはまさに健康という体系においては根本的な問題だろう。生と死，あるいは苦しんでいる人や患者への連帯が問題となる場合には，とりわけ規範的な期待が（確かに当然のことなのだが）現れてくるからである。

そればかりか，資源の希少性のみではなく，組織をどうデザインできるのかということからも，限界が明らかになる。これは例えば，情報の流れ，ロジスティクス上の要求，あるいは場合によって必要となる調整機能を組織することに関わる。そして以下のことも少なくとも同程度に重要である。怠け者，能力がない者，機会主義的あるいは貪欲な人間，そしてそれに呼応して，すべき仕事をサボる，あるいは第三者を犠牲にしてでも自分のメリットを手に入れようとする少数の人間が社会のどんな機能領域にも存在しうることを，人間の行為を調整するあらゆるルールや組織の体系は顧慮

---

[31] ここはドイツの状況が引き合いに出されている。

しなければならない，ということである。

そうだとすれば，健康保険制度における規範的判断の基礎にある既存の道徳的信念や直観は，経済的な条件という，目前にある「やむを得ない事情」と思われているもの，あるいは実際の「やむを得ない事情」とコンフリクトを起こすはずである。このような緊張関係は，次の図表に明確に表されているような，一連の対立（と思われているものも含む）に表すことができる。

図表2　経済性と倫理の緊張関係（と思われているものも含む）

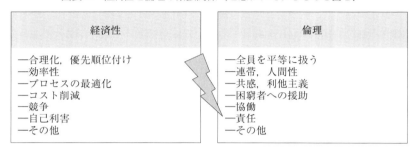

一方の側には道徳的原理がある。例えば連帯や人間性，共感やこれらを必要とする人への援助である。他方の側では，予算や時間その他の制約のような経済的な基準や条件もつねに考慮に入れ，機能の持続を保証することが，実践上不可欠なことが考慮されている。このような緊張関係のコンテクストで特に明らかになるのが，**理性的な道徳的判断**を獲得することがどれほど要求度の高いものか，ということである。次のような2つの典型的な短絡思考が存在するからである。[32]

一方で，例えば連帯のような規範的価値の名の下に，例えば予算その他の制約，インセンティブ条件や情報条件などのような経験的条件を適切に考慮しない要求が立てられることがある。ここに**規範主義的な短絡思考**（normativistischer Kurzschluss）がある。まさに健康保険制度において，そのような短絡思考はたびたび見られる。それは，ある措置が1つひとつのケースで求められており，それがもし他の類似のケースにもすべて同じように応用されれば，結果的にシステムの崩壊へ導くだろうというものである。

他方実践においては，経済性や競争能力の問題があること，あるいはそれに応じたインセンティブ・システムやプロセス，基準を確立することで，（規範的）価値が背後に退くという問題が生じることがある。経済的にやむを得ない事情が他の選択肢を選ばせないこと，すなわち自分の行動を価値に（も）合わせて決める可能性が無視されることに納得してしまうのである。これは**経験主義的な短絡思考**（empiristischer Kurzschluss）と呼ぶことのできる状況である。

---

[32] 7.6節でこれについてより詳しく取り上げる。

このような緊張関係を理性的に扱うことがかなり難しくなるのは，経済的ないし機能的な制約の背後に原則的に同じように道徳的な価値があるのにそれが簡単に見えないものだからである。健康保険という**体系**が問題となる。つまり，個別のケースではなく，まさに今現在，あるいは将来に発生する多くの個別ケースがすべて問題となるからであり，すなわち**制度化された連帯**が問題となるのである。そこで意味するのは**ルールの体系**である。それは，共同体ないし社会に関与する人が，具体的に行為する際にいつも意図しているというわけでなく，彼らの自己利益を共同体ないし社会の利益に沿うようにさせるものである（いつも意図することを日常的に期待するのは非現実的だろう）。もっともこのことは，上で取り上げた規範的期待と経済的現実の緊張に反映されているように，様々な緊張関係をもたらしうるのである。

製薬業界の事例を使って説明しよう。製薬会社は本来高い社会的評判を持つはずだ，とさしあたっては推測できよう。製薬会社の供給する製品は現代の治療方法の前提となっており，痛みを和らげ，再び健康を取り戻すあるいは少なくとも病気を我慢できるものにすることに役立つ。それは疑いなく，社会的協力の枠組みにおいて基本的に重要な貢献である。

しかしながら現実には，世間が製薬業界に懐疑的になるという「イメージの問題」が存在する。先に取り上げたような，社会にとってその業界が建設的な貢献を行っているというポジティブなイメージではなく，製薬会社は人間の死や病気から利益を獲得しているのだという理解が世間を支配しているのである。そのイメージによれば，企業は本来，患者や困っている人の健康をまずに考えるべきであり，自分の利益が第一であってはならない。それは特に，彼らの利益の獲得が，他者が病気で援助を必要としているということにまさに依存しているがゆえに，なおさらのことである[33]。

しかしながら，**ルールの体系**は，相応の健康維持機能の提供があらゆる個々の製薬会社の好意（だけ）に依存することのないように，十分な理由をもって作られたはずである。でなければ，それは個々の企業にとってはとてつもなく過大な要求である。むしろ他の産業と同じく，製薬会社を競争圧力にかけ，このようにして彼らの自己利益を社会のためになるように仕向けたのである。しかしそれが意味するのは，企業は利益の獲得を必要としているということである。さもなければ企業は市場を退出しなければならないだろう。それに従えば，企業は経営判断に従って行動せざるをえない。よって，新しい薬品の開発ならびに開発された薬品の製造が，まさしく「消費者」の要求ではなく，彼らの支払いへの意欲や能力に（も）向けられるのは避けられないのである[34]。

しかしながら，製薬会社はまさしく「消費者」に対しての責任のみならず，最も重

---

[33] 同じ考察は，病院，薬局，医療保険，健康保険制度において積極的に機能を提供する他のアクターにも転用できる。ところで，より厳密に考えるとこのような情勢はかなり多くの領域に当てはまるということが明らかになる。例えば食料品，衣料品，建設業やその他の業界も，人間の基本的欲求を満たしているのである。ただし，それらの依存関係は通例，それほどダイレクトに明らかになるものではないが。

要なステイクホルダーのうち2つだけを挙げれば，所有者と従業員に対しても責任がある。患者や苦しんでいる人の要求だけに基づいて動くことは，たちまち従業員への過大要求となるか，収益よりも高いコストを継続的に受け入れるという代償を所有者に要求することになるだろう（ある特定のポイントまでに限定するのであれば概してありうる話だが）。

それだけに，製薬会社（そして健康維持の機能を提供する他のすべても含めて）が，関係者の**正当な信頼期待**[35]を適切に考慮しつつ，彼ら自身の原則的に正当な自己利害を追求すると**信頼**できることが一層重要になる。まさにここに彼らの**責任**が現れている。

ここでは，**共通の基本理解**を作り上げることがどれほど重要かも，同時に明らかになる。それは，規範的なイメージと経済的な現実を同等に適切に考慮する，あるいは患者のみではなく，健康保険制度に関わる人たちや組織も含めた，あらゆる関与者の正当な要求を適切に考慮するものである。健康保険システムの機能は，個々のアクターが無責任に振る舞うことによって損なわれるのみならず，あまりにも高い期待が存在し，政治がこの期待を改革によって妥当なものにさせようとする圧力にさらされることによっても損なわれるからである。しかしそれは，場合によっては制度の持続性にかなり有害なこともある。

道徳的直観と経済的所与というこのような緊張関係は，上でさらに2つの問い，すなわち（1）「われわれはどのようにゲームを遂行するつもりなのか？」，（2）「ゲームは実際にはどのようにプレイされるのか？」を手がかりにして定式化もされたが，これについては次節で，企業倫理の古典的文献を手がかりとして，より詳細に考察しよう。

1.4　「ビジネス上の駆け引きは倫理的か？」

本節の標題は，アルバート・カーが1968年に公表した，かなり多く引用されている論文のタイトルである。彼はそこで次のような主張を打ち立てている。経済においては固有の倫理的ルールが通用しており，それは私生活における倫理的ルールと同じではないので，経済において意思決定を行う人の基準として，後者の私生活における倫理的ルールを用いることは間違っているだろう，と。経済はむしろポーカーの世界に似ている。ポーカーの世界では，自分が勝つために他者を欺こうとすることは普通

---

[34] 実際にはその関連は普通の市場よりも複雑である。なぜならたびたび，特殊な製品に対する（事実上の）決定は医師あるいは薬剤師によってなされ，コストは健康保険を通じて処理されるからである。よって，実際に消費される際に消費者の選好や予算制約に左右される範囲は限定的である。そして，アメリカのように処方箋の必要な薬に対する広告宣伝が可能だとしても，依然として情報の非対称性が存在するがゆえに，それが必然的に市場機能の改善につながるわけでもないのである。

[35] 強調しておくべきことは，関係者には患者のみではなく，例えば保険システムにおける保険料の支払者のような，健康保険システムに関わるあらゆる人々も含まれることである。

だし，ゲームの一部である。しかしそのことはすべての参加者が知っている。とにかくゲームはプレイされるのだ。そこでカーが強調しているのは，ポーカーのプレイヤーにとってゲームのルールを尊重することは当然だ，ということである。そこには道徳的ルールも含まれる。そこで問題になるのは，袖の中のカードでプレイしないとか，他のやり方でゲームのルールに違反しない，ということだけではない。カーは，仲間の飲み物にあらかじめ何かを注ぎ込んでおくとか，彼を酔わせようとするなどして，アンフェアな利益を手に入れないという道徳的原理も指摘しているのである。

カーによれば，経済においても同じように，従うべきルールや守られるべき道徳的原理が存在する。けれども，「そのゲームの一部となっており」，教会での説教につねに一致するわけではないような多数の行為や戦略もまさしく存在するのである。よって，企業実践を生き抜くために，あるいは他者を味方にするために，重要な情報を伝えずに押さえておく，あるいは度を過ぎた行為に手を出すことも一度くらいはあるだろう。カーは，たいていの人間が応募の時点ですでに，自分の履歴についていくらか言い繕ったり黙っていたりすることを論じている。ゲームとはともかくプレイされるものなのであり，この現実で活動している人から見て理想主義的で非現実的だと見なされるような基準を，このような日常の現実に当てはめることは間違っているのだ，と。

カーの議論をそのように解釈できるなら，経済活動で長くは使えないような倫理的基準を宣伝することは，率直に言って無責任である。ポーカーのプレイヤーがつねに完全に透明なゲームを行う場合に彼が敗北するのが確実なのと同じように，そのような行為によって（競争上の）不利益を被ることになるからである。

カーの論文が興味深いのは，倫理的に要求度の高いものだからではない。実際，彼の論文は倫理的に要求するところの多いものではない。この論文の意義はむしろ，経済で意思決定を行う人たちにかなり広まっている見解を，おそらく非常にうまく反映した立場がその論文で定式化されたということにある。そのような理解に従えば，倫理は大きな不利益を甘受せずには日々の状況で実行できないような行為を要求しているのである。だからこそ，倫理はたびたび抽象的で世間離れしていると見られるのである。[36]

カーが関心を寄せているのは，経済で意思決定を下している人たちの多くが体験しているこのようなギャップを埋めることにある。ギャップとはすなわち，一方で，例えばつねに真実を言えというような（理想的な）倫理的要求と，他方で，他言すれば妥協を強いられるとも言えるような，理想を満たしていない（満たすことができない）振る舞い方を代償として要求する日常とのギャップである。カーは，経済的な現実に対して倫理的な要求を押し通すことでこのギャップを埋めようとするのは現実的ではないとわかっているのである。カーに言わせれば，そのようなことを試みる人は，経済というゲームにおいて（競争上の）不利益を甘受しなければならないだろう。しか

---

[36] それについては 1.1.3 節を参照。

しそれは，それなら倫理に別れを告げよ，ということを意味するのではない。これは別のルールを持つ別の「ゲーム」なのであり，このゲームが異なる倫理的スタンダードを持っていることが認められさえすればよいのである。したがってカーが主張しているのは，倫理には役割がないという単純なことではなく，その逆に，私生活で通用する倫理だけが倫理なのではない，ということである。

もっとも彼は，現実の経済活動に適切な倫理がいったいどのような性質を持つのかということについて，ほんのわずかしか意見を述べていない。中心的な方向付けとして彼が挙げるのが，法律と利潤の獲得である。彼は以下のように書いている（S. 149. 翻訳は原著者による）。「ある企業が法によって定められたゲームのルールを犯さない限りで，戦略をもっぱら利潤だけに方向づけることは正当である」。

これにより彼は，経済学者や経済で意思決定を下す人たちの間に疑いなくかなり広まっていた（今も広まっている？）立場を表明している。しかしそれは重大な問題も提起している。つまり彼は明らかに，ゲームにとどまり，利益を獲得することに役立つのであれば，法を犯さない限りで，嘘をつくこと（S.144）とか産業スパイ活動を行うこと（S.146）さえも是認できるし，時には必要だとさえ考えているのである。

しかしその場合，多くのルールに欠陥があるグローバル化した社会においてはまさに，次のような問いが生まれる。<u>どこに境界があるのか？</u>と。ポーカーと違って経済活動においては，かなりオープンな「ゲーム」が問題となるからである。そこではトリックや駆け引きによる個々のメリットの追求，お互いのだましあい，真実を機会主義的に扱うその他のような，社会的に望ましくない帰結が推測され，しかもそこにいつも法があるわけではないのである。

カーの議論に従えば，彼は場合によってはかなり大きな妥協をする気もあると言わざるを得ない。彼の言う法の規準ないし境界はそれほど明確ではないからである。いくつかの国では法律は実態に即して遂行されていない。それはたびたび，企業の自由の濫用をかなり認めてしまうように解釈することも十分に可能である。そして，もしかすると，企業が封鎖されてはじめて，法律が何とか最新の展開についていく，ということもまれでない。

腐敗・汚職とか，より憂慮すべき形態の児童労働や人権侵害が現実のゲームの一部になっているとしたら，その時何が倫理的に是認できると見なされるだろうか？カーはこれについて<u>倫理的な方向付けを</u>示していない。そればかりか，彼が与える方向付けによって以下のことが簡単に起こりうる。実際にゲームがプレイされる場合のインフォーマルな，「秘密の」ゲームのルールが，参加者や多くの関係者の不利益に繋がる形で，その生産性や品質をますます悪くするのである。例えば，製品の欠陥について2，3のわずかな情報を最初は黙っているかもしれない。買い手がそれに順応した

---

37 それについては11.4節も見よ。そこではミルトン・フリードマン（Milton Friedman）による企業の責任についての見解が議論されているが，それは結果として同じ立場に行き着くものである。

場合，買い手はますますの統制や契約上の防衛策で対応するが，それに対して，この統制を避け，契約上の空白箇所を悪用する新しい方法が探索されるのである。**このようにしていつか，もはや誰も他者を信頼しないというゲームが本当のものとなるのである**。アドリアーノのアンフェアなプレイ（上記 1.3.2 節を見よ）が，ゲームが実際どのようにプレイされるのかということの共通のゲームの理解をますます特徴付けるようになることがその一例だろう。アドリアーノは公式のルールに違反したわけではなく，疑いなく「利益志向」だったけれども，そのような行動が一般に浸透すると，すべての参加者にとってゲームはアンフェアで，より冷酷な，広い意味で費用のかかるものになってしまうだろう。

　後でさらに詳しく説明する概念を使ってそれを説明してみよう。カーの議論は，**規範主義的な短絡思考**，つまり行為するアクターの具体的な状況に沿わないような倫理的要求にいくらか対抗することを企図したものである。しかし同時に，彼自身の論証は**経験主義的な短絡思考**の傾向がある。それが意味するのは，「ゲームは実際には様々にプレイされており，このような『やむを得ない事情』を目の前にして，道徳的行為という『ぜいたく』をあえてする余裕はない」ということである。そのような見方は，全体的に見れば，結局はあらゆる倫理的スタンダードの崩壊へと導く。実際のゲームが一種の万人の万人に対する闘争へと堕落していくようなケースをすべて規制するような法律は，後追いでさえも現れないからである。[38]

　これらは以下のことを簡潔に示唆するものだろう。カーが的確に表現している出発点の状況，すなわち特定の倫理原則は純粋な形では簡単に経済状況に応用できないという感覚が，どのようにすれば，ここで提示される企業倫理のアプローチに合う形でより建設的に受け入れることができるのか，ということである。まず始めに言うべきことは，私生活の倫理と経済生活の倫理という相異なる倫理が存在するわけではないということである。つまり，倫理はただ 1 つだけしか存在しない。[39]しかしそこに，様々な期待や行為を導く様々な状況が存在するのである。[40]

　カーは過小評価しているが，ここで提示される企業倫理のアプローチにとって中心をなす以下の論拠が決定的なものである。すなわち，**持続可能な価値創造は**（第三者の正当な利害ないし信頼期待を損なうことなしに）**信頼に満ちた協働を求める**ということである。その限りで，この信頼は資産であり，投資を必要とする。ルールだけではこの信頼を維持することはできない（ルールは信頼を安定的にするための必要条件ではあるが）。そしてここ 10 年ほどの多くの事例が示しているように，厳格な利益志向は，信頼というこの資産を浸食する形で，つまり第三者に損害を与える形で自分の利益を得るためにこの信頼を利用する，ということをまさしく狙いとしているのであ

---

[38] ここで取り上げた 2 つの短絡思考については 7.6 節を見よ。
[39] この主張は，別の観点から見れば，当たり前というほどには適切なものではない。というのも，多くの倫理理論があり，それらは多様でもあるからである。しかしここではそれを度外視する。
[40] この点については，実践的三段論法のコンセプト（2.3 節を参照）を手がかりとして，以下で何度も取り上げるだろう。

る。実際には，自己利害というものを正しく理解し，その利益の一部をお互いのメリットのための社会的協力にとって有益な信頼の保持に貢献することが，個々のアクターの責任となるのである。

　もう一度ゲームのメタファーの力を借りて説明すれば，ゲームの枠組みの中でうまくいくだけでなく，ゲームそれ自体が継続して難なくプレイされる条件も保持することが重要である。ゲーム中の関心だけでなく，ゲームへの関心も重要なのである。けれども，どのようにゲームを行うつもりなのかということと同様，ゲームを維持するためには何かを行わなければならない。すなわちそれが**投資**であり，つまり**お互いのメリットのための協力が成功する条件に投資**しなければならないのである。

---

[41] Pies (2001, 173) を参照。彼はそこで，ジェームズ・M・ブキャナン (J.M.Buchanan) の厚生経済学を参照して，行為の関心とルールの関心との違いを論じている。

第 1 部　道徳的判断能力

序　文

　経済で成功し，かつ責任ある行為をするには多くの能力が必要となる。その1つが，理性的で道徳的な判断を形成できる能力である。

　それに従い本書の第1部では，経済で成功し，責任ある振る舞いをするための道徳的判断能力がもつ意義を理解し，この判断能力への根本的な方向付けを展開することが問題となる。責任ある振る舞いをしたいのなら，あるいは他者が責任ある行為をしたかどうかという観点から他者の行為を判断するのなら，何を考慮すべきだろうか？

　出発点として2章で個々人の**自由**を取り上げたい。そもそも自由があるからこそ，道徳と責任が問題となるからである。

　自由は他者と**協働**することでしか実現できない。それゆえ3章では，他者と協力することでより良き生活を送ることを実現する多様な形態を取り上げる。

　しかしこの協力はいつも問題なく行われるわけではなく，時に根本的な**コンフリクト**によって困難になり，時に妨げられる。このコンフリクトが倫理では重要である。このようなコンフリクトにもかかわらず協力を成功させる最も重要な手段が，**信頼**である。よって4章でそれを取り上げる。

　そこまでの考察はかなり単純化したものである。よって5章では視野を広げ，信頼される側と信頼する側との間の具体的なやり取りをそこに組み入れる。つまりここでは，社会次元と時間次元における**より大きなイメージ**を考察する。

　そのことで複雑性が即座に増大するため，**行為の方向づけ**がかなり重要となる。6章では，**約束，ルール，価値**という3つの**方向づけのポイント**の基本形態が説明される。

　ここまで来て，7章で**道徳的判断のための基準**という観点から考察を行う準備が整う。それは，一方で他者や他者の自由の利用に対して適切に期待すること，他方で「私は（理性的な形で）何をすべきなのか」という問いの観点から自らを方向づけることに役立つであろう。それに答えるのが**黄金律**である。

第 2 章　自　　由

2.1　自由の価値

　企業倫理も含めた倫理の出発点であり，一貫したレファレンス・ポイントは，人間の自由である。自分たちの行為が完全に決定付けられているのなら，「私は何をすべきか」などと問うことに意味はないだろう。(企業の) 責任という考えは最終的に意味を成さないだろうし，公正，誠実さ，正直さなどのコンセプトはすべて余計なものとなるだろう。自由という事実を前提とする言葉である**意思決定**においてそれが自分たちの方向付けとなる場合にのみ，すなわちこれらの価値を自分たちの行為の中で考慮するかまったくしないかが自分たちの判断に委ねられている時にのみ，それらが意味をもつからである。

　けれども，われわれが意思決定能力を持たずに完全に決定付けられているというイメージは，われわれの日常の体験とはまったく矛盾している。特にそれに気づくのは，われわれにとって自分たちの自由が明らかに重要だという事実からである。それがどれほど重要かを示しているのが以下の事例である。

- われわれは自分たちが食べるものを自分で選ぶことができる自由を欲する[1]。
- われわれは自分のパートナーを選ぶ自由を欲する。
- われわれは行きたいところに行くあるいは旅行できる自由を欲する[2]。
- われわれは言いたいことが言える自由を欲する[3]。
- われわれは自分たちを統治するものを選択する自由を欲する[4]。

---

[1] 「現実に存在した社会主義」時代のちょっとした話を1つ紹介しよう。ある講演者が，聴衆の本当の心情を得たくて，彼らに向かって大声で叫んだ。「同士よ，共産主義の世界革命を最後まで戦い抜けば，たくさんのイチゴにホイップクリームをつけて食べられるだろう！」。これに対して聴衆からヤジが飛んできた。「でも俺はイチゴが嫌いなんだよ」。それに講演者が返答した。「友よ，共産主義の世界革命が終われば，君もイチゴにホイップクリームをつけて食べられるよ。そして君はイチゴが好きになるだろう。わかるね！」。

[2] **移転の自由**という権利の重要性は，例えばそれが基本権の冒頭に見られることから明らかである (基本法第11条)。

[3] この権利の重要性については，連邦憲法裁判所がその原則判断の1つの中で以下のように表現している。「自由な意見表明という基本的権利は，社会における人間の人格をもっとも直接的に表現したものとして，そもそももっとも気品高い人権の1つである。自由主義，民主主義の国家秩序にとってそれは本質そのものである。それがあってはじめて，絶え間ない精神的議論，あるいは生活の基本要素となる討論が可能となるからである。それはある意味で，そもそもあらゆる自由の基礎をなすものである」(Mitglieder des Bundesverfassungsgerichts 1958 (Hg.), 207)。

- われわれは自分たちの職業経歴を選択する自由を欲する[5]。

　別の事例をいくらでも挙げることができよう。これらが明らかにしているのは次のことである。自由とはわれわれにとって貴重なものである。たとえ，それが制限される危機が迫ってはじめて，その価値を正当に評価できることが多いのだ，とわかっているとしても。

　その際，自由という側面は特に強調するに値するものである。それは直接間接に何度もわれわれにふりかかってくるものだからであり，いわば消極的な面，すなわち，とりわけ恣意的あるいは恣意的と感じられる強制がないことへの願望，あるいはいくらかより一般的に言えば，他人に決められることのないことへの願望という消極的な面を持つ。やりたくないがやらねばならない物事を，好んでやろうとする人はおそらくいないだろう。そしてさらに困るのは，したくないことを**なぜ**やらなければならないのか，実感できる形で理解することができないのである。

　これら最初の考察によってすでに，「自由」が意味しているものの印象が再現されている。その概念を体系的にももっと理解できるようにするには，3つのレベルのシェーマが有用であることが明らかになる。

2.2　自由と3つのレベルのシェーマ

　自由を問題にするとき，以下のことが関係してくる。
1. 具体的な選択可能性ないし意思決定（「ゲームの進行」）
2. 自由の権利（「ゲームのルール」）
3. 自律（「ゲームの理解」）

2.2.1　ゲームの進行

　自由を最も直接的に経験できるのは，ある状況で様々な可能性の中から「自由に」選択する時，すなわちどの選択肢を選ぶのかを他者が命じるのではなく，自分がある（具体的な）意思決定を下すときである。これは，レストランの選択とか，大学での勉強あるいは勉強場所の選択，自分の職業経歴，サプライチェーンあるいはターゲット市場の構造化に関する自身の企業の戦略的選択のような意思決定から，投票用紙記入ボックスの中で誰に×印を付けるのかという問題まで関わる。

　その時自由は，そのつど直面する具体的な状況において何をすべきかという問題，

---

[4] ネルソン・マンデラ（Nelson Mandela）は次の言葉を言ったとされている。「選択の権利は，自由をめぐる戦いの中心にある」。
[5] 企業の創業者たちは，自分たちの意思決定の自由を確保することが自らの行いの決定的な基礎だとたびたび述べている。

つまり理性的な意思決定とそれに続く行為という問題の枠組みの中で主題として扱われる。具体的に問う際に前面に出てくるのは，いつもこのレベルなのである。

しかしながらその際，必ずしも視野に入って来ないのが，これら具体的な意思決定の**コンテクスト**，われわれの行為可能性の前提条件である。けれどもこれらコンテクスト，つまりその時々に与えられた状況的条件は，たいてい本質的には，そもそもどのような選択肢が生じるのか，どれが魅力的と見なされるのかということ，そしてその行為から何が生じるのかということまでも同時に決めているのである。

倫理的に見てコンテクストに関する最も重要な観点が，われわれを取り巻く人たち（Mitmenschen）である。彼らはわれわれの行為に関わるけれども，逆にわれわれの行為にとっても，彼らがどのように行為するのかが重要となる。そしていくつかの事例がすでに暗示的に示しているように，他者の自由もまたわれわれ自身の幸福にとっても重要である。このことが第二のレベルへと導く。

2.2.2 ゲームのルール

自由に選択できるかどうかは，同じく自由である他者，ないしは自由でありたいと思っている他者がわれわれを放っておいてくれるかどうかにかかっていることは明らかである。ここにルールのレベルが現れる。ここで自由は，特定の行為をしてもよいという**権利**として現れる。もっともそれはいつも制限付きではあるが。ジャガイモの皮をむくとか木材を彫刻するためにナイフを使ってもよいが，他者をそれで傷つけるためにナイフを使ってはならない。自分で購入した自動車をガレージにおいておく権利とか，それでドライブする権利を持っている。しかしドライブする場合，道路交通の秩序が守られなければならない。自由に意見を述べてもよいが，満員の劇場で興味本位から火事だと叫んだり，他人を中傷したり，著作権の保護された情報を（権限なしに）転送したりしてはならない。企業は新しい製造方法で新製品を市場に出す自由があるが，これらの自由は多種多様な観点で，そしてたいていはそれなりの理由があって，制限されているのである。

ルールを経験するのは，自分たちが行為する余地を制限するものとしてであることが多い。しかしそれはある意味でスポーツのようでもある。ルールは制限であるのみでなく，それがあることではじめて，われわれの社会的な自由が作られることも多い。社会的自由とは，原則的に他者の自由と調整されているような自由である。その時々の個々の行為余地をお互いに調整することによってしか，自由を実現することはできない。この意味で自由は，その基礎としての，個々の行為を調整する適切なルールの存在に依拠している。企業もまた，あらかじめ定められたルールに依拠してしか存在できない。ルールが企業に事業する権利（licence to operate）を与えるのである。よって，例えば中央集権的な経済システムにおいて確かに経営は存在したが，私人による（社会的に受け入れられた）自由の中で統率される企業は存在しなかったのである。

もっとも，ルールの体系としての自由をこのように理解したとしても，それはある

1つの観点をとらえているに過ぎない。つまり，確かにそれは本質的で不可欠なものだが，しかし結局は理性的に自由を利用するための前提条件であるに過ぎず，本来の核心である，**個々人の意志**，ないしは個々人が自分にそのつど与えられた行為の可能性を，そしてルールをも，**どのように**扱うのかという問題に関わるわけではない。まさにこれがゲームの理解のレベルであり，結局そこに責任の問題が生じるのである。

2.2.3 ゲームの理解

このレベルでは**自律**が問題となる。われわれの行為は他人が決めるのではなく，自分自身で意図したものであるべきだろう。自分自身望まない行為を無理強いされるのを好む人はいないだろう。

ただ，自分で選んだわけではない事をしなければならないことは，日常では絶えず不可避的に起こる。急いでいるのに赤信号で止まらなければならない，税金を好んで支払いたいと思っている人はほとんどいない，従業員ならばときおり気が進まない任務も引き受けなければならない，かなりの費用がかかる規定や義務が企業に数多く課せられる，など。

同様に，後になってしなければよかったと思うことをしてしまうことも多い。例えば誘惑に負けたとき，無意識の衝動からカッとなって何か無思慮なことをしてしまうとき，あるいは単に理性を欠いていて，自らの行いの結果をよく考えていなかったとき，など。その際，例えば誘惑あるいは他人からの圧力などのような，その行為に導いたその時々の事情が本質的な役割を演じる。

自律が意味するのは，そのような事情が免除されることではないことは明らかである。もしそうなりたければ，世捨て人にでもならざるを得ない。しかしその場合ですら，旅行客あるいはテレビ放送局のカメラクルーが来るかもしれないが。

自律が意味するのはむしろ，自分の自由を理性的に行使することである。ここで「理性的」という言葉が意味するのは，自分の意思決定が後から振り返っても，自分自身賛同できる1つの行為として存続するということである。あるいは別の表現をすれば，**理性的とは，後悔しないよう自由を利用することである**。

そのような理性的な意思決定ないしは行為にとって典型的なのは，それらが第一に**状況にふさわしい**ということ，つまり様々に与えられた行為条件を考慮しているということである。第二にそれが意味するのは，それらが「より大きなイメージ」を観察し，その際時間を超えてある種の**一貫性**を保持しており，この意味で**一般化可能**だということである。すなわち，それらは直接的な要因から生まれるのみでなく，過去や未来，起こりうる帰結や反応，そして特に，自らの行為に影響を及ぼす，あるいは自

---

[6]「ある種の」という奇妙な言葉を付け加えたので，全面的な一貫性が不可能であることにすぐに気づくだろう。ここに，日常に対する方向づけに関するカントの倫理学の問題もある。カントの倫理学は，このような全面的な一貫性を定言命法という形で基準として設定しているが，そのとき日常の一貫性のなさをどのように扱うべきなのかについては何も言っていない。

らの行為に関係する他のアクターをも含むのである。それゆえ，無意識の衝動に従うのは本来自分にとってよくないだろうと知って，具体的な状況においてこのような衝動に抵抗できることもある，ということも重要である。それは例えば，朝に長くベッドで寝続けることをやめ，時間通り仕事に行くために進んで起きる，あるいはちょうど話し相手に腹を立てているからといって，彼に面と向かってののしり言葉を投げかけるのをやめる，といったことである。

　これらはすでに，自由においては「**したいこと**」のみではなく，「**できること**」もまた問題になるし，それが決定的に重要だということを示している。つまり，これは後で徳との関連でも取り上げられるが，自分の行動への直接的衝動を理性的に遮断することのできる能力も含めたコンピテンスのことである。自由は，**セルフ・コミットメント**のための能力にも大きく現れてくる。あるいは同じく次のようにも表現できる。われわれの自由は，**投資**できる能力にある，と。

2.3　「したいこと」と「できること」：実践的三段論法

　理性的に自由を利用するためには，**道徳的判断能力**が根本的に重要である。これは**実践理性**とも言えるものだろう。

　この実践理性に対して，実践的三段論法が役立つことは明らかである。それは「したいこと」と「できること」，価値と現実，そして規範的言明と経験的言明を相互に体系的に結びつけるからである。種々の解釈の中で何度もこのシェーマに出会うだろう。

　第一の解釈では，もう一度倫理の基本問題である「私は何をすべきか」という問いを出発点としたい。この問いに答えるのが簡単でないことは周知の通りである。よって，2つの先行問題を問うのが適切である。

　第一の問いは「**私は何をしたいのか**」，あるいは「**実際には何が生活において重要なのか**」というものである。自分の行為，自分の自由の利用は意味あるようにまさにこれらに合わせられるだろう。

　自分にとって何が重要かは，最終的には誰しも自分自身に対してしか答えられない。しかし生活上の経験は，以下のような返答をいくつか思い起こさせる。
- 満足
- 家族や友人
- 健康
- ある種の裕福さないしは物質的な安全
- 他者から承認されること
- 自尊心ないし自分の中の安らぎ

　このリストをさらに付け加えることは簡単だろうが，実際われわれにとって生活において何が重要なのかについて，たいていは比較的すばやく挙げられる。われわれに

とって同じように重要であり，時にもっと切迫しているとさえ言えるのは，上に挙げられたポジティブな物事の反対のことを避けること，つまり例えば不満，孤独，病気や痛み，社会的な軽蔑，あるいはやましい心さえも避けることだということが再度指摘されるべきだろう。

　この第一の問いに答えることは，普通はそれほど難しくない。もっとも次のような事情は注目するに値するだろう。すなわち，われわれにとって重要な，このような根本的目標や価値を，日常ではしばしば**忘れてしまう**，ということである[7]。よって，生活で何が重要なのかというこの問いを絶えず思い出させ，日常でそれを思い浮かべさせることに，すでに倫理の第一義的な存在価値があるのだ。

　このような問いに取り組むのがなぜ重要なのか，さらに別の理由もある。われわれにとって重要で達成したい様々な利害，目標や価値は，すべてがつねに調和するわけではないという意味で，**一貫性のなさ**が存在する。その限りで，利害や目標，価値を意味あるように秩序づけ，プライオリティをも明らかにするという課題は価値のあるものである。**なぜ**特定のものにプライオリティが置かれるべきなのかを**根拠付け**ようとすることは，倫理の議論の多くが抱える典型的な重要ポイントである。

　しかしながら日常では，「なぜ」だけが問題となるわけではないし，それは優先的でないことも多い。それだけでなく，「どのように」もたびたび問題となる。それが意味するのは，本当の試練は第二の問い，「**私は何ができるのか**」にあるということだ。違う問い方をすれば，生活においてわれわれにとって大事な物事を達成できる行為を押し進めるのは何で，妨げるのは何か？いわばそれは本来，倫理を日常に適したものにさせる刺激的な問いである[8]。

　例えば，自分の目標達成の障害と思われるものはたくさんある。
- 資金不足
- 時間不足
- より一般的に言えば，手段（資源）の希少性
- 規定
- 競争
- 情報不足
- コンフリクト
- 技術手段の欠如
- 調整不足
- 不十分なインフラ
- 実施計画の欠如，など

---

[7] 人間の行為や知覚が，われわれがいつも意識するよりもさらに大きな範囲で，その状況の事情に規定されていることが問題だという点については，9章で再び取り上げる。

[8] これは，自分自身ないしは自分の組織メンバーに，このような問いかけを適切な形で主題にすることのできる時間を与えるという，企業に対する推奨としても全く理解可能である。

それを**人間の性質**にも探すなら，いくつかの困難がさらに明らかになる。
- 意志の弱さ
- 忘れっぽいこと
- 反省の欠如
- 悪い習慣や癖
- 後天的な嗜癖行動
- ねたみ
- 変化への恐れ
- 第三者を犠牲にしてまで怠ける・怠惰になること，など

つまりわれわれの行動にかなりの影響を与える，心理学的，生物学的，あるいは神経学的な性質を持つ経験的条件がきわめて多種多様に存在するということである。さらにそれと共に，相異なる状況に理性的に対処できる能力の欠如も挙げられる。それについては 9.1 節で再び取り上げる。これらの条件はすべて，われわれ自身の元来の望みを現実に行うことを，いつも妨げるものである。

人間の性質の他にも，**われわれを取り巻く人たち**という基本的カテゴリーが存在する。それは特殊なポテンシャルと同時に試練をも与える。それは，本書に中心にある観点，つまりお互いのメリットのための協力という点から見ても，様々な形で自分の生活をかなり豊かにさせてくれるものである。しかし倫理的に見れば，他者が自分の生活を豊かにするという見方は，ほとんど注目されない。むしろ，彼らは自分の行為やその帰結に関わっており，意思決定においてそれを適切に考慮すべきだという事情の方が強調される。

しかしそれでは不十分である。われわれを取り巻く人たちは，生活をうまくいかせるよう助けてくれるのみでなく，それを邪魔する，それどころか阻止することさえある。その側面は倫理においてつねに関心を向けられているわけではないが，関心を向ける価値はある。それについても次章のみでなく，より詳しく取り上げるべきだろう。

これらのわずかな考察からも，実践理性が単純ではないことが改めて明らかになる。経験的条件による制限が多数存在するからである。しかしこれらの条件は，バロック音楽の構造や作曲技術が必然的にバッハ（J. S. Bach）のミサ曲ロ短調を生み出さざるをえなかった，というほどには，具体的に自由を利用する際にわれわれを縛り付けたりはしない。つねに自由の度合いがあり，あらかじめ存在する状況的条件をどのように扱うのかは，個々人の「したいこと」や「できること」に左右されるのである。

実際には問題の関連が重要であり，それは第一のヒューリスティックな形で以下のように表される。

その背後にあるのは，段階（3）の対象である行為を，一方で省察された意志（1）の観点から，他方で状況の可能性（2）という観点から決定することが理性的だという考えである。そこから別のより抽象的な表現も可能である。

図表3　実践的三段論法（1）

(1) 私は何をしたいのか？
(2) 私は何ができるのか？
(3) 私は何をすべきなのか？

図表4　実践的三段論法（2）

(1) 自分の目標や価値
(2) 経験的条件
(3) 行為

　実践的三段論法というこのシェーマは，この先本書で繰り返し様々なヴァリエーションで登場する。それは，日常に適した（企業）倫理にとって手がかりとなる問題，すなわち価値（1）と現実（2），当為と存在，共通の目標や利害とその実現のための条件とを引き合わせるという問題を表現しているからである。その際倫理的に見れば，個人的な目標や価値のイメージのみでなく，道徳的な性質のそれも問題となるかどうか，それがどのように問題になるか，すなわち，**他者の正当な目標や利害，価値のイメージを自分の行動においてどのように考慮するのか**がとりわけ重要になるだろう。
　実践的三段論法は，行為を理性的に根拠付けられるように導き出す場合にだけ使えるというわけではない。他者の行為に関して期待することにもそれは使える。それは後でさらに重要になる側面である。
　例えばパン製造チェーンのとある支店でパンを買う場合には，（2）の観点から以下のことが出発点となる。
- われわれが法治国家に生きているということ。法治国家は行為に対して，広く受け入れられてもいる法律を（私を保護するためにも）あらかじめ設定する。
- それはその支店が実際にパンを焼くことができる（その能力を有している）ということをも含意していること。
- チェーンは，製品の十分な品質を保証する場合にのみ長期にわたって存続できること。
- よって，望みをかなえる意志がない，あるいはかなえることができない人を雇うことはないということ。

図表 5　実践的三段論法（3）

(1) x の推定された目標や価値
(2) x の知覚された，ないし推定された状況的条件
(3) x の行為に関する期待

- ここで購入する客が他にもいることは，特定の品質基準をクリアしていることのシグナルと見なされること，等々。

同時に（1）に関して次のことが想定されるだろう。販売員とその背後にある企業は，今日だけでなくずっと，製品を販売することで金銭を稼ぐという目標を持っていること，そして彼らが自分に損害を与えるつもりだと想定する根拠はないということである。それはむしろ，そこでパンを買うために全く知る必要のないことである[9]。

やり取りの相手に対するそれ以外の期待はより複雑だが，それらはつねに以下のような基本構造に還元できる。つまり，他者の状況，すなわち「**できること**」に関する想定と，他者がこの状況をどう扱うか，すなわち「**したいこと**」に関する想定である。

したがって，実践的三段論法は，自分の行為とか行為の判断，ないしは他者の行為への期待が問題となる場合，したがってあらゆる投資，戦略，交渉，改革などにおいても，つねに関連するものである。その際，それは倫理とリアリズムを仲介するのに役立つし，逆に事実ややむを得ない事情という世界において価値を忘れないようにすることにも役立つ。

そしてそれゆえにまた，「私は何をすべきなのか」という問いが重要となるときにも，実践的三段論法は基本的な道具となる。それに対する第一の返答は，さらに短縮されて次の節のタイトルに表されている。

---

[9] これらの想定の大部分は無意識になされる。これらの条件は自明のもの（"taken for granted"）として仮定されている。後で見るように，そこにあるのは多くの信頼期待の典型的なメルクマールである。

2.4 条件に投資するということ

2.4.1 導　入

　以下のような素晴らしい格言がある。人は2つのことに腹を立ててはならない。1つは変えられるということ（どのみちそれは変えられるから），もう1つは変えられないということ（どのみちそれは変えられないから）である[10]。

　この考えは倫理といくらか共通点を持っている。もともと倫理はありきたりに聞こえるが，他方それを自分のものにできれば，倫理は疑いなく生活をうまくいかせられるようなパースペクティブ（ゲームの理解）を提供してくれる。

　同時にそれは，「そんなに簡単なら，なぜそれでもひとはたびたび腹を立ててしまうのか」と疑問に思ってしまうという点でも，倫理と共通点を持つ。そしてそれによって，実践的三段論法と，意味ある行為の方向付けを現実に実施するという問題，すなわち日常のあらゆる状況が異なっているがゆえにたびたび困難になる，「どのように」という問いに再び直面することになる。

　ここではそれを個別に詳細に取り上げないが，理由だけいくつか示唆しよう。その意義については本書のこの先で何度も示される。

1. 確かに多くのものは変えられるが，しかし変えるのには**費用**を伴う。費用は放棄，努力，時間の消費や金銭的出費にも現れる。そうであれば，まさにこの点にすでに，新たな怒りの理由が再び現れている。
2. 倫理的に見てもっと重要な試練は，どのように**われわれを取り巻く人たち**と振る舞うのかという問題にある。これは第一のカテゴリー（変えられる）に属するのか，それも第二のカテゴリー（変えられない）に属するのか？われわれを取り巻く人たちは変えられる能力を持つとしばしば仮定されるが，われわれ自身は他者のイメージに沿って変えられる能力を持つとは想定されない。そして少なくとも同じくらい重要なのは，それが経験的条件に過ぎないのか，それとも「自己目的」[11]と見なされるべきなのかということである。
3. 最後に，自分が望む変化は，それはそれでたいてい他者の行為に依存するという問題も生じる。つまり，望まれた行為の帰結を完全にコントロールすることはできず，最低限のコントロールができる場合があるに過ぎないということである。その時それは再びポイント（2），場合によってはポイント（1）に導く。

---

[10] その宗教的変形が，アメリカの神学者ラインホールド・ニーバー（Reinhold Nuebuhr）の次の祈りの言葉である。「神よ，変えられないものを受け入れる冷静さ，変えられるものを変える勇気，そして変えられるものと変えられないものを区別する賢明さを，私に与えたまえ」。本書の理解では，倫理とはこのような賢明さに貢献する試みである。

[11] この概念については 7.2.2 節を参照。

これら3つのポイントはすべて，本書の全体を通じて取り組んでいく。しかしさしあたり，第一のポイントである**費用**の問題から議論をスタートさせたい。「費用」がここでは日常語の意味ではなく，経済学的な意味で理解されているのは大事な体系的ポイントである。普通，費用と聞いて人が思い浮かべるのは，新しい自動車とか，昼食に支払う金銭，あるいは企業が賃金や給与を支払うことで発生する費用だろう。

しかしここでは，費用は以上のような意味を持つのではない。すでに1.1.4節で取り上げた，経済学において「代替費用」あるいは「**機会費用**」と呼ばれる費用が問題となる。この概念はすでに，評価された選択肢，より正確には行為の選択肢が問題となることを示している[12]。それで機会費用が意味するのは，**セカンドベストの（すなわちファーストベストが選択されなかった）選択肢を選ぶことによる効用の取り逃し**である。ある選択肢を選んで意思決定するということはすべて，同時にその状況で有していた別の可能性を選ばないという意思決定をすることでもある。お金を貯めるとき，支出はされない。ある特定の大学で勉強することに決めるということは，同時に他の大学で勉強する可能性を選択しないことを意味する。ある特定の立地に関する企業の意思決定は，可能性としてあり得た別の立地を除外するという意思決定でもある。そしてある企業が腐敗・汚職（あるいは別の無責任な行為）によって利益を得ることを放棄するということは，この企業が信頼に値することへの投資である。

したがって，ここで用いられた概念に従えば，**投資は金銭の支出とはほとんどの場合関係せず，むしろ短期的に魅力に思われる行為の選択肢を放棄すること**，つまりこの意味で**自らを縛る**ことである。そしてこれはいつも単純というわけではないので，可能性の基準に従いそのような投資を促進する条件を作り出すことが有益なことが多い。それに従う形で，本節のこの先の考察は以下のように分けられる。2.4.2節で投資というコンセプトがさらに明確に説明される。2.4.3節ではセルフ・コミットメントというテーマについての説明がなされる。「条件への投資」に関するいくつかの考察で本章は締めくくられる（2.4.4節）。

2.4.2 投資というコンセプト

自分にとって大事な何かを達成したくとも，普通はそれは苦労せずに懐に転がり込んでくるものではない。よって自らで何かをしなければならないし，時には何かを捨てなければならない。この2つのことは本書の鍵となる概念である投資と非常に大きく関わる。

---

[12] このような規定は理論的にはありふれたものではない。というのも，経済科学において機会費用はたいてい希少な資源の利用と関連づけられているのであり，それは行為の選択肢といつも一致するわけではない。その上，機会費用は（代替的な）制度の編成にも関係づけられる。制度の編成においても同様に，あるルール体系を実施するということは同時に別のルール体系を実施しないことを意味するのである。

もう一度強調しておくべきことは、「投資」から連想されるのは第一に、普通日常で考えられているもの、つまり金銭の支出ではないということである。金銭の支出もそれに属するのかもしれないが、本書の意味での投資の意義はもっと一般的で、自分の行為（あるいは何もしないこと）が問題となるのである。

 以下のシェーマにおいては、このことは次のように表現されている。戦略Ⅰか戦略Ⅱを選ぶという二者択一の選択を前にすれば、戦略Ⅱのほうが魅力的に思えることがわかる。戦略Ⅱでは4の利益が得られるのに戦略Ⅰでは-2の費用が発生するからである。

図表6　投資のコンセプト（1）

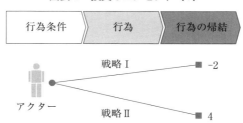

 しかし生活はそれで終わるわけではない（し、その方が望ましい）。戦略Ⅱが自分に不利な道に続いている（**将来の行為条件を生み出す**とも言える）ことも考えられるだろう。「より大きなイメージ」はひょっとすると以下のようになっているかもしれない。

図表7　投資のコンセプト（2）

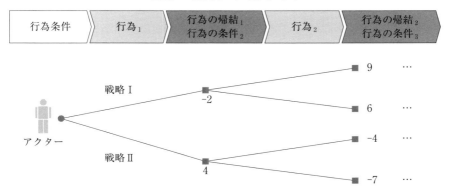

 前の図との違いは、戦略の選択により意図された行為の帰結が導かれるのみでなく、それによって同時に自分にとって将来の行為条件が生み出されることにある。出発時点で何を選んだかに応じて新しい状況が生み出されるが、それによって行為のオプシ

ョンが広がると同時に狭まる。よって，さしあたり魅力的に見えた戦略Ⅱは，その先の支払いが戦略Ⅰによって開かれる選択肢よりも明らかに悪くなる新しい選択肢へと導くのである。したがってそのような状況では，たとえそれが最初は「費用」となるとしても戦略Ⅰを選ぶことが理性的であり，（正しく理解された）自己利益にかなうものである。その費用は −2 の支払いのみでなく，取り逃した 4 の利得という機会費用にも存在するからである。

まさにこれが，上で挙げられた投資の理解の意味するところである。すなわち，後でより良い状態になるために，「放棄」あるいは「犠牲」を受け入れるということである。あるいはネガティブに表現すれば，投資は投資しなかったことを後悔するのを避けるという目標に役立つものである。

この事例はたくさんある。時間通りに仕事場にいるために朝起きるということはすでに投資とみなせる。同じことは，そのときやる気がなくても，すべき課題をやるということにも当てはまる。セミナーへの関心や参加も，さらに別の投資事例である[13]。

注記すべきことは，これらの考察はまだ，道徳的行為ないし責任ある行為に特有なものをとらえてはないということである。これらは，他者に与える自分の行為の帰結を理性的な形で考察し，意味ある投資のための結論をそこから引き出す段になって，はじめて明らかになるものである。

> 結論：本書で投資するということが意味するのは以下のことである。具体的な状況では（場合によると）それをする気が起こらないが，それに沿って行為しなかったことを後悔すると見込まれるからこそ，自分にとって良いことだとわかるようなことをすることである[14]。

2.4.3　セルフ・コミットメント（Ⅰ）[15]

したがって，投資はより長期の自分の目標を達成するために，われわれの理性，判断能力を用いるということに関わる。典型的なことは，実際投資するかどうかは，たいていはわれわれの直接の関心ではないということである。投資は通例，広い意味での費用，例えば努力，注意，負担や，金銭の支出もそうだし，そしてとりわけ，まさ

---

[13] たとえそれが，得られるものがあるかどうか疑わしいセミナーだとしても。しかしその場合ですら，それはなお自分の人的資本，自制的資本（Lindenberg 1993）への投資かもしれないし，あるいは倫理的に言えば，意志の弱さとは反対の，自制の徳への投資かもしれない。

[14] もう一度指摘すべきことは，この行いがたいてい短期的に魅力的な選択肢を捨てることでもある，あるいはもともとは身をさらしたくなかった事情を受け入れることでもある，ということだ。

[15] ここでは，セルフ・コミットメントはさしあたり自分の行為条件を作ることだけに制限されている。後で，信頼できるセルフ・コミットメントが他者へのシグナルとなり，その限りで協働の成功のための条件となりうるという考え方が加えられる。そして，セルフ・コミットメントが道徳的質を得るのは，それが責任ある行為ないしは黄金律に沿った行為の促進に役立つようになってからである。

に短期的に魅力のある選択肢を捨てることと結びつくからである。目覚ましがなり，約束があるのにベッドで寝たままでいる，ダイエットに合わせて計画された食品があるのにクリームケーキの誘惑に負ける，あるいは骨の折れる品質チェックを詳細に実行せず，ちょっと見ただけでチェックリストに印をつけるなどのような直接の状況的インセンティブに従うことは，たびたび楽で誘惑的であり，心地よいものだろう。

　そのような状況において決意した行為に忠実であること，すなわち投資することは，その限りでつねに**セルフ・コミットメント**[16]，すなわち短期的には誘惑のある選択肢の利用を**放棄**することである。

　セルフ・コミットメントの簡単な例は，例えば目覚まし時計をセットすることである。そして翌朝目覚まし時計のスイッチをあっさり切って，すぐにまた寝てしまう危険があるとわかっているなら，絶対起きられるように目覚まし時計をベッドから届く範囲の外に置くこともできる。

　セルフ・コミットメントに関するもう1つの古典的な事例を，ホメロスがオデュッセイアの中で伝えている。英雄オデュッセウス（Odysseus）は，船で航行中，ある島も通過した。そこではセイレーンが魅惑的な歌声を響かせて人間をおびき寄せ，その島で死なせていた。ここでオデュッセウスは，誘惑にさらされないよう，自分で自分の耳に蝋をつめて聞こえないようにするといった，単純なセルフ・コミットメント手段を応用できたかもしれない。実際，そのような遮断による魅惑的オプションの回避は，セルフ・コミットメントの典型的形態である。しかし彼はより複雑な形を用いた。それはいわば文字通りセルフ・コミットメントのメタファーとしてもたびたび利用されるのだが，彼は乗組員の耳を蝋で封印すると同時に，自分をマストに縛りつけ，島から十分安全な距離まで離れるまでは決して解放しないように彼らに頼んだのである。このようにして彼は，望ましくない行為に屈することなく，つまり島でセイレーンに出会うことなく，歌声を享受できたのである。

　今日的に言えば，以下のような事例が挙げられる。

- ノートパソコンあるいはスマートフォンのような仕事用具を旅行中に持ち出すことをやめることで，旅行中なのにそれらを利用する誘惑に駆られないようにする。
- もっとたくさん歩くとか，自転車で行くとか，公共交通機関を使うように自分自身を駆り立てるために，自動車を売却する。
- ある一定期間自分のコンピューターのインターネット・アクセスを遮断するようなアプリケーションを買う（！）（実際そのようなアプリが存在する）。
- ある特定のグループに入るとか，要求度の高い大学に登録するとか，負担は大きいがやりがいのある仕事に応募し，そこでそのグループとか大学，雇用者が，ある特定の方向性で行動を教育するとか，ここでいう投資に相当するような能力を育成あるいは応用するよう仕向けるのなら，これもセルフ・コミットメントと言えるかもしれない。

---

[16] これについての基本は Elster 2000 を参照。

これらの事例が示しているのは，（成功した）セルフ・コミットメントはすべて，a) セルフ・コミットメントの意図，b) 促進条件，c) 実行，すなわち自分の行為，という要因を含んでいるということである。

　a) について：「セルフ・コミットメント」という概念が示しているのは，深く考えない行動ではなく，自分の目標あるいは価値イメージを実現するために，障害となっている行為可能性を自分自身で不可能にすることで，自分自身を縛るということである。ちょうどそれは，オデュッセウスが自らをマストに縛り付けさせた時にしたことであり，あるいは「値段を吊り上げる」，つまり魅力のないものにさせることである。
　このような行動の背後には，どこにメリットがあるにしても，自分自身にとってメリットのある形で自由を利用するという**意図**がある。その限りで，このような考察は後でもさらなる意義をもつことになるだろう。セルフ・コミットメントが観察できれば，場合によってはそこからアクターの意図，そしてそれと共にその意図が信頼に値するかどうかをさかのぼって推論することができるからである（第4章を見よ）。
　b) について：どんな状況でも理性的だと思うことをきっちり行う意志の強さを，誰しもが持っているわけではない。意志の弱さは，倫理学において古くからあるテーマである。[17]しかし人間の理性が特異なのは，とりわけ，そのような弱さを認識し，それを理性的に扱うことができるからである。人間は，自分自身の将来の行為を期待し，その際過去の経験に基づいて自分を導かせることができる。[18]これを考慮して，セルフ・コミットメントを実施するためによりよい環境を自分自身に生み出そうとすることができる。つまり，**状況的条件**に投資することができるのであり，それは意図したことを実行できるよう，われわれを助けてくれるものである（次節を見よ）。
　c) について：たとえ意図や有利な条件を生み出したとしても，最後まで残るのが，具体的な状況で実際に**実行**するという問題である。その際立った事例がアルコール依存症患者の例である。彼は酒を断つと固く決意し，在庫の酒をすべて捨て，促進条件としてしかるべきグループに加入した。しかし彼は，わずかな時間もたたないうちにキオスクへ駆け込み，アルコール含有度の高い酒を手に入れたのである……。ここにも人間の自由が持つ基本特性が明らかになっている。[19]そしてそこに，信頼というファクターの根本的重要性も存在する。信頼は自由と結びついているがゆえに，信頼は完全に身を守ることができないのである。

---

[17] それについては9.1節も参照。
[18] これは時間次元が持つ意義を指摘したものであり，5.3節と9.2節でテーマとされるだろう。
[19] それは企業の場合には次のことに現れている。企業はもともと模範的な価値マネジメントを有しており，経営者や従業員は高潔な行動について講義を受け訓練されており，万一違反した場合には厳格に罰せられるのである。それでもなお，従業員が腐敗・汚職する，あるいは別の形で無責任な行動を犯してしまうのである。

2.4.4 条件への投資

　先ほど確認したように，状況的条件はわれわれができることにも，そして同時にわれわれがすることにも，かなりの影響を及ぼすことは明らかである。よく言われるように，それは良い知らせでもあり，悪い知らせでもある。悪い知らせというのは，われわれが善き生活を送るのを状況条件が著しく妨げてしまうということである。良い知らせというのは，原則的にわれわれ自身にとって促進的な条件を生み出すよう働きかけられるということである。つまり，われわれが「**できること**」，われわれ自身の将来の（行為の）**条件**に**投資**できるのである。より正確に言えば，それが意味するのは以下のことである。

- 促進的な行為条件を生み出すことができる。
- 促進的な行為条件の維持に投資することができる
- いまはそれほど快適ではなくとも，受け入れることで快適さが維持されるなら，その場合も促進的な行為条件を受け入れることができる。
- 不利益をもたらす行為条件を回避するか，弱めることができる[21]。

　ここで問題になる行為条件は非常に多様である。以下で例を用いていくつかの形態を挙げよう。

- **能力**。それらは，とりわけ習慣やルーティンの形をとることもあるが，しかるべき状況において対応でき，状況に合わせて行動（反応）するよう手助けしてくれる。その際，倫理のコンテクストでは**徳**という言葉が用いられる[22]。
- **われわれを取り巻く人たち**はわれわれの行為条件について中心となる要素である。例えば自分のモチベーションを高めてくれるような人間に囲まれ，彼らと会い，一緒に働くことは，明らかに大きな助けとなる。
- **組織**は今日では本質的にわれわれの生活に影響を与えている。組織に加入し，時に脱退することで，同時に，どのように振る舞い，どのような才能や素質を発展させるのかなどに関しても，生活や行為可能性を形作っているのである。
- より具体的に見れば，組織における特殊な**手法**や**プロセス**もまた（デザインされた）行為条件であり，それは目標の達成をかなり簡単にするし，もとよりそれがあることではじめて目標達成が可能となる。それはルーティンとなることが多く，それに従えば特定の目標がより簡単に達成可能となる。ときおり正反対のことが言えるときもあるが，その場合はその変更あるいは廃止に投資することが重要である。
- 例えば具体的な職場のデザインであれ，室内の環境であれ，騒音公害を防止することであれ，**周辺環境のデザイン**も同様に自身のモチベーションないし厚生を高めて

---

[20] 後で，その影響が普通想定されるよりもはるかに明確に大きいことを見ていく。
[21] しかしこれらはすべて，つねにわれわれの可能性に従ったものでしかない。われわれは現実から逃れられないのである。
[22] 7.2.4 節を参照。

くれる（か損なわせてくれる）。
- 何度も取り上げることになる最も重要な行為条件の形態の1つが**ルール**である。よって本書でも繰り返し，最重要のテーマとして扱われる。
- 似たような意義を持つのが，思考のパターンや認知のパターン，すなわち**ゲームの理解**である。それは同じく制限の中で作られるものである。あらゆる専門教育や再教育はそれに基づく。そのようなパターンが促進条件となるのは，とりわけそれらがわれわれに色々な状況で大事なことを思い出させてくれるとか，役に立つ方向付けを示してくれる時である。

行為条件について，これ以外の形態やもっと具体的な事例をたくさん挙げることもできよう。このように列挙することで，われわれが多様な形でこの行為条件に影響を与えているということも明らかになる。そして，われわれの目標達成を助けてくれるような条件を探し，促進させ，維持すること，そして逆に，それを妨げるような条件を避ける，あるいはその影響を減らすことが理性的だというのはすぐに理解できるだろう。まさにこれが，「条件への投資」ということが意味することなのである。

うまく機能している特定のルーティンを一度やめるという「誘惑」が突然起こったとしても，あるいは状況条件が変わり，そのルーティンを守ることが難しくなった（「費用がかかるようになった」）としても，そのルーティンを守るのなら，それもまた条件への投資だと言える[23]。

条件への投資でもう1つ別の重要な形態は，既存のルール体系がそれ自体われわれの自由，ないしは具体的な目標や利害の基礎となっている（上を見よ）ので，それが制約だと感じられているとしても，それでもなおルール体系を受け入れることである。税金の支払いや，企業において例えば安全，健康，あるいは環境保護に役立つようなスタンダードや手続きを遵守することなどがその例である[24]。

最後に，その状況がわれわれにとって，短期には魅力的であるかもしれないが，良くないと思っているとか良くないと分かっているような状況への遭遇を意図的に避けるのも，われわれの自由を理性的に利用していると言える。それに該当するのは，確かにもしかしたら魅力的な提案かもしれないが，しかし場合によっては後悔するかもしれないような従属関係をもたらす可能性のあるネットワークであり，協力パートナーも同じである。

とりわけここでこのようなセルフ・コミットメントとしての投資という性格，ないしは機会費用という事情がはっきりと現れるのは，例えばある企業において，企業自

---

[23] ここで典型的に問題となっている条件は自分の人的資本であり，例えばそれは肉体的に良好なコンディションとか特定の能力の維持，あるいは一般的に言えば意志力の形をとる。
[24] 自分の経験から語れば，私の大学で，火災予防，応急処置やオフィスデザインについて規則通りに実施されるべき講習を，私は必ずしもいつも熱心に実施しているわけではない。しかし興味深いことにそれは，他のことをしたいと思う場合ですら，その瞬間に実際には意味ある講習だと思わせてくれるのに有用だし，少なくとも弱い動機づけの形で影響を与えることができるだろう。

身のインテグリティを危険にさらすと思われる仕事の引き受けをやめる場合とか，うまく働くフレームワークが欠如しているために，きちんとした形で利益を稼ぐチャンスがないような市場に企業として進出することをやめる場合である。

第3章 協　働

「各々の個人が別々に，自分のためにだけ労働するとき，個人の強さは，何か大した仕事をやり遂げるには，あまりに乏しい。個人の労働は，あれこれの異なった必要をすべて満たすのに用いられて，どの1つの技芸でも，完全な習熟には達しない。また，いつでも同じような強さを保ち，成功に恵まれるわけではないから，どちらかの点で少しでもうまく行かないと，破滅と貧苦が避けられない。社会が，この3つの不都合に対策を与える。たがいの強さを結びつけることによって，われわれの力は増大する。仕事を分割することによって，われわれの能力は高まる。たがいに援助しあうことによって，われわれは，運や偶然に左右されることが少なくなる。こうして，強さ，能力，安全が加わることによって，社会の利点が生ずる」(Hume 1985, III, 2, 2)[1]。

3.1　相互行為に埋め込まれていること

　あなたは今日もう何か食べただろうか？食べたのなら，すでに他者があなたのために働いたことに頼っていたことになる。いま着ている衣服も，他の人間があなたのために製作した可能性が非常に高い。そうではなく，いくらかは自分で作ったとしても，衣服を作るためにウールあるいは他の素材を他者から取り寄せたはずである。いま住んでいる家も，少なくとも間接的には何百人もの人が，家が建ち，機能し，整えられるように，陰に陽に力を出し合ったのである。あなたがお金を稼いでいるなら，それは協働によってのみ実現できる。そして金銭も，他者があなたの金銭を受け入れる気がないのなら，何の価値もないのである。協働の成功は日常生活における基本的前提条件である。

　他の方法でも，われわれ個人が**社会関係**（soziale bzw. gesellschaftliche Beziehungen）**に埋め込まれている**ことが明らかになる。「悪しき隣人に気に入られなければ，もっとも敬虔な人でも平穏に暮らすことはできない」。この言葉はシラー（F.v.Schiller）の「ヴィルヘルム・テル」(IV, 3)からの引用だが，以下のことを明らかにする，数多くの指摘の1つに過ぎない。すなわち，われわれ人間が日々扱わなければならない，おそらく**最も重要な経験的条件は，他者である**。

---

[1]【訳注】この翻訳は，伊勢俊彦／石川徹／中釜浩一訳『デイヴィッド・ヒューム　人間本性論　第3巻　道徳について』法政大学出版局，2012年，40ページから引用した。引用にあたって，日本語訳に付されていた傍点は削除した。なお，原書ではズーハネク氏が英語版の原著をドイツ語に翻訳した文章が掲載されている。

実践的に見れば，われわれが消費あるいは利用する製品やサービスはすべて，他者の労働に基づくものである。さらにまた，道路交通，スポーツ，（なおのこと）健康保険制度という第1章の事例は，われわれが世界で一人きりではないことを明らかにしていた。

　興味深いことに，これらの事情，すなわち自身が社会環境において埋め込まれた存在であることと，そこから生まれる依存関係は，自由や自己決定が話題となるときには簡単に過小評価されてしまう。自分が行為できるどうかは本質的には完全に他者も関わっているのに，それは直観的には明らかでないように思われる。けれども，生活のために必要とするものを他者から受け取っていることだけでなく，以下のような哲学的にもっと要求度の高い問題もあることに気づく。すなわち，**個々人の自由は集合的に実現されるのである**。[2]

　このことは，他者がまさにやりたいことを自分にさせる（あるいはまったくさせない）という，弱めのネガティブな言い回しもできるし，先ほど挙げた消費の例が説明したように，自分の目標の達成が他者の関与と結びついているという，より強いポジティブな言い回しでも言える。

　このような考えは，本書でこの先何度も登場する次の決まり文句，すなわち**社会は「お互いのメリットのための協力の企てである」**（Rawls 1979, 105; 強調は筆者）においても確認できる。ここで「メリット」が意味するのは，前章で話題となっていたこと，すなわち（与えられた可能性の枠内で）自分の利害を自由に，つまり自分で決めた形で追求し，実現することである。しかし達成を望むすべての目標は，そのほとんどが，協力してくれる他者の助けを借りてしか達成できないだろう。[3] よってそれゆえに，何度も**投資する**，つまり協力を成功させるために自分が貢献しなければならないのである。

　　結論：自由は，他者との協力の中でしか実現できない。

3.2　協働の形態[4]

　経済とは，原則的に言って，お互いのメリットのためにこのような協力をできる限り生産的に作り上げること以外のなにものでもない。このような協力は多様な形態をとりうるのだが，以下では最も重要な形態を考察する。

---

[2] これは，とりわけトマス・ホッブズ（Thomas Hobbes）のリバイアサン（Leviathan）（1976）以来の，社会哲学全体の根本テーマである。最近ではとりわけジェームズ・M・ブキャナン（1984）とカール・ホーマン（1988）がこの考えを体系的に発展させた。

[3] 倫理とは，ある意味でこのような事情に関する省察の一般化以外のなにものでもない。

[4] この形態に関するここでの紹介はかなり不十分である。詳細な叙述についてはHomann / Suchanek 2005, 2.4節を見よ。

- 共有財の利用
- 処分権の相互承認
- 資源の統合
- 交換
- 分業と専門化
- リスクマネジメント

　ここに挙げた形態の他にも，もう1つの協力の観点，すなわち「協働利得」をはっきりと指摘できよう。それはお互いを尊重すること，一緒に達成したことへの喜び，あるいはお互いに成功していることそれ自体から生まれる類似の効用形態などを通して，他者との協力の成功から引き出すことができるものである。そのような要因はそれ自体価値があるだけでなく，後で叙述される協働形態に対してかなり大きな影響を及ぼすこともある。そしてそれが信頼関係の構築や維持に役立つのである。

3.2.1　共有財の利用[5]

　共同で自由に使える財を破壊することなく利用することは，もっとも古くからあるが，今日でも重要な協働形態の1つである。このような財として挙げられるのは，例えば牧草地，漁業領域，森林などであり，また海洋や空気などもそうだし，さらにアウトバーン，社会保険システム，インターネットなども含まれる。とりわけここで考察の中心となる種類の資本は，信頼の雰囲気である。

　そのような財に典型的なのは次の2つである。(1) 共有財へのアクセスを簡単に制限できないこと。すなわち，個々人がその財の維持に貢献したこと，ないしは過剰利用を防止するために財の利用を制限する意欲があること，これらが前もって証明されなくとも，彼はこの財を利用できるのである。(2) その財は無制限に存在するわけではないので，他ならぬ消費の制限，手入れへの投資，浸食からの保護などのような，財を維持することへの貢献や投資が必要となること。

　いくつかの共有財については，利益が得られるような価値ある資源だと全く気づいていないことも多い。この点から見れば，きれいな空気と信頼の雰囲気はいくらか共通点がある。すなわち，過度に負担をかける，あるいはそれを維持するための投資が不足していたことにより，それが簡単に使えなくなって初めて，その価値に気づくという点である。

　そうだとすれば，これらの価値ある共有財を維持する，ないしわれわれの行為によってその存続を脅かさないことがわれわれの**責任**だと考えるのは，もっともなことである。しかしすでにここに，責任ある行為が抱える試練が現れている。それが成功するかどうかは，自分自身にだけ，かかっているのではない。ここでも協働が問われて

---

[5] これについての基本はOstrom (1990) を参照。

いるのである。共有財の個々人による利用，そして責任もそうだが，これらは当該の共有財の保護ないしは保持を保証するために何らかの形で調整されなければならないし，また制限されなければならないことも多い。そのために，ルールのみでなく，このルールを実施する独自の組織が必要となることも多い。それはたいてい国家だが，場合によっては私的な組織も含まれる。その限りで，協働の成功はしばしば多くの前提を求めるのである。

3.2.2　処分権の相互承認

現代社会において，協力を生産的にするために，一般的に言えば経済を機能させるために，十分明確にされた所有関係ほど重要なものはない。そしてこれがどれほど根本的かを示すのが，以下の，冗談として広まっている物語である。

> 夜会である男がマイクの方に向かい，注意を促した。「皆さん，ここで札入れをなくしたようです。見つけて私に返してくれた人には200ユーロの謝礼をお渡しします」。それに対してある声が聞こえた。「私は250ユーロお渡しします！」

この話は，他者の処分権，彼らの私的所有を承認することはわれわれにとって本来当然のことだという事情をオチにしているのである。とりわけ，自分には他者の所有権はそれほど重要ではないとあからさまに世間に示している人はおそらくいないだろう。それが当然であることは，このような**処分権の相互承認という共通のゲームの理解**がどれほど根本的かを示しているのである。

自由や社会の協働に対する処分権の意義については多くの文献において指摘されている。よってここでは以下のポイントだけ指摘しよう。

処分権に関する信頼できるシステムは，**投資**にとって根本的に重要である。他者が自分の努力や貢献の成果を不当に得ようとする恐れがあるなら，その人はそれに対する投資をやめるだろう。しかしそれは，自分自身にとってのみでなく，他者にとってもデメリットであることが多い。特許権の例を挙げよう。企業もそうだし，個人にも当てはまるが，彼らが新製品，新しい手法や品質などの研究に多額の費用を投資するのは，それら自体が後で彼らに利益ももたらす場合だけである。まさにこのために特許が考え出されたのである。

この事例が示しているのは，私的処分権の持つ重要なインセンティブ効果は**排除効果**だ，ということである。すなわち，所有権者として，他者に自分の所有権の利用を拒むことができる（し許すこともできる）のである。そして興味深いのは，これが他

6　厳密に言えば，私的所有は処分権の特殊な形の1つに過ぎない。しかしここではこれ以上，それに対応する区分を取り上げない。
7　これについての基本は例えばBuchanan 1984とDemsetz 1967を参照。
8　断固として利他的な理由から投資するのであれば話は別だが，しかし経済活動においてはそれは例外だろう。

者にとっても原則的にメリットがあるということである。それは他者自身が自分の好きに利用できる所有権を彼ら自身が自由に利用できる（のを望む）からというだけではない。所有権が機能すること，すなわち，特に一般に承認されたシステムとなることで，それを**生産的に投入**しようとする意識，それと共に社会的な価値創造へつなげようという意識が莫大に高まるのである。これはお互いのメリットのための持続的な（社会的）協力における基本的前提条件である。

3.2.3　資源の統合

　もう1つの基本的な協働の方法は，個々人がそのつど使える資源を統合することである。それは，例えばピアノを2階に運ぶとか，何かを組み立てようとする際に，一緒にそれを成し遂げる時にすでに始まっている。チーム作業もこれに挙げられる。

　もっと重要なのが，継続でき，社会的協力に秩序を与えるような資源統合の形態である。家族の他に，ここではとりわけ組織，つまり企業も挙げられる。

　組織は，こう言ってもよいなら，お互いのメリットのための協力の形態が構造化されたものであり，それはあらゆる組織メンバーに権利と義務を与えている。したがって，あらゆる組織メンバーに貢献する，あるいは投資する，とも言えようが，そうするよう圧力をかけるのであり，その見返りに彼らは，例えば給与あるいは配当金など，組織からの様々なメリットを受け取るのである。[9]

　第3部では，組織，より詳しくは企業について，さらに詳細に取り上げる。よってここでは詳しく取り上げない。しかし，政府組織もあれば非政府組織もあるという形で，さらに別の組織が数多く存在することは指摘すべきだろう。どんな場合でも，それぞれの組織は，組織なしでやるよりもよりよくメンバーの協働を実現するということが出発点となる。これに加えて，倫理的に見れば，それぞれの組織がそれ自体社会的に正当であるかどうか，すなわち組織が組織メンバーでない人の正当な利害を適切に考慮すると想定できるかどうかという問題もつねに重要だと指摘すべきだろう。

3.2.4　交　　換

　交換は，資源の統合と並んで，お互いのメリットのための協働の中でおそらく直観的にもっともわかりやすい形態である。双方の交換相手は自発的に同意し（そうでなければ交換ではないだろう），少なくとも彼らの期待に沿ってより利益を得ようとするのであり，そこでは，集めている写真の交換なのか，パンとか冷蔵庫，ソフトウェアの購入なのか，旅行の予約なのか，保険の契約締結なのかは，あまり重要ではない。

　しかし，交換がもたらすのはこのような直接的に明らかなメリットだけではない。

---

[9] 資源の統合から交換への移行はまったく流動的である。それはいつもと同じように，どのような記述がより適切かという問題に依存する。

さらに重要なことは，想定できる交換プロセスへの見通しが立つということであり，それがもっと複雑な分業プロセス（下記を見よ）に関わることを可能にするのである。そしてきわめて重要なことは，資産を場合によっては後でも交換できる見通しがここでも存在するなら，資産はかなり思慮深く，より持続できるように扱われるということである。

3.2.5 分　　業

「労働の生産性が飛躍的に向上してきたのは分業の結果だし，各分野の労働で使われる技能や技術もかなりの部分，分業の結果，得られたものだと思える」[10]。経済史上もっとも影響力を持つ書物の1つである，アダム・スミス（Adam Smith）の「国富論」の冒頭にはそう書かれている。

実際，分業の増大，そしてそのますますの細分化ほど，過去数百年の経済発展が推し進めたものはなないだろう。それによってはじめて**専門化**，すなわち特殊な能力の養成が可能となったのであり，それがより複雑な生産プロセスをもっとも早く可能にしたのである。分業は**権限委譲**原理の基礎でもある。それは周知の協働形態の1つであり，すべてを1人でやろうとする，あるいはやるべきというのはまったく意味がないという事情を考慮したものである。

分業が人間をお互いに依存させるということは，別の協働形態の場合にも原則的に成り立つが，特にここでそのことが明らかになっている。誰もがいまや，自分自身ではもう作らない，他者のパフォーマンスを必要としているからである。このような相互の依存関係にはよい面もあるが，問題も生み出す。これについてすぐに詳しく取り上げよう。

3.2.6　リスクマネジメント

生活は原則的に不確実である。よって今日投資したとしても，期待された収益が将来実際に発生するかどうか，確実な保証はない。しかしわれわれは，実現される期待をするとか，計画を立てそれが成功するよう実行することができる。その際，将来に関して生じる不確実性を計算可能なリスクに転換することがしばしば有益である。

その場合には協働が有益となるだろう。**保険**を見ればそれは明らかである。保険が多数の類似のリスク事例をプールし，必要な場合に被害者への支援を確約することで，病気になったときや家庭内の事故，はたまた収穫高の損失あるいは価格変動の可能性など，きわめて多種多様な生活領域において利用される，お互いのメリットのための協力の基本的形態が実現されるのである。

---

[10]【訳注】この文章は，山岡洋一訳『国富論―国の豊かさの本質と原因についての研究（上）』日本経済新聞出版社，2007年，7ページから引用した。

その際，それに対応できる保険は，二重の意味で生産的である。一方でリスクをプールすることで全体としてもリスクを減らすこと，他方で保険に入っている人により高いリスクを冒すよう動機付けること，すなわち投資を促すということである。つまり，リスクが**生産要素**となるのである（Sinn 1986）。

他の形でも，協働によってリスクをもっとうまく克服できる。多くの市場では，自分のビジネスのリスク要因，例えば為替リスクを「ヘッジする」，すなわちより高いリスクに対応できる市場パートナーにそれを委ねることが可能である。その場合，この市場パートナーは，将来の取引に対して規定の相場を保証し，取引の時点で実際の相場がそこから外れていくというリスクを引き受けているのである。

結論：日常の協働形態は非常に多様であり，生活のあらゆる領域に関係している。

3.3 ジレンマ構造

内容ある形で自由を謳歌したいと思うなら，協働するしかない。しかしそれは，自分たちを他者に依存させる，ということも意味している。それは基本的で広い射程を持つ問題へと導く。すなわち，他者もまた自由なので，彼らも望みを持ち，各々の「ゲームの理解」を持つ，ということである。そこから，「他者は自由をどのように利用するのだろうか？」「信頼できる行動期待をどのように生み出すことできるか？」という問題が生じる。

このような問いが生まれるのは，とりわけコンフリクトが起こるケース，すなわち他者へ及ぼす影響を考えずに，協働しないとか，他者と依存関係にあることを食い物にするとか，単に自分の目標や利害を追求するといったことの原因あるいは根拠，つまり経済学者の言葉で言えばインセンティブが，個々人にあるケースである。さらに，日常において大小様々なコンフリクトが起こることは避けられない。

このようなコンフリクトにはきわめて多様な原因が考えられる。倫理的に見れば，自由の利用と関係する原因が特に興味深い。社会科学や社会哲学では，ここ数十年である１つのシェーマ，いわゆる囚人のジレンマのシェーマが，多くの協働問題の体系的な核心部分をより理解することに特に役立つことがわかってきた。これは一般的な形では以下のように表される。

「プレイヤー」AとBはともに，両者とも２つの取り得る選択肢，すなわち協働する（k_i）か協働しない（nk_i）のいずれか１つを選択できるという状況に立たされている。

両者の意思決定から生まれる結果は，象限ⅠからⅣまでの数字で表現されている。最初の数字がAの評点に，二番目の数字がBの評点に相当する。Aがk_Aを，Bがk_Bを選択すると想定するなら，結果は第Ⅱ象限に現れる。この結果はBにとっては一番いい２の評点が得られるが，Aにとっては-1で，最も悪い結果となる。

図表8　囚人のジレンマ（1）

	B	
	k_B	nk_B
A　k_A	I　1/1	II　-1/2
nk_A	III　2/-1	IV　0/0

　AとBは何を選ぶだろうか？　合理性の前提や厳密に自分の効用を求めるという前提を意思決定上の基礎におくゲーム理論の観点から見れば，解答ははっきりしている。両プレイヤーとも nk_i を選択する。彼ら個々人の視点から見れば，<u>相手が何をするかに関わりなく</u>，それを選択することで両者ともより大きい利得を実現できるからである。つまりAが nk_A を選ぶなら，彼は2あるいは0を受け取る。彼が k_A をもし選んでいたら，結果は1と-1だったはずで，いずれにしても少ない利得になるだろう。

　そのことは両プレイヤー共に当てはまるので，少なくとも理論的に見れば，両者の行為の結果として第IV象限，すなわち両者とも0の利得がもたらされる。そしてここで決定的なポイントに導かれる。すなわち，まさにそのことによって，両者は実現できたはずの利得よりも悪い利得になってしまっているのである。両者が ki を選べば，両者共に1を得られたはずだからである。

　このモデルに当てはまるような状況の事例は多数見つけられる。そのことは，前に紹介されたお互いのメリットのための協力形態のすべてにも当てはまる。それらを詳しく見てみよう。

　<u>共有財の利用</u>：そのような事例においては，残念ながら，生活において重要な協働ですらこの構造に打ち勝てないということだけが明らかになる。

- きわめて多種多様な努力にもかかわらず，温室ガスによる侵害が進んでしまう。この間，それに関係すると見込まれる気候変動が，ポジティブな帰結よりもはるかに多くの有害な帰結をもたらすと実証された多数の論拠があるのだが。
- 水産物の乱獲の事例は多数ある。これは歴史的には全く新しくない現象だが（Jackson et al. 2001を見よ），残念ながら，北海とかニューファンドランド湖畔，東シナ海の事例が示しているように，現在も進行中である。これは，それぞれの生息数にとってのみでなく，漁獲によって生活していた共同体にとっても災難である。
- 法秩序もまた，そこから利益を得る人が法秩序の健全な保持に貢献しないという意味で，つねに「過剰利用」される危険がある。

<u>資源の統合</u>：ここでもまた，成功的な協働がコンフリクトをもたらす状況的条件，あるいは別の言い方をすれば投資の欠如にしばしば抗しきれない事例を数多く挙げられる。最初の例が離婚率である。結婚がお互いのメリットのための協力形態であることは，原則的には疑いない。そして結婚もまた，例えば話を聞く，思いやりや関心，同じ時を過ごす日常の中で面倒な仕事を引き受ける，信義などなど，夫婦双方に絶えず**投資**を求める。[11]離婚は一方が原因の場合もあるが，たいていは個人間の行為，すなわちお互いの反応，口には出さない**期待**やそれを原因とする**失望**，[12]ないしは十分な共通のゲームの理解という点から見た欠陥である。それによってまず誤解が生まれ，その後でダイアログがない場合には，コンフリクト構造が硬化してしまうこともありうる。

　もう1つ，基本的な例であり，本書の基本テーマにとってもっと分かりやすい事例が，チーム作業というテーマである。[13]他のメンバーが仕事をすると誰もが当てにする，あるいは，他のメンバーが仕事をすることを見越して，誰もが自身で努力する気がないようなチームがこの世からなくなることはない。

　<u>処分権</u>：**社会秩序**は原則的に，相互に処分権が承認されることを基礎としている。今日に至るまでの戦争による紛争が示すように，このような秩序が危険にさらされるという問題は再三起こっている。

　処分権に関するジレンマ構造の存在は，多くのルームシェア住居での例がわかりやすい。耐久消費財を共同で利用する際，誰もその保護に責任を持つと感じなくなる時がある。最初は誰かがまだその保護に力を入れていたが，他の人がそれをやってないと知るやいなや，その人もそれをやめてしまったということもある。これはジレンマ構造が現れた典型的形態である。

　<u>交換</u>：たとえ経済学者が交換を，正当にも，両者の側がたいてい利益を得る（でなければ交換に同意しないだろう）非ゼロサムゲームとして描くとしても，ここでもつねに，互いに対立する利害が存在している。それはすでに相互にメリットを得ている交換取引を阻止することもある。それは以下のような物語に現れている。

　　ある漁師がかつて，ある通信販売業者に手紙を一通書いた。「ボート用にカタログの311ページのガソリンエンジンを送ってください。それが気に入ったら小切手を送ります」。彼は返事の手紙をもらった。「小切手を送ってください。それに納得がいけばエンジンを送ります」。

　この物語はインターネット時代の今日では古くさいと思われるかもしれないが，そ

---

[11] それが，外部の事情により婚姻の解消が引き起こされることはあり得ない，ということを意味するものではないにしても，である。
[12] ここで重要な不一致という言葉を持ち出すこともできよう。
[13] チームは「他の人がやるから素晴らしいのだ ("Toll, ein anderer macht's") の省略だとされることもある。

れでもなお，あらゆる交換において共通の利害だけでなく，相互に対立する利害もまさにつねに登場することをうまく表している。そのことはすでに価格に現れている。売り手はより高い価格で売りたいし，買い手はより低い価格で買いたいのである。支払い条件に関しても潜在的にコンフリクトがある。それ自体メリットをもたらす交換取引もこのような利害のコンフリクトに屈してしまう。法秩序が機能する国ではそのことに気づかないのが普通である。多くの交換プロセスは広く標準化されており，争点が発生しない限りで法的に守られているからである。しかし法の確実性が疑わしい地域にいる人は，潜在的なコンフリクトを意識するようになる。

　<u>分業</u>：分業のケースでは，共通の利害と相対立する利害が両方存在していることは，特にプリンシパル・エージェント関係のケースで明らかになるだろう。古典的なオフィス・スローガンを使って説明すれば，<u>従業員は，まるで働いているかのようなふりをしなさい。雇用者は，まるで彼らに支払っているかのようなふりをしなさい</u>，となる。

　この表現が大げさであるのは認めなければならないが，しかし実際いくつかの企業でソフトな形では見られるものである。そこでは，雇用者が従業員により権利を与え，従業員がこの権利を，あたかも企業経営するという意味で利用し，それに対して再び雇用者が正当な評価を下すならば，本当は両者ともにもっとよい状態になれたはずである。

　国際的な分業も，相手から「搾取」されると一方の側あるいは両者に恐れさせるようなジレンマ構造が絶えず存在するのでなければ，もっと深められ，強化されるだろうが，そうもうまくはいかないのである。

　<u>リスクマネジメント</u>：ここでもジレンマ構造が存在するし，協力を無駄にするポテンシャルも存在する。保険においてそれは特にはっきりと現れる。一方で保険は典型的に，被保険者が保険契約の締結後に保険のかけられた対象物を大事にしようとするインセンティブを欠く，という問題に直面する。[14] 他方で被保険者は，保険が細字で印刷された約款に基づくもので，それが支払いを回避させるものかどうかを万一の場合に確認しなければならないという問題に直面する。

　幸い，両方とも普通は起こらないケースである。しかしこれらの可能性は再び，ジレンマ構造が少なくとも可能性としては存在し，現実でも絶えずはっきり現れることを示しているのである。

　　<u>結論</u>：ジレンマ構造は協働を阻止するか，少なくともかなり困難にするものである。

---

[14] これについては道徳的リスク，ないしは<u>モラル・ハザード</u>が問題になる。この現象は，個々人の行動を観察できない，ないしはその行動の責任を個々人に負わせられず，しかも他者もその帰結に関係するという問題としても一般化できる。たとえば従業員が業績不良の原因を観察不可能な外部事情のせいにするとか，銀行がリスクの高いビジネスに手を出すが，その損失が場合によっては社会に押し付けられる場合などである。

第4章　信　頼

4.1　序　文

　人間が他者や共同体のために力を尽くす上でいかに自由を利用するのか。これについては素晴らしい事例が数多くある。これらの取り組みは高く評価すべきではあるが、これを取り上げることは本書のテーマではない。本書では自由の裏面に優先的に取り組みたい。それは，人間の協働に関する基本的な問題そのものを構成するもの，すなわち他者の行為によって個々人が裏切られやすいということでもあるからだ。そこから生じるのは，**自由な人間の行動はどのようにして，他者にとって十分に信頼できる，ないし予測できるものとなることができるのか？** [1] という問題である。

　より詳しく言えば，インタラクションに端を発する2つの基本問題が重要である。それは両方ともジレンマ構造のモデルで表される。

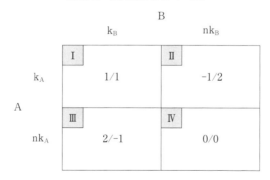

図表9　囚人のジレンマ（2）

　AとBはお互いのメリットのために協働し，｛1/1｝の結果を実現したいと思うなら，Aにとって2つの問題が生じる（Bにとっては裏返しになる）：
1. AはBが協働する，すなわちk_bを選択すると信頼できるか？
2. Aは，プレイ相手のBにどうやって，自分がk_aを選択すると信頼させることがで

---

[1] 「十分に」という付加語が示唆するのは，われわれはお互いの自由の利用について全ての知識を必要とはしていないということである。そしてそれを追い求めるべきでもない。その場合，これは自由がもはやこれ以上存在しえないような社会秩序を含意することになるからである。

きるか？

この問題をより一般的な形にすれば，例えば次のようになる．
1. 自分の関わる他者がどのように（自分に影響を与えながら）自由を利用するのか？自分は彼を信頼できるのか？
2. 協働に向けて他者を味方に付けるためには，どうやって自分を信頼できると他者に思わせることができるだろうか？自分が信頼に値することをどうやってシグナルするのか？

2つの問題について，いくつか事例を考えてみよう．

1) 自分の関わる他者がどのように自由を利用するのか？

消費者として，企業のメンバーとして，有権者として，役人として……，われわれは日常生活で，つねに意識してないにせよ，このような問題に直面する状況に絶えず関わっている．例えば次のような問いかけがなされる．

- あるプロジェクトを委任したい上司：意思決定権や予算を任される従業員はどのように2つを利用するのだろうか？企業の繁栄のためか，それとも企業を犠牲にしてか？もし企業の繁栄のためだというなら，彼は第三者の正当な利害を考慮するだろうか？
- 家の購入を考えている人：不動産屋は，損傷あるいは欠陥があるかもしれないことも含め，家に関する従業な詳細事項をすべて示しただろうか？
- 高い環境スタンダードを満たしていると評判の，ある企業．この企業は，サプライヤーが供給部品のサプライチェーンにおいてこのスタンダードを守っていると信頼できるだろうか？
- 仕事に行かなければならない独身者：自分の家で緊急の作業をする職人に，自分は出かけなければならないので，彼が帰るときに鍵をかけて，鍵を郵便受けに入れておいて欲しいと言うことができるだろうか？
- 大学病院の医師から，費用がかかり，非常に不快な診察を勧められている患者：その診察は根本的には，患者の健康に寄与するのか，病院の財政状況に寄与するのか，あるいは医者の研究関心に寄与するのか，どれなのか？
- 顧客：製品において極めて高い品質や安全基準が守られていると主張する企業を信頼できるだろうか？
- 立法機関：経済団体は，加盟企業が特定の社会標準を満たしており，それについて法規制は必要ないと誓っているが，立法機関はそれを当てにしてもよいのだろうか？
- 経営陣のポストを志願する者：特定の条件が整えば，5年で定められた出世コースを駆け上り，定められた給与水準を獲得すると言っている，この将来の潜在的な雇用者を信じることができるだろうか？

この事例をさらに好きなだけ続けることができよう。これらが示しているのは，**信頼する側**が，**他者に依存する**ないしは自らを**他者に依存**させる状況に絶えず不可避に直面するということである。自ら信頼関係にどのように力を入れるのか，あるいは信頼される側にどのように対抗してふるまうのか，その行為の余地を自ら持つ場合には特に**信頼期待**が重要になる。

2) 他者に自分が信頼に値することをどのように信頼できる形でシグナルできるのか？

これが同じ問題であることは明らかだが，ただここではもう一方の側，すなわち**信頼される側**から問題が生まれている。彼が信頼する側の信頼期待をかなえるか，それとも裏切るかは自由である。そしてその限りでこれは先ほどの問題とは別の問題となる。なぜなら，ここで彼は他者の行動についての期待を形成する関係者の役割を果たすのではないからである。いま彼は行為者の役割を果たしているのであり，彼の行為を通じて他者の期待が作られ，自らが信頼に値する人物であると他者に進んで納得してもらうのである。先ほど挙げられた例のうち，最初の3つをもう一度考えてみよう。

- 意思決定権と予算を任されることになった従業員は，この自由を責任あるよう扱うことをどのように上司にはっきりさせることができるのだろうか？
- 不動産屋は，どうすれば関心を示している人に自分が信頼に値することを納得してもらえるのだろうか？
- サプライヤーは，顧客としての潜在的な企業をどのようにして味方に付けることができ，この顧客から求められたサプライチェーンにおける環境スタンダードを守っていることをどのようにして顧客に納得させることができるだろうか。

さらに他の事例を見てみよう。

- 銀行のコンサルタントは，自分の報酬が第一なのではなく，彼が本当に顧客の繁栄を目指していることを顧客にどのように納得させることができるのだろうか？
- 歴史的に興味深い事例を Kiser/Barzel (1991) が議論している。専制君主が臣民により多くの投資・生産を鼓舞する際，後で彼が臣民たちから余剰収益を簡単には取り上げないことを，どのようにして彼らにわからせることができるだろうか？彼の権力が大きいことがまさに，逆説的にこの問題をもたらすのである。臣民たちが投資をし，余剰収益が発生するとき，独裁者にとってはそれを自分のものにする誘惑があるかもしれない。そしてまさにこれは臣民たちが予期することだろう。つまりこれは，臣民たちは支配者が自らを律すると信頼するかという問題である。支配者から見れば，そのことから彼がこの自己制限を信頼されるように伝えられるかどうかという問題が生まれる。
- 自分が信頼に値することのシグナルが問題となるのは，特に信頼が壊れてしまった後である。オンライン小売業者のアリババは，それぞれのプラットフォームで売りに出している販売業者が信頼に値することを裏書きするような証明書を販売した。

しかし，しかるべきコントロールが実施されず，実際には信頼に値しないいくつかの販売業者が証明書を持っていたことが明らかになった。これが明らかになった後で，アリババにとってはまさに次の問題が突きつけられた。自分が信頼に値することをどのようにして取り戻せるのか？[2]

これらの事例はすべて，ある程度共通点を持つ。それは，**個々人に影響を及ぼすが，コントロールできない関係としての信頼**が絶えず問題になるということである。ディエゴ・ガンベッタ（Diego Gambetta）の言葉を借りれば，「信頼は，他者の自由とうまく折り合いをつけるための手段と定義できる」（Gambetta 2000, 220；著者による翻訳）。そしてこのことは原則的に両方の側に当てはまる。すなわち，信頼する側にとって信頼される側がどのように自由を扱うのかという問題が起こるだけではない。つまり，場合によって彼は信頼する側に損害を与えるやり方で自由を扱うかもしれず，それに対して信頼される側にとっては，信頼の付与が彼の側では強要できず（それができれば信頼問題は存在しないだろう），よって彼にとっては，信頼する側と価値ある協働ができるかは，信頼する側に信頼を付与する気にさせられるかどうかによる，という試練が生まれるのである。

日常の数多くの基本概念と同じように，信頼の場合にも，それが本来何を意味するかはよく知っているが，驚くべきことにそれを理論的にうまくとらえることは難しい，という現象が見うけられる。次節でこの複雑な現象をうまく解釈する試みがなされる。

4.2 信頼の機能

最初のとっかかりとして，実践的三段論法を使って，信頼の機能を以下のように表すことができる。

図表10 実践的三段論法（4）

(1) 目標：お互いのメリットのための協働
(2) 問題：個々人の自由によって引き起こされるコンフリクトないしジレンマ構造
(3) 解決：信頼（への投資）

---

[2] アリババがそれにかなり成功したことは明らかである。信頼回復の措置には，責任者の解雇の他に，顧客が商品を受け取った後で支払うことを認める信託サービスの設置，ならびに追加での監査部の設立などがあった（Chao 2011）。

どんな協働も原則的には，協働する人たち全員がその成功に貢献することを基礎とする。問題は彼らが実際そうするかということだけである。すでに様々な形で示唆したように，たとえば相互に逆方向のインセンティブ，誤解，情報の欠如，意志の弱さ，予算制約，競争，感情的ハードルなど，それを妨げる多数の経験的条件が存在するからである。これら経験的条件はすべて，協働パートナーの「**したいこと**」や「**できること**」，つまり彼らの自由，すなわちこの協働に投資しようとする意欲や能力ないし可能性と密接に関連している。協働へ貢献されないのは「できること」の不足が原因の時もあるし，「したいこと」の不足が原因の時もある。

まさにその点，すなわち，とりわけジレンマ構造のように逆方向のインセンティブが存在する時に，お互いの信用が不足しているということに，（企業）倫理の視点から見て決定的な問題そのものがある。そしてその解決策が信頼なのである。それが正当であり，正しく評価されるのならば！

したがって信頼の中心的機能は以下のようになる。信頼とは，協働が失敗する，ないしはどちらか一方が他方を食い物にするリスクに直面してもなお，**お互いにメリットのある協働を実現するべきものである**。このような基本機能から，以下のような，さらに別のより特殊な機能が明らかになる。

- 信頼は**取引費用を下げる**。とりわけこれは，協働パートナーによる機会主義的な措置から身を守る措置をとる際に発生する費用のことである。これは，握手で事業を締結することができるかとか，弁護士を介入させて50ページの契約書を作成しなければならないかとか，さらに加えて場合によっては多様なコントロールや制裁のメカニズムを組織するかなどによって違ってくる。[3]
- 信頼は**偶然性を下げ，それにより不確実性を下げる**。偶然性が意味するのは，物事がそのようにもありうるが，別の形でもありうるということであり，そのことによって不確実性が生まれるのである。自由と直接に関係する側面，すなわち人間は取り決められたことをすることもできるし，まったくしないことも可能だ，ということが改めて思い浮かべられる。信頼している時は，他の多数の偶然的な可能性は簡単に小さくなるのである。
- 実践的にそれと同じ意味を持つのが，信頼は**複雑性を縮減する**ということである。[4] これは特に，他者の行動に関する予測の誤りが判明する理由が多岐に考えられるのに，防衛手段とか分析，情報獲得をそれ以上せずに，それが予測可能だと想定する際に起こる。しかしこれらの可能性をすべてよく検討し，それに対する（追加の）

---

[3] しかし，協働からの収穫がより高いゆえに，このような身を守るためのメカニズムを打ち立てることはしばしばする価値のあるものだ，ということも強調されるべきだろう。そして個人の信頼ないしはお互いが信頼に値する状態が存在しない場合，このような支えとなる補助手段を用いることには意味がある。もっとも，それは信頼問題を先送りするだけで，なくなるわけではない，ということも明らかになるだろう。

[4] このポイントを特に強調したのがニクラス・ルーマンである。この単純な定式に含まれている洞察をとらえるために，早くも1968年に出版された信頼に関する著作を読むことから得るものは大きいだろう。

安全対策を採ることは日常行為の複雑性を劇的に高めるだろう。
- 前に挙げられた2つの機能は，日常において基本的に重要だとわかっているにもかかわらず，たびたび過小評価されていること，すなわち信頼が**負担を軽減する**ということも実現する。つまり信頼しているときには，特定の物事を，それについてじっくり考えることなく，あたりまえのことと想定しているのである。[5]
- さらに信頼は**柔軟性を高める**。われわれの生きるダイナミックな時代においてまさに，例えばコンピューターがフリーズする，飛行機が遅れる，予定されていた期日が守られない，サプライヤーが突然操業停止になる，その場ですばやく適応する必要が生じるなど，予期せず適応する必要性に絶えず出くわす。従業員を信頼しているなら，必要な適応を彼らに任せることができるのであり，それは，従業員が彼らの暗黙知を投入でき，情報や調整，指示の長期の遅れが生じないという優位性をも持つ。[6]しかし，第三者を犠牲にすることのない形で，人間がその場で状況を克服する能力と意志を持つという信頼を，まさに持たなければならないのである。
- 最後に，信頼が持つさらに別のポジティブな特性は，それが持つ**動機付けの力**ないしは**協働の態度を促進すること**である。自分が信頼されている場合には，自分を信頼してくれる人のために尽力し，向けられた信頼の中でそれに報いようとする傾向をかなり強く持つこともあるだろう。自分の関わる他者を信頼しているときには，むしろ彼らの意思決定をより分かち合いたいのである。情報伝達への意欲，ないしはより一般的に言えばチームとか部局，ネットワークでの協働への意欲をより持つようになるのである。

　これらの簡潔な考察や事例がすでに示しているのは，信頼は，社会の共同生活にとっても，企業の価値創造にとっても基本的な意義を有しているということ，あるいは別の表現をすれば，**信頼は資産だ**，ということである。それがあれば，普段は目に見えない形で発生する成果が得られるだろう。その場合，この成果は金銭的性質を持つものだけではないが，金銭的性質も帯びている事も多いのである。それは後になって，本来の企業倫理のコンテクストにおいて大変重要になってくるものである。

　よって，信頼という複雑な領域をより厳密に開拓していくことには価値がある。これを以下では，適切には「信頼ゲーム」として知られているモデルを手がかりにして行っていく。[7]そこでは，信頼に関して上に挙げられた機能の明確化を目標にすることで，考察がますます強化されていくことになる。

---

[5] 信頼の研究においては「当然であること（Taken-for-Grantedness）」とも言われている（例えば Möllering 2006, 51ff.）。

[6] このポイントが持つ意義は，とりわけ中央集権経済の計り知れない非効率性を見れば明らかである。そこではまさに，このような適応がしばしば実行されないか，かなり遅れて実行されるか，あるいは統制や官僚機構（ならびに動機付けを弱める圧力）をかなり投入して実施されていたのである。

[7] これの基礎となっているのが Dasgupta 1988 である。また Kreps 1990 も参照。

4.3 信頼ゲーム

再び2人の「プレイヤー」AとBがお互いに関わることになる。Aは**信頼する側**の役割を演じる。信頼する側として彼は，Bと協働するかしないかを決めなければならない。これは，2つのとりうる行為戦略，<u>信頼する／信頼しない</u>で表される。彼が協働すると決定する，つまりBを信頼すると決めたら，次はBの番である。そのときBはBで彼の自由を利用できる2つの可能性を持つ。彼は信頼に報いることもできるし，報いないこともできる（<u>信頼に報いる（*V.honorieren*）／信頼を悪用する</u>（*V.missbrauchen*））。Bは自分の行為の結果として，rかtの支払いを受け取る。[8]

そこから，3つの結果が可能性として生じる。

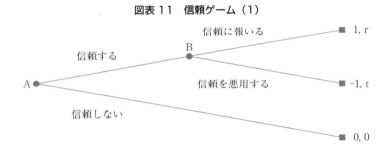

図表11　信頼ゲーム（1）

1. Aは協働を放棄する。すなわち彼は<u>信頼しない</u>という戦略を選択する。両方の「プレイヤー」とも0の利得でゲームを終了する。
2. AはBを信頼し，Bは信頼に報いる。Aは1の利得を，Bはrの利得を得る。
3. AはBを信頼するが，Bはその信頼を悪用する。Aは-1の利得で，Bはtの利得でゲームを終了する。

信頼の状況にとって特徴的なのは，その状況では信頼に報いないという**インセンティブ**が存在する，すなわちt＞rとなるような状況がBにとって存在するということである。これは後に**状況的コンフリクト**として問題にされる。このインセンティブはポジティブな性質のものかもしれない。すなわちBは，コストをAに押し付けるとか，取り決めより少ない業績しか出さないとか，情報を不当に隠すなどして，Aの犠牲のもとに利益を獲得することができるかもしれないのである。しかしそれは，Bが大きな圧力をかけられており，Aを犠牲にすればそれを減らせるという状況なのかも

---

[8] 両方の値は0より大きいとする。変数として表すことで，（少なくともAにとっては）rのほうが大きいのかtのほうが大きいのか明確でないことが示されている。まさにこの不確実性に，信頼問題の中心的な要素があるのだ（下記4.3.1.3節を見よ）。

しれない。
　しかしながら，この状況的インセンティブに屈するか否かはBの自由である。そしてこの自由の利用は，決定的にはBの「**したいこと**」，「**ゲームの理解**」に依存するが，Bが「**できること**」にも依存する。
　Aにとっての問題は，t＞rかどうかを確実には知らないということである。彼は場合によっては，実際どうなのかを彼に推測させることのできるBの状況的インセンティブに気づけるかもしれないが，いずれにしてもBがどのように彼の状況を扱うのかという問題は残されたままである。
　以下では，この単純なモデルを手がかりとして，信頼関係の個々の要素について紹介していく。2人のアクターと彼らのメルクマールに取り組む前に，あらゆる信頼関係の中でまず重要なポイントとして，あらゆる信頼状況におけるメルクマールである**協働利得の存在**，あるいは**共通の価値あるいは利害の存在**が強調されるだろう。それは倫理的に見て根本的な意義を持っているし，実践的に見ても同様である。そのことは，ゲームにおいて，|信頼する|信頼に報いる| という組み合わせが，Aが信頼しないという代替案よりも双方にとって良いという形で表現される。Aは0ではなく1を，Bは0ではなくrを獲得する。[9]
　この想定は，最初に見える印象ほどにはありきたりなものではないかもしれない。その背後には，冒頭で倫理の目標との関連で定式化された，後悔するような行為を避けることが大事だという文言が隠れているからである。そして結局この協働利得はゲームから得られるのである。しかも両者に対して！日常ではこの協働利得が双方の側にとって重要な状況が多数ある。
　この協働利得の例としては，すでに共有財の利用や処分権の相互の承認，多様な資源統合形態，交換プロセス，分業と専門化，あるいはリスクマネジメントの種々の形態などが挙げられた。これらはすべて，普通は，その時その時で協働する人たちが自分の欲求を自分ひとりで満たそうとする場合よりも，彼らをよりよい状態する。これらの協働利得の形態は，とりわけ企業ないし経済において中心な意義を持つものである。けれども，人間の主観的な体験と結びついているような，つかみどころのない協働利得の形態も存在する。例えば他の価値を生み出してくれる友人とかただ一緒にいてくれる友人，お互いの尊重その他は，同様に，一緒にやってはじめて成し遂げることができるという，生活をうまくいかせるための源泉である。
　このことは強調するに値する。このような協働利得を実現するためには，両方の側が**投資**しなければならないからである。[10] Aによる投資は，まずはBを信頼することにある。[11] Bによる投資は，信頼を裏切らないこと，つまりAを犠牲にして短期的に魅力的な行為案を利用するという**機会費用**を指す。これから先の考察は，その2つがいつ

---

[9] ここでrの値は0以上と仮定されていることを思い出して欲しい。
[10] そしてそれはいくつかの観点でなされるべきである。ここでは信頼の側面だけが強調されている。
[11] 後でさらに別の投資の観点が付け加わるだろう。

もありきたりというわけではなく，条件に依存しており，それを繰り返し新たに作り出すことが重要だということを示すだろう．

最初に，信頼する側である A に考察を向けよう．

4.3.1 信頼する側

信頼する側が信頼される側に対して信頼を示すかどうかは，多くの事情に左右される．そのうちで最も重要な 2 つの事情は，至る所で引用されているルソーら（Rousseau et al.）の論文からの以下の引用に的確に強調されている．それによると，信頼は「他者の行動に関するポジティブな期待を基礎として，裏切られやすさを受け入れようとする意欲」と特徴付けられる[12]．

そのことから，自らが**他者の自由の利用に左右され**，それゆえに**裏切られやすくなる**ことは，信頼する側から見れば中心的なメルクマールとなる．同時に，信頼関係に力を尽くすかどうかは信頼する側自身の**自由**であり，それゆえとりわけ彼の**期待**に根本的な役割が認められるべきである．

それと関係するのが，例えば支払い額とか不確実性，利用可能な選択肢などのような，さらに別の状況の側面である．信頼する側から見れば重要な役割を持つ個々の要素について，より詳しく見てみよう．

4.3.1.1 裏切られやすさ

信頼ゲームでは，裏切られやすいという側面は信頼する側にとっての −1 という負の支払いによって表される．それは，信頼する｜報いないという行為の結びつきの結果として，両者のやり取りから生じるものである[13]．

すでに言及したように，それが意味しているのは，信頼する側が他者の自由の利用に**振り回される**ということである．普通は独立こそが自由の特質だと思っているのに，である．人はなぜ，裏切られやすさを明るみに出させる形で，自らを他者に依存すべきなのか？　その答えは，ちょうど少し前に提示されたもの，すなわち得られる見込みのある協働利得を実現できると期待するから，である．

そのような状況の例は，ここでも好きなだけ挙げることができるが，いくつか挙げてみよう．

- 結婚を決め[14]，結婚式という重要な儀式を様式通りに執り行うため，プロのウェディ

---

[12] 原典は次の通りである．"willingness to accept vulnerability based upon positive expectations about another's behavior"（Rousseau et al. 1998, 395）．
[13] この数値は現実にはかなり大きい可能性があるし，決して金銭だけを含むのではない．以下の「支払い」の項を見よ．
[14] これもまた，「お互いのメリットのための協力」への，双方の側によるセルフ・コミットメント，ないしは投資の 1 つである．そしてこの事例は再び，「協力」，「メリット」あるいは「投資」といった概念が広い意味で用いられていることも示している．

ング・プランナーのサービスを利用する。それは疑いなく「お互いのメリットのための協力」だろう。というのも，ウェディング・プランナーは通例，その人の負担をかなり軽くでき，そのような儀式を組織する経験，関連する供給業者とのコンタクトを持っているからである。しかし，前もってそのように取り決めなかったということではなく，そのウェディング・プランナーが自分自身のため，あるいは場合によっては友達，宴会業者などのために，より高い利益を獲得したいという理由で，節約すべきでない部分を節約し，このような特別な儀式に際してもしかすると価格や品質にあまり注意を払わないように仕向けられるかもしれないというなら，場合によっては，このようなとても大事な日を台無しにされるかもしれない。[15]

- 科学者として新しい研究上のアイディアを同僚と議論することは，そのアイディアをテストし，場合によってはその交流をさらに発展させるための，それ自体価値ある協働の形態である。しかしながらその際には，議論した後すぐに，同僚が発表の中でそのアイディアを自分のものだと称することはない，という信頼が必要となる。
- よく知っている人があるビジネスアイディアへの共同出資を頼んできている。その手の話は，お金がすべて戻ってこないとか一部しか戻ってこないというリスクとつねに向かい合わせである。その理由の1つに，知人がそのお金を自分の消費に優先して使っているにもかかわらず，市場条件が損失を招いたのだと後で主張するかもしれない，ということが挙げられる。
- ある企業で新たに勤めるにあたり，新しい場所でずっと仕事をしてもらうという雇用者の約束のもと，彼は新しい場所に家族と共に引っ越し，家を買う準備がある。もっとも雇用者にとっては，この新しい従業員の能力から見て，半年経った後で「当分の間」外国に転勤してもらう方がメリットがあるかもしれない。その従業員が，そこに長く住むと約束したということだけで家族から引っ越しの承諾を得ているのなら，彼は問題を抱えることになる。
- 実践的に見れば，製品あるいはサービスの購入はいずれも，製品あるいはサービスの提供者に向けた信頼期待が裏切られる可能性をはらんでいる。

以下のようなパターンがあることがわかるだろう。すなわち，**信頼する側として自らを他者の行為（自由の利用）に依存させる**ので，その結果，後になって前より悪い状態になるリスクを抱えることになる，ということである。

4.3.1.2 支払い

信頼する側が裏切られやすいということは様々な形で現れる。つまり上の信頼ゲームで単純に0，1，-1の支払いとモデル化されたものは，非常に多種多様な形が想定されるのである。ここで信頼が裏切られたケースを見てみよう。信頼する側がネガティブに感じる帰結として，例えば以下のようなものがある。

---

[15] これはあり得なくもないが，しかし招待された親戚や友人がそれに注意を払うだろう。

- 金銭的損失，あるいはその他の物質的損失
- これまで大事と思っていた人との関係の喪失，ないしはその人への失望の感情
- アンフェアに扱われたという感情
- 安全が失われたという感情
- （例えば健康サービス提供者を信頼していたとき，あるいは製品の安全対策が不十分だったことが原因での負傷した場合の）身体の損傷
- 信頼する側が信頼される側に「信頼して任せた」個人的な情報が濫用されたことにより，自分の評判が損なわれること
- 自分の業績を信頼される側に不当に取得されたことにより賞賛が得られないこと，ないし「盗まれること」
- 企業での将来のポジションが，自分のこれまでの業績から期待されるものとは異なるものとなっていること
- その他

したがって支払いは，信頼する側によってポジティブ（効用，メリット）あるいはネガティブに（費用，デメリット）評価されるものすべてを表している。支払額が異なることで信頼状況にかなりの影響があるということにも注意すべきである。

さらに最後に指摘すべきことは，以下のような**非対称性**である。得られる利益が重要なのか実際の損失が重要なのかでたいていは違いがある，ということである。多数の研究が証明しているように，たいていの人間は利益よりも損失をより重く評価する。これについて，行動理論は**損失回避**という言葉を用いている。簡単な例で説明しよう。コインを投げて，頭なら100ユーロ得ることができ，数字なら100ユーロ失うというゲームが提案されているとしよう。あなたならそのゲームをやろうとするだろうか？たいていの人間はいいえと答える。興味深いことに，100ユーロでなく130ユーロもらえるとしても，そう答えるのである。彼らをゲームに参加させるためには，典型的には例えば200ユーロくらいの，明らかにかなり高い利益チャンスが必要なのである。

ノーベル賞受賞者のダニエル・カーネマン（Daniel Kahneman）は，魅力ある著書 Thinking, Fast and Slow の中で次のように書いている。「損失回避は，二つの動機の相対的な強さを表すと言うこともできる。すなわち，利得を手に入れようという動機よりも，損失を避けようとする動機のほうが強いのである。このとき損得の参照点は現状であることが多いが，ときには将来の目標が参照点になることもある。目標を達成できなければ損失，目標を上回れば利得というわけだ。しかし否定的な出来事のほうが強く受け止められるので，二つの動機の強さは同じではない。目標に届かない失敗を避けようとする動機のほうが，目標を超えたいという願望よりもはるかに強く働く[16]」。

この点は注目すべきである。このような損失回避は同時に，後で議論する重要な不一致のコンセプト（4.4.3節，7.3節と12章を参照）に意味を与えることにも寄与するからである。信頼への期待を裏切ることは，通例，期待を上回ることよりもはるかに強

い影響を協働関係に与えるのである[17]。

4.3.1.3 不確実性

著名な社会学者ゲオルク・ジンメル（Georg Simmel）は次のように書いている。「すべてを知っているものは，信頼する必要がない。まったく何も知らないものは，賢明なことに，信頼することすらできない」(Simmel 1968, 263)。信頼状況においては，信頼する側にとって，信頼される側が彼の自由をどのように行使するのかは不明確である。注意すべきことは，この観点はとりわけ前にあげた2つの観点と組み合わさることで重要になるということ，すなわち信頼される側が信頼する側のデメリットになるように行為する可能性を持つことを知っているか，予感する時にこの観点が重要となる，ということである。信頼される側の状況，すなわち彼が持っているインセンティブも，彼自身や彼の意図も，たいていは細部まで知っているわけではない[18]。

もっとも，このような不確実性はかなり様々な形で現れる。初めて滞在する国よりも生まれ故郷の方が，状況，すなわち文化的，法的な条件，ゲームのルールや一般的なゲームの理解をはるかに上手く評価できる。「名無しの業者」よりもブランドネームからより多くのことがわかるし，なぜブランド製品が通例高いのかについての本質的な理由もわかるのである。インターネット上の匿名の書き込みより，名の知られた専門雑誌の推薦を信頼するのである。別の言葉で言えば，どの程度の不確実性にさらされているのかという問題は，本質的には情報の問題であり，そしてこれを意味あるよう適切に解釈できる自身の能力の問題なのである。状況についてであろうと，信頼される側についてであろうと，場合によってはその情報を獲得できるかもしれない[19]。しかしそれでも不確実性の要素がつねに残るのは，信頼される側であるBが自由だという事実に決定的に起因するものである。

さらに巧みにルールあるいはインセンティブを作ったとしても，この不確実性を完全に取り除くことは出来ない。確かに不確実性がそれほど重要ではない状況も数多く

---

[16] Kahneman 2013, 303【訳注】この文章は，村井章子訳『ファスト＆スロー あなたの意思はどのように決まるか［下］（ハヤカワ文庫NF）』早川書房，2014年，132ページから引用した）。損失回避が見られる例は多数あり，そのいくつかは面白いものである。Pope und Schweitzer (2011) はプロゴルフ選手の例を以下のように経験的に示している。パーを達成することは1つの方向付けのポイントとなるが，それは，プレイヤーがバーディー（パーより一打少ない）を得るよりボギー（パーより一打多い）を避けることにより重きを置くという結果を伴う。社会ないしは企業に関してより重要なのは，交渉の枠組みにおける影響である。ファイナンス理論 (Benartzi/Thaler 1995) やマーケティングなどにおいて，レファレンス・ポイントの設定が戦略的に最も重要な要素となっていることは偶然ではない。マーケティングにおいては，例えばいくつかの製品が，例えばお試し期間などで最初は無料かかなり安く提供されることがあるのは，いわば顧客を釣ろうという期待があってのことで，それも偶然ではない。

[17] もっとも，中心となるポイントは別のもので，それは情報内容である。一般的な想定（ここでは信頼される側が信頼に値するかどうか）が反証される場合のほうが，それが確証される場合よりも情報内容ははるかに高い。

[18] 経済学ではこれは「情報の非対称性」とも呼ばれる。

[19] これについては後で，特に「スクリーニング」の概念の中で取り上げる。

あるが，しかし他方でそうではない状況もつねに存在する．そこでは，経済学において**予期されざる偶然性**（Kreps 1990）とも呼ばれるような，予期されなかったか予期することができなかった行為の余地，そして状況的コンフリクトが現れるか，信頼される側に対するインセンティブの条件をデザインすることも不可能になる，もしくはコストがかかるものとなる．

不確実性は，結局は**信頼される側の自由**によっても同じく生み出されるので，信頼の付与において不可欠な要素としての**信頼の跳躍**を多くの著者たちが取り上げているのにも納得がいく．信頼の跳躍とは，合理的な計算に還元できるわけでも優れたルールによって除去することができるわけでもない要因のことであり，それはそれで**信頼する側の自由**と結びついたままである．だからこそとりわけ，信頼は（信頼として）強制できないのである．

4.3.1.4 選択肢

信頼ゲームでは，信頼する側である A が一番手となる．これが意味するのは，彼が信頼される側との協働に関わるか否かを自由に決められるということである．もっともこれは，彼が信頼される側に従属することも意味しているのだが．モデルでは，彼が取る選択肢はまさしく信頼される側である B と協働しないというものである．いつものように，現実は幾分より多様であり，信頼状況において取りうる選択肢に関する次の事例はそれを示唆するだろう．

- 中古車の購入はつねに信頼の問題でもある．しかし顧客が乗り物がないと非常に困る状況にあり，代替品を選ぶ可能性がほとんどないことを業者が知っているとすれば，このことを知らない場合よりも，業者はこの状況をより自分のいいように使おうとする誘惑に駆られるだろう．
- インターネットは様々な点で協働の選択肢を拡大させた．これは情報の獲得に関しても言えることである．信頼する側にとって，それはさしあたってはいいことではあるが，しかし新しい試練をも含んでいることも明らかである．それは例えば，インターネット・ポータルの評価を信頼できるのかを問う場合のような，信頼に値するかどうかという観点にまさに関わるものである．
- 特殊な機械の製造業者には，場合によってはこの複雑な部品を買ってくれる業者が2つしかないかもしれない．つまり業者は，実際には選択肢を1つしか持たないのである．そのことは業者を他方の側から「搾取」されやすくしてしまう．しかし業者はたいてい，依然としてより有利な立場にもある．つまり，その業者が唯一の顧客と向かい合っているとき，独占の立場となり，それを悪用する誘惑に駆られるかもしれないのである．
- 若く，優れた教育を受け，柔軟性があり，場合によっては外国で働く気もある従業員は，目下の雇用者に対して多数の選択肢を持っている．それに対して，ちょうど家を建てたばかりで，15年間同じ雇用者の下に高度に特殊化された作業場で働いていた家族の父親ははるかに従属的である．彼の選択肢はかなり制限されているから

である。ただしそれは選択肢が存在しないことを意味するのではないが。
- 注目すべき事例をジェームス・ブキャナン（1995）が議論している。彼が論証しているのは，奴隷でさえもある程度の行為余地，つまり選択肢を持つということである[20]。彼らは自らの所有者のためにかなり懸命に働くこともできるし，あまり働かないこともある。したがって，所有者は奴隷に対する支配権を完全に持つわけではなく，奴隷には彼らだけが使える自由の余地をつねに残している。そのことから，このようなきわめて権力配分の不均衡な状況においてすら，双方の側，つまり奴隷も含めた双方が望む場合にのみ実現可能となるような協働利得が存在する可能性がある。

これらの事例は特に，裏切られやすさが人間の有する選択肢とも直接に関係していることを示している。経済学的に定式化すれば，**機会費用**もつねに重要だということである。

それは以下の考えが正しいことを証明している。すなわち，信頼する側は，信頼される側との信頼関係を構築するときには**投資している**ということである。そのように考えれば，信頼する側が選択肢を持たず，何の代替案もないまま他者の行為を受け止めるなら，信頼問題は起こらないことになる。例えば事故を起こし，意識を失い，助けてくれる人に自らを「委ねる」ような状況は，その極端な例の1つだろう[21]。

選択肢に関するこの側面は，いくつかの点で，信頼問題にとってかなり重要である。一方で，それは信頼する側自身にとって明らかに意義がある。すなわち，彼が選択肢を持てば持つほど，彼は自分の裏切られやすさ，不確実性，そして起こりうる損失が限度を超えないようにすることができる。

信頼する側が選択肢を持つこと（そしてどのような選択肢を持つのか）が，信頼される側にとっても重要であることを認識すべきである。そこに，協働への独特なインセンティブがあることが多いのだ。つまり，信頼する側がより多くの選択肢を持っていれば，たいてい，信頼される側にとっては信頼が悪用された場合に信頼する側が去ってしまう可能性が高まるのである。

もっともその際，信頼する側が信頼される側であるBとの信頼関係を構築するときに，信頼する側のもつ選択肢が著しく変化するかどうかが重要となる。これは，信頼行為の**ボンディング作用**に関する問題である。

そのようなボンディング作用の基本的事例は，結婚である。結婚前にはパートナーを誰にするかについて非常に多くの選択肢が存在したのだが，その後には，少なくとも結婚の意味に従えば，選択肢は無くなるのである。

---

[20] これについてはBarzel 1977における有益な論考も見よ。

[21] 信頼はもっと一般的にとらえることもできるので，たとえそれ自体信頼される側への影響が考えられない，あるいは信頼される側と自分とのやり取りに影響を与える可能性がない場合であっても信頼問題は生まれる。しかしここでやり取りという性質が前面に出ているのは，それが企業倫理の問題にとって中心的であり，普通の状況だからである。

新制度派経済学ではこれは「**根本的変容**」と呼ばれている。それは，前にはまだ多くの可能性を持っていたのに，他のものに自らを拘束させるやいなや（「ロックイン効果」）発生するものである[22]。その事例として，例えば以下のものがある。
- 家を借りる人（そして家を貸す人も）は，賃貸契約を結ぶ前には，双方ともまだ様々な選択肢を持っている。引越しの後のような，契約を結んだ後でこの関係を解消することは，双方にとってかなり費用のかかるものとなる。
- 雇用者と従業員が雇用関係を新しく開始するケースでも，普通は同じことが言える。
- サプライヤーが顧客に特に縛られるのは，他に利用することが難しいような部品に対して顧客が特殊な要求をする時，あるいは部品を作るために，他の場所で簡単に使うことができない機械（プロセス，手続きなど）が必要な場合である。
- 投資家は自分が調達した資本を簡単にすぐに撤退させることはできないので，彼らは縛られていると言える。

これらの事例は，選択肢が様々な形で現れることをも予感させる。家を借りる人は，死に物狂いで部屋を探しており，物置部屋さえもワンルームのアパートとして受け入れることもあるかもしれないし，家を貸す人は，誰にどれくらいの家賃で部屋を貸すべきか，そのハードルを下げることもあるかもしれない。同じことは別の事例にも言える。

ただし，いずれの事例でも2つの観点がつねに重要である。1つは，契約に防衛対策をしている場合であっても，どちらの側にもある程度の自由の余地がつねにまだ残るということである。その自由の余地は，お互いのメリットになるようにやり取りに影響を与えるかもしれないし，その反対の影響を与えるかもしれない。だから，第二にある程度の信頼もつねに含意されているのである。

4.3.1.5 信頼する側の期待

信頼関係に関するこのポイントは特に重要であり，よってもう少し詳細に論じる価値がある。信頼する側の信頼期待がいつどの程度裏切られたのかという問題が後で決定的に重要となるからである。

根本的な区別のうち第一のものは，信頼される側の状況と，この状況への彼の対処の仕方との区別であり，すでに取り上げられた。人間は，客観的には同じ状況でもかなり異なる行為を選択できるのであり，それはとりわけ彼らの「ゲームの理解」の問題，すなわち与えられた状況の中で彼らの行為をどのように実現できるのかということについての，彼らの意図やイメージに関する問題である。

信頼される側が1人の人間であり，強みと弱みを持ち，自身の利害を追求していること，そしてこの自己利害は非常に多種多様でありうることを，原則に信頼する側がはっきり自覚していることを議論の出発点とするのが普通である[23]。つまり信頼する

---

[22] これについての基礎は Williamson 1990 を見よ。

側が信頼される側が彼の利害に反して行為するということ，これは状況に関するインセンティブ条件に反して行為する，とも言えるが，そうした行為をすると普通は仮定しないだろうということである．もっとも問題は，彼（信頼する側）がどれくらいこのインセンティブ条件を知っており，評価できるのかということである．それゆえ，意思決定の担い手という観点から見て信頼する側の期待が裏切られることは，この意思決定の担い手の状況，彼のインセンティブ条件やコンフリクトの領域に関してほとんど知らないということにも由来する．

これについては後ほどより詳しく説明する．まずは信頼する側の期待や評価が重要である．それはすでに詳述したように，一方で**状況の評価**に，他方でこの状況に対して**アクター**（すなわち信頼される側）がどのような反応をするかという期待に区別できる．

しかし，経験的な行動期待だけが問題となるのではない．むしろこれは，ある特定の行動を規範的に他者に期待すること，とりわけ自分自身が損害を受けないという基準と関連付けられる．この基準は，いわば（仮定された）共通の「ゲームの理解[24]」であり，例えば価値や原理，規範に現れるものである．

状況の評価

この区別は，信頼に関する文献でよく見られるもう 1 つの区別，すなわちシステムへの信頼とアクターへの信頼という区別と密接に関連する．**システム信頼**としてあげられるのは，例えば民主主義，市場経済，学校制度，健康保険制度などのようなシステムに対して持つ信頼である[25]．それは普通は特定の人間とは結び付けられない．個々の人間がシステムを代表することはできるのだが[26]．

ここでの考察の枠内では，システム信頼は信頼される側の状況（の構成要素）として再構成され，その限りで，以下ですぐに詳しく取り上げるアクターへの信頼と補完的である．と同時に，システム信頼は，**信頼される側の状況の（客観的な）インセンティブ条件**を気づかせる．日常において，われわれは他者についてまったく何も知らないとしても，単に状況の条件だけを頼りに他者を信頼するという形で，それは頻繁に見られることである[27]．

- 見知らぬ街で買い物をすると，通常は知らない人に引き合わされることになるが，

---

[23] しかしながら，例えば知り合いではなく，同じく状況もよくわからない経営者とか政治家のような信頼される側になりうる人に関して一般化された期待が問題になる場合には，この想定は弱められるべきである．そこでは過度に高い要求がたびたび突きつけられている．それはおそらく，その時々の経営者とか政治家が身をおいている条件をまったく不完全にしか知らないことによる．
[24] これに関しては後で「中立的な観察者」として取り上げる．7.4 節を見よ．
[25] これについての基本は Luhmann 2009 を参照．
[26] そのことは，まさしくそのシステム信頼を失わせるために，テロリストがそのような人物を襲撃の代表的犠牲者として選び出すときに特に明らかになるだろう．
[27] 文献ではこれについて，特性やアイデンティティに基づいた信頼と区別して，「状況に基づいた信頼」という言い方もされている．これについては 4.3.1.6 節を見よ．

それでも買い物はすべてうまくいくと信頼している。
- あるビジネス・パートナーとの契約は，たとえ彼を知らなくとも，必要に応じて国家やその機関が登場して，自分の損害を補償し，十分に配慮すると信頼できるので，実施されることになる。
- 見ず知らずの人であっても，鉄道機関士，バスの運転手，パイロットであるなら自分を別の場所に連れて行くはずだと思って信頼している。
- その他

　このような状況では，例えば店員，ビジネス・パートナー，タクシーの運転手などのような，その時々の信頼される側の人を，状況的条件が大なり小なり信頼に報いさせるだろうと信頼しているのである。このような信頼は，信頼に報いることが**インセンティブと両立する**ようなインセンティブ条件を信頼される側が持つということに基づく。代わりにこう定式化することもできる。信頼される側は**信頼する側の期待に沿わないことを後悔する**だろう，と。

　状況の評価もまた，信頼期待を順応させられるかという観点から重要である。ある従業員が，自分の企業の業績が市場を原因として悪化したことを聞き知ったとき，いつもなら彼はいくつかの付加的なサービスの維持を期待しただろうが，それが削減されることにもむしろ理解を示すだろう。それは，後で重要となるポイント，すなわち**ダイアログ**の意義を示すものである。そこではたいてい，期待や行為可能性に関するお互いの理解が生み出される機会が現れるのである。このような理解は，共通のゲーム理解とも言えよう。

　このような状況の評価は，たびたび直観的になされる。つまり，人はたいてい，パン屋の店員，タクシーの運転手などを信頼できるかどうか深く考えることはなく，むしろ当然のこととして（"taken-for-granted"）受け入れる。そしてそのことは，日常をうまく生きるためにむしろ必要なことでもある。なぜなら，それを意識して深く考えることはエネルギーや時間を費やすことになるし，場合によっては必要な情報を獲得するために更なる資源を費やすことになるかもしれないからである。しかし，信頼する側として前もってうまく切り抜けようとする状況もあるだろう（下記4.5.1節を参照）。

　状況的条件に関する知識がわずかしかないことは問題でもある。例えば信頼する側としては知識がないがゆえに信頼する気になれない，あるいは信頼される側の制約についての知識がないがゆえに（あまりにも）高い期待が彼に向けられる場合などである。[28]

アクターの評価

　たいていは意識してないが，状況の評価に補完してつねになされるのが，**信頼され**

---

[28] 最後に挙げられた問題は，後で規範主義的な短絡思考と呼ばれることになる。7.4.2節を見よ。

る側がどのようにこの状況，あるいは一般的に言えば様々な状況に対処するのかについての信頼する側の評価である。彼が**信頼に値するかどうか**，すなわち彼の「したいこと」（意図）や「できること」（能力）が評価されるのである。

ちょうど先ほど議論したように，信頼される側の外見ないしは行動になにか奇妙ことが見られない限り，信頼する側は一般的な標準的想定を用いて多くの状況に対処するし，状況的なインセンティブ条件に基づいて，協働が成功することを当然のこととして（"taken-for-granted"）受け入れるであろう。もっとも，例えば顧客と店員，創業者と投資家，製造部門のリーダーと認可を与える役人など，双方の側がダイレクトに関係を持つような状況では，身ぶり，顔つき，言葉やその他の1つひとつの印象が信頼の判断に同じく影響を与えることがある。それは，インターネット経由の注文をやめたい理由がウェブサイトの細部の点にあることと同じである。[29]

この印象は，その状況において，信頼される側が信頼する側を犠牲にして自分のメリットを実現しようとする行為余地が，信頼される側にかなり残されている場合に重要になる。それは例えば，すでに述べたような，ある産業の顧客に供給する業者が，高い投資額が必要になったことでこの顧客に縛られるようなケースである。

期待は一方で**シグナル**（下記4.4節を見よ）を決定的な方向付けとし，信頼する側はそこから知識を獲得するが，他方でこのシグナルを彼自身が解釈するためのパターンもまた重要な役割を持つ。そしてまさにそれゆえに共通のゲームの理解というテーマが非常に重要となるのである。

注意すべきことは，アクターの評価には規範的な規準，つまりどのように扱われる**べき**かという信頼する側の期待も含まれるということであり，それは信頼される側がこの規範を共有しているかどうかの評価と結びつけられている。したがって，天気がどうなるかというような，純粋に経験的な見積もりだけが問題となるのではない。むしろ，他者と協働するかどうか熟慮する際に，他者の行動に対して，彼らがどのように振る舞うべきかについての規準も立てられる。つまり，彼らがわれわれの持つ裏切られやすさを悪用できてもしない，ということである。これは実践的三段論法におけるレベル(1)の期待に現れるものであり，そこには，例えば尊敬あるいは公正のような特定の価値の観点から，**共通のゲームの理解**が存在するかどうかについての信頼する側の推測も含まれている。

信頼する側としては，状況も信頼される側も評価できないがために，はじめから信頼を与えないということも考えられるだろう。

---

[29] 別の要因もつねに重要であることは補足として述べられるべきだろう。ある投資家はかなりの信頼を持っているかもしれないが，しかしそのプロジェクトでは利回りが十分でないと思っているかもしれない。ある役人は企業の代表者を高く評価し，信頼しているかもしれないが，サインを拒むフォーマルな規準に縛られることもありうる。

図表12　実践的三段論法（5）

信頼する側
(1) 信頼される側が持つ目標や価値の推測
(2) 信頼される側の状況的条件の知覚ないしは推測
(3) 信頼される側の行為に関する期待

4.3.1.6　信頼の種類

文献では，信頼する側が信頼される側を鑑みて信頼をどのように展開できるのかについて，3つの種類の信頼が区別されている（Osterloh/Weibel 2006）。そこで挙げられているのは次の3つである。
a) 状況に基づく信頼
b) 特性に基づく信頼
c) 同一化に基づく信頼[30]

a) について：**状況に基づく信頼**のケースでは，信頼する側としてはむしろシステム信頼が重要となる。面識がなく，それゆえに評価もできない人と協働するのは，協働が成功すると仮定できるような，信頼される側が持つ状況的な（インセンティブ）条件が存在するからである。よって例えば，見知らぬ街で買い物をしたり，電話で助言を求めたり，名もない製品を買ったりなどしても問題ないのである。この種の信頼は，現代社会では経済生活の基本的な側面となっている。

b) について：**特性に基づく信頼**が存在するのは，信頼する側がすでに信頼される側について幾分知っており，彼が信頼されるに値する場合，つまり彼にレピュテーションがあるとか，（例えばインターネットあるいは知り合いを通じて）信頼される側に関して情報を手に入れた時である。

信頼への投資が理にかなっているかどうかが，状況のインセンティブに照らし合わせても不明確な場合があるが，この信頼の形式はその場合でも協働を可能にするものである。

c) について：信頼関係の最も強い形が現れるのは，信頼する側に**同一化に基づく信**

---

[30] ここでは Osterloh/Weibel（2006）の概念に従っているが，これは Lewicki/Bunker（1995）の区別に依拠したものである。後者の文献では，計算に基づく（calculus-based）信頼，知識に基づく（knowledge-based）信頼，同一化に基づく（identifications-based）信頼というコンセプトが用いられている。このような概念の形式では，ここで強調されるポイント，すなわち信頼される側の状況と，彼がそのつどの状況に対処することとの区別がとらえられない。

頼が存在するときである。このケースでは，少なくとも信頼する側の確信に従って，協働に関して共通の利害，価値や見解，そしてとりわけ感情的な結びつきが存在する。それは一方で協働の可能性をさらに大きく広げるが，他方で同時に，万が一起こりうる物質的な損害のみでなく，感情的に傷つけられることによっても裏切られやすさを強めることにもなる。この形は，協働が持つきわめて大きなポテンシャルを開花させるものだが，同時に最大限の投資をも求める。特にその理由から，この信頼関係の形は必然的にアクターがそれに関わることのできる範囲に制限されてもいる[31]。

4.3.1.7 信頼する側の考え方（「ゲームの理解」）

結局は，信頼する側がどのような（個々の）**「ゲームの理解」**，どのような**考え方**によってゲームに参加するかによってもゲームは決定づけられる。それは，（自分の）状況に対する彼の考え方にも，信頼される側に対する考え方にも関わることである。

これについてはそれだけで一冊本が書けるくらいだろうが，しかしいくつかの単純でない区別を手がかりとして，これが信頼関係にどのような帰結をもたらすのかを明らかにすることで十分であろう。

明らかに有力な第一の区別として挙げられるのは，信頼する側の考え方が，原則的に（根本的）不信によって特徴付けられているのか，それとも（根本的）信頼によって特徴付けられているのかということである。つねに不信感を持っている人間は，同じ状況にあっても他者に対して，基本的な態度が楽観主義的で基本的信頼によって特徴付けられているような行動よりは機会主義的な行動を予期するだろう。

それはかなり大きな影響を与える。上の理由から見て，不信感を持つ人間は信頼状況に入り込まないからである。それによって彼は，場合によってはかなりの大きさになる協働利得を取り逃すだけでなく（もっとも彼は多くの損失や失望も回避できるのだが），様々なシグナルやリスクを評価することを身につける機会も少なくなるのである[32]。

同じように，やり取りを「お互いのメリットのための協力」（"Win-Win"）として解釈するのか，あるいは誰かが損すれば誰かが得するというゼロサムゲームとして解釈するのかが大きな役割を演じる。信頼する側が後者のパースペクティブを持つならば，体系的に考えれば，不信感を持って他人を見るよう，いわば脅迫されていると言える。ゼロサムゲームでは，定義上，共通の利害は存在し得ないからである。

もう1つの観点は，信頼する側のリスクに対する考え方である。それはそれで再び，

---

[31] ここでは，社会資本理論で用いられている「弱い関係」と「強い関係」（weak and strong ties）というコンセプトについての関連が打ち立てられている。これについての基礎は Granovetter 1973 を参照。

[32] Toshio Yamagishi (2001) は，「よく信頼する人（high trusters）」が「あまり信頼しない人（low trusters）」よりも，様々なシグナルやそれに属するリスクをより良く評価する能力を持つことを実験から明らかにしている。後者の「あまり信頼しない人」は一般にリスクをより避けようとするからである。

具体的な状況やすでに挙げた他の要因（裏切られやすさ，支払額など）にも影響を受けて作られる。

その点で，信頼する側の考え方は特別な意味を持っている。それは以下のことに対して決定的な影響を与える。
- 彼はどこで裏切られ，どこで裏切られないのか。
- 彼にとってどの支払いがどれくらい重要なのか。[33]
- 彼はどのように不確実性に対処するのか。
- 彼にとってどの選択肢がどれくらい魅力的なのか。
- 彼はどのような期待を示すのか。

これらをここでさらに詳しく取り上げないが，以上のことから，信頼する側に関しても，彼の状況と彼がその状況に対処する方法とを区別できると指摘されるべきだろう。

4.3.2 信頼される側

信頼される側から見れば，信頼という現象をより詳しくとらえるには次の観点が強調されるべきである。
1. 状況的な利害のコンフリクト
2. セルフ・コミットメント
3. 信頼に値すること

4.3.2.1 状況的な利害のコンフリクト

現実には，たいていの日常生活において信頼が問題になることはない。[34]パン屋でパンを買うときに，客の信頼期待が裏切られることはあまりない。パンはおいしいし，加えてそれが苦情になることもない。パン屋も偽造通貨を受け取るとは思っていない。[35]

けれども，以下のような，信頼ゲームをモデル化するような情勢をもたらす状況もある。すなわち，信頼される側としては彼自身にメリットがあるが，それが信頼する

---

[33] 所有資産とは関わりなく，金銭的な損失をあまり重要と思わない人もいれば，ほぼ生死に関わる意義を持つと考える人もいる。

[34] それは特に，信頼を当たり前のこと，「当然のこと」とみなし，それについてさらなる熟慮をまったくしなくても，日常では多くの信頼関係が問題なく機能するという事情に由来する。このような負担軽減はとりわけ重要な機能である。これに問題があるとなればなるほど，この自明性は揺さぶられることになる。その場合に，信頼関係が円滑に機能するためには満たされていなければならない，時に多様な偶然的条件が意識されるようになるからである。

[35] ついでに注釈すれば，この文章には2つの信頼ゲームが含まれている。1つは客が信頼する側でパン屋が信頼される側となるが，これはつまりパン購入のケースである。もう1つは逆の役割となるケースで，例えば支払いのケースである。**互恵性**が多くの信頼関係に支配的な存在となっていることについては，後でさらに詳しく取り上げる。

側の犠牲を強いてしまう形で自分の自由を利用する**インセンティブ**が存在するという具体的な状況である。信頼をダメにしてしまうそのようなインセンティブは，ポジティブな性質を持つこともあれば，ネガティブな性質を持つこともある。再びまずは事例を挙げてみよう。

- 古典的な事例は中古車業者の事例である。彼は車を高く売るために，顧客が関心を持つ自動車の欠陥を黙っておく[36]。
- 銀行のコンサルタントは，銀行内部の儲かる商品リストにはある（そして彼自身のボーナスにも有利だ）が，実際には顧客の好みには合わないような商品を顧客に提示するインセンティブを持つ。
- 寝たきりの認知症患者に不快で骨の折れる様々な看護仕事を行ったかどうかが問われたときに，そうでないにもかかわらず「はい」と答えてしまう誘惑（そしてその方が楽だという気持ち）がある。
- コンサルタント（弁護士，職人など）は，実際にはしていない業績を明細書の内訳に記載する可能性を持っている。
- メーカーにとっては，コスト節約圧力にある場合に製品に対して通常行う細かな安全点検をやめ，表面的なチェックで満足するインセンティブがある。
- 従業員は，プロジェクトの予算権を上司から与えられた時，それを外部にはわからないような形で私的な目的にも使うかもしれない。
- メディアの代表者は，内密に（「ウンター・ドライ（"unter drei"）」[37]）情報を受け取った時に，すぐにこれを新聞の記事に使い，メディアに関心を向けさせようとするインセンティブを持つ。

このリストは何ページでも続けることができよう。そのような利害コンフリクトは，日々，大小様々に絶えず現れるからである。そして，それらをうまく回避する，あるいは防ぐことができるように，そのような状況を認識し，より大きなコンテクストにそれを埋め込むことが（も）できる**道徳的判断能力**を継続して養成することが，企業倫理の基本的課題の1つであり，上で定式化した本書の目標設定に合致するのである。

信頼ゲーム・モデルのシェーマにおいてこのコンフリクトは，信頼される側の支払いrとtに現れている。

---

[36] Akerlof 1970 を参照。
[37]【訳注】unter drei とは，ドイツのジャーナリズム界・メディア界の隠語で，「内密」を表す言葉であり，「オフレコ」に類似した用語である。つまり，情報源がメディアやジャーナリストに対して内々に語ったものであり，情報源を挙げてはならないということを意味する。ちなみに unter eins は直接的に情報源を挙げてもよいケース，unter zwei は直接ではなくその周辺的な情報のみを挙げてよいケースである。そしてこれらは法規制ではなく，紳士協定のようなインフォーマルな規制である。これについては例えば，http://www.spiegel.de/politik/deutschland/medien-was-die-unter-drei-regel-besagt-a-1101548.html，もしくは http://www.taz.de/!756502/（いずれも最終アクセス2017年2月18日）を参照。

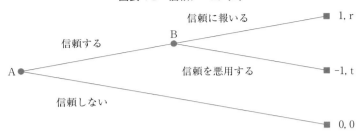

図表13　信頼ゲーム（2）

　信頼する側が信頼される側を信頼する限り，信頼される側は，信頼する側が行う信頼付与という先行投資を悪用する可能性をもつ．つまり，彼は自らにとって追加となるメリットを獲得できるのだが，それは他者を犠牲にしてのことなのである．まさにこの点，すなわち**自分のメリットのために信頼を壊す**という可能性が，状況的コンフリクトなのである．後で重要な**不一致**としても議論されることになる．

　しかし実際にも支払い t が支払い r よりも大きいかどうかは，状況に埋め込まれているさまざまな可能性に左右されるだけでなく，信頼される側がこの可能性を**どのように**認知するのか，彼がそれにどのように反応する**つもり**か，そして彼が自分の意図にしたがって行為も可能なのかということにも左右される[38]．

　その際この支払いは，具体的な状況やその状況に備わるインセンティブ条件に関係するということ，そしてそのインセンティブ条件が外部でからであってもどのように知覚できるのかということに注意しなければならない．

　一見これは，さしあたっては信頼する側にとっての問題である．彼は，状況的コンフリクトにより，場合によっては信頼される側の行為の故にデメリットを被るかもしれないからである．もっとも，より詳しく見ると，そしてより高度に育成された判断能力で持ってみると，信頼される側にとっても問題であることがわかる．彼にとっても協働利得が危険にさらされているからである．そして彼は信頼する側の信頼付与を必要とするのである．

　その限りで，彼自身の利害には次のものがあることがわかるだろう．

- そのようなコンフリクトの状況において，信頼される側の個人的メリットを知覚することは信頼する側の負担となる．
- これによって，信頼する側はそもそも信頼しない方向に傾いてしまう．
- 他方このことは，信頼される側自身にとってデメリットである．
- それゆえ，信頼される側が協働に対し信頼する側を味方に付けられるよう，状況的コンフリクトを自分の有利になるように利用しないことを信頼する側に**信頼できる形でシグナル**することは，信頼する側のためになる．

---

[38] ゲーム理論では，このような観点は通例，合理的で自己利益を追求する行為という想定に還元される．すなわち，t が r よりも大きい限り信頼が崩壊すると仮定されているのである．

しかしどのようにしてそれを成功させるのか？この問いは次のポイントにわれわれを導く。

4.3.2.2　セルフ・コミットメント（II）

　セルフ・コミットメントについては，すでに 2.4.3 節で取り上げた。そこで問題となったことは，自分自身の自由，そして正しく理解された自己利益という点からそれを利用しない誘惑を構造化し，そこで自分自身に制限をかけることで，自分の（将来の）目標をよりよく達成できるということである。

　さらにこれに付け加わるのが，セルフ・コミットメントはまずもって倫理にとって重要だという要素である。**他者，つまり信頼する側のために（も）なるように，自らに課する**ある種の**セルフ・コミットメント**が倫理において問題となるからである[39]。信頼する側の費用で自らを利するよう誘惑されるかもしれないという，上で説明したタイプのコンフリクトの状況においても，信頼される側としてまさにそのような振る舞いをしないということを，信頼する側は確信できなければならない。

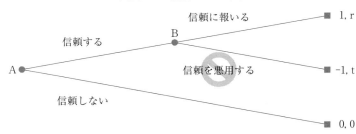

図表 14　信頼ゲーム（3）

　他の言葉で言えば，彼の行為，彼の自由に行為制限を課すこと，より正確に言えば，信頼する側を犠牲にして自分自身のメリットを得るという行為を阻止するか，少なくとも彼自身にとって費用のかかるものとすることが重要なのである。そして，それが他者にとっても知覚可能であることも重要である。まさにそこに，セルフ・コミットメントの本質的な目的，すなわち，まさにこのセルフ・コミットメントを通して，信頼する側に自分が信頼に値することを確信させるという目的があるからである。「われわれが自己に制限を課したところを，人は信頼するのである」（Mayer 2013, 20; 筆者による翻訳）。

　このような形のセルフ・コミットメントの事例を考えてみよう。

---

[39] 厳密に言えば，インタラクションに備え付けられているこのようなセルフ・コミットメントも，絶対に道徳的な性質を持っているとはまだ言えない。それが第三者の負担となることもあるからである。道徳的には，それが普遍化可能である，ないしは第三者の正当な信頼期待をそれによって傷つけることがない場合に，セルフ・コミットメントだと言える。

- 他者にする**約束**。
- **契約**は，もともとはお互いの約束である。約束の場合と同じように意図の解明が必要だが，契約は第三者，例えば国家が法システムという枠組みで契約を浸透させることも基礎としているので，信頼の問題は少なくとも部分的には，この第三者がどれくらい信頼できるのかという問題に変化することになる。
- セルフ・コミットメントのもう1つの形態が，**保証**である。そこでは，約束の場合と同じように，信頼される側が信頼する側に特定の働きをすると約束するのである。
- 万が一のための**補償金の支払い**とか**預かり金の寄託**によっても自らを縛ることができる。その結果，もし信頼が悪用された場合には，信頼する側の損害は少なくとも一部分は補償される。
- 同様に，特定の**公開条件**の下にあるとか，場合によっては独立した機関による**統制**を受け入れる用意がある場合もセルフ・コミットメントと解釈できる。
- 同じことは**ある組織への加入**にも当てはまる。それは信頼に値するということを伝え，そこに属していることが相応の資格を与えるはずである。
- **証明書の取得**も同じような機能を持つ。それが特定のスタンダードを遵守することを規定しているからである（これは，信頼をある程度先延ばしすることのもう1つの事例である）。

例えば達成すべき結果とかマイルストーンを（場合によっては公的にさえ）定めることのように，このような事例はさらに多く挙げることができよう。ここで重要なのは，いまや問題になるのはもはや自分自身を縛ることだけではなく，むしろ信頼する側がそれに気付き，**信頼に値することのシグナル**として解釈するように自分自身を縛ることが問題だということである。それゆえコミュニケーションは，協働の成功のために中心となる構成要素となる。

これはある意味ではありきたりなことだが，別の意味からすればそうではない。自分の目標や利害を追求するときに自分がつねに不可避に相互作用に埋め込まれた存在であること，そして他者が自分たちを観察し，しかもその観察は他者自身のパースペクティブからなされ，自分たちに対する他者の行動はこの観察に左右されるのだということを，簡単に忘れてしまうからである。

ここで思い出すべきことは，セルフ・コミットメントが意図，（それを促進する）条件，そして行為という3つの要素からなるということだろう。それは信頼関係にとっても大事である。3つの要素はすべてシグナルの基礎となり得るからである。すなわち，信頼される側は彼の意図を伝達できるのである。彼は，彼自身がそれを促進する条件を打ち立てた時には特にそれを指摘できるし，[40]セルフ・コミットメントが回避される可能性をまだ持ったままであっても，セルフ・コミットメントを実際実行に移したことを示す以前の行為を指摘することもできるのである。

4.3.2.3 信頼に値するということ

これまでの考察が示す通り，信頼に値するかどうかという問題の鍵は信頼する側のパースペクティブから推論できる。ニクラス・ルーマンの言葉を借りてそれを表現すれば，「信頼を得たい者は，他人の期待を自分の自己表現の中に取り入れることが…できなければならない」(Luhmann 2009, 80f.)。

これ以上のことは上ですでに論じられたが，「他人の期待」にとって何が重要かといえば，それは信頼する側の期待，すなわち損害を受けないという期待である。信頼する側は，信頼される側がコンフリクトの発生するケースで彼の自由をどのように扱うのか，よく考える。そしてそれは，信頼される側の状況に関する問題であり，彼がどのようにそれを扱うのかという問題である。言い換えれば，それは信頼される側の「**したいこと**」と「**できること**」(を信頼する側が評価すること)の問題なのである。

したがって，信頼に値するかどうかということは，信頼される側の一般的な特性なのである。それは，前に論じた状況的コンフリクトの状況において，信頼する側の信頼期待が実現されるような形で**セルフ・コミットメントができること**(「**できること**」)**とそれへの意欲**(「**したいこと**」)を示すということに現れている[41]。そこから，信頼するに値するということに関する，2つの中心的なメルクマールを導き出すことができる。すなわち，1) コンピテンス(「できること」)と2) インテグリティ(「したいこと」)である[42]。

1) コンピテンス

まさに経済生活においては，コンピテンスは信頼に値することの要素として基本的に重要である。誰かを査定するとき，その人がまさにそこで大事になる仕事のコンピテンスを持っていないと思うなら，顧客であれ，雇用者であれ，投資家であれ，彼と協働しようとはしないだろう。同じことは企業にも言える。確かにその企業には好感が持てるが，しかしその企業の製品とかサービスが不十分である，質的に不満がある，あるいは欠陥があるのであれば，それを買わないだろう。

---

[40] トーマス・シェリング (Thomas Schelling) (1980, 43) はかつてこれを，以下のような簡潔で含意のある表現で示した。「訴えられたい人などいるだろうか！しかし訴えられる権利は，約束をする力となる」。訴えられる可能性があるということは，自分の約束がより信頼するに値するということを示すことに役立つ。そこでは約束の遂行が独立した第三者によってコントロールされ，遂行されなかった場合には制裁を加えられる可能性があるからである。

[41] 後ほどより詳しく述べるが，信頼する側の信頼期待には，不当ないしは実現できないようなものもある。それはそもそも実現できないか，あるいは実現すべきでないような期待のことである。

[42] 専門的な文献では，頻繁に引用されている Mayer et al. 1995 の論文をたびたび引き合いに出して，信頼するに値することに関するさらに別の重要な属性として**好意**が挙げられている。好意は疑いなくためになるものだが，しかし非対称性についての考察 (4.4.2節) と，好意の徳よりも正義の徳が優位にあること (7.2.3節) に従い，ここでは他者の損害を避けるということに焦点が置かれている。これは，企業の責任を規定することに対してのインプリケーションを見てもわかる。そこでは，ここで提示されたアプローチと同様，「善き行い」ではなく，重要な不一致を避けることが問題となるからである。

もっとも，コンピテンスは信頼に値するかどうかの十分条件ではない。他者の（正当な）利害，要求，権利を考えずに，自分の目的を追求するために機会主義的なやり方で自分の能力を使うことが容易に想定できるからである。よってもう１つのポイントが付け加えられなければならない。

2) インテグリティ

ここで理解されている意味では，インテグリティは信頼に値するかどうかの核心部分に当たる。この特性は，**正当な信頼期待を裏切るつもりがないという立場**，そしてこの意味で，インタラクションの相手あるいは第三者に損害を与えないという点で信頼できるという**考え方**に相当するからである。

インテグリティは一般的な**態度**と同じものと見なされる。態度は次の３つの格率によって特徴付けることができる。

- 約束を守ること
- 法律の規定を遵守すること
- 道徳的規範や価値，特に尊敬，公正，持続可能性[43]を守ること

そしてこれらは，具体的なケースでは（**機会**）費用[44]を引き起こすときに特に見られる。

ところで，いつも約束をすべて守ること，法規定をすべて厳密に遵守すること，あらゆる道徳的規範を守ることは実践的には不可能だということは，日常生活からわかることである。そしてこの理由は経験的条件にある。それは不可避に，きわめて多種多様な性質を持つコンフリクトを絶えず生みだす。それには以下のものが挙げられるだろう。

- ２つの約束があり，両方同時には守ることができない場合のコンフリクト
- 約束とルールとの間のコンフリクト[45]
- 様々なルールの間にあるコンフリクト
- 約束と価値との間にあるコンフリクト
- ルールと価値との間にあるコンフリクト
- ２つの価値の間にあるコンフリクト

これらに加え，事情が変わることで生じるコンフリクトは無数に考えられる。飛行

---

[43] これら３つの価値は，（具体的な）他者や社会次元・時間次元を適切に考慮することへの関連によって生じるものである。6.4 節も見よ。

[44] 思い出して欲しいことは，費用はまずもって金銭の支出を意味するのではなく，機会費用，つまり他の選択肢の取り逃しも含めた主観的な費用だということである。

[45] よく知られた例は，元ドイツ連邦首相でドイツキリスト教民主同盟（CDU）党首だったヘルムート・コール（Helmut Kohl）の約束である。それは，法律違反どころか憲法違反でさえあるにもかかわらず，献金者の名前を挙げないというものであった。

機が運休になり，その結果重要なアポイントメントに時間通り到着できない，家族が重病になり自分の援助が必要となった，サプライヤーが操業停止になった，など。

そのようなコンフリクトが存在するとき，このコンフリクトに**どのように**対処するのかということに，インテグリティが現れてくる。そしてとりわけそれが意味するのは，関与・関係する人間のどの利害（権利，要求）にどのような意義を認めるのかということ，そして自分の行いをどのように伝えるのかということである。

その際，上位基準として明らかになるのが，**一貫性**を求める（必ずしも意識的ではない）努力である。それはたびたび原理志向として現れる（しかしこれは原理主義ではない）[46]。この一貫性は，信頼する側に対して，彼の利害が**適切**に考慮されているという信用として明らかになる。それは，彼に対して行った**約束**，やり取りを支配する**ルール**，そして尊敬，公正，持続可能性などの**価値**に沿うものである。

このことは次の事例で明確になる。信頼される側が信頼する側との重要なアポイントメントを守らなければならないと仮定しよう。さらに彼がこのアポイントメントを守らないとする。信頼する側はどのような理由ならば受け入れるだろうか？

- 例えばひどい悪天候で旅行の継続ができなくなったといった，信頼される側にはどうにもならないような事情が起こったのならば，アポイントメントを破ったことを容易に受け入れるだろう。
- 信頼される側の家族に予期せぬ不幸が起こったのならば，同じく理解が得られるだろう。家族を原因とする利害は，このケースでは十分な同意が得られるという意味を持つ。
- 話が難しくなるのは，例えば2親等のいとこの59歳の誕生日といった，家族でもあまり生死にかかわるようなものではない出来事がアポイントメントを取りやめる口実として使われる場合である。
- まったく受け入れられないのは，信頼される側が気乗りしないからという理由でアポイントメントを破ることであろう。

さらに別の事情も考えられるだろうし，それを用いて以下のことが明らかになるだろう。

- 信頼に値するかどうかが明らかになるのは，他者の信頼を裏切らないためにどのような機会費用を引き受けるのか（あるいはまったく引き受けないのか），という場合である。
- それと関連するのが，信頼される側は信頼する側の利害にどれほどの重点を置いているのか，そしてその状況（裏切られやすさの度合い，支払額，選択肢，期待など）を彼がどのように考えているのかということである。
- 同じく重要な役割を演じるのが，信頼される側が重要な状況条件をどの程度自分で

---

[46] 企業の場合には，一貫性を保証することの中心的な機能となるのが理想像である。それについての詳細は12章を参照。

コントロールできるかということである。ひどい悪天候の発生は自分のコントロール外にあるが，あらかじめ予備知識があれば，ひょっとすると計画をそれに合わせることができたかもしれない。それに対して，意欲とか気乗りしないことは完全に個人の責任の領域にある。

これに関しては再度次のことを指摘できる。相手が信頼に値するかどうかを信頼する側（あるいは一般的には第三者）が評価する場合，判断基準，一般的には「ゲームの理解」も問われるということである。あるいは次の 4.4 節のコンセプトを用いて表現すれば，信頼される側が送る**シグナル**は様々に解釈が可能だということである。しかしこのテーマに取り組む前に，まずこれまでの考察のうちのいくつかのことを，信頼関係についての典型的な事例を用いて説明しなければならない。

4.4 シグナル

4.4.1 概 論

自分のことを信頼に値する人間ではないと自分で主張する人は，おそらくいないだろう。それは不思議なことではない。だますことが利するとわかれば相手がすぐにそれを実行に移すと知りながら，誰がその相手と関わりを持ちたいと思うだろうか。

けれども信頼する側にとっては，そのことによって問題が生じる。信頼される側が実際に信頼に値するか，あるいはただそう主張しているだけなのか，信頼する側は簡単に区別できないからである。信頼される側が信頼に値するか否かを探り出すためには，（残念ながら）単に彼が自分自身について主張することに注意を払うだけでは十分ではない。ゲーム理論では「チープ・トーク」が問題になるが，それが意味するのは，ありうることを述べるのは簡単だということである。そこでは，例えば最高の品質でつねに信頼できるよう届けるという主張が実際にも正しいのかという問題は，たいていは解決できない。

しかしこれは，信頼される側にとっても問題である。自分が信頼に値することをシグナルし，そこから協力を成功させるための前提条件を生み出すには，そうだと主張することでは明らかに十分ではないからである。反対に，そのように表明することは，まさに信頼に値すると言えないことのシグナルと解釈されてしまうこともある（いったいなぜ彼はそれを殊更に強調しなければならないのか？ それはまさに彼の戦略的な意図の表れではないのか？）。

そう見れば，信頼問題の最初の基本的特徴は，信頼される側を信頼するに値するかどうかを確実に突き止めることはできないということにある。たとえそれが，日常の非常に多くの状況で当然のものとして仮定され，期待されており（"taken for granted")，たいていは無意識であるこの信頼期待が実現されるのが自明だとしても。

よって信頼する側にとって根本的に関心があるのは，アクターが信頼するに値すると少しでも信用できることを伝えるシグナルが出現するのを期待して待つことである（下記4.5節のスクリーニングも参照）。信頼される側も同時に，彼が信頼に値することを合図するシグナルを送る関心を明らかに持っている。そしてそれは，そのテーマがいくらかの複雑性を含んでいることをすでに予感させている。

信頼される側に関して観察できるものはほとんどすべて，シグナルとして作用できる。例えば身ぶり，特殊な言葉を選ぶとか話し方，衣服，会員資格ないしは会員と特権的なコンタクトを持つことなどだが，しかしとりわけ信頼される側の行為や，その背後にあると推測される動機は，「タイプ」についての情報を与える。特に有益なのが，コンフリクトの多い状況の中で，つまり特段信頼が求められるような状況において，信頼される側がどのように振る舞うのか，ないし以前どのように振る舞っていたのか，そしてコンフリクト状況に対処するために彼はどのような措置（投資）を講じたのか，ということである。

それゆえ，信頼に値するかどうかにとって重要な，すでに挙げられた3つの行動様式の観点から，信頼される側の発言と同時に行為を観察することが特に関心の引くところである。すなわち：

- どのような**約束**がなされ，どのようにそれは守られるのか？
- 信頼される側は**ルール**を守るのか？
- どのような**価値**が彼の行為の基礎となっているのか，そしてそれは日常でどのように実践されているのか？

行いは言葉より多くを語る，というよく知られた格言は，概して的を射ている。このことは，特に以下で説明される非対称性を背景とすればわかることである。

4.4.2 根本的非対称性

「信頼は築くのに何年もかかるが，壊れるのは一瞬である。そして修復は永遠にかかる。失われれば築くのは簡単ではないし，築けたとしても二度と同じものは築けない」。

この引用は様々なヴァリエーションで用いられているが，根本的非対称性を示すものである。1つだけの行為によって信頼を構築することは不可能だが，1つの行為だけで時に信頼を崩壊させることは確かにありうる。この非対称性は明らかに影響力の大きいものであり，信頼期待を実現することとそれを裏切ることとは違うのだ，ということを示している。自分は時々信頼でき，時々信頼できないのだ，と誰かが言って

---

[47] この言葉は，ここで再び信頼問題が一部ずらされていることを示している。つまり，このシグナルは信用できるのだろうか？

いるとすれば，それは奇妙というより他ないことは明らかである。時々は約束を守り，時々は守らないということを，誰が信頼に値すると見なすだろうか？それは，実際にはそうかもしれないということを否定するものではない。そしてそれはたいてい状況的な条件にも大きく左右される。しかし原則的には，<u>将来の行為が信用できることを前提とすることで，信頼はまさに「機能する」</u>のである。つまり，他者が時々信頼に値するよう振る舞うかどうかを知りたいわけではないのである。そのような主張は実践的には価値のないものである。

そこから上で述べられた重要な非対称性が生まれるのであり，それは科学理論のコンセプトを用いて次のように特徴付けることができる。信頼に値するという点から見た期待は，**法則的な性格**を持つ仮説に基づいている。以下の三段論法がそれを明らかにするだろう。

図表15　実践的三段論法（6）

(1)（信頼に値するということが意味するのは：）信頼される側が信頼する側に対して約束をするときにはいつでも，信頼される側はそれを実現する。
(2) 信頼される側が信頼する側に約束Pをする。
(3)（その帰結として，信頼する側は次のことが成り立つと期待できる：）信頼される側はPを実現する。

つまり，例えば（信頼される側としての）雇用者が，（信頼する側としての）従業員に，ある特定のポジションが空いていれば1年で彼を昇進させると約束するとき，従業員が雇用者を信頼できると思っている，すなわち与えた約束を雇用者が<u>全般的に守る</u>だろうと従業員が信じていれば，彼はこれを信じるだろう。このように普遍的前提(1)があってはじめて，1年後の雇用者の行動について期待が可能となるのである。

「信頼に値する」という特性が持つ，まさにこのような普遍的な性格から，前で言及された，信頼に値することの確証と「反証」との間にある非対称性が生まれるのである[48]。よって，信頼期待を確証すること，それと同時に信頼するに値するという想定を確証することは，たいていほとんど情報内容を持たないのだが，しかしそれを反証することは情報内容を持つのである。それは，まさに全般的に信頼に値するとは前提できないことを明確にしているからである。

これらの重要な考え方をもっと明確にするために，簡単な全称命題「すべてのエノキダケは食べられる」を使おう。この全称命題はキノコ類について何らかのことを語っているわけだが，それが食べられるかどうかに関する**期待**を可能にしている。三段論法で表せば，図表16のようになる。

---

[48] 科学理論の世界では，カール・ポパー（Karl R. Popper）が科学の理論に関する類似の考察を打ち立てた（Popper 2005）。ここで提示された考察はそこからきっかけを得たものである。

図表16　古典的三段論法

(1) すべてのエノキダケは食べられる。
(2) このキノコはエノキダケである。
(3) （そこからの結論として）このキノコは食べられる。

　そのような言明に意味があるのは，このケースではエノキダケが食べられるということに関しての将来の期待をそれが可能にしているからである。実際，あらゆる期待は特定の一般化に基づく。これなしには，将来の出来事に関して何らかの期待をするのは不可能だろう。

　いま，さらに別の食用エノキダケを観察することで全称命題を確証することは，驚きをもたらすものではない。学問的に表現すれば，それはほとんど啓発的ではない。情報内容がわずかしかなく，その情報は事前の期待に沿ったものだからである。キノコ通として，普通はそれを所与のこと（当たり前のこと）と思っている。しかしながら，このキノコの種類に属するが，毒をもったエノキダケが一度でも出現すれば，それはニュースにすべき価値を持つだろう。もっともこのことは，このキノコが食べられるという期待をこれまで基礎付けていたものに揺さぶりをかけるという問題を投げかけることにもなろう。つまり，全称命題が反証されたために，次に現れるエノキダケも食べられるという期待はもはやあてにできなくなったのである[49]。全称命題を反証すると，この全称命題をよりどころとしていた期待の（相対的な）確実性は損なわれる。もしかすると，この種のキノコをもう食べないかもしれない。

　この考察を信頼に値することに置き換えて考えるならば，すでに言及された非対称性から次のことがわかる。信頼に値する，すなわち約束を果たすことを1つひとつ「確証すること」は，一見したところではわずかな情報価値しか持たない。つまり，これは信頼する側によってすでに期待されたことであり（そうでなければ彼は協働しようとしなかっただろう），それゆえ彼にとってはなんら驚くところのないことだと想定できるだろう[50]。

---

[49] もちろん，すべてのエノキダケが食べられるとする「理論」を無傷のままにする説明が見出されることもあるかもしれない。例えば，実際はヒメアジロガサを見つけたのにそれをエノキダケと間違えたという事情，あるいはこのキノコに対する極めてまれにしか起こらないアレルギーを持っているのかもしれない。

[50] それにもかかわらず補足すべきことは，この種の確証が，信頼に値することを構築ないし維持するのに不可欠だということである。しかしながらそれは，CSRレポートでそれについて報告するのには適していない。

それに対して，期待を裏切られたということに，もう1つ別の重要性が認められるべきである。約束を守ると期待されたのにこれを守らなかったら，それはなされた約束という特殊な期待を裏切ったというだけでなく，全称命題の反証と原則上同じように，このケースで「反証」された，全般的に信頼に値するという状態にも影響を与える。理論の場合のように，それが必然的に信頼に値することの即時の完全な浸食に繋がるわけではないものの，ネガティブな作用のポテンシャルはかなりのものである。
　まさにそれゆえに，ここで言及された非対称性は信頼関係にとって非常に重要である。つまり，裏切られた信頼期待は実現された期待よりもはるかに広い影響力を持つのである。とはいっても，信頼が期待の実現によってしか構築できないことは，もう一度強調すべきだろう。次のことわざはこれに沿う内容となっている。「一度嘘をついた人は，本当のことを言っても信用されない」。さらに行動心理学者のポール・スロヴィク（Paul Slovic）は以下のような非対称性原理を定式化している（1993, 677）。「信頼は［……］幾分ゆっくりと作られるのが典型だが，一瞬で崩れ去る可能性を持っている。それは1つの不運な事故あるいは間違いによるものかもしれない。したがって，一度信頼を失えば，それを以前の状態にまで作り直すには長い時間がかかる。場合によっては，失われた信頼は二度と取り戻せないかもしれない［……］。信頼は作り出すより壊すほうが簡単だという事実は，人間心理に関するある種の根本的メカニズムを反映したものであり，それを「非対称性原理」と呼ぶことにしたい」。
　もっとも，実際には事態はもっと複雑である。信頼期待は，すべてのエノキダケは食べられるという言明ほど単純ではないからである。信頼の判断や期待の基礎となっているのは，たいてい，直観的なことが多いがより複雑な状況の評価や，信頼される側が信頼に値するかどうかが反映されるような，この状況に彼がどう対応するのかについての評価である。この期待が裏切られれば，この裏切りは状況の条件によるものなのか，あるいは信頼に値することの想定があまりにも楽観的だったかが問われることになる。
　信頼は複雑性を縮減してくれる作用を持つが，そのうちの重要な部分はまさに次のことにある。信頼される側が実際にも信頼に値し，信頼する側の正当な利害を適切に考慮しているとさえ期待できれば，信頼する側は状況についてそれほど深く知る必要はない，ということである。相違が生じても，それが事情を通じて理解可能な形で説明できるような相違であれば，状況の条件に従って理解も得られるだろう。問題が生じるのは，そのような説明がない場合である。それが（信頼される側の一般的な特性としての）信頼に値するかどうかの想定が正しくないことを示唆する可能性があるからである。またそれは，将来もまだ信頼される側を頼りにできるかどうかという問題を続けて生み出す。したがって，個々の信頼の裏切りによって信頼に値するかどうか

---

51 方法論的な傍注として記せば，理論の場合も状況は似ている。理論においても，いくつかの反証は，事情を通じて簡単に説明できるものであれば，反証ではない。例えばある実験で，電気が止まったがゆえに期待された結果が得られなかった場合，確かにそれを反証とは見なさず，理論を疑問視する機会として利用するだろう。

が疑わしいと推測させてしまう場合には，まさに，この1つひとつの不一致が場合によってはきわめて重大になるのである．

　以下のことが補足されるべきだろう．信頼される側にとってかなり高いコストを伴うので，状況的条件から考えてもともと約束が守られるあるいはルールが尊重されるとはもはやすでに見込んでいなかった場合には，信頼期待を個々に確証することは重要である[52]．例えばある企業家が危機的な状況で，従業員を守るために彼にできることすべてをやるときには，それは信頼への投資として意味あるものの1つである[53]．

4.4.3　重要な不一致（I）

　これまでの節の考察を次のようにもまとめられるだろう．不一致は信頼を危うくしうる，と．それが意味するのは，信頼する側の（一般的な）信頼期待と，信頼する側から見て信頼される側が信頼に値する（値しない）と判断できるような，信頼する側の信頼期待に対応する信頼される側の行為との間にある不一致（矛盾（Diskrepanzen, Widersprüche））である．そしてまさに先ほど議論された非対称性効果があるために，ただ1つの不一致があるだけですでに，信頼関係ないしは信頼に値するという信頼される側のレピュテーションは危機的な状態に陥るのである．ウォーレン・バフェット（Warren Buffett）の発言とされている次の引用もそれに沿ったものとなっている．「レピュテーションを構築するのに20年はかかるが，それを壊すのには5分とかからない」．

　しかしそれによって，原則的に見れば，不一致はお互いのメリットのための協働をも危険にさらす．それ自体としては正当な信頼される側への信頼期待が，どうやら実現されないだろうと信頼する側が予期する場合，彼は自分の身を守るか，あるはそもそも協働をしようとしないかのいずれかだからである．前者の場合，たいていは双方の側に費用がかかる[54]．よって，選択肢を持っているならばいずれにせよ，信頼していない企業とは誰も自発的に協働しないのである．その限りで，そのような不一致，すなわち信頼される側が状況的コンフリクトにおいて信頼する側を犠牲にして行動することが見込まれるだけですでに，協働の可能性は阻止されるのである．そしてそれは双方にとってデメリットである．

　もっとも，この考え方を日常に置き換えれば，それを区別して考えるべきことに気づく．普通の生活では，約束が守られない，ルールを破る，道徳的価値を実践しないなど，いくらでも不一致が存在することはまったく明白だからである．それに驚くの

---

[52] 信頼関係において**予期されざる偶然性**（Kreps 1990）が発生する場合，それは珍しいケースではない．

[53] それゆえ，まさに危機的な状況において信頼への投資に特別な可能性が生じるのは，まさにそれがこの状況では信頼される側にとって費用がかかること，そしてそれがたいてい彼の態度について多くを語っているからである．

[54] 経済学の理論ではこれは取引費用として問題にされるものである．

はあまりに現実を知らなさすぎだろう。われわれの社会のような，きわめて高度に機能分化した自由な社会では，緊張，矛盾，違反，コンフリクトが永続的に発生することは避けられないのである。

けれどもそれほど多くの不一致が日常で存在するからこそ，実践的な理性，すなわち，実際に**信頼を崩壊させる**ような**重要な不一致**を認識し，どのようにすればそれを理性的に対処できるのか，これを考えることが大事なのである。

しかし，重要な不一致と重要でない不一致を区別するものとは何だろうか？先だって1つのポイントを指摘すれば，重要性を定義できるような，具体的で客観化可能な基準は存在しないということである。状況がどうなっているか，個々のケースで重要と見なされるものについてそれぞれの個人がどう評価するかは，きわめて複雑で多様なのである。

つまり，「今度また電話します」という約束が守られないことは，たいていは重要でない不一致である。ひょっとしたら信頼する側は，それどころか電話を返すとは期待してないかもしれない。けれども，また電話することが信頼する側にとってかなり重要なことであり，彼が信頼される側にそのことを伝えていたので，信頼する側はまさにそれがなされるものだと考えていたという状況もあり得るだろう。このケースでは，それが重要な不一致となる。重要でない不一致の例には他に次のようなものが考えられるだろう。

- 信頼される側の遅刻，あるいは彼が約束した成果の遅延
- 例えば支出を次の期にずらす，収益の実現を優先する（あるいはそれぞれ逆も言える）などの形で，現時点での収益について適度に嘘をつくこと[55]
- 流動性あるいは利子の理由から，勘定の清算を遅らせること
- 預金利子率が魅力的な条件で宣伝された後で，預金者への通知なしに預金利子率を変えること[56]
- 例えば道路交通法上の小さな違反とか，納税申告において地味に真実と異なる申し立てをすること，体系的な性質を持たない著作権違反など，法秩序に関して「軽微な違反行為」と呼ばれるものは，ある意味で重要でない不一致に該当する。もっともこれらの事例は，そのような「軽微な違反行為」の場合にも，信頼する側ないし第三者にとっての損害がまったくもって生じうること，信頼される側が法意識における「欠陥」を悪用しうること，そして「軽微な違反行為」と見なされるものの社会的な評価が時代の経過の中で変わりうることを示している。
- オフィスから用具を持ち去ることは組織に対するオフィスで働く従業員の信頼の濫用となりうるが，もっともここでも重要性という境界域は超えられていない。ただ

---

[55] これについて，企業会計においては利益調整（*earnings management*）と呼ばれている。それはある程度までは普通だが，度が過ぎると詐欺になる。12.2 節も参照。

[56] その場合，たいていは顧客がけっして読まないような細字で印刷された有名な条項に，そのような変更がなされることがある旨がいくらか書かれている。しかし，銀行と顧客の信頼関係にとっては，顧客との話し合いの中でそれに言及されているかどうかがより大事になるだろう。

し，そのような「些細なこと」も企業の視点からは容認されないことが組織において明確に伝えられていたのならば別である。前の例と同じようにこの事例も，重要性が参加者ないし関係者の「ゲームの理解」に決定的に左右されることを示している[57]。

もっとも，これらの事例はすべて重要な不一致にもなるポテンシャルを持っている。それはいくつかの観点に左右されるのだが，それについてはすぐ後で詳しく考察し，その倫理的な内容に関しては7章でさらに詳細に探索されることになる。

それに対して，以下の事例はたいてい重要な不一致と見なされる。
- 人権侵害
- 搾取的な児童労働
- 腐敗・汚職
- 製品あるいはサービスの特性を顧客が高く評価しているのに，それに関する約束を守らない。
- 金銭的・非金銭的パフォーマンスに対する従業員の正当な要求を無視する。
- 信頼する側にとっては当然重要な情報を隠すとか，事実のみでなく会計帳簿の操作までも事項を隠匿すること
- 社会スタンダードとか環境スタンダード，安全基準，品質基準などをすり抜けるあるいは無視することによって，信頼する側あるいは第三者に対して重大な危険あるいは侵害を引き起こしてしまうこと

事例から少しだけわかることは，不一致の重要性をどこに関連づけられるかということである。
a) 信頼される側が信頼する側に与える損害の程度[58]
b) 不一致の原因を信頼する側の責任にすること
c) 現在支配的である共通のゲームの理解に沿って不一致を評価すること
d) 信頼される側にとって明らかになる帰結[59]

---

[57] 2008年に起こった次のケースは注目すべきものである。スーパーマーケット・チェーン，カイザース・テンゲルマンのある女性従業員が，デポジットのレシート2枚，総額1.3ユーロを現金化したとして解雇された。ここで注意すべきことは，本書ではそのような事例の法的な判断だけではなく，道徳的判断も重要となるということである。同時に，このケースで明らかになるのは，いずれにしても具体的なケースでこのような不一致の重要性に関して明確な判断を導き出すのはたいてい難しいということである（なぜなら，雇用者がそのような行動をはっきりと承認しない限り，そのような不一致が存在するからである）。

[58] あるいは第三者の正当な利害も付け加えられるべきかもしれない。この点については7.3節でもう一度取り上げる。

[59] これについても7.3節で，**倫理的な視点から何が不一致の重要性を構成するのかについて**，さらに続けて明確に述べられるだろう。

a）について：それによれば，重要でない不一致に第一に典型的なことは，信頼される側が信頼する側（あるいは第三者）に与える損害がそれほど大きくなく，また信頼する側もそう感じているということである。その際に思い出されるのは，「支払い」(4.3.1.2節を参照) が様々な形態をとりうるということである。そこでは，上述の信頼する側の状況に関して他の側面も同じく影響を与える。それには例えば，不確実性や，あるいは信頼する側が持っていた，起こりうる損害を彼が免れることをより簡単もしくは困難にした選択肢がある。

b）について：けれども，たとえ損害が大きかったとしても，信頼される側がコントロールできないとか，過失ないし一度だけのだらしなさであってそれは計画性を持つものではないというような，不一致が主として外部事情によるものだという印象を信頼する側が持っている限り，それは必ず信頼関係に影響を及ぼすとは言えない。まったく違うのは，不一致が信頼される側のせいであり，約束を守らないとかルールを違反する，道徳規範を犯すなどによって，彼が意図的に信頼する側の信頼を裏切ると仮定できるケースである。同時にそこで明らかになるのは，行為者のコンテクストがどれほど重要性か，そしてそこから何が導き出せるかということである。不一致に導かれた理由は何か，信頼される側はどの程度それをコントロールできたのか？彼は信頼に値する説明を行ったのか（そしてどのように述べたのか）？彼は防止措置を取ったのか？信頼する側が良い選択肢を持っていないことを彼は知っていたのか，そして彼はそれを悪用したのか，などである。

これらの重要なポイントをさらに詳しく分析できるよう，実践的三段論法のシェーマを次の形で使うことが有益である。[60]

図表 17　信頼の状況

信頼する側	信頼される側（VN）
(1) 信頼される側が持つと推測される目標や価値	(1) 目標や価値（「したいこと」）
(2) 信頼される側が抱えていると知覚ないし推測される状況条件	(2) 経験的条件（「できること」）
(3) 信頼される側の行為に対する期待	(3) 行為

左側には，信頼する側の期待(3)が表されている。それは，信頼する側の状況に関する評価(2)，ないしは信頼する側から見て信頼される側がこの状況にどう対処するべき

---

[60] この表現は，12章で，起こりうる重要な不一致の「診断」や「予防」のための様々な手がかりを分析するのに役立つだろう。

か（そして実際期待に沿った形で対処するか）についての想定から生まれるものである。

　右側には，信頼される側の行為(3)が，彼の状況的条件(2)ならびに彼の状況への対処の仕方(1)から生まれることが描かれている。その際，(1)は信頼される側の意志，つまり目標や価値，利害と，(2)は彼のコンピテンスでもあり，外部条件でもある彼の能力と関連づけることができる。

　ここで確認できることは，さしあたっては，このように描かれた不一致が信頼関係の一般的問題だということだけである。それに従えば，信頼する側にとっては，そのような**シグナル**がいつ生じるのかということが重要となる。そして逆に信頼される側にとっては，それにふさわしいシグナルを送らないということが基本的な意義を持っている。

　その際，シグナルをどう**解釈**するのかということも，つねに重要な役割を演じる。たとえば相異なる様々な価値のイメージ（(1)に関する想定）が存在する，あるいは信頼する側が信頼される側の状況(2)についての重要な情報を持っていないか間違って評価している場合，信頼される側がまったく実現できないような期待がもたらされるかもしれない。後ほど，そのような不適切な期待が典型的に現れる形態としての規範主義的な短絡思考が取り上げられる。

　この考察は，これらシグナルやその解釈のコンテクストに関する，**共通のゲームの理解**が持つ重要な意義をも指摘する。よって信頼される側にとっては，とりわけ不一致の重要性にかかわるような側面に関して，信頼する側がどのような期待を持つのかを知ることが大事である。逆に信頼する側にとっては，適切な期待を持ち，その際場合によっては状況的条件を適切に考慮することが大事である。さもなければ，期待があまりにも高すぎて同様に信頼関係を危険にさらしうるという，先ほど描写された状況に至ってしまうかもしれない。

　もっとも，信頼される側がすべての期待につねに応えることは絶対に不可能だということもすぐにわかるだろう。その場合の問題は，特定の期待がなぜ実現されていないのかを納得いくように説明できるかどうかということである。この説明はたいてい状況条件に関連するが，その条件はある意味で再び一貫性を生み出すべきものである。

　例えば飛行機あるいは電車が遅れるとか，収穫が芳しくない，身内の不幸があったときに信頼される側を日常業務からはずす，あるいは別の外的な状況条件が信頼される側の期待の実現を妨げるのだとしたら，信頼はたいてい不一致で傷むことはないだろう。

　そこからすでに，重要な不一致に関する2つのさらなる重要な側面を導き出すことができる。

　1つは，信頼される側自身が不一致の主たる**原因（あるいは共通要因）**か否かが重要である。もし外部の事情が原因だったなら，それでも彼がそれを妨げることにどの程度関与したか，彼にとってそれがどれくらいの費用だったのかということが重要である。特に信頼する側の評価にとっては，信頼される側が信頼する側の（正当な）利

害や期待を考慮していたという印象，あるいは信頼する側の損害を意識的に見過ごしていたという印象を信頼する側が持ったかどうかが重要である。

このことは第二のポイント，すなわち，個々の出来事が**一般化**できるかどうか，つまり信頼される側の一般的な意志あるいは能力までさかのぼって推論できるかどうかの評価に関連する。以前挙げられた非対称性もこのポイントに関わっている。不一致が一度だけの間違いであるとか，見落としであるとか誤解によるものだったとわかるのならば，それはむしろ重要でないままである。不一致の背後には信頼される側が持つ一般的な性質があるのだという結論をシグナルないし結果が喚起しているなら，事情は違ってくる。これが明確であればあるほど，不一致は信頼される側にとってもますます重要となる。他の信頼する側もシグナルをそのように解釈することが容易に起こりうるからである。

c) について：一般的には，不一致が重要か重要でないかは，「**ゲームが実際どのようにプレイされているのか**」について現在支配的となっている**理解**にも決定的に左右される。広告（あるいは政治）における約束の多くが言葉通り受け取られてはならないことは両サイドともわかっている[61]。1.4節で議論されたアルバート・カーの論考において，年をとった経営者が応募の際に自分を若いと詐称するケースが記述されている（S. 145）。カーは明らかにこのケースを重要でない不一致と見ている。そうはいっても，自分はそう思わず，自分の目標を達成するために詐欺という手段まで使っており，それゆえ信頼に値しない態度の表れだと解釈する人もおそらく少なくないのではないだろうか[62]。そこから再び明らかになることは，共通の基準が欠けているとコンフリクトの原因になるということである。

d) について：信頼される側から見れば，重要性の問題はたいてい信頼する側とは異なって現れるだろう。信頼期待の裏切りが信頼する側に与える重要性が，信頼する側にとっていわば感知できるものでもあるのなら，おそらく重要な不一致はほとんど生じないだろう。倫理というのは，とりわけ次のことにその意味が基礎付けられる。すなわち，自分の行為が他者にどのような帰結をもたらすかわからないが，それでもこの帰結についてのフィードバックを伝えること，そして認識やコンセプト，根拠やヒューリスティクスを用意することで，共通の「ゲームの理解」，すなわち重要性に関する共通の基準を促進することである。それらは重要な不一致と呼ばれるコンフリクトの緩和の助けとなる。この点は7章でさらに掘り下げたい。

---

[61] その際，政治の限界は広告の場合よりもたいてい不明確である。
[62] 履歴書にウソはたびたび見られるが，しかしそれは応募者にとってかなりネガティブな帰結に繋がることもある。ローランド・E・キッドウェル（Roland E. Kidwell）の2004年の論考では2つの卓越したケースが議論されている。典型的なのは，学問上の業績，自分の能力，以前就いていた仕事のポジションないし肩書，実施されたプロジェクト，任された任務を飾り立てること，あるいは申告の時間軸を引き延ばし，結果経歴上の「空白」をなくすといった形態である。その際，そのような履歴書を書く人は，履歴書の読み手がたいていいくらか経験を持っていること，インターネットの時代では精査できる可能性が拡大していることを過小評価しているように見える（次の4.5節も参照）。

重要な不一致を規定するにあたり，それは以下のことも意味する。経験的に見れば，信頼する側にとってネガティブな帰結がかなり存在しうるが，それでも信頼される側はくり返し，信頼崩壊からのメリットだけを経験するということになる。もしそのような事態が構造的に発生するのなら，それは将来の信頼の崩壊を促すものとなるだろう。

しかし倫理的に見れば，あるいは信頼関係の成功という点から見れば，信頼する側の利害を無視するないしは損害を与えることが，信頼される側にとっても不利な帰結をもたらすことが望ましいだろう。理想的には，そこから不一致を避けることへの**インセンティブ**が生じる，あるいは別の言い方をすれば，信頼される側が信頼の崩壊を**後悔**するようになるのである。

そのことから，重要性が信頼される側のタイプに応じて異なる形で規定されることも明らかになる。7.4.2 節で展開される分類に沿えば，次のようになる。

- 信頼される側でも，物質的な損失あるいは制裁の形で不一致を感じるときにのみ，それを重要と見なすだろう人もいるだろう。
- このような帰結と並んで，社会的無視とかレピュテーションの損失という形での制裁も重要性を引き起こす原因となる人もいるだろう。このような制裁は，直接的に，つまり社会的な無視という望ましくない感情として作用するが，将来の協働の可能性を逃すとかハードルを高くするという形でも作用する。とりわけこのケースは企業にとって重要な意味を持つものである。
- 最後に，信頼される側が他者の信頼を裏切り，彼らにデメリットをもたらしたことに，信頼される側自身が主観的に苦しむケースも見られる。信頼される側が自分たちの無病息災に関心を抱いているという理由であれ，損害を与えないという掟を彼らが道徳的規範として内部化したという理由であれ，信頼する側に損害を与えないことは彼ら自身にとっても重要なのである。

この分類が用いられる他のケースと同様，ここでも現実には純粋な形態は見出せないと言える。また信頼される側が不一致にどのような重要性を付与するのかは，他の多くの要因に左右されることも考慮しなければならない。これらの要因の中で最も重要なものの1つが，c) で挙げられた（想定された）共通のゲームの理解，つまり（想定された）共通の基準である。（想定された）帰結についての想定もまたそれと結びつけられているからである。

> 結論：重要な不一致とは，信頼する側の信頼期待と，信頼される側の（実際のあるいは想定上の）行為との間にある実際の矛盾，あるいは信頼する側があらかじめ想定した矛盾のことである。それは信頼の崩壊を意味し，結果としてお互いのメリットのための協力を損なうか，あるいはそれを完全に阻止する。[63]

4.5　信頼する側の行為可能性

　先の考察から特に明らかになることは，信頼する側が以下のような関心を持っているということである．すなわち，一方で信頼される側が信頼に値するかどうかの情報（シグナル），そして彼の状況についての情報（シグナル）を得ること，他方で，以上のことが可能であり，費用がかからないものであるなら，信頼崩壊へのインセンティブが小さくなるよう，可能な限りこの状況に影響を及ぼす，ということである．実際日常的にも，信頼する側はしばしばそれに先だって，単に信頼する—信頼しないという意思決定以上の行為ができるのである．まずそのような可能性のうちの3つについて検討し，引き続いて信頼プロセスのもっとも重要な基礎の1つであり，まさしく社会的協働そのものの1つであるダイアログについてより詳しく取り上げることにする．3つの可能性とは以下のものである．
a)　スクリーニング
b)　信頼される側の行為条件を作りだすこと
c)　コントロール

4.5.1　スクリーニング

　スクリーニングと呼ばれるのは，**情報の獲得**，ここでは信頼する側が信頼される側に関する**情報を獲得すること**である．ねらいは，より正確に情報を得て意思決定を下すことである．今日ではとりわけインターネットが的確な情報を調達する可能性をかなり提供してくれる．とりわけ，信頼される側が多様な形で社会的ネットワークについての情報を提供するからである．もしくは，情報を漏らすから，と言った方がよいかもしれない．

　そのようなスクリーニングのプロセスは，当然きわめて多様な種類の情報に向けられることになる．信頼に値するという側面として同様に取り上げられていた能力がたびたび問題となるが，インテグリティの側面が重要な役割，それどころか優先的な役割さえ演じるようなスクリーニングのプロセスも存在する．

　その出所もまた多様である．若干の情報については，信頼される側の経歴，彼のウェブサイト，通知あるいは営業報告書などによって，彼自身によって示されることが多い．他のタイプの出所としては，第三者の報告，推薦状，紹介状，場合によっては

---

[63] 重要な不一致に関するこの規定は7章でさらに明確に規定される．ここではまだ，本来の倫理的側面が正確には浮き彫りにされなかったからである．
[64] 経済学においては両方ともしばしば**取引費用**という概念でテーマ化されているが，もっともそこでは，もともとの信頼というテーマが純粋な戦略的インタラクションに還元され，それゆえ信頼関係の重要な要素を考慮しないという危険を冒す形で議論されていることも珍しくない．それについてはGhoshal 2005も参照．

公式な報告書，認定書を発行する格付け会社あるいは機関，そしてメディアの報告などがある。

スクリーニングのプロセスの例として，以下のようなものがある。

- 企業が新しい従業員の採用に際して，インタビューや評価機関を通して，専門的能力の他に社会的コンピテンスがあるかどうかも探り出そうとすること
- いわゆる「デュー・ディリジェンス」検査。そこでは提案対象に加えて，やり取りの相手自身もリスクがあるかどうか審査される[65]。
- 債権を求める人の職場，定期的な入金などに関する情報を求める銀行
- 乗客を品定めするタクシー運転手[66]
- 休暇に旅行する人が，例えば予想外の突発的出来事が起こった場合のサービスという観点から，旅行代理店，インターネットのポータルサイト，あるいはブログなどで特定の旅行業者の品質や信頼性を調べること
- 患者が医者あるいは看護婦についての情報を手に入れること
- 持続可能性への意識が強い顧客が，買おうとしている製品を作っている企業のCSRや持続可能性への取り組みという観点から，関連する消費者雑誌を購読すること
- レピュタミ（Reputami）のような，ホテルやレストランのために顧客に関するデータを集め，評価するポータルサイト。とりわけ，顧客がその後でインターネットで評価を与える見込みがあるかどうか，どのような種類の評価なのかという観点からデータ収集や評価がなされる。
- 最後に，将来雇い主になるかもしれない人の情報を入手する求職者の例を挙げることができよう[67]。

ここで思い出されるのは，企業倫理のコンテクストにおいては，とりわけ，信頼さ

---

[65] 信頼というコンテクストでは，いわゆる「インテグリティ・デュー・ディリジェンス」が特別な意味を持っている。そこでは，協働パートナーになるかもしれない相手が，インテグリティないしは能力不足に起因する万一のリスクに関して検査される（Andras 2008）。

[66] ディエゴ・ガンベッタ（Diego Gambetta）とヒーター・ハミル（Heather Hamill）は著書『都会育ち（Streetwise）』（2005）において，タクシー運転手にとって双方とも高いリスクをはらんでいる，ニューヨークとベルファストという2つの都市で，運転手がどのようなシグナルを用いて顧客が信頼に値するかを評価しているのかを調査している。

[67] 私が教授を勤めるビジネス・スクールの学生は，（すでにそこで働き，働きながら大学を卒業したわけでなければ）卒業後はたいてい企業に就職する。彼ら学生に対する，個人的にもっとも重要な実践上の推奨の1つは，「雇い主になるかもしれない人が信頼に値するかどうか，よくよく調べなさい」というものである。なぜなら，家族を除けば，仕事や仕事場を支配する雰囲気ほど，自分の人生に影響を与える，つまり「善き人生」になるかどうかを決める要因になるものはないからである。多くの人が実際に持つ選択肢は非常に限られていることが多いのは確かに知られているが，しかしながらこのポイントの意義を考慮して，次のことについて考えることは価値あることである。すなわち，その企業は理念や価値を持っているか？この価値がどのように伝えられ，根付いているのか？企業がコンフリクトにどのように対処するのかについての報告書はあるだろうか？従業員がコンフリクトに陥った場合，この従業員に対して助けとなるものはあるのか，など。

れる側が信頼に値するかどうかを,つまり与えられたコンフリクト状況での彼の行動を,よりうまく評価させてくれるような情報が問題となっているのだ,ということだろう。

4.5.2 信頼される側の行為条件をデザインすること

　信頼する側（あるいは第三者）は,多くの場合,信頼される側の行為条件をデザインすることができる。
　ゲームの進行,ゲームのルール,ゲームの理解を使えば,かなり一般的な形でこれを分類することができる。
　ゲームの進行のレベルでは,例えば信頼する側が信頼される側の雇い主であるとすると,彼は状況的コンフリクトに一致した状況を許容せず,被雇用者にコンフリクトになるような行為の可能性をそもそも与えないことで,そのコンフリクトを弱めることができる。ポジティブなあるいはネガティブな種類のインセンティブ条件をデザインすることも考えられる。
　ゲームのルールのレベルでは,行為条件は例えば交渉の中で作られる。このケースでは,関係する双方とも（全員が）信頼する側であると同時に信頼される側でもある。その場合の分かりやすい結果が,典型的には**契約**である。その場合契約の内部では,状況的コンフリクトができる限りの範囲で明確になるように,双方の側の特殊な行為条件が規定されている。
　しかし,ここにすでに,後で再び出会うことにもなる,あるパターンが明らかになっている。すなわち,相互の信頼がより強く存在すればするほど,契約はいっそう簡潔に,より一般的になるのであり,それが多くのメリットをもたらしている,ということである。とりわけそれは状況適応のための自由の余地をより与えるものであり,それは特に**偶然性が予測できない場合**に必要になることもある。[68]
　信頼される側の行為条件をゲームのルールのレベルでデザインする,もう1つの一般的な方法は,立法者がそれを行うというわかりやすいものである。
　最後に,**ゲームの理解のレベル**を通じても信頼される側に影響を与えることができる。これについてもその領域は幅広い。それは,原則的には教育や様々な育成プロセスにおいてすでに始まっているし,ダイアログ（下記4.6説も参照）の多様な形態の中にも再び見出すことができる。ここでは,信頼される側が行為条件のデザインに気づくということもつねにその状況の一部であり,例えば信頼する側の万が一起こりうる裏切られやすさに関する新しい情報を通じて,あるいは,例えば信頼崩壊による長期的な帰結を示唆するなど,状況を新たに解釈することによって信頼に報いる傾向を高めることも可能であれば,行為条件をデザインできる。

---

[68] ディビッド・M・クレプス（D. M. Kreps）は,有名な論考（1990）の中で,この「予期されざる偶然性」の重要な意義について強調している。

信頼される側の行為条件をデザインするための，唯一のとは言えないが，最も重要な形態として一般的に挙げられるのは，彼の状況的コンフリクトを弱めること，あるいは信頼される側が後から**後悔する**ようにインセンティブを変えることである。

行為条件をデザインするさらにもう1つの可能性については，かなりデリケートな関係が問題となるので，独立して取り扱うに値するものである。それがコントロールである。

4.5.3 コントロール

信頼する側としては，いくつかのケースでは，コントロール措置を導入することで信頼の範囲をかなり減らすことができる。もっともこのような信頼とコントロールの関係においては，デリケートで，まったく明確でない関係が問題となる。[69]

信頼とコントロールは，たびたび対立するものと見なされる。よくレーニン（V. Lenin）が言っていたと言われる「信頼は良きものである。しかしコントロールはもっと良いものである」は，それに相当する言葉である。けれども，その文章はそれ自体間違った傾向を持つだけでなく，レーニンがそのように表現したというのもおそらく的確ではない。むしろ，彼はどうも古いロシアのことわざを何度も使っていたようである。それによれば「信頼せよ。しかし再確認もせよ」となる。そしてそれは，そこで主張されているような対立ではなく，むしろ生活の知恵である。良き親は，なるほど原則的には自分たちの子供たちを信頼するだろうが，しかしそれでも折に触れて，前もって決めたように彼ら（子供たち）が宿題をやったかとか，部屋を片付けたかとか確認するだろうからである。そして企業において，任務，意思決定権あるいは金銭を委ねられた人物を，信頼に応えてくれているかどうかという観点から適切な形で調べないのは，まさしく無責任だろう。

それにもかかわらず，コントロール措置の投入は望ましくない帰結をもたらしうるのは確かである。クリス・アージリス（Chris Argyris）はすでに1952年に，それ以来何度も確証された，悪循環の可能性に関するテーゼを打ち立てた。

この悪循環が，ジレンマ構造のダイナミックな変形以外の何物でもないことは明らかである。ここでも同じように，お互いの信頼が協働の可能性を広げると言える。コントロール措置がどのように転換され，解釈されるのかは，本質的には**信頼する側と信頼される側の知覚**ないしは**考え方**に左右されることは明らかである。

それゆえ，信頼関係に目をやれば，**コントロールの機能**を理解することが根本的な意義を持つ。コントロールの核心にあるのは当為値と現在値の比較である。信頼される側の行動に関して信頼する側の期待が満たされたかどうか，あるいは将来の期待が現実のものになる確実性を高めることができるかどうかを確かめるためには，信頼す

---

[69] コントロールと信頼の関係を描いたものとして教訓的なのは Osterloh / Weibel 2006 の3章である。

図表 18 コントロール措置の悪循環

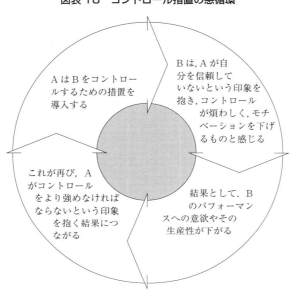

る側にとってはその比較が関心の的となる。

したがってコントロールは，信頼される側について，そして彼が信頼に値するかどうかについての重要な情報を信頼する側に与えている。そして，この情報が確証あるいは反証として信頼する側にとって非常に重要であることやその理由を信頼される側が認識していれば，それは有益である。

再度明らかになるのは，「ゲームの理解」がどれほど重要かということである。つまり信頼とコントロールは，両方の側がうまく理性的な意味でコントロールの措置を解釈し，実施すれば，意味あるコンビネーションとなりうるのである。

信頼される側から見れば，信頼期待の形成に関して信頼する側にとって重要な情報を，適切なコントロール措置を通して信頼する側が受けとるのを認めることが重要である。その限りで，自発的にコントロールに従うことは，ここでは意味のあるセルフ・コミットメント措置の1つであることがわかる。

信頼する側にとっては，信頼される側をコントロールすることで，それが信頼される側に，自分で行動を決めてはならないことや不信を表したものと思わせ，それがモチベーションや協働への意欲を損なうものとなることに気づくことが，改めて重要となる。それゆえ，信頼する側がプリンシパルとしてコントロール状況をデザインできる状況では，しかるべき措置を理由づけることが推奨されるべきである。信頼される側がより実感をもってそれを理解できれば，彼はこれを受け入れられるからである。

そして再び，コントロール措置の意味や実行に関する**共通の（ゲームの）理解**が信頼の構築や保持に役に立つことが明らかになる。

4.6 ダイアログ

4.3節で紹介された信頼ゲームは，ヒューリスティックな価値が多大にある。しかし同時に，それは多くの側面を外に追いやってしまう。どんなモデルも還元的になってしまうのは避けられない。よって，モデルにおいて何が見えなくなり，その見えなくなった側面が，現実において場合によってはどのような重要性を持つのかを解明することが重要である。

ゲーム理論や，より一般的にはたいていの経済学理論やモデルもそうだが，それらの実践において完全に蚊帳の外に置かれたままの側面が，アクターの間の**ダイアログ**である[70]。それだけにいっそう，小集団であろうと社会であろうと，信頼関係にとってのダイアログの中心的な意義をはっきり自覚することは重要である[71]。

ダイアログは信頼に満ちた協働の前提条件であり，その中心的機能はとりわけ**共通のゲームの理解**[72]を生み出すことにある。それは共通の利害という点でもそう言えるし，この利害を実現するのに障害となりうるものはどこにあるのか，あるいはこの障害にどのように対処することができるのかという問題の点からもそう言える。そこに，すでに周知の実践的三段論法のシェーマを再び見出すのは難しいことではないだろう。

図表19　実践的三段論法（7）

(1) 共通の利害，信念や価値
(2) 共通の利害や価値を実現するのを促進する，あるいは妨げる条件，とりわけコンフリクト
(3) 共通の利害を実現するために，それを促進してくれる条件を強化する，あるいはそれを妨げる条件を除去する可能性を探究すること

ダイアログは，このような共通のゲームの理解を促進させてくれる。ただしそれは，一方で他者の見方や利害などをより理解できるよう，他方の側に**注意深く耳を傾ける**

---

[70] ダイアログの特殊な形が**交渉**である。そこでは戦略的要素や戦術的な要素さえも重要な役割を演じる。しかしここでも，交渉に関する多くの理論的考察において，信頼形成や倫理にとって同じくらい重要な次元，とりわけお互いの尊重という形で現れる次元が登場しないことが多いと言える。

[71] このような中心的意義は，様々な方面の理論から確認できる。規範的な視点から見れば，それは明らかに討議理論的アプローチと見なされるし，行動理論においてはとりわけ，コミュニケーションがジレンマ構造において協働を促進するための重要な要因であることが示された（例えばSally 1995のメタ研究を参照）。間接的にはこれは，例えばニクラス・ルーマンのシステム理論のような，社会のコミュニケーションないし意味論に根本的な意義を与える社会学的アプローチにおいても明らかになる。

[72] ダイアログはそれ自体で1つの価値も持っている。この側面についてはここではこれ以上考察しない。

こと，他方で自分のゲームの理解を他者も実感できる形で明らかにすることを，双方の側がいとわない場合に限る。[73]

　そこでは，ジレンマ構造というコンセプトの持つ基本思考の1つ，すなわち**共通の利害（見解）と対立する利害（見解）の共存**という基本思考を念頭に置いておくことの有益さが明らかになる。それに従えば，一方で共通の利害を見失わないことが大事である。そればかりか，ダイアログの始めにこの共通の利害を際立たせ，説明し，そしてそれ以降のプロセスの中で繰り返しそれに触れることが有効であることが多い。他方同じく有益なのは，信念の対立や利害の対立が万一起こったときに，それに目を閉ざしたり対峙することを避けたりするのではなく，それがダイアログにとって意義があるのなら，できる限り私情を交えない形でそれを受け入れることである。信頼関係を構築し，育成していくという点ではまさに，（信頼する側として）どこに裏切られやすさが生まれる可能性があるかを認識すること，（信頼される側として）これを考慮しているのだということをシグナルすることが，双方の側にとって重要である。同様に，相手の側のその時々の状況という観点から，共通のゲームの理解を促進するのが有益である。つまり他方の側がどのような「やむを得ない事情」のもとで行動せざるを得ないのかを知っていれば，いくらか歩み寄ることへの理解もより容易に得られるだろう。

　その際，建設的なダイアログにとって同じく有益なのは，包括的な共通のゲームの理解はたいてい必要でも可能でもないという意識を持っておくことである。

---

[73] 説明を簡単にするために，ここでは二者間の問題が取り上げられている。ダイアログに参加する当事者は，ほとんどの場合でそれ以上存在する。

第 5 章　より大きなイメージ

5.1　序　文

　前章では信頼する側と信頼される側の信頼関係について考察した。そこでは，すべての信頼関係が社会的に望ましいわけでなく，そしてその限りで道徳的に「良い」わけではないということはほぼ考慮されていなかった。マフィアの内部でも（まさにマフィアだからこそ）信頼は構築され，それを維持するためのいくらかの投資が行われるのである。[1]

　「度が過ぎる」ことによる問題，もっとうまく言えば，ナイーブな信頼も存在しうる。その模範的事例となるのが以下のような事例だろう。[2]

- ナイーブな信頼を原因とする問題としてもっとも重要な事例の 1 つが，2008 年の金融危機である（Priddat 2009 を参照）。零細の投資家は銀行のコンサルタントを信頼し，投資家は有害な有価証券を高いランクで評価した格付け機関を信頼し，格付け機関はこれら有価証券の価値やリスクに関して銀行の情報を信頼し，政府や中央銀行は銀行ないし金融市場を信頼した，など。
- メディアで注意されているにもかかわらず，あるいはよく知られるようにになったケースだったために，怪しい供給者のいかがわしい誘導提示にひっかかる顧客の信頼も，ナイーブなものである。
- インターネット利用者の多くが，多種多様なウェブサイトに自身や他人についての注意を要するデータをよく考えずに書き込んでいるが，その場合彼らは，インターネットにナイーブな信頼を持っていると言える。
- 従業員が何の監査やチェックもなしに広い範囲の意思決定権を与えられており，それが権利を乱用する誘惑を大きくさせている場合にも，たいていはだらしなさや時間的圧力などのような他の要因とあいまって，ある意味で過度に信頼が存在していると言える。

　もう 1 つの問題群が生まれるのは，第三者の犠牲のもとに成り立つ，排他的な信頼の形態が集団の中に存在する場合である。上で挙げたマフィアの例は，内部の信頼や

---

[1] これについて非常に有益な文献が Gambetta 2000 である。
[2] これらの事例は，上で**両面価値**に関してすでに述べたことの正しさを証明する。信頼関係もまた，いつでもどこでも望ましく，促進されるべきものではないのである。

相互に信頼に値するということが「お互いのメリットのための協働」のために作られている多くの事例の1つに過ぎない。しかしこれは，例えば恐喝とか麻薬取引その他の組織的犯罪の形態によって他者に損害を与えるという形をとっているのである。その場合，社会的な観点から見れば，このような内部の信頼を壊していくことがとりわけ重要となる。

ところで，これらの事例は，信頼の代わりに不信が基本的態度として展開されるべきだという印象を伝えるものであってはならない[3]。むしろ，信頼に投資することが大事なのである。それが，信頼付与をいつも計算に入れるということを意味するのではないことは確かである。もしそうなら，信頼付与が基本的に意味するものとたびたび相容れないことになってしまうだろう。そうではなく，信頼付与が理にかなっているかどうかを，**状況的条件との従属関係の中で評価することのできる判断能力**を発展させることが大事なのである。

とりわけこのことが意味するのは，具体的なインタラクションが社会的に望ましいないし道徳的に「良い」かどうか，あるいはひょっとするとまさに正反対なのかどうかを判断できるよう，具体的なインタラクションを「より大きなイメージ」，より大きなコンテクストに**埋め込む**ということである。一般化可能性に関するこのような問題は，道義的観点の本質的構成要素である。

一般化可能性の問題と切り離すことができないのが，**一貫性**という基準である。それは，個々人の行為（戦略，計画，意思決定）の両立可能性に関する決定的な試金石であるが，しかしとりわけ信用やインテグリティ，それとともに信頼（に値すること）の基礎でもある。まさにそれをめぐって，**重要な不一致**のコンセプトが，後で非常に重要な役割を演じることになるだろう。

しかしながら，一貫性の基準を強調することで，すべての行為を相互に調整する大きなマスタープランが最終的に重要になるのだ，という印象が与えられるべきではない。道路交通の事例は，多くのケースで適切なルール，そしてルールについての適切な共通の理解を持つことで十分なことを明らかにしている。共産主義もまた，現実の複雑さ，そしてまた人間の自由をも包括的に計画することが失敗を余儀なくされていることを示したのである。まさにそれゆえに，市場は非常に魅力的な制度的アレンジメントなのである。なぜならそこでは，中心となる部局がなくとも，莫大な数になる独立した個々人の計画や行為が相互に調整されるからである。けれども，持続的に起こる市場への批判同様，様々な危機が発生しているのは，市場もいつも簡単に社会的協力を促進するわけではない，ということを示しているのである。

それだけにいっそう，個々人の行為や具体的な信頼関係を埋め込むことという問題に取り組むことが重要になるのである。ここでは2つの基本的コンテクストである**社

---

[3] もっとも，「健全な不信」が理にかなっている状況も存在する。例えば，それに符合する信頼される側のレピュテーションが指摘されているとか，状況の条件が際立った状況的コンフリクトへのインセンティブを含んでいる場合である。

会次元と時間次元の考察に話を限定する．それらは，われわれがつねに埋め込まれているコンテクストであり，それに従えば，われわれの行為もまた，行為についての判断として埋め込まれるべきコンテクストである．

5.2 社会次元

われわれは今日，真にグローバル化された社会に生きている．4大陸の参加者に同時接続されたビデオ会議も，10を超える様々な国々出身の学生が参加する講義も普通のことになった．今日消費者が利用あるいは消費する製品の多くは，ためらうことなく多国籍的なものだと言うことができる．ドイツのデパートで買ったTシャツはたいてい，例えばアメリカ製の綿が中国で紡がれ，フェルト状にされ，Tシャツ自体の製造がバングラデシュで行われ，インドで印刷されて，ドイツで売られるという長い道程を背景にしている．[4] 移動やコミュニケーションの費用が劇的に下がったことで，世界は一体のものとなった．それは，200年前にはまったく想像できなかったくらいの範囲，100年前でもせいぜいかすかに感じ取っていたくらいの範囲で起こっているのである．

このことは，疑いなく多くの利点を持っている．個々人の**自由**や**協働**の可能性が，非常に多くの人たちに相当に広げられた．けれどもそれは，上ですでに議論を始めた，あらゆる個々人が埋め込まれている相互依存の範囲が，実感するのが困難なほどに拡大しているということをも意味する．すなわち，**信頼**は複雑な形で以前よりはるかに必要とされているのである．そこから生じた莫大な複雑性のもとでは，全体を見通し続けることも困難である．それは，倫理が方向付けとして非常に重要であり，しかし困難にもなったということの理由の1つでもある．

社会次元を見れば，ここでは2つの特別な観点が強調されるべきである
1. 望ましくない協働
2. 望ましいコンフリクト（競争）

これら2つのインタラクションの形が示しているのは，信頼ゲームの出発点となるモデルは，そこで描かれている協働がつねに望ましいという意味でいつも簡単に一般化できるわけではない，ということである．

5.2.1 望ましくない協働

協働とは協働のことではない．いくぶん謎めいたこの文章が意味しているのは，同

---

[4] アメリカ合衆国の経済の教授リヴォリィ（P. Rivoli）（2006）が，「Tシャツの旅行報告」を記している．

じ概念（「協働」）でもかなり異なる物事を意味することがあるということである。それは，応用志向の倫理学を特に苦しめてきた典型的問題である。

われわれは協働という言葉に，たいていはいくぶんポジティブな意味，すなわちお互いのメリットのための協力という意味を持たせている。これはすでに3章で説明され，前章で基礎として想定されたものである。しかし，あらゆる協働が社会的に望ましいわけではない。いくつか例を挙げよう。

- **マフィア**（一般的には組織的犯罪）は協働の一形態である。その内部では相互の信頼に関する基準が高く設定されており，しかるべき制裁を使ってこの信頼を信用するに足るものとして促進できるようないくつかの措置が講じられている。けれどもここから先，この協働が社会的に望ましくないこと，そしてなぜ望ましくないのかの根拠づけはおそらくなされない。
- **カルテル**は，参加者から見れば1つの協働である。もしかすると同時に品質の低下を招くかもしれないが，高い価格を全員で申し合わせることで，カルテルの参加者は利益を得るつもりなのである[5]。また実際にこのやり方で競争が排除される限りで，カルテルが機能しうるのである。ここでも，このような協働の形態によって第三者，つまり他の市場サイド，そしてたいてい需要者が損害を被るのは明らかである。だからドイツでは，競争を維持するための国家機関であるカルテル庁が存在するのである。
- 非常に明白なもう1つの事例が**腐敗・汚職**である。買収側と買収される側はお互いのメリットのために協働するが，それは明らかに第三者を犠牲にしたものである[6]。
- **不法就労**も同様に，第三者を犠牲にした協働と理解できる。なぜならそれは，それ自体が法やその他インフラを用意する国家の先行投資に対する反対給付である税金を，国家に支払うことを回避することだからである。個々人がこの税金の支払いをやめれば，誠実に払っている人すべてを犠牲にして国家が運営されることになる。これは古典的なジレンマ構造である。
- 人身売買，強い麻薬あるいはライセンスの必要な映画を違法にダウンロードするなど，**違法**ないし**不当な交換ビジネス**もまた，社会的に望ましくない。
- 従業員あるいはサプライチェーンにおける供給業者を搾取することでしか価格の低下を実現できず，顧客を喜ばせられない場合，あるいは環境の**費用を外部化**し，関係ない第三者あるいは将来世代に損害を与える場合，顧客と企業との間でもう1つの協働がなされているのだが，少なくとも倫理的に見れば，それは同じく問題がないとは言えない[7]。

---

[5] ここでもまた，信頼はその他の点ではお互いに重要な役割を演じている。

[6] 補足して述べるべきことは，腐敗・汚職による一番の損害は正当な信頼期待を傷つけることにあると見なされることだろう。それはしばしば，直接的には買収される側の雇用者に当てはまるが，間接的には他の多くの関係者にも当てはまる。例えばエンブレイシィズとビルハム（Ambraseys und Bilham）の研究（2010）が示しているように，地震による死亡率と腐敗・汚職率との間には重大な関連が存在するのである。

- 企業においても，例えば縁者びいきという形で，望ましくない協働ヴァリエーションのいくつかを見出すことができよう。
- 最後の具体例として，会計偽装を行ったある企業が，この偽装をわからないようにするために，会計士と「共同作業を行う」という「協働」を挙げることができよう。

　事例は一貫して次のことを示している。これらの協働が**望ましくない**のは，**第三者が損害を被る**から，より正確に言えば，これら協働が第三者の**正当な**利害ないし**信頼期待を適切に考慮していない**からである。

　ここでは信頼関係は2つのレベルで現れる。1つは，（望ましくない形で）協働する人たちもまた，お互いに信頼を持たなければならず，そしてこの信頼はその限りでさらに危険なものとなる。その協働はたいてい，第三者を犠牲にすることが世間に広まることを避けたいがゆえに，秘密事項，口外しないこと，あるいは不透明さなどを隠れ蓑としてなされるからである。

　第二に，信頼が問題となるのは，この協働によって損害を被る，関係する第三者の信頼期待が裏切られるからである。この信頼期待はたいていあまり特殊なものではないが，しかしだからこそ重要なのである。この信頼期待は普通，損害を受けないことに向けられているからである。時に非常に間接的な場合もあるこのような関係性は，グローバル化とデジタル化というキーワードの下に世界中がますます相互依存していくことに伴い，われわれの時代においてかなり増大したのである。2008年の金融危機や，関係する第三者としての納税者は，それぞれ非常に多くの事例の中の1つに過ぎない。

　このことは以下のような重要な考えをもたらす。それは次の章でさらに詳しく述べられるが，**ルール**はそのようなケースにおいて，望ましくない協働を阻止し，そのことによって関係者の正当な利害を守るのに不可欠なものとなる。ここで個々人の好意，あるいは特に際立った責任への感覚を期待することは無駄だろう。同様に，今日では他者の行為との相互依存に埋め込まれるのは避けられないが，それらをすべて知り，すべて考慮することを個々人に要求することもまた無駄だろう。これに関しても，望ましくない協働はルールを使ってしか回避できないと言える。もっとも，ルールそれだけでは十分でないことも明らかになるだろう。ルールは受け入れられる必要もある。そしてこれを受け入れるということは特に，他者もルールを受け入れ，遵守すると信頼できることに基づいているのである。それにはしかるべき共通のゲームの**理解**が必

---

[7] 個別のケースそれぞれに対して，社会スタンダードあるいは環境スタンダードを下回ることがどのポイントから道徳的に非難すべきなのかについて明確な線を引くことは，非常に困難となるだろう。

[8] この「正当な」という付加語に本質的問題がある。例えば大口の顧客が経営判断の失敗を理由に破産したとか，近隣住民が工場の移転による騒音公害を我慢しなければならないという理由で，競争相手が勢いを失う，あるいは供給業者が問題を抱える場合には，社会的に受け入れることのできる協働から第三者が不利益を被ることもあるからである。そのようなケースでは，原則的に法律が，何が「正当なもの」と見なせるかについての境界線を定義している。

要である。

> 結論：第三者の正当な利害を損なうがゆえに社会的に望ましくない協働が存在する。適切なルールによってそれを阻止することが重要である。

5.2.2 望ましいコンフリクト（競争）

競争についてはすでに 1.3.3 節で議論した。そこでは競争は、「ゲーム」の根本的構成要素として、同時にいくらか原則的に望ましいものとして描かれていた。経済においても、競争に関してはポジティブなイメージが支配的である。

しかしながら、競争を別様にも見ることができる。そして少なからぬ人たちが実際にそのように見ている。それは不思議なことではない。競争は第一に**コンフリクト**であり、このコンフリクトにおいては物事が厳格に進行し、場合によっては、それは第三者あるいは環境を犠牲にしてまでも実行されるかもしれないからである。よって競争においては費用に注意しなければならないのであり、この費用を外部化する圧力が高まる可能性がある。競争参加者たちがお互いに、他者を市場から押しのけるためにいつも低い価格でしか参加できず、もしかすると自分自身もそれによって破産することになれば、競争は参加者自身にとっても破滅的なものとなり得る。最後に、企業の無責任な行為をテーマにした古典的企業倫理におけるケーススタディの大部分が、概して、いつも競争圧力を本質的な理由として挙げていることを指摘すべきだろう。

したがって競争は両面価値的である。すなわち、社会的に望ましい時もあれば、望ましくない時もある。それならば、どうしてコンフリクトがそもそも望ましいと言えるのか？

スポーツの場合、その答えの大部分は次のことにある。観客がスポーツをとても面白いものと感じる「心地よい緊張」は、競争によってのみ生み出されるということである[9]。サッカーが（たとえそうすべきだとしても）純粋な協働ゲームとして実施されるなら、たとえばそれがドイツで得ているような地位は確実に得られないだろう。それと共に、サッカーが持つ経済的な意義も得られないだろう。

さておそらく、競争が経済、政治においても、そして健康保険制度や教育制度のようなさらに別の社会的領域においてもますます確立されるようになったという事実に対し、この「心地よい緊張」が決定的なものだとは決して言ってはならないだろう。競争は経済において、どの企業が最初にゴールラインを駆け抜けるのかにわくわくするからという理由で強められるものではないのである（なにがゴールラインになるべきなのか？利潤の大きさなのか？）。

それではなぜ、競争プロセスが経済において賛同される力を持っているのか？体系的な返答をすぐ提示する前に、自分の経験を語る方がよいだろう。

---

[9] それについては 1.3.3 節を参照。

私がかつて一度勤務していた大学の学部には，お昼には食事も提供するカフェテリアがあった。特にいいというわけでもなく，品数もなく，顧客をむしろ煩わしいと感じている印象もサービスに現れていた。その後，すぐ近くに学生食堂がオープンした。同日に（！）ある品目に付け合わせが追加され，食事もおいしくなり（それはひょっとすると経済学者の妄想に過ぎなかったかもしれないが），より親切なサービスを受けられるようになったのである。

この単純な事例が示しているのは，競争がスポーツ以外でもかなりのパフォーマンス向上をもたらすということだろう。より正確に言えば，競争は無理な要求も生み出すのだが，それでも競争を望ましいものにさせうるのは次の3つのメルクマールである。[10]

- **発見機能**：競争は需要者に選択の可能性を提供するので，可能な選択肢やその費用を知ることが彼らにとって簡単になる。加えて，供給者が顧客，仕事場，投資家などをめぐって競争状態にある場合，何か新しいことを考え出そうとたびたび動機づけられた状態になる。すなわち，競争はイノベーションの原動力でもある。
- **規律付け機能**：競争している人は，休むこととか劣悪なパフォーマンスやサービス，あるいは時間のルーズさによってあえて需要者を怒らせようなど原則的にできない。さもなければ需要者は別のところへ行ってしまうだろう。[11] 他者，そして彼らが必要とするないし持ちたいと思っているものにわれわれの関心を向けるよう，社会は競争圧力をいわば利用しているのである。
- **脱権力化機能**：需要者がある供給者から競争相手である別の供給者へ移ってしまう可能性があることで，供給者は，簡単に濫用を招くような，独占的ポジションやそれに伴う権力ポジションを確立することができないという結果になる。そればかりか，競争圧力は人に依存しないので，パフォーマンスを提供するプロセスは分権的に調整されることになり，それが結果の操作をある程度阻止する。[12] 競争を意義づける上でこの側面を過小評価することはできない。それは，かつて競争を「歴史上偉大で天才的な脱権力化の道具」と呼んだフランツ・ベーム（Franz Böhm）の引用からも明らかである（Böhm 1961 22）。

これらの考察はどのような種類の競争が問題なのかを明らかにする。こう言ってもよいのなら，ハイライトは**交換ないし協働のチャンスをめぐる競争**にある。すなわち，この種の競争にはつねに，（少なくとも）2つの競争相手，例えば企業と，（少なくと

---

[10] 最初の2つの機能については Hayek 1969 を見よ。
[11] それが原則上の話であることを注釈しておくべきであろう。すべてには例外があり，これら例外が特定の観点から見れば道徳的規範と日常との間にある相違と同じ理由から生じること，すなわち，現実はわれわれのモデル，理論や規範のイメージよりも複雑だということである。
[12] もっとも，ここでも再び両面価値が明らかになる。すなわち，まさにこのことが，いくつかのケースでは社会的に望ましいとさえ言えるかもしれない結果を制御ないしコントロールすることを難しくするのである。

も）1つの協働パートナー，例えば顧客，投資家，あるいは将来の従業員という，少なくとも三者がかかわっている。[13]このような布陣となってはじめて，競争は**業績をめぐる競争**となりうるのである。そのような競争は，非ゼロサムゲームとなる。あらゆる競争者が，**自分の利害のために**，**他者にパフォーマンスを与えること**に努力する。そしてたいていは次のことを出発点にできる。具体的な競争において「敗者」として去る者，つまり注文やポスト，依頼などをもらえない者は，全体としての「ゲーム」から同じように利益を得ることで，原則的には補償を受ける。多くの状況で他者が彼らのために尽力するし，個々の競争者が永続的に指をくわえて見ているだけとなるケースは少数だからである。[14]そのようなパフォーマンスをめぐる競争は，対立的性格を持つにもかかわらず，**社会的協働に役立つ**のである。

ここでもまた，そのような競争が**フェアな競争条件**の下で，すなわちとりわけ適切な**ルール**の下で，競争参加者が根本的な**価値**を守りながら行われる場合にのみ，競争は「機能するコンフリクト」（von Broock 2012, 79f.）として，持続的に望ましい影響を与えるということは容易に納得できるだろう。

> **結論**：競争の形をとるコンフリクトは，それがお互いのメリットのための社会的協力に投資することを人間に促すなら，社会的に望ましいものである。

5.2.3　レファレンス・ポイント：社会的協働ないしコンセンサス

倫理はある意味でつねに大きなイメージの方を向いている。すなわち，何を（倫理的な意味で）善いと呼べるのかという点から，できる限り包括的な判断や方向付けが重要となる。あらゆる協働が良いのでないとすれば，どのような上位の観点があれば，われわれは望ましい協働と望ましくない協働を区別できるのか？あらゆるコンフリクトが善いわけではないとすれば，どのような上位の観点があれば，機能するコンフリクトと機能しないコンフリクトを区別できるのか？

ここでもまた道徳的判断能力の意義が明らかになる。そしてより詳しく見ると，何が善くて何が善くないかを客観的，具体的に区別できるような，明確で一義的な基準の発見を見込めないことも同時に明らかになる。

---

[13] スポーツの競争では本来このような規定は前面に出てこないので，その点ではこれは重要である。それでもなお，プロスポーツでは結局はまさにこのような構造が明らかになるのだが。つまり，プロ・スポーツ選手は根本的に，スポーツの結果をめぐってプレイしているのではなく，自分のプレイによって，協会あるいは主催者を通じて観客が彼らに代償として提供する金銭を稼ぐためにプレイしているのである。

[14] 後者は，他の分野でアクティブに活動する者にとってのヒントとなるだろう。ここでは同時に，（再）教育政策や社会政策が，個々人が競争で勝てない場合に競争へうまく参加できるよう条件を改善する，ないしは彼を底なし沼に落とし込まないようにするならば，それらは市場経済システムをかなり促進させる構成要素であることが明らかになる。

財やサービスをめぐる競争の例で明らかにしてみよう。短期的な思考や行為，環境への負荷や，従業員の犠牲のもとにコスト低下をもたらす圧力に対する責任が，市場での競争，あるいは政治における競争にある場合は，競争もつねに望ましいわけではないし，これは世論でも十分明白なものとなっている。

それゆえ競争に対しても，具体的な協働と同じように次のことが言えるだろう。それが社会的に正当であるないしは望ましい（受け入れられる，同意できる）かどうかは，いくぶん月並みに聞こえるかもしれないが，**社会的に受けいれられるかどうかにかかっている**，と。そしてそれが意味するのは，競争において**第三者の正当な利害が傷つけられない**ということである。

以上のことは残念に思われるかもしれないが，けれどもいつそれが起こるかを言い当てられるような，明確で単純な概念枠組みは普通存在しないのである。例えば従業員が解雇される時，ライバルが顧客を奪う時，道路建設のせいで家の価値が下がることをその家の所有者が受け入れざるを得ない時など，第三者の損害は多くの場合正当なものである。そのようなケースでは，参加している人や関係している人の要求を明確にし，たいていそれ自体が賛同の得られる**ゲームのルール**が存在している。[15]

そこで再び，実践的三段論法の変種の1つが適用される。そこではコンセンサスに関する2つの相異なる意義，すなわち正当化原理としてのコンセンサスと，手続きのヒューリスティクスないし組織原理としてのコンセンサスが明らかになる。[16]

図表20　実践的三段論法（8）

(1) 正当化原理としてのコンセンサス
(2) 社会的共同生活という経験的条件
(3) 手続きのヒューリスティクスないし手続きの原理としてのコンセンサス

正当化原理としてのコンセンサスというコンセプトは，あらゆる人間が尊厳を持ち，間違った評価をされない，あるいはおろそかにされないという考えを出発点としている。それゆえいつ関わるとしても，社会的な協働のシステムやそのルールへの同意，厳密に言えばこのシステム内の個々人の行為への同意さえも必要である。[17]

さて，そのような考えはその形ではまったく実行できない。日常的にコンフリクト

---

[15] 話が難しくなるのは，第三者の損害をどのように判定するのかをゲームのルールが定めていないケースである。そのようなケースでは，道徳的な規範や原理が適用される。

[16] それについての基礎は Homann 1988 を参照。

[17] 企業倫理においては，いくつかの規範的なステイクホルダー・アプローチにおいて類似の考え方が見られる。もっともそこでは，実践的三段論法に沿って操作化するという次のステップが見られない。

はあふれているという単純な理由からである。それゆえ，この規範的な理念を応用できるようにするためには，再び実践的三段論法の手を煩わすことが必要である。日常的にコンセンサス原理をそのように解釈することに意味がないことは，おそらく誰でも理解できるだろう。けれどもだからこそ，たとえ個々人が具体的な状況でデメリットを被らざるを得ないとしても，社会的な協働に役立つルールや手続きが賛同を得られると納得させることも原則的には可能なのである。どのルールがそれに当たるのかは，明らかに具体的な状況的条件に左右される。人権のケースのような，人間の存在に大きく関わるような問題においては，個々人の拒否権は原則的に守られるだろう。[18] 他の問題の場合には，少数派の特定の権利が保護され続けており，彼らがいつも不利に扱われないと保証されている限りで，多数派が少数派の意志に反してもゲームのルール（権利や法律）を変えてもよいという複雑な法的構造が存在するだろう。さらに別のケースでは，上の事例で挙げたように，具体的な補償もなしに個人がデメリットを甘受しなければならないことも起こりうる。これは，システムそれ自体を機能させることの対価である。その際，倫理的に見れば，システムが原則的に同意を得られ続ける必要があることに注意しなければならない。[19]

このような考察は，民主主義の理論のみでなく，企業倫理にとっても関心のあるものである。企業倫理にとっては，そこから以下のような方向付けが生み出される。相対立する利害がひしめき合いながら意思決定を下す場合には，意思決定がそれ自体同意を得られるかどうかだけが問われるわけではない。それはたいてい誰も直接わかるものではないだろう。それだけでなく，意思決定が実現し，実行される，ルールや手続き，プロセスが関係者に受け入れられうるかどうかも問われるのである。

どんなケースでも，正当な要求を適切に考慮するという問題を考慮することは，すべての人のためになることである。それは，自分の要求が一度でも問題になるかもしれないという，ただそれだけの理由からかもしれない。他の言い方をすれば，社会的協働は，損害を受けないという第三者の**信頼期待**を適切に考慮するということに基づくのである。信頼期待を裏切ることは，自身にとってみて（道徳的に）悪いだけでなく，社会的協力にとっても良くないからである。第三者は，社会的協働が困難になることにおそらく抵抗するだろう。これに加えて他者の反応もひょっとすると関係するかもしれない。他者は以上のことを観察し，最終的に何が（一般的な）信頼の毀損にまで導くのかについて結論を引き出すからである。

---

[18] ドイツにおいては，個々の市民は誰でも，基本権を侵されたと感じた場合には憲法裁判所に訴えることができるという法的状況がそれに相当する。

[19] 後ほど，このようなケースにも適用できる中立的な観察者というコンセプトを説明する。

5.3 時間次元

5.3.1 導　入

　行為はつねに時間に埋め込まれている。そのつどの具体的な状況は過去から生まれたものである。今日の行為は同時に将来どうなるかを決める。簡単なシェーマで表せば次のようになる。

図表21　時間次元における行為（1）

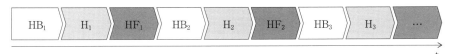

HB＝行為の条件
H＝行為
HF＝行為の帰結

　与えられた行為条件は今日の行為を実現すると同時に制限もするが，それは**過去**から展開されたものである。同時に今日の行為によって，もしかしたら行為の目標であるかもしれない特定の具体的な行為の帰結に影響を与えるだけでなく，それによって同時に不可避に**将来**も形作っているのである。

　「私は何をすべきか？」あるいは「私は理性的に見て他者から何を期待できるか？」という問いを見ると，そこから2つの規範的推論が導き出せる。1つは，現在に至るまでの「歴史」に関心を向けること，そしてとりわけ今日の状況の前提（条件）を適切に考慮することが重要である。そのような前提は保持し続けることが重要であるし，さらには現在の状況やその解釈に対するより良い理解を与えるものである。[20]

　もう1つは，自分の行いによる，とりわけ長期の影響から目を離さないことが重要である。短期で魅力的に見えるオプションによって長期で理にかなった戦略に気づかなくなることは[21]，状況的コンフリクト[22]の典型的なメルクマールである。緊急事態のような理由で重要な人物が辞任しなければならないといった，日常でよく起こるコンフリクトはその例の1つに過ぎない。さらに別の側面としてあげられるのは，おそらく誰でもよく知っている状況だろうが，特殊な目標に集中することで副作用に目が行か

---

[20] ある意味で，精神科学の課題はまさに，社会的な出来事，プロセス，構造の「文化意義」（マックス・ヴェーバー）をとらえ，伝えることにある。より小さな範囲，つまり企業文化に関して言えば，これは企業にとっても重要である。
[21] 気づくということは，ここではまったく二重の意味で理解できる。
[22] 4.3.2.1 節を参照。

なくなるというものである。特に，自分の行為が確かに様々な結果をもたらすが，しかし同時に将来の行為条件を生み出しているのを考えないことはよくある。そのことから，**無責任な行為**が発見されるリスクや，それに伴い何らかの形で将来の費用を同時に不可避に発生させることが絶えず明らかになる。別の言い方をすれば，**自分の行為を後悔する原因を生み出している**ということである。

それに属する概念が**持続可能性**である。その基本的な考え，つまり何か望ましいもの，とりわけ「善き」社会的協働を継続的に維持し続けるという考えは単純に見えるのだが，それを理解するのは，多くの倫理の基本概念と同じく比較的難しい。

根本的には，時間次元においてはまさに以下のことが重要である。すなわち，社会的な協力，ここではより正確に，お互いのメリットのための世代を超えて広がる社会的協力，と言わねばならないだろうが，このような協力を促進する条件を維持することである。

このような基本的な考え方は様々な形で規定できる。以下で次のような規定が議論される。
1. 安定性と変化
2. 資産（Vermögenswerte）
3. エンドゲームの回避
4. 時間の貴重さ

5.3.2 安定性と変化

優れた社会哲学者であるロールズ（J. Rawls）は，1971年に重要な著作『正義論』を公表したが，1993年にはさらに『政治的リベラリズム』を発表し，とりわけそこには，前者の著作で安定性の問題を過小評価していたため，後者の新しい著作が必要となった旨の説明がある。

実際，社会の安定性は，**時間を超えた一貫性**として，あらゆる形態の社会的協力にとって基本的な意義を持つ。この安定性は，根本的な文化的規範や内部化された規範（すなわちそれに沿ったゲームの理解），ならびに法律，とりわけ憲法を通して日常の中で保証されているものであり，目に見えないがゆえになおさら重要なものである。それは意識されることはなく，当然のものとして受け止められている。それは良いことでもある。日常の行為を安定させてくれる前提条件と考えられるものすべてを，絶えず意識し続けようとすることは過大な要求だからである。

興味深いことに，日常の安定性をこのように「当たり前と見なすこと（Taken-for-

---

[23] この費用は，例えば発見されることへの不安のような主観的なものでもありうるし，例えば行いを隠すための費用とか同じく秘密を知っている人を黙らせておくための費用のような客観的なものでもありうる。
[24] この概念については6.4.2.4節で再び取り上げる。
[25] 初版への序文の注釈を見よ（Rawls 2003, 11f.）。

granted)」に，ここでも**信頼**が一役買っていることが明らかになる。システムの安定性は信頼されている。そもそもそうすることでしか，例えば法，より具体的に言えば所有権の秩序や契約法の妥当性に関して日々**期待すること**ができないからである。いずれの期待も，多くのことが過去と同じように将来も存在すること，別の言葉で言えば，安定したままであることを頼りにせざるを得ない。特に，共同生活，社会的協働を秩序づける構造のすべてにそのことは当てはまる。憲法が突然変わり，その結果突然基本的な自由権が失われることがないこと，政治システムが原則的に同じものであり続けること，通貨制度が変わらないこと，車の走行がずっと認められることなどは，当たり前のことと考えられている。また，企業が存在することの重要な根拠は，経済的な生産プロセスや交換プロセスにより安定性をもたらすことにある，とも言えるだろう。

さらに，問題のルールや価値が根本的であればあるほど，それだけその安定性を正しいものと仮定する，あるいはこれまでの形でそれが通用すると信頼する。例えば火葬の実行指示が変更されても，基本法の変更よりははるかにその影響範囲は小さいだろう。

通例それに気づかないというのは，それ自体としては良いシグナルである。普通はこの安定性が危険にさらされるようになってはじめてそれに気がつくからである。しかしそうなると，それに気がつくということはたいてい良いシグナルではない[26]。電気がコンセントから流れているか，道路交通法でいまも右側通行が有効か，メインバンクが実際に金銭を持っており，そこに口座を所有している人に支払うかなどについて深く考える必要がないのは，きわめて**負担を軽減されている**と言える。すなわち，日常的にはつねに，莫大な数の**行為条件**が所与で安定したものとして仮定されており，それらについてさらに深く考えられることはないのである。

もっともこのことは，このような安定した枠組みが持つ意義を簡単に忘れてしまうことにもつながるのであり，それは今日のような，かなりダイナミックな変化の時代にはなおさら簡単にそうなる。加えて，このような変化がたいていポジティブな位置を占め，競争やイノベーションによって駆り立てられることにもなる。それらはそれらで，さらにグローバル化やデジタル化によって著しく強められたものなのではあるが。

しかしながら，イノベーションと変化は同じく両面価値的である。それらは**適応のプロセス**を求めるからである。そしてそれは時間やエネルギーを必要とするのみならず，染みついている相互行為の構造や，ここで議論されている安定性を脅かすかもしれない。そしてそれによって信頼も脅かされる。したがってイノベーションや変化は

---

26 これは，4.4.2 節で取り上げられた非対称性の意義をさらに指摘したものである。つまり，信頼期待を裏切るということは，これまで負担を感じることなく無意識に持っていた背景の想定が揺さぶられる可能性があるということであり，それは，どのような条件下で信頼でき，どのような条件下では信頼できないのかという問いを意識して立てざるを得なくなるという帰結を伴う。しかしそれには資源が必要である。

破壊的でもあるし，あるいは望ましくない帰結をもたらすかもしれないのである。

　もちろんそれだけではない。双方の概念ともそれ自体ポジティブな位置を占めているのは偶然ではない。そして安定性やその根本的意義について語る際に，それについて熟慮することも大事である。他の言葉で言えば，安定性の意義を強調することで，頑固な保守主義に賛同を表明すると解されるべきではない。物事，あるいは考え方やルール，価値さえも，変わることは避けられないし，多くの点では望ましくもあるのだ。安定性がさらに発展する能力や準備，**将来に開かれていること**との結びつきを持たなければ，それは硬化へと至るだろう。再度，道徳的判断能力の意義が明らかになるのである。

5.3.3　資　　産

　投資は，投資を可能にする条件が見出された場合にしか行われない。この事実により，資産ないし資本というコンセプトに導かれる。それが言及しているのは，欲求を（より）満足させてくれるような資源の**ストック**が必要だということである。資本は，これとの関連で，人間によるコントロールが可能で，たいていは人間が作り出した生産手段のすべてを意味しており，それは（例えば収入ないし利子の形態をとるが，協働のチャンスのこともある）将来の収益をもたらす（ことができる）。それは例えば，道路とか，バケットホイールエクスカベーター，機械設備，金融資本ないし財務資本などのような現実資本ないし実物資本であり，とりわけ人的資本や社会資本がそうである。しかし，とりわけ企業倫理のコンテクストでは，一種の資産である**信頼**が特に関心を引く。

　資本のストックは，構築されるなり使い果たされるなりして，時間を通じて変化する。ここで明らかになるのは，**投資**という考え方との密接な結びつきである。資本の構築も資本の維持も，バケットホイールエクスカベーターが問題になるか企業のレピューテーションが問題になるかに関わりなく，投資，つまり金銭，時間，個人的エネルギーの消費その他に関して，魅力的な選択肢を今の時点で捨てることと結びついている。

　倫理的にみれば，何らかの形で社会的協働に役立つような性質を持つ資本はどれも，理性的に扱われるべきである。このことは，実物資本とかテクノロジーと同様，環境の「資本」にも当てはまる。環境の「資本」は，消耗され，再生可能な資源という形で，あるいは廃棄物の受け入れのような自然の「サービス」，あるいは環境のフレームワークを準備するという形で利用可能である。そして倫理的にとりわけ重要なのは，人的資本，社会資本，制度資本，そしてまさに信頼といった，自由の理性的な利用と関係する無形の種類の資本である。

5.3.4 エンドゲームの回避[27]

おそらく最も基本的な倫理の考え方は，社会的な協力を**時間の制約なしに**続行させることができ，これを壊すものをすべて回避することである。個々人に関連づけていえば，これは次のようにも表現できよう。投資し，それによって協力を続行させる意欲（や能力）ならびにしかるべきインセンティブをアクターが持つような**条件**をつねに維持することが大事なのである。といっても，そうなるという将来の期待にしか投資できないのだが。

この考察から，**エンドゲームの見込みをすべて回避する**という基本的な考え方が展開できる。ここで「エンドゲーム」が意味するのは，もちろん選手権大会の決勝戦でなく，むしろもはや先へ進めない状況，つまり（社会的な）協力が完全に崩壊することである。

以下のモデルは，専門書ではムカデゲームとして知られている（Rosenthal 1982）が，エンドゲームへの見込みが持つネガティブな影響を明確にするだろう。

図表22　ムカデゲーム

そこでは A と B の繰り返しゲームが問題となっているが，そこではどちらのプレイヤーも自分の手番でゲームを終える（⇓）かプレイを続けるか（⇒）という選択を迫られている。双方のプレイヤーとも最後まで（⇒）を選択すれば，100 の支払いを獲得する[28]。

最初の手番となる A はどのような決定を下すだろうか？それに関して，ここでは誰しもが認めているようなゲーム理論のいくぶん強い仮定を引き継ぎ，双方のプレイヤーとも自分の支払いにだけ関心を持ち，自分の利害，つまりできるだけ高い支払いを合理的に追求すること，そして彼らは相手のプレイヤーが，自分たちがこのような形で合理的かつ自己利害を第一に考えて計算するとお互いわかっていることを知っている，と仮定する。

ゲーム理論では，合理的な戦略を推論することに役立つ，単純でヒューリスティックな格言がある。それが「先を見越し，戻って結論づけよ！」というものである。この格言を応用するなら，A は先を見越すだろう。そして彼は想定通りの合理的なプレ

---

[27] これについては Suchanek 2006 を参照。
[28] 最初の数字が A の支払いを，2 番目の数字が B の支払いを意味する。

イヤーとして，ゲームの終わりまで先を見越すのである．彼は，自分が100の支払いを受け取ることができるが，しかしそれはBが最後の手番でも協働的に振る舞うこと（⇒）を決める場合のみであることに気づいている．しかしAは，Bがこの手番でその代わりに（⇓）をプレイするインセンティブを持つとも見ている．その場合Bは100ではなく101というより高い支払いを受け取れるからである．もっともその時，Aは100ではなく98しか受け取れない．しかしそれでもAは，彼は彼で直前の手番で（⇓）をプレイしていれば99を受け取れるのだが．

しかしその場合，その直前がBの手番であり，彼が99ではなく100を受け取るためにその前の手番でゲームを終わらせようとするインセンティブを持つという困難が再び待ち受けている．

いま，さらに5ページを使って同じ考察を再度行うことは簡単だろうが，おそらく状況の論理はすでにはっきりしただろう．どちらのプレイヤーも，相手のプレイヤーより早く手番を打ち切ろうとするインセンティブを持つのである．しかしながらそのことは，Bがすぐ後で打ち切っても結果が悪くならないと確信できる手番をAが選択するという結果をもたらす．すなわち，Aは最初の手番で打ち切り，双方のプレイヤーが1の支払いを受け取るということである．

それは実際ゲーム理論からみたゲームの「解決策」であり，この学問領域を支配する合理性の理解をいぶかしく思うことがあるかもしれない．

それでもなお，このモデルはかなり現実的で重要なポイントを指摘している．第一のポイントはすでに十分知られたものである．すなわち，両方のプレイヤーがお互いに**信頼**していれば，かなりの協働利得が獲得できるのである．参加者がお互いに**投資する**，つまりこのケースでは（⇓）ではなく（⇒）をプレイすることによってのみ，お互いのメリットのための協力が達成できるからである．そしてこのことはまさに，相手のプレイヤーも次の手番で協働ないし投資すると信頼していることが前提である．

なんといっても特に重要なのは，第二の考え，すなわち**エンドゲームに投資しない**という考えである．どんな投資も，内容から見ればそれは将来志向である．すなわち，様々な形で現れるこの投資からの収益を後の時点で獲得できることを目指しているのである．双方の側にとって将来のパースペクティブを与えることのないエンドゲームが協働において起こってしまうと見越されるなら，どちらか一方だけでもこの協働の枠組みの中で何か貢献するだろうと期待することもできない[29]．

その点で，**社会的なエンドゲームの見込みをすべて回避する**という**持続可能性**の考え方は最も重要で根本的なものである．「社会的」という形容詞は，これに関して共通**のゲームの理解**がここで問題となっていることをはっきりさせるものである．個々人，また個々の組織とか領域もそうだが，絶えず自身に将来が見えないような状態に陥ることを避けることはできない．このような状態に陥らないよう，たとえ社会がすべて

---

[29] そのことは，この貢献が投資とは別の形で，例えば自分のレピュテーションにおいて効果を発揮できるのであれば，場合によっては的確でないかもしれない．

の個々人をうまく助けるとしても，(生きるに値する) 将来がもはや存在しないという考えが他者にも伝わるようになってはじめて，それは (関係者以外にとって) 強烈な，あるいはほとんど究極的とも言えるかもしれない問題となるだろう。

　企業倫理のコンテクストでは，社会の終末というシナリオはそれほど重要ではない。幸運にも企業倫理とはあまりにもかけ離れている (できればこれが今後もずっと続くといいのだが)。けれども基本的な考え方は企業にも応用できる。企業のメンバー及び企業と結びつくステイクホルダーは，報われる将来が組織に (組織の中に) 見える時にのみ，組織がさらに存続するよう投資を行うだろう。逆の形で表現すれば，企業のメンバーがエンドゲームの状態にあると考えている時にはいつも，このことは場合によっては企業にとってかなりのリスクを意味するかもしれない。このメンバーが企業の将来を (もはや) 考えていないと危惧しなければならないからである。そのことから，エンドゲームに突き進んでいるような行為とか戦略を回避するというヒューリスティクスが導き出される。

　もっとも，組織がこれ以上存続できず，したがってエンドゲームの状態にあるという状況も絶えず存在することは明らかである。その場合，組織のメンバーにはエンドゲームの状態は当てはまらないので，メンバーが自らの将来をさらに考えるということがいっそう重要になる (その場合，そこでは通例示唆的なシグナルが生じるので，彼らが組織のエンドゲームの中でどのように振る舞うのかが，場合によっては入念に観察されるだろう)。

5.3.5　時間の貴重さ

　ここで時間次元に関して強調されるべきと思われる最後の考えは，われわれにとって重要なものの多くが時間を必要とする，という事態に関するものである。それが意味するのは，時間は資源であり，それも，本来最も価値ある資源の1つだということである。

- 能力ないしコンピテンスの構築には時間が必要である。
- 特に家族や友達のような社会関係は時間を必要とする。
- 構造変化には時間が必要である。
- 反省のプロセスには時間が必要である。
- 説明には時間が必要である。
- そしてもちろん，信頼の構築や維持には時間が必要である。

　ここで明らかになるように，時間という資源は貴重であり，それを丁重に扱わねばならない。時間がもっとあれば，少なからぬ数のコンフリクトは簡単に和らげられるだろう。それゆえ経済あるいは政治において「時間を買う」といわれることがあり，それはことわざの「時は金なり」と同じように経済的な価値を持つものとして描かれているのである。

このような貴重な資源を理性的に扱うことは，**セルフ・コミットメント**のための能力と密接な関係がある。よってタイムマネジメントの文脈では，重要なことのために（時間の）余地を確保することがいつも問題になる。そこではたびたび，突然の問い合わせや逸脱，「誘惑」などからこの時間を守ることが試練となる。それは，セルフ・コミットメントという考えに沿った形で促進的な条件を生み出せば，より簡単に実現できるだろう[30]。

　特に注意すべきことは，自分の時間を理性的に扱うことだけが重要なわけではない，ということである。信頼関係のコンテクストでは，まさに**他者の時間をどのように扱うのか**が重要な**シグナル**となり得る。供給業者としてビジネス上の顧客と約束がありながら，理由も言わず顧客を待たせてしまう時[31]，それは交渉戦術かもしれないが，反対にそのことでは信頼を獲得できないだろう。

　逆に，個人的な会話の時間であれ，家族の用件のためであれ，あるいはさらなる学習や日常の職務に関する反省のためであれ，経営陣として従業員に時間の余地を与えるのなら，それは従業員からの高い評価の重要な合図になるのみならず，たいていは信頼という資産への投資にもなるであろう。

---

[30] 2.4.3 節を参照。
[31] ビジネスパートナーが自分の部屋の設備でゴルフのパットの練習にまだもう少し没頭したいという話を聞いたなら，それは信頼関係にとっても有益ではないだろう。

第6章　行為の方向づけ

　お互いのメリットのための協力が成功するためには，行為の調整が必要なことは明らかである。行為するアクターの集団が大きくなればなるほど，これはより大きな試練になる。本章では，そのような調整プロセスをもっとうまく理解するための基本的なコンセプトに取り組みたい。手始めにまず**方向づけのポイント**という包括的なコンセプトを取り上げる。それを用いれば，本来単純ではあるが，しかし簡単に過小評価されてしまう側面が強調されることになる。すなわちそれは，行為の調整を安定させるための単純でしっかりとした，（それゆえに）普遍的に認められた手段，まさにそれが方向づけのポイントなのだが，それはお互いのメリットのための協働を成功させる基本的な前提条件だということである。それは特に，今日のようなダイナミックで複雑な（世界）社会において有効なものである。

　それに続いて，行為調整のための方向づけ（のポイント）に関して3つの基本形態をテーマとしたい。
- 1人あるいは何人かの相互行為の相手に対する，**個別的セルフ・コミットメントの基本的形態としての約束**
- **集合的セルフ・コミットメントの基本形態と解釈できるルール**
- （規範的な）**共通のゲームの理解**の中心的関連ポイントとしての**価値**。それは同じく，個別的ないし集合的セルフコミットメントの可能性を提供するものである。

6.1　方向づけのポイント

　トーマス・シェリング（1980）は，注目に値する著書『紛争の戦略』の中で，他者と協働したいが，しかし調整という基本的問題に再三直面してしまうという問題を指摘した。これを非常に単純化されたゲームで表すならば，図表23のようになる。

　プレイヤーAとBはそれぞれ，s1とs2という行為の可能性（「戦略」）を持っている。双方が意見を一致させてs1あるいはs2を選択するなら，望ましい協働になる。しかし相異なる戦略，つまり例えばAがs1を，Bがs2を選ぶなら，協働は実現しない。彼らはいわば，自ら取り損ねたのである。

　双方のプレイヤーが行為をお互いに調整しなければならないことが問題なのは明らかである。自らを方向づける**シグナル**として彼ら相互の役に立つ何らかの**方向づけのポイント**を見つけ出すことが，両プレイヤーにとって試練となる。なぜ役立つかと言えば，相手のプレイヤーもそれを方向づけにすると信じているからであり，またそれ

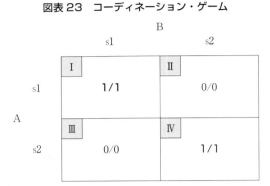

図表23　コーディネーション・ゲーム

が共通の方向づけのポイントだと信じているがゆえに，自分自身それを方向づけとすると相手のプレイヤーも信じていると思っている場合もあるからである。別の言い方をすれば，これに関して**共通の理解**が存在し，その結果**お互いの期待が調整される**と双方共が確信できるものが必要なのである。そしてその結果として行為の調整がうまくいくのである。

　この問題についての簡単な例は，友人と街で会う約束をし，時間を決めたが，決まった待ち合わせ場所を決めなかったケースである。その場合の問題は，以前すでに会ったことがある場所だとか，まさにそれがその街のシンボルだとか，共通の方向づけのポイントとして両者がすぐに思い浮かぶ待ち合わせ場所が存在するかどうかである。

　この種の方向づけのポイントは日常ではきわめて多種多様であり，もちろんどこで会うかがいつも問題となるだけでなく，個々人の行為を協調させるないし調整させるための形態として考えられるものすべてが問題となる。事例として，国境，例えば時刻のような様々な度量単位とか企業のロゴやスローガン，はたまたどの種類の意思決定に対してどれ程の多数が必要とされるのかを決めるなど，多数挙げられるだろう[1]。その他の重要な形態として，先例とか繰り返し引き合いに出してきた特定の歴史，あるいは模範がある[2]。

　方向づけのポイントは，原則的に**お互いのメリットのための協力にとっての条件**である。そのことは同時に，方向づけのポイントが投資に値することを意味する。以下のモデルケースがそれを明らかにするだろう。

---

[1] よって選挙の場合は，しばしば単純過半数が強固な方向づけのポイントなのであり，投票数が43.62パーセントではそうならないのである。

[2] 企業の創業者によるいくつかの格言とか，危機的な状況でどのように行動してきたかに関する歴史が方向づけのポイントとなることも少なくない。注意すべきことは，悪い模範も存在し，それが方向づけのポイントとなるかもしれないということである。よって企業のトップ・マネジメントの行動は非常に重要な役割を演じるのであり，それはテクノクラート的な意味，すなわち意思決定を下すという点のみでなく，彼らの行動基準が従業員に影響を与えることからもそう言えるのである。

図表24　コーディネーション・ゲームにおける方向づけのポイント

		B			
		s1	s2	s3	s4
A	s1	6,6	0,0	0,0	0,0
	s2	0,0	6,6	0,0	0,0
	s3	0,0	0,0	5,5	0,0

　AとBは再び彼らの行為を調整するという問題に直面しているが，今回はAはオプションを3つ，Bはオプションを4つ持っている。両者にとっては，以下のようなポイントが存在するかが再び問題として生じる。すなわち，両者がこのポイントを自身で納得できると感じるだけでなく，同時に他方のプレイヤーもそう考えると推測できるよう，両者が持つ様々な行為の可能性を際立たせてくれるようなポイントである。

　実際そのようなポイントは存在する。それは両者がs3を選択する場合に生じる。このような極端に限定されたゲーム状況の枠組みにおいて，この結果は，方向づけのポイントにとって典型的な，唯一無二あるいは強調的という特性を持つ。|6,6|という結果は2つ存在するのに対し，s3/s3という戦略のコンビネーションから生じる|5,5|という結果は1つだけであり，その限りでいくぶん特殊なものである。AとBがそれを特殊だと見ている限り，そして同時に他方のプレイヤーもそのように考えると想定できる限り，相手もそれを選択し，結果望ましい協働を実現すると期待してs3に決めることは納得のいくことである。

　もっとも，両者がs3を選ぶということは，それぞれにとって最も高い支払いである6ではなく，5しか受け取れないことを意味する。それはいわば，両者が方向づけのポイントのために支払わざるを得ない対価である。このような現象は日常的に頻繁に現れる。例えば，個々それぞれのケースでは確かに最適でないかもしれないが，方向づけのポイントとしての質という点で，全体としてみれば最良な解決策となるような，単純でしっかりとした方向づけのポイントを持つことが重要な場合である。[3]

　倫理の枠組みで言えば，種類は異なるが相互に関連する2つの方向づけのポイントがいつも重要になる。第一に**規範的な方向づけのポイント**が重要であり，それは共通

---

[3] そのことはとりわけ，個々のケースから見ればたいてい最適でないルールにもしばしば当てはまることである。

の目標や価値，利害を定義し，それらを引き合いに出すことができるようにする。企業の文脈では，この先で議論される価値の他に，達成されるべき指数という形での目標基準もそれに属するし，同様にヴィジョンとか「ミッション・ステイトメント」の中に表現されている，自己理解や達成すべき意図に関する宣言もそれに属する。

第二に，それを具体化するために重要であり，それ以外にも行為を調整するためにも重要なのが**経験的な方向づけのポイント**である。それもまた，行為にとっては方向づけとして役立つという点で，規準的な性格を持つ。しかし先に挙げた規範的な方向づけのポイントとの違いは，それが観察可能な経験的現象に関連したものだという点にある。そのような方向づけのポイントの事例として，例えば以下のものが考えられる。

- 国家間にある自然の国境に対する川の流れ
- 後になって繰り返し引き合いに出される，歴史上の決定的な出来事
- 労働協約の交渉に際してのパイロット契約
- 市場をリードする製品の価格
- 業界協定
- 法における先例
- 一般に浸透した基本概念の定義
- 個々の人格，とりわけ経営陣の（ポジティブ・ネガティブな）**模範的行動**

信頼関係において方向づけのポイントは非常に重要である。それを使えば，信頼する側の期待と信頼される側の行為が方向づけとする共通の関連ポイントがまさに生み出されるからである。

続いて，信頼関係にとって根本的に重要な3つの基本的な方向づけのポイントの形態である，約束，ルール，価値を取り上げたい。

6.2　約　　束

われわれは日常的に絶えず約束をする。そしてそれは不思議なことではない。他者と協働するために，そして場合によってはコンフリクトを避ける，あるいは解消するために普通は約束をするからである。いくつか例を挙げよう。

- 親が子供に部屋を片付けさせようとしてご褒美を約束するとか制裁を予告する。
- 問い合わせを受け，わかったらすぐに電話をかけ直すと約束する。
- ある企業が製品を購入する顧客のすべてに，長い寿命と優れたサービスを約束する。

---

4 この方向づけのポイントは，実践的三段論法ではレベル(1)に相当する。
5 ミッション・ステイトメントは組織の宣言であり，この間たびたび文書で表現されるようになっている。それは，組織が何のために存在する（つもりな）のか，何が目標で，どのようにそれを達成するつもりなのかを表現しているものである。
6 しかしその場合，約束というよりむしろ脅しが問題となる。

- 政治家が，税率の低減，さらなる犯罪撲滅，インフラストラクチャーへのこれ以上の投資やその他（非常に）多くのことを約束する。
- 科学者が，外部資金提供者になるかもしれない人たちに，信頼でき，定評のある手法を使って興味深い研究成果を得ると約束する。
- 非政府組織が，支援者となるかもしれない人たちに，かなり真剣に取り組み，プロフェッショナルで効果的なやり方で，外部からの影響を受けずに，彼らそれぞれの要請に尽力すると約束する。

約束は，約束をする人が**選択肢**を持つことでその重要性が増す。彼は約束しなければならなかったわけではないだろうし，つまりその点で彼は**自由**なのである。彼の自由は，彼が約束を守ることもできるし，守らないこともできるということにも現れるのである。そしてとりわけそのことが，信頼する側にとって重要なのである[8]。

なぜなら約束は，少なくとも理念上は，約束をする者の行動を規準として決めるからである。多数のあり得る行為から特定の行為が取り出され，それが協働パートナーに**自分自身を縛る**ものとして伝達されるのである。

約束が引き合いに出される状況において，まさに約束を守らないことが約束する者にとって魅力的（楽になる，費用を節約できるなど）になる場合に，通例約束は重要性を増すことになる。それゆえ約束は信頼というテーマに直接結びついているのである。

よって，あらゆる約束（そして他者に対するあらゆるセルフ・コミットメント）の根本問題は，約束が**信用できる**かどうかである。約束される時点で約束を守らないことが魅力的になる場合に，なぜ約束を守るべきなのか。ここでは，これが「**したいこと**」の問題でもあり，「**できること**」の問題でもあるということに注意すべきである。すなわち，それをするつもりではあるが，しかし実際に行うほど十分な意志の強さがないということはまったく起こりうるのである。この問題は，信頼される側が約束を実行する瞬間に**状況的コンフリクト**にあり，それが際立っていればいるほど，より先鋭化するものである。そしてそれに従えば，約束は約束をする者が信頼に値するかどうかということに直接関係する（4.3節を見よ）。しかしここでも再び，約束を守りそうに見える，あるいは（機会）費用が高くなるケースでは守りそうにないと思わせるような状況的（インセンティブ）条件に目を向けることが重要である。

---

[7] 企業に関する約束の事例については，さらに11.4節で挙げられる。

[8] それゆえ約束とは，セルフコミットメントの第一段階が明確にされたもの，ある特定の意図を表現したものであると言える。2.4.3節を参照。

6.3 ルール

6.3.1 導　入

　ルールはわれわれの日常に構造を与える。ルールなしには，将来他者がどう行為するか期待し，自分の行為をそれに合わせることなどまったく不可能だろう。これは普通まったく意識されない。そしてここにもルールの重要な機能が見出される。すなわち，世界や特に他者の行動にどのような構造が与えられるかを熟慮することに関して，意識的に考えるという**負担を軽減する**機能である。

　ルールがどれほど多種多様な形で現実に秩序を与えているかは，以下のような事例をいくつか思い浮かべればすぐに明らかになる。

- 法体系はすべてルールから構成されている。
- ドイツ工業規格やISOの規格は，標準化によって比較と分類が可能になっている。
- ゲームやスポーツはしかるべきルールによって定義されており，そもそもルールによってはじめてプレイできる。
- 修学や試験の規定は，修学が有意義にできるよう調整し，完結させる。
- ルールなしに財の売買は不可能だろう。ルールがないだけですでに所有権が不明確になってしまうからである。
- 風俗習慣のような文化的なルールは，他の文化の中でその違いを体験することではじめてその重要性が本当に明らかになることもある。

　先述の社会次元に関する議論においても，協働や競争が社会的に望ましい帰結に導くべきならルールによって構造化されるべきことが繰り返し明らかになっていた。時間次元に関する議論も同様にルールの中心的役割を論じたものであった。それはいわば過去と未来を結びつけ，**安定性**を生み出すからである。

　けれども，ルールの（望ましい）作用や，結局はそれが効力を持つかどうかさえも，つねに必然的に，人間がこのルールを，それに精通しているという意味で知っており，原則的に受け入れているかにかかっている[9]。特にその理由から，規範倫理学にとってはルールに集中的に取り組むことが非常に重要なのであり，それは引き続き次のステップでなされる。

　さしあたりまずルールの機能をより詳しく考察する（6.3.2）。それに続いて，いわゆる「セカンドオーダーのジレンマ」について議論する。それは，ルールが持つこのよ

---

[9] ルールは時に，後になってからようやく，すでにある行動の規則性としてはっきりと定式化されることもある。それだけになおさら，このケースについては必ずしもつねに両方とも意識的に存在しなければならないわけではない。

うな機能がまさに，いわばそれが信頼に値する場合にのみ実現可能となることを述べたものである。しかしそれは，再び他者の行動に左右されるのだが（6.3.3）。このことが6.3.4節の考察に導く。そこでは，うまく機能するルールは費用なしには存在しないことが示される。その際，それ自体は望ましい行為を禁止することも重要な費用形態の1つであり，それはルールの「オープンさ」（6.3.5）というポイントへと導く。最後に，すでに何度も主題にされた，ゲームの理解とゲームのルールの関係について説明がなされる（6.3.6）。

6.3.2 ルールの機能

障害をはねのけ，信用できる形で他者の行動を期待させるのがルールである。ルールは行為を可能にしたり，禁止したり，命令したりする。そしてルールが有効となり，浸透する中で信頼が得られれば，予想された他者の行動が計算可能になり，自分の計画や行為をそれに方向づけることができる。

ルールによってお互いの行動を信用できるようにするのが重要になるのは，早くも行動の調整が問題となる時からである。道路交通の事例を用いるなら，優先通行のルールがなければ，われわれは交差点でかなり長く待つ（待たなければならない）ことがあるかもしれない，と指摘できよう。しかしその場合でも，他者もこのルールがわかっていることを次も当てにできるのか，という問題が依然としてつねに残されている。

倫理的に見れば，**コンフリクト**が発生する時にルールの機能はさらに重要になる。コンフリクト分析のための根本モデルである囚人のジレンマについては，すでに3.3節で見た。

このモデルを使ってルールの価値を明らかにできる。ジレンマ構造の中で，協働を命ずるないしは寝返りを禁じるようなルールが導入され，このルールが**信用できるもの**であれば，そのルールは**信頼問題の解決策**となる。この場合，お互いが信用できるかどうかは，もはや個々人が信頼に値するかどうかによっては保証されず，むしろコンフリクトの状況が変化し，緊張が和らげられることで保証されることになる。しかしそのためには，通例，ルール違反を**後悔**させる**インセンティブ**の導入が必要である。

このような関連はモデルの中で次のように表せる。そこでは，新たに導入されたルールに従い戦略nk_iには2単位の制裁が科され，よってゲームは図表25のように変化する。

ルールが引き起こしたこのような変化によって，**インセンティブ**が変化した。つまり，協働（戦略k_i）がより魅力的な選択になったのである。

信頼問題に関して，以下の2つの根本的なインタラクション問題が挙げられていたことを思い出して欲しい。
1. 私が関わる他者は，私に影響を与えつつ，どのように彼らの自由を使うのか？私は彼らを信頼できるのか？

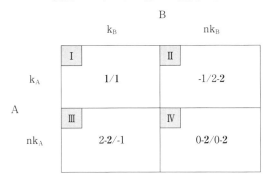

図表 25 ルールを伴った信頼状況

2. 協働を実現するためには，どのようにすれば私が信頼できると他者を納得させられるのか？ 私が信頼に値することをどのようにシグナルできるか？

　ルールそれ自体が信用できる限り，2 つの問題はルールによって解決される。ルールは，他者がルールを守るインセンティブを持っているので彼らは協働するだろうと（ある程度）信用できる形で期待させてくれる。同時に彼らは，自分自身にとって協働しないことが明らかに魅力的でなくなった，つまり 2 単位の制裁で罰せられるだろうともわかっているのである。

　いくつかの事例から考えてみよう。

- ルールはお互いの行動期待を生み出すものだが，その基本的な形態が**契約**である。それは k を選ぶというお互いの約束とも解釈できる。契約に典型的なのは，ルールを守らなかった場合に何が制裁として課されるのかが契約の中で詳細に記述されていることであり，このようにして遵守がインセンティブと両立するようにされているのである。[10]

- ドイツ不正競争防止法（UWG）第 16 条 (1) は以下のように書かれている。「特に有利だと見せかける意図をもって，公示あるいは広範囲の人々への通告の中で，真実でない表示をして誤認させるような宣伝をする者は，2 年以下の自由刑あるいは罰金に処する」。法律の他の箇所で，「惑わせるような広告」，いわば戦略 nk が何を意味しているのかが明確に規定されている。

- 2005 年から効力を発した京都議定書は，温室効果ガス排出制限に関する国際法的に拘束力のある取り決めであり，そこで署名国はすでに，1990 年比で平均 5.2％の削減を表明している。条約目標の実施・実行は，コンプライアンス委員会によって支援ないしチェックされている。条約目標が達成できなかった場合は委員会によって

---

[10] ドイツの法体系では，そのような制裁は例えば民法典第 339 条以降において法的に正確に規定されている。

公式に宣言され，当事者国は再び条約を達成するための計画を提示しなければならない。それまで，委員会は当事者から排出取引の権利を剥奪できる。
- 企業や業界における行動規範も同様に，通例ルールが適用される者に認められていない行為を詳細に記し，違反するとどうなるかが列挙されている。ここでその模範例として，ドイツ保険協会の規範，2012年11月14日版から引用しよう。「保険契約の奪取は，競争に合致した手段によってのみ認められる」[11]。会員企業は規範を実行し，少なくとも丸2年は会計監査事務所の証明書を提示しなければならない。遵守しなかった場合には協会によって発表される。すなわちレピュテーションが制裁手段として利用されているのである。

これ以外の例もいくらでも挙げることができよう。つねに問題となるのは，信頼に満ちた協働を促進するよう行動を規準として示すことであるが，いくつかの事例にすでに暗示されていたように，それが難しい場合もある。

これらの考察からの結論としていくつか重要なものを挙げよう。
- **方向づけのポイント**として有効であるためには，ルールは**信用できるもの**でなければならない。そしてそれは次のことを意味する。他の人たちがルールの理解を十分に共有していること，つまりルールに関して**共通のゲームの理解**が存在することを，個々人が前提にできるということである。
- ルールが機能を発揮するのは，原則的に時間を通じて**安定しており**，場合によっては予測できないというように，いつも変わっているということがない場合だけである。
- ルールは行為の自由を制限する（し，たいていは実際そのように感じるだろう）が，しかし本来，ある意味でルールがはじめて**自由を実現する**ことも多い。もう一度ゲームのメタファーを使って言えば，ルールなしにはゲームは存在し得ないのである。
- 信頼の問題はルールでは解決しなかった。信頼の問題は，ルール，あるいは，それを守っているかどうか監視し，場合によっては守らない者に制裁を与えるものに，ただ移動しただけである。実はそこに問題が存在することを次節で見ていく。

> 結論：ルールの機能は，とりわけコンフリクトが協働を阻害する可能性がある時に，お互いの行動が信用できるものにすることでこの協働を実現することである。

6.3.3 セカンドオーダーのジレンマ

ただし，ルールを導入することで信頼問題を解決できるのは，いまやルール，そし

---

[11] 規範の第6項目の表題は「保険契約の奪取ないし変更に際しては，顧客の利害に注意しなければならない」である。

てそれが貫徹していることを信頼できる場合のみである。すなわち信頼問題は言わば，ルールは信頼に値するのかという問題に移ったのである。

よって上記のモデルでは，単純にルールによってインセンティブ条件が変化すると仮定されたが，しかしそれは決して些細な話ではない。ここでは2を差し引くとしたが，違反の場合は制裁されるとルールが明示的に述べていても，これをチェックしなければならないのである。つまりプレイヤーの行動を監視し，場合によって起こるルール違反に実際に制裁を加えなければならないのである。

モデル上の答えは単純である。すなわち，ルールには**コントロール**や**制裁のメカニズム**が伴っており，それが状況のインセンティブをしかるべき形に変えると単純に想定されているのである。しかしその「メカニズム」とは何か？誰がそれを浸透させるのか。これらは，例えばかなり前からたびたび企業が実施している**自発的な自己義務**において問われているものである。[12]

次のような事例を考えよう。同じ業界にあるいくつかの企業が，有能な技能を持った若手を自分のセクターで十分に確保するために，職業養成教育の協定を結ぶことに合意した。しかし教育場所の準備には費用がかかる。それは**投資**なのである。問題は，この投資からの収穫，つまり十分に教育された若手が誰のものになるのかということである。そうなると個々の企業にとっては，他の企業に教育させ，そのための費用を払わせておいて，その後教育された専門家を引き抜くという誘惑が存在する。つまり**ジレンマ構造**が存在するのである。

ここで，まず適切な数の養成場所を提供し，次に他の企業が養成した人物の意図的な引き抜きを放棄するとすべての企業が前もって宣言することで当該企業が合意することは1つの解決策となるかもしれない。

問題は，ある企業がそれを守らない場合どうなるか，ということだけである。そしてそれは，他の企業もどうせそれを守らないと考えているのではという，ただそれだけの理由かもしれない。このケースではさらに，摘発された企業がその際に共通の養成ファンドに罰金を支払わなければならないと取り決められたはずだが，この支払いすらもなされないならどうなるのか？

これら簡潔な考察により，ルールを貫徹させることそれ自体が，再び古典的なジレンマ構造であることがわかる。

問題となるのは，ルールが守られていないことに気づき，場合によっては制裁をなんとかして自らで実行しなければならないことである。話を簡単にするために，ルールが適応される人たちがつねにそれを守ると仮定できるならば，ジレンマ構造はいわば，はじめからないものと見なせる。しかし特に経済や政治の多くのケースで，取り決め（約束，ルール）を守るだろうとお互いに確認するだけでは，相互の信頼にはまったく十分ではない。だからこそ，チェックや万一の場合の制裁がいの一番に必要となる。

---

[12] 独立国家間の協定や条約にもそのような問題は生じる。

図表26 囚人のジレンマ（3）

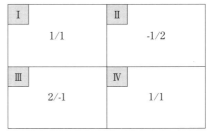

　よってここでも，もしすべての企業がルールの貫徹を受け入れるのなら，確かにすべての企業が同様にメリットを得られる。それがルールに効力を与え，それによってファーストオーダーのジレンマが解消されるからである。しかしながら個々の企業にとっては，他のすべての企業が職業養成教育の協定を遵守するが，自身はそれに付随する費用を節約し，他の企業が投資することによって利益を得て，さらに協議されたであろう制裁についてもまったく気にかけない方がなおよいのである。

　そう見れば，ファーストオーダーのジレンマを解決するためには，その解決策，すなわちインセンティブとの両立を実現するルールによってお互いが信頼に値することを確固たるものにするということそれ自体が信頼に値するものでなければならない，という問題が立ちはだかる。それによりセカンドオーダーの囚人のジレンマが姿を現す。つまり，信用でき，信頼できるルールを得るためには，ルールを貫徹させられなければならないが，これは費用をかけずにできるものではないということである。

　その古典的な解決策は，国家が，場合によっては権力の独占という力を用いてルールを設定し，貫徹させることである。権力の独占は，まさにこの理由，すなわちルール（の貫徹）が信用できることを強調するという理由から存在するのである。

　けれども，ある集団内での解決もそれ自体としては可能である。それは時間を通じて進化的に生じることもあるし，意図的になされるときもある。[13, 14]

　しかし有効性や信用性がつねに，ルールを適用される者の行動ならびに共通のゲームの理解にも左右されることは，どんなケースでも当てはまる。そしてこれは再び，ルールの確立や（とりわけ）貫徹に伴う費用に決定的に左右されるのである。

---

[13] これについてはとりわけ，エリノア・オストロム（Elinor Ostrom）の著作（1990）を参照。
[14] それについては9.3節でもう一度取り上げる。

6.3.4　ルールの費用[15]

前節の考察から，ルールはタダではメリットを生かせないことがわかった。現に，考察の必要な様々な種類の費用が存在しており，それは直接的な費用と間接的な費用に区別できる。

直接的な費用が存在するのは，ルールを信用できるようにするためにそれを監視しなければならず，場合によっては守らない者に制裁を加えなければならないからである。これに加えさらに別の費用もある。契約交渉であろうと企業における会議であろうと，あるいは法的なルールが問題となる際の政治，官僚や司法機関といった全体機構であろうと，適切なルールに関する交渉や定義には費用がかかるのであり，それは時間その他の資源を必要とするのである。

ルールには**間接的な費用**も存在する。それには**望ましくない副次的効果**と見なせる効果も含まれ，これらは一部不可避のものである。以下では，複雑性，機会費用，疎外という概念を使って，そのような効果のうちの3つを簡潔に描写しよう。

複雑性という見出し語で表される費用はわかりやすいだろう。今日の時代，社会的分業は再びグローバル化やデジタル化によってかなり強まっているのであり，その相互依存が拡大することにより，顧慮すべき新しいルール，規定，規範，スタンダードなどがますます多くなっている。それはとりわけ，現行のルール全体を見通し続けることをますます難しくする。ルールが本来持つ方向づけ機能はそれに悩まされるかもしれない。様々なルール体系が一貫し続けることもかなりの試練となったのである。

機会費用は機会を逸することの費用であり，普通は資源あるいは選択行為と関連づけられている。けれども基本的な考え方はルールにも関連づけられ，それもここでは，どの行為が，それ自体メリットを持つかもしれないのにルールによって排除されるのかをよく考慮するという意味で，ルールと関連する[16]。上で記述した通り，ルールは個々人の自由に制約を与えるからである。それはほとんどの場合で非常に有意義なことだが，意味ある行為を阻害する，ないしは禁止することもある。このことは例を挙げれば，例えば腐敗・汚職との戦いの中で「贈与物」の授受を完全に許容しないという**コンプライアンス**の枠組みにおいて明らかになる。仕入れ担当者とか営業マンにとって，かつてはちょっとした贈り物を使って高く評価していることを意思表示し，それが腐敗・汚職の性格を与えることもなく，それによって信頼に満ちた協力の基盤を作ることがビジネスにおいて普通のことだったのなら，このような制約はたびたび彼らの仕事をかなり難しくするだろう。

最後に，ルールによる間接的な費用の形態は**疎外**という概念を用いても表現できる[17]。これは，ルールに関わる人たちがその**意味**を認識せず，ルールの指示は**他者による規**

---

[15] 以下の考察はSuchanek 2011bからの転用である。
[16] その代わりに，2つのルールを相互に比較する，あるいはあるルールを無秩序な状態と比較するという解釈もできるだろう。
[17] このコンセプトについてより詳しくは9.3.3節で取り上げる。

定であり望ましくないと主観的に体験する時に現れる。このようなケースは，とりわけルールを貫徹させるための**コントロール措置**との関連で登場する。

6.3.5 ルールがオープンであること

　ルールの費用を考察することにより，社会のメンバーのすべての行為を広くルールによって束縛して，つねに「よいこと」だけをさせ，全員が協働し，持続的で公平，連帯的な社会に貢献させることはあまりにも高くつくこと，そして最終的には不可能であることもわかった。

　ルールは行為をこのような形で縛ることはできないし，そうすべきでもない。ルールは本来，「**自由というインフラストラクチャー**」（Suchanek 2007, 67）のようなものだからである。つまりルールが自由を実現するというのは，お互いが信用できるという基本構造が与えられているという意味においてである。そして歴史が教えてくれているように，これは多数の偶発的な経験的前提条件にも結びついているのであり，それらは繰り返し新しく作られなければならないのである。

　まさに市場（が機能していること）を見れば，このようにルールがオープンであるのは明らかである。消費者は，何をどれくらいの量でどのような品質で消費すべきなのか，あらかじめ規定されてはいない。もちろん制約はある。特定の財やサービスは法的に許可されておらず，入手可能であってはならないし，製品使用もその多くが第三者の損害を回避するルールに縛られている。それでも，消費の選択には多数の自由が残されたままなのである。

　財やサービスの生産者や商人も，何をどの形，どのような状態で提供するかについて，原則的に自由である。しかしこの自由もまた，多方面でお互いが信用できるよう，制度的なフレームワークに支配されているのである。

　すでにそれだけで，絶えずイノベーション圧力に気を配る競争の帰結として，ルールをさらに発展させることが必要である。インターネットがない時代には，オンラインでの購入について法的な規則は必要なかった。インターネットによって新しい自由が生まれ，同時に新しいルールが必要になったのである。それは，第三者に損害を与えることなく，新たに可能になったお互いのメリットのための協働を促進するものでなければならない。

　ルールがオープンであるということに関しては，ルールに関わる人たちが理性的に，あるいは責任ある形で自由を利用すると見込めるほど，ルールをより自由にデザインできると言える。逆に言えば，自由の余地が他者の犠牲の下に濫用されるなら，たびたびこの自由の余地を制限する，すなわちルールがオープンであるのを制限することになる。そうならば，責任ある形で自由を利用することは，オープンなフレームワークを維持する，あるいはオープンでないルール体系を回避することへの投資でもあるのだ。

6.3.6　ゲームのルールとゲームの理解

　前節の説明では，「ゲームのルール」が機能するかどうかは，このルールを受け入れる側の「ゲームの理解」につねに縛られていることが何度も示された。ルールが理解され，受け入れられ，そしてこの理解や受容が他者にも期待できるなら，受け入れ側がルールを他者による決定と受け取り，その意味を実感できない場合よりも明らかにルールの費用は低くなり，オープンさは明らかに大きくなるだろう。

　この点は，同時に，新しいルールを導入し，それが状況に合わせて実行されると期待することがなぜそんなに難しいのかを明らかにしてくれる。各人がルールを抽象的に理解するだけではなく，それを具体的に応用できるよう学習もしなければならないのである。そして他者がそれをどのように理解し，応用するのかの理解を作りださなければならない[19]。

　それゆえ，人と同じく，ルールを扱う際にも，普段のやりとりの中でルールを熟知しているかどうかによって，ルールが「信頼に値するかどうか」も変わってくることが明らかになる。

　そして同じく明らかになるのは，法体系が機能しているということはある種の**資本**だということである。その意義は決して過小評価できず[20]，それゆえにしかるべき**投資**を求めるし，そのリターンも見込めるのである。

6.4　価　　値

　共通の規範的なゲームの理解に関して，ここで重要な方向づけのポイントの独自の形態となるのが**価値**である。価値が行為（ならびにお互いの期待）の調整に対して方向づけのポイントとなることで，協働を成功・持続させる基礎を生み出し，保持あるいは改善させられるのである。

　ここでもまず価値の機能を詳しく考察し，その後で責任や信頼のコンテクストで特に重要な4つの基本的価値を描き出そう。

---

[18] それはいつも，世間一般に影響を及ぼすスキャンダルが起こり，典型的な形で新しい法律が求められるようになった時に，特に明らかになる。
[19] そこから生まれた困難が明確に現れたのが1989年以降の転換プロセスである。その際にいくつかの東ヨーロッパ諸国に西側の法体系が導入されたのだが，問題は応用に関するエキスパートがいなかったことではなかった。むしろ，このルールが何を意味するのかについての共通のゲームの理解という意味での，**法に関する意識**が育成されていなかったのである。
[20] これは，法体系を何度も適応させ，継続的に発展させなければならないことを意味するものではない。

6.4.1 価値の機能

　一般的に価値は，いくつかの（たいていは2つの）可能性から1つを優先することを表す。例えば公平は不公平より良い，敬意は無礼よりも良い，責任は無責任よりも良い，などである。その際，価値が行為ないしはその帰結と関連づけられている限り，それによって価値は「価値ある」行為を選択する方向づけを与えるのである。

　しかし，複数の行為者の意思決定を調整する，あるいは**共通の基準を生み出すこと**によって，価値ははじめて方向づけという本来の機能を発揮する。他者にとって何が重要かを知っていれば，それは共通の利害の追求にかなり役立つ。同時に，理念に従い自分の価値を表明することは，自分が「**したいこと**」を表現すること，つまり，まさにこの価値に沿って自分が行動しようとすることを表明するものである。[21]

　クレプスがある論考（1990）でこのような価値の**シグナル機能**を描き出したことは注目すべきである。彼の議論は企業文化に関連づけられたものだが，簡単には次のように描写できる。多くの相互行為において，すでに周知の信頼ゲームが発生する。クレプスはまず，信頼する側が信頼される側に搾取されることから身を守る様々な可能性を検討している。これに関する古典的な手段が契約だが，しかしながら契約は決して完全ではあり得ないし，[22] これは決定的な論拠となる。**予期されざる偶然性**，すなわち予想されず，それに応じた契約上の規制がかけられなかった（かけることができなかった）状況が何度も生じるからである。とりわけ，金融危機とか，津波や地震，洪水のような大災害，あるいは破壊を伴う市場展開のようなマクロ経済的なショックは，協働パートナーには完全に不意の形で起こるものであり，前もって協議したことのないような適応を強いるかもしれない。

　さてクレプスによれば，価値は方向づけのポイントである。信頼される側はそれを，そのような状況で共通の利害を守り，搾取できる状況を悪用しないという**セルフ・コミットメント**としてシグナルするのである。その点で価値は**一般化された約束**とも解釈できる。

　けれども方向づけのポイントとしての価値の機能はこれにとどまらない。複数のアクターが共通の価値体系を持っており，それを自覚してもいるなら，価値は**取引費用を下げる**ことで**協働の改善**にも貢献できる。共通の価値は**共通のゲームの理解**の核心部分であり，それによって協働に対する貢献の調整，とりわけ信頼問題の解決が楽になるからである。

　しかし，アクターがその時々の価値を告白することは，さしあたっては1つの言葉に過ぎず，それだけでは十分でないことは明らかであり，むしろここでは**一貫性**の意義が再び明らかになる。一貫性はいくつかの観点で試練となることは明らかである。

---

[21] もちろん，まさにここに，信用できるかどうかという問題ないしは信頼の問題が再び登場する。
[22] そうあるべきでもないだろう。そうなると自由がもはや存在しなくなってしまうからである。上記6.3.5節を参照。

一方で価値を主張する人の言葉と行いが一致していることが大事である。しかし他方で，関与する人のゲームの理解が何であるかも重要である。よって，とりわけ価値が具体的な状況で何を意味するのかが問題となる場合には，同じ価値でもかなり違うように解釈できるのである。[23]それだけに，価値マネジメントの枠組みにおいては，この価値の内容を抽象的に伝えるのではなく，具体的な状況に応用する中で伝えることが重要となる。しかし価値の意義に関して日常の中で共通のゲームの理解を打ち立てることに成功するならば，価値は方向付けのポイントになる。そのことにより，日常的な行為の中でこの価値に反するもの，それとともに場合によっては重要な不一致が存在するかどうかを見ることで，それを**一貫性のチェックのための手段**として利用できるのである。

過小評価されやすいもう１つの機能が，**生活上実際に重要なもの**という意味で，「**価値あるもの」を有し続けること**である。9章でさらに議論するが，われわれの知覚はつねに，かなり選択的で状況に縛られており，それはまた，人間が状況の具体的な条件に関心を向けるよう求められているために，自分たちにとって重要な物事を日常的に「忘れる」傾向があることをも意味する。ここで価値は，われわれにとって重要であり，価値があることで核心部分に到達するものを状況の中で思い出させ，意識させ続け，「徳」として覚えこむ助けとなるのである。

共通の価値が存在する限り，意思決定を根拠付ける際に価値をはっきりと引き合いに出すことで，**正当化の機能**も満たせる。一部の関係者には無理強いとなるような困難な意思決定をする際に，これらの意思決定が一般の同意を得られる価値に基づくことを示せるならば，とりわけ外部に向けてのコミュニケーションの中で自分が信頼に値することをかなりうまく表現できる。

さらに，例えば共通の課題への協力を他者から得る必要があり，この課題，あるいは課題実行の本質的な部分が価値の実現を必要とする場合，価値はこのような正当化の機能と結びついて**モチベーションの機能**を果たすことができる。

さらに別の機能として**複雑性の縮減**がある。例えば公正[24]という価値において特にそれが明らかになる。これを仮定できるのであれば，クレプスの議論（上記参照）と同様，万一のための制度的防衛策をかなり減らすことができる。様々な状況の中で（すべてを予期する必要はまったくないのだが）両者がお互いにフェアに扱われると確信できるからである。

---

[23] 価値は実践的三段論法の第一のレベルに位置づけられる。それに従えば，価値の転換は経験的条件次第でかなり違うものになることもある。それだけでなく，経験的条件を主観的にどう知覚するかで，同じ価値でも様々なアクターがまったく異なるように解釈するかもしれない。

[24] ここで公正は，7.2.3節と同じように「徳」，すなわち行為のための方向付けとして理解されており，それはこの中にも現れている。

6.4.2 「基本価値」

価値は多数ある。けれども本書の基本テーマである信頼に満ちた協働に目をやれば，多種多様な価値は企業倫理の問題にとって核心的存在であるいくつかの少数に絞られることになる。これらの価値は次のものである。
1. 連帯
2. 尊敬
3. 公正
4. 持続可能性

これらの価値は相互に厳密には独立していない。例えば持続可能性は世代内・世代間の正義として理解されてることも多いし，相互の尊敬は正義という理念の構成要素と解釈できる。さらに理論的な見方次第で，連帯はあらゆる他者を含む包括的な価値として描くことができる。それはここでも起こることだろう。

それらの価値を個別に見ていこう。

6.4.2.1 連　帯

連帯という概念は日常的には様々な形で用いられている[25]。それは狭義には困っている人を支援することだと解釈されることが多い。しかしこの概念には広い意味のものもあり，ここではそれが用いられている。それによれば，連帯とは**お互いのメリットのための社会的協力**以外の何者でもないものとして表現される[26]。連帯の規範的な考えによれば，社会のメンバーは誰もがこの（信頼に満ちた）協力の中に埋め込まれている。すなわち，彼らは自らその成功に貢献すると同時に，これらの協力から得られる収益の公正な分配を得られるのである。

その限りで，連帯は企業の存在にとっての基礎でもある。よって，企業の社会的な役割は10章で「コーポラティブ・アクター」と定義され，それが存在することで社会の価値創造がかなり改善されるとされる。コーポラティブ・アクターが社会に財やサービスを準備することで，社会の連帯に貢献するのである。同時にコーポラティブ・アクターはこの価値創造からの分配を得る。このような**互恵性**は，共同作業を持続的なものにするために重要である。協力があることで，原則の上でも実感できる形でも，すべての個々人が自身の利害を追求でき，この先ずっとそれを否定しなくてもよいなら，その場合にのみ共同作業を見込めるのである[27]。

巨大な社会では，そして世界社会ではなおのこと，相互作用が複雑であるがゆえに，連帯が第一の行為動機になるとは期待できない。他者の困窮が自分の行為の主要な動

---

[25] 概念とその内容については，例えばBayertz 1998を見よ。
[26] 別のコンセプトでは**公益**という言葉も用いられる。
[27] そして信用に関するこの問題は，すでに何度も見てきた通り，社会的協働にとって基本的な意義を持っている。

機になるという事態は，せいぜい例外的な状況（あるいは例外的な人格）でしか起こらない。日常的には，それ促進する条件，つまり**制度化された連帯**が必要となる。これは，「連帯共同体」のメンバーが，お互いのメリットのための社会的協力という意味でのパフォーマンスに対するインセンティブを持ちながら，相互依存のシステムに組み入れられているということである。とりわけドイツの社会的市場経済というシステムは，制度化された連帯の模範的事例である。そしてこのことは，失業，疾病などのケースで万一の場合に個々人を支援することのみでなく，過去数十年に繰り返し見られたような，全体としてより良い，より持続可能な社会的協力に関してもそう言えるのである。

結局，このようなお互いのメリットのための持続可能な社会的協力という意味での連帯は，次で取り上げる価値にとっての関連ポイントでもある。それに関心を向けることは，いわば連帯という口座へ資金を預けることなのである。

6.4.2.2 尊　　敬

お互いに生活を（より）うまくいかせることに貢献するもっとも基本的な形態の1つは，お互いに尊敬あるいは尊重することである。日常的な慣習の多くは，互いに尊敬に満ちた付き合いを習慣的にするよう仕向けている。アメリカの経済学者マッキーン（Roland N. McKean）は次のような面白い事例を挙げている。「人々が…『おはようございます』ではなく『ばったり倒れて死んでくれ』と挨拶するとしたら，生活はかなり高くつくことになるだろう」（1975, 34：著者による翻訳）。

同時に，他者に対して敬意を表することは信頼にとっての本質的条件である。よって，企業が自ら作る価値のリストにたいてい尊敬が挙げられていることは偶然ではない。人々（顧客，従業員，投資家など）や彼らの利害・意見を尊重する，すなわち彼ら自身のためになるよう彼らを尊重していることを伝える時に，彼らはかなり進んで協働するようになるのである。

その際，ある人のパフォーマンスに対する尊敬と，その人自身への尊敬を区別しなければならない。ここで強調される価値は後者である。このような尊敬の形態は信頼に満ちた協力にとって特に重要だからである。すなわち，他者を人格として尊敬する人は，たいていは彼の正当な信頼期待も考慮するのである。それに対して他者のパフォーマンスにしか尊敬を示さない者は，パフォーマンスがもたらされない時には，尊重しない場合があるかもしれない。その場合，他者が信頼する側だとして，彼がこの他者の正当な関心や期待も適切に考慮するかについても不確実になるのである。

この価値を道具的にも使おうとする人がいるかもしれないが，彼らすべてにとっての試練は，そのような試みがすでに最初の時点で失敗するかもしれないということである。その理由はまさに，ある人が人として尊敬あるいは尊重されていると感じるの

---

[28] 日常的に尊敬ないし尊重がどのように示される（あるいはあまり示されない）のかに関する事例は，第2部の導入に続く節で挙げられている。

は，その尊敬が戦略的な利害に基づくのではなく，実際彼ら自身に向けられている場合だけだ，ということにある。戦略的な利害は，この概念が意味するものとはまったく合致しないのである。

6.4.2.3 公　　正

　尊敬という価値は，われわれを取り巻く人々とのやり取りや彼らの尊厳を承認することに直接関連するものであった。**公正**という価値は，似ているものの同じではない。公正の場合には社会次元を考慮することが大事だからである。それが意味するのは，ここでは他者との関係が集団や共同体，そして最終的には社会というより大きな構造の中に**埋め込まれており**，それはたいてい既存のルールを適切に考慮するという形でなされるということである。教授は学生を尊敬できるが，しかし他の学生の業績に対する公正という理由から，彼は学生に「十分な」尊敬しか与えられないのである。

　公正は，しばしば「正義[29]」と同じものとも見られる。正義は，今日では制度の特性とか状態の局面（分配の正義）と理解されることも多いが，しかしここではそのことを指すのではなく，むしろ行為の方向づけとしての公正という価値が問題となる。そこでは原則的に**対等な扱い**，そしてしかるべき理由がある場合には，実感でき，同意が得られる形で適切に不平等な扱いを行うことが問題となる。それゆえ，公正が意味するのは態度のことであり，それはすべての者に適切なものを与えるという特徴を持つ。別の形で表現すれば，他者が自分の行為に持つ正当な（信頼）期待を満たすことが問題となるのであり，これは特に他者を不利に扱うこととか損害の回避が問題となる場合に現れるものである。

　公正の意義についてはすでに 1.3.3 節で見た。そこでは，サッカー選手のルイス・アドリアーノにはそれが欠けていたために，信頼期待の裏切りを招いたことを見た。公正が重要な役割を演じる状況として，他には例えば以下のものがある。

- 選抜の方法
- 試験成績の判定
- 公募の方法
- 昇進
- 業績の評価，表彰，批判[30]
- 価格や報酬の決定[31]
- （事後）交渉，など

　これらその他の状況で公正が意味するのは，**既存のルールや取り決めを守り，実感**

---

[29] ロールズは「正義論」(1979) において「公正としての正義」を特徴づけ，それはこの領域では過去数十年で最も重要な構想の１つとなった。彼の場合には「制度の第一の徳」としての正義が問題となっているのだが，それに対してここでは，公正は行為の方向づけ，あるいは個々人の性向として主題化されている。

[30] このポイントにおいては，尊敬との類似性と同時に尊敬との違いも特に明らかになるだろう。実感

でき同意の得られる基準で行為を支配できることである。

　次章でより詳しく解説するコンセプトで表現するならば，黄金律に従って他者の身になって考えることが重要だ，となる。しかしこれは，**普遍化された形**で，つまりその際に第三者の正当な利害が損なわれないように行われる必要がある。あるいはさらに別の言い方をすれば，公正は**中立的な観察者**の重要な特性の1つだ，と言える。

　尊敬と同様，公正もまた，内容豊かな信頼期待の本質的な基礎である。信頼する側は，信頼される側が公正ならば，彼が**セルフ・コミットメント**を行い，信頼する側を犠牲にして「不公正な」利益を手に入れないと期待できるからである。

6.4.2.4　持続可能性

　持続可能性を**道徳的価値**と規定するにあたりまず明らかになる困難は，概念それ自体が，さしあたっては，何かが持久するというようなことを述べているに過ぎない，ということである。この「何か」が何であり，なぜそれを維持することが道徳的に望ましいのかについて，それは何も規定していない。犯罪集団であっても「持続的に」存続できるのである。

　とりわけ持続可能性が道徳的な意義を有するようになったのは，多数引用されている1987年のブルントラント報告書での卓越した表現方法からである。そこで「持続可能な開発」が，「現在の欲求を満たし，また将来世代が彼ら自身の欲求を満足させられないというリスクを抱えることのない開発」（Haff 1987, 51）と規定された。それ以来多数の協定の中に受け入れられたこの定義は，いわば，以下の3つの認識に関する**共通の理解**の発展プロセスの結果である。

1. 自然環境が人間生活の前提であるという認識。信頼によるものと同様，このような意識的な洞察に至ったのは，ようやく以下の認識によってである。
2. われわれ人間がこの前提条件を破壊できる（できたかもしれない）という認識[32]。その結果生じた持続可能性に関する集中的な議論から，とりわけ以下の認識が生まれた。
3. これらは純粋な環境問題というだけでなく，社会的，経済的な条件にも関連する（トリプル・ボトム・ライン（Elkington 1999））し，あるいはガバナンス問題である（ESG基準（Novethic 2010））という認識。

　そう見れば，持続可能性は今日では最大限包括的で統合的な考察を表すものである。

---

[31] この場合，企業はたいてい行為の自由裁量の余地を持っており，それは多くの要因によって規定される。その1つが，自らに課す制約としての公正であろう。このような制約の意義を説明したのが，カーネマン，クネチュ（Jack L. Knetsch），ターラー（Richard H. Thaler）による1986年の有名な論文「利潤追求の制約としての公正：市場における権利付与」である。

[32] この認識をかなり促進した著名な仕事が，1972年に公刊された「成長の限界」に関するローマクラブのレポートである（Meadows et al. 1972）。それに一致した認識は，哲学的にはハンス・ヨナス（Hans Jonas）の1979年の著作『責任の原理』によって決定的に裏付けられた。

つまり未来永劫の地球やその住人の運命という，きわめて大きなイメージが問題となるのである。しかしまさにこのことが，概念を捉えたり，とりわけ態度にもなり得るような**行為の方向づけ**として明確に規定したりすることをかなり難しくする。人間のどの行為が，いうなれば 100 年間の人間の生活にどのように影響を与えるのかを規定することは不可能なのである。

　それにもかかわらず，持続可能性という価値は，こう言ってもいいのなら，時間次元の道徳的評価を代表するものであり，日々の行為の中でも特定のふるまい方が大なり小なり持続的なものと解釈できるという点だけ見てもその意義がわかる。5.3 節の考察に基づいて，「**持続可能性という態度**」の資格，あるいは別の形で表現すれば，**自分の行為が時間に埋め込まれていることの意味**という資格として，以下のものを挙げることができる。

- 時間が貴重だという理解。それは時間という「資源」を適切に管理し，緊急だからといって重要なものを永続的に排除することを押しとどめる。
- 将来に対して安定性と未決定性が複雑に相互作用しているという理解
- 過去生みだされ，お互いのメリットのための協働の成功を促進した前提条件に関する理解。もちろんそれにはとりわけ信頼も含まれる。
- 長期的な目標や価値を存続させること。それらは，自分の行為に関する割引率が高くなることを回避する[33]，つまり長期的な帰結を適切に考慮し，評価することにつながる。
- そればかりか，目標が達成された後も生活が続くという事情も意識した時間理解

　最後に挙げたポイントは，さらにもう少し深めたほうがよいだろう。そこでは，持続可能性の基本問題としても挙げることができる「**その後どうなる？**」を問うことなく，達成すべき目標を方向づけとする考えがきわめて普及していることは明らかだからである。そのような考えは，「後は野となれ山となれ」[34]という言葉を用いて特徴づけられる態度に類するものと理解できる。

　持続可能性にとってそのような意味が持つ本質的な契機は，われわれ自身の今日の行為から，行為の帰結だけでなく**将来の行為条件**をも生み出すという認識にある。将

---

[33] それが意味するのは，時間的に後になってはじめて明確に現れる行為の帰結が，時間的に近い帰結よりもかなり低く評価されるということである。例を挙げてみよう。割引率が 2％の場合，100 ユーロは 5 年後には 90,57 ユーロの価値となり，10 年後には 82,03 ユーロに，20 年後には 67,30 ユーロの価値になる。割合が 20 パーセントの場合には，5 年後にはさらに 40,19 ユーロに，10 年後には 16,15 ユーロに，そして 20 年後にはさらに 2,61 ユーロの価値になってしまうのである。実際，われわれが長期的な影響をまったく考慮しないために，あたかも 20％をはるかに超える割引率が存在するように振る舞ってしまうことも珍しくない。

[34] この言葉は，ルイ 15 世（Ludwig XV）の公妾であるポンパドゥール夫人（Marquise de Pompadour）のものとされる。類似した態度を表すものとして，グルーチョ・マルクス（Groucho Marx）による，もともとはジョークを意味する言葉であった「後世の人たちが僕に何をしたというのだ」がある。

来の行為条件は，その時点では所与となっており，もはや変えられないのである。このような認識は，事情によっては，後戻りできない，いわば洗い落とせないとも言えるような，短期的な目標を達成するために，魅力的あるいは不可避に見える行為を思わず性急にやってしまう，ということに対する解毒剤となり得る。このような行為をしてしまったと思いながら，この先のすべての人生を送らなければならなくなるのだから。

第7章　道義的観点

7.1　道徳的判断能力

　新聞を読むときにも，常連が集まるテーブルでも，仕事の時にも，たとえ意識しなくとも，われわれの道徳的判断能力，<u>道義的観点</u>はつねに活発である。それでもたいていの場合，モリエール（Molière）の喜劇「町人貴族」のなかでムッシュ・ジュルダンが「私が散文を話せたとは全く知らなかった！」と叫んだように振る舞ってしまうのだが。企業はより高度な社会・環境スタンダードを作る<u>べきだ</u>，マイヤーさんを昇進させる<u>べきだ</u>，政治家は最後には勇気をもって必要な改革に取りかかる<u>べきだ</u>などと談笑する時に，自分たちが道徳的判断能力を働かせているなどと気づく人はおそらく少ないだろう。

　このように判断する際にはいつでも，それに気づいていようといまいと，たいていはわれわれの目から見て何が正しい（適切，公正，理性的，立派）のか，そしてその時々の行為者あるいはわれわれ自身がどのように行為すべきなのかに関する基準を基礎に置いている。もっとも，いつも十分な情報を持ってそれを行うわけではないし，いつも理性的あるいは熟慮を重ねて行うわけでもない。経営者あるいは政治家の行為に関するわれわれの道徳的判断は，新しい情報あるいは観点を得るとか，その状況に身を置こうとする時に，まったくもって変わることもある。同じことがわれわれ自身の意思決定にも言える。この場合も，いくつかの実態に関する情報とか新しい観点や議論が別の意思決定へと動かすことがある。まさにそのことが，このような道徳的判断能力を訓練する可能性を開かせてくれるのである。

　しかし，われわれの下す判断のすべてが道徳的な判断なわけではない。<u>道義的観点</u>は，とりわけ3つの特性によって際立っている。

1. <u>行為への直接・間接の関連</u>：道徳的判断は，結局はつねに，われわれあるいは他者がどのように**自由**を利用するのかに関連している。それは例えば，すでに何度も言及された倫理の基本問題「私は何をすべきか」にも現れている。そのことは行為の**帰結**を判断する場合にも当てはまる。遭遇したハリケーンを困った状況だとか危険だと判断するのは道徳的判断ではない。しかしこのハリケーンの帰結と解釈できる気候変動に寄与するのが人間（もちろんとりわけ他者）の行為であり，そして損害を引き起こしたがゆえにこの行為が道徳的に間違っていたと考えれば，道徳的判断に導かれることになる（この判断がどのように正当化されるかは未決定のままだろ

うが）。後者の判断が道徳的な性質を持つのは，それがハリケーンという自然現象あるいは気候変動に関連するからではなく，間接的であってもそれに影響を与える行為に関連するからであり，この行為を評価するからである。道徳的判断が行為に関連していることは，その前提条件が問題となる場合にも言える。その際以下のような前提条件が特に重要である。行為の基礎にある**意図**（「**したいこと**」ないしは個々人の「**ゲームの理解**」），道徳的行為にとって有益な能力としての**徳**，そして道徳的行為を促進する**制度的構造**（「ゲームのルール」ないし枠組みの秩序）である。

2. 指令（*Präskriptivität*）：行為ないし自由に関しては，優れた倫理学者であるヘア（Richard M. Hare）(1983) が「指令」と呼んだ特性，すなわち内容から見て道徳的判断は現実を（単に）描写したものではなく，どのように取り扱われる**べき**かについての規範的な参照基準への関連もつねに含んでいるという特性も明らかになる。違う表現をすれば，それは**行為の方向づけ**（目標，価値，要求，命令，規定，規範）を指摘するものであり，それは，多くの倫理家が絶対的な拘束力と言うほどの，かなりの拘束力を持つのである。行為によって存在と当為の差異の橋渡しがなされるはずだが，これは拘束力のない提案ではなく，道徳的な要求としてなされている。そうしたい気分になったときに道徳的に行為することができるかどうかが問題なのではない。道徳的に行為**すべき**なのであり，これはあらゆる状況で，すなわち**一貫した**形でなされる必要があるのである。

3. 妥当性要求の一般性（*Allgemeinheit des Geltungsanspruchs*）：道徳的性格を持たない行為についての判断もある。例えば法的な判断とか美的な判断（「シャツがズボンに合わない」），あるいは他者の能力に関わるようなもの（「彼女は非常に熟練した時計職人だ」）である。行為に関する判断が道徳的になるのは，例えばこの行為は**良い**（あるいは悪い），**正しい**（あるいは間違っている），**正当である**（あるいは不当である），**普遍的に同意が得られる**（かそうでないか）という**倫理基準**を行為に当てはめることによる。普遍的に同意が得られるということ，別の言い方をすれば判断の**普遍化可能性**（上を見よ）には，くずした表現をすれば，理性的な人間は誰もが本来は同じ判断に至るはずだという見解が根拠づけられている。その限りで道徳的な判断は，**共通のゲームの理解**の（仮定された）表現である。すなわち道徳的判断はいわば，社会の側から見て[1,2]「私は何をすべきか」という問題に答えるものなのである。

---

[1] この先で何度も示されることだが，その場合「社会」は，個々人の（正当な）利害を彼らの側に立って適切に考慮する，すなわちインセンティブと両立するかどうかに注意した方がよい。

[2] いっそう明確に規定するためには，次のようにも言えるかもしれない。ここでなされた限定についてはすでに何度も言及された，**コンフリクトのケース**での自由の利用が問題となる。道徳的判断は自由の利用にも関係しうるのであり，それは例えば人間が自分の能力や資源を私利私欲なしに世間の役立つように使い，その時にできる限り自分の欲求を後回しにする時に，特にポジティブに評価できるものである。しかしながら，例えば徳を論じる部分（7.2.3 節）で，そのような「好意」が社会の持続的な協力にとっては他者の損害を避けることほどには重要でないことを見るだろう。

このような道義的観点をより詳しく把握するために，3つのステップを取りたい。まず道徳的判断の本質的な側面を議論する（7.2 節）。次のステップでは，企業倫理にとって中心的なコンセプトである責任を規定する（7.3 節）。その後で，なぜ責任ある振る舞いをすべきなのかという問いに対して考えられる解答がなされる。すなわちそれは，自分の行為を後悔するのを避けるため，というものである（7.4 節）。7.5 節では，無責任な行動が表れているものとして，重要な不一致のコンセプトを改めて取り上げる。そのような不一致はつねに関与する人や関係する人の基準の問題でもあるので，7.6 節では中立的な観察者という観念的な道具が提示される。それは道義的観点をとる手助けとなるだろう[3]。最後に，ここに提示される企業倫理のアプローチの根本規範である黄金律を再定式化し，拡張して考察を終える（7.7 節）。

7.2 道徳的判断の諸側面

行為者であれ，関係者であれ，あるいは単に傍観者であれ，道徳的判断はつねに，行為の前提条件とか帰結が判断されることで，直接的にも間接的にも行為に関係する。

それに応じて，道徳的判断に至る側面がいくつも存在する。以下では最も重要な4つの側面をより詳しく考察しよう。

- 行為の**帰結**
- 行為の基礎にある**意図**（「したいこと」）
- 行為を促進する**徳**（「できること」）
- 行為を支援する**制度**（「できること」）

これらの側面のどれに対しても個別の倫理理論が存在し，それぞれの側面を決定的なものだとして強調している。順番に沿って挙げれば，（例示的に）功利主義（Bentham 1996），カントの倫理学（Kant 1968a），アリストテレスの徳倫理（Aristoteles 1985），そしてホーマンの制度倫理（Homann 2014）である。

これらのアプローチはいずれも，自分の立場について優れた根拠を持ち出しており，理性的な行為，あるいはより一般的に言えば道徳的判断にとって重要な視点を提供している。問題が生じるのは，いつもそうだが，「帰結（あるいは意図，制度）だけが問題だ」というモットーに従って，つねに個々の側面が絶対視される場合である。

それに対してここでは，問題設定次第で，時にある側面が強調され，時に別の側面が強調されるとしても，挙げられているすべての側面が重要だという見解を主張したい。行為の帰結を何度も見ることは不可欠である。それは，行為が実際に目的を達成したかしなかったかに関する試金石，あるいはそれが場合によってはどのような副作用をもたらし，その後で将来の行為への反作用するのかについての試金石となるだろ

---

[3] そのコンセプトは，道徳的判断を下す際に取るパースペクティブとも理解できる。

う。

　同じように，意図，つまり設定された目的が倫理的に重要なことに疑いの余地はない。誰かが他者を傷つけるつもりかどうかは倫理的にどうでもよいことだと見なすのは困難である。信頼関係の議論の際にも，信頼される側の意図（あるいは信頼する側によるその評価）がこの関係にとって本質的な役割を持つことが明らかになった。

　そして最後に，生活をうまくいかせる，あるいは持続的で公正な社会秩序をサポートするためには，それに必要な前提条件である，個々人の能力（徳）と制度的構造が同様に道徳的な質を持つということも納得のいくことだろう。

図表27　道徳的判断の側面

7.2.1　行為の帰結

　行為の帰結を倫理的に重要でないと真面目に考えている倫理理論は存在しないだろう。その重要性は，信頼する側の裏切られやすさが問題設定の本質的メルクマールの1つとなっている信頼ゲームにおいても明らかとなっていた。この裏切られやすさは，まさに信頼される側の行為に関して考えられる帰結から生まれるものである。

　上で挙げられた**普遍化**という考えから，できる限りすべての行為の帰結を，とりわけそれが他者に関わる限りで考慮すべきだという考えが生まれる。まさにこれは**功利主義**の基本的考えである。それは「最大多数の最大幸福」を促進する行為を選ぶということに重点的に方向づけられている。あるいはジョン・スチュアート・ミル（John Stuart Mill）が著書『功利主義』で書いた言葉（1985, 30）を使えば，「［……］何が正しい行為なのかを決める功利主義的基準を構成している幸福とは，行為者自身の幸福ではなく関係者すべての幸福である。自分自身の幸福か他の人々の幸福かを選ぶときには，功利主義は利害関係にない善意ある観察者のように厳密に公平であることを当

---

[4] 例えば気候や技術，はたまた特殊な空間的環境に至るまで，行為に影響を与えると考えられる前提条件はさらに数多く存在する。しかしながら倫理的に見れば，ここで挙げられているものに独特な性質が与えられる。それらは道徳性の基礎，全員のコンセンサスに格別に関係づけられているからである。

[5] それでもカント倫理学の代表者は，信頼される側が果たして信頼する側に損害を与えることを意図していたかどうかが倫理的に見て優先されるべきだと論証できたはずである。しかしながらそのような議論は，私の評価によれば，たとえ信頼される側の意図に関する問題が多数の企業倫理の状況における問題設定の構成要素だとしても，このような問題設定を捉えきれないだろう。

事者に要求している。［……］黄金律に，私たちは功利性の倫理の完全な精神を読み取る」。

　ここでは，行為の帰結が持つ道徳的意義についての考えが少し手を加えられた形で取り上げられている。それに従えば，ある行為が持つ道徳的な質は，この帰結にかかわる人々がそれに同意できるかどうかという点から判断できる。つまり**コンセンサス**が根本的な基準となるのである。

　もっともこの考察はさらに限定すべきである。あらゆる関係者の同意が限度なしに得られる行為はおそらく存在しないからである。消費者は彼らが求める財の価格が上がることに同意しないし，競争下にある会社はライバルが獲得権を得ることに同意しないだろう。解雇されそうになっている従業員は確実にそれへの同意を拒否するし，空港に新しい滑走路を作るとかバイパスを新たに建設するという理由で土地の価値が下がる恐れのある家主は，拒否権を表明するだろう。そして増税は不可能となるだろう。

　だからここでは，とりわけ行為の帰結が**正当な信頼期待の裏切り**を伴うものだったかに従ってその道徳的意義を査定すべきだ，と提案したい。功利主義の基本思考をこのように再構成することで，功利主義の論証において頻繁に登場する個々人の誤謬という問題を回避するのである。

　その場合それに対応する道徳原理は，正当な信頼期待の裏切りを伴うような行為をやめさせることを目的としている。その理由は，具体的な帰結が道徳的に望ましくないからだけでなく，基本的な資産を破壊していくことで社会的協力に対してかなり大きな帰結を有する可能性があるからでもある。

　このような基準の利用を鑑みて，以下のいくつかの具体的な説明を挙げられよう。
- 行為の帰結を見積もり，評価する際の基本的な試練は，行為の将来の帰結の<u>すべて</u>を視野に入れられないことである。ここで再度，われわれの判断がどれほど理論，われわれの「ゲームの理解」に依存しているのか，つまりどのような原因と結果の関連が存在し，どのような分類を行うのか，そして結果の連鎖をいわばどこで「切り取る」のかについてのイメージにどれほど依存しているのかが明らかになる。

---

6 注目すべきことは，ミルが中立的な観察者と黄金律という2つのコンセプトを功利主義の中核的思考として挙げていることである。2つのコンセプトについては本章の後の方で再び取り上げる。（【訳注】この翻訳は，川名雄一郎／山本圭一郎訳『J・S・ミル　功利主義論集』京都大学学術出版会，2010年，279ページから引用した。）

7 すべての人のコンセンサスを根本的基準として方向づけを行う倫理学には2つの影響力の強い理論的伝統がある。1つはホッブス（Thomas Hobbes），ロック（John Locke）やルソー（Jean-Jacques Rousseau）に由来する契約理論，もう1つはとりわけアーペル（Karl-Otto Apel）やハーバマス（Jürgen Habermas）によって展開された討議理論である。双方の理論的伝統とも功利主義から離れようとしている。しかし本書ではとりわけ適切な倫理的ヒューリスティクスの展開が問題となっているので，理論の差異（化）に関する描写はしないでおく。

8 「正当な」という限定は，この基準をさらに明確に規定する必要性と困難さを示している。本書では，重要な不一致のコンセプトを説明するという間接的な方法でこれを行っている。

9 功利主義に対するこの批判については Rawls 1977, 77ff. を見よ。

- 行為の帰結の獲得に集中することから，その付随的帰結であれ，行為の前提条件であれ，**他のことを見失う**という典型問題が起こってしまう。「目的を設定することで，システムは［……］環境の無数の側面から自由となり，境界を設定し，自律性を獲得する。しかしまさにそれによって，存続に重要な事実あるいは環境における変化を見誤るという危険にさらされることになる」(Luhmann 1973, 199)。株主価値の最大化へ焦点を合わせることは，社会的厚生を最大化するという功利主義的理念を実践に転換したものであり，その結果生じる，これらの考えを折り重ねることから生まれる問題は，この側面が持つ意義を証明したものとして挙げられるかもしれない。
- 重要な行為の帰結を見積もる場合に，行為の帰結のある 1 つの側面が**将来の行為条件を生み出すことも考慮する**ことがよりいっそう重要である。この考えが重要になるのは，特に次のことを考慮するときである。不道徳あるいは無責任な行為を特徴づけるのは，たいてい，行為者がそれによって第三者の正当な信頼期待を裏切るだけでなく，特にこの裏切りを原因として，自身にとって将来のリスクが生み出されるということである。

しかしこれらはすべて，行為の帰結が倫理的に重要だという言明には触れていない。ただそれらが過大評価されてはならないだけである。むしろそれはモラルの別の側面，例えば以下の，行為者の「したいこと」というポイントとの関連で考察されなければならない。

7.2.2 意　　図

「われわれが無制限に善とみとめうるものとしては，この世界の内にもまた外にも，ただ善なる意志しか考えられない」(Kant 1968a, 393)[10]。イマニュエル・カントはこのような綱領的な文章で，倫理学において最も影響力のある業績の 1 つである『人倫の形而上学の基礎づけ』を書き始めている。

それゆえ彼ははじめから，道徳的な判断を下すことが問題となる場合には，彼から見れば行為の帰結が第一の問題とはなりえないことを明らかにしている。彼の見解によれば，行為の帰結は，倫理にとって信頼のおける基礎となるにはあまりにも偶然的であり，多数の別の条件に左右されるのである。道徳的な規範や原理は，カントによれば，**絶対性**，つまり考えられる**あらゆる状況**で妥当することを要求する[11]。そしてこの絶対性は，最終的には個々人の（理性的な）「したいこと」の中に，いわば自分自身で自分の行為を決めたいという主観的な要求の中にのみ見出すことができるのである。これについて，カントは自律性を持ち出している。このような**自律**が理性的なのは，

---

10 【訳注】この文章は，野田又夫訳『カント　プレゴーメナ／人倫の形而上学の基礎づけ』中央公論新社，2005 年，240 ページから引用した。

それが他のすべての人間の理性的な意志と**矛盾しない**ようになされる場合である。

まさにこれが表れているのが**定言命法**である。カントはそれを様々な表現の仕方で展開したが，そのうち2つをここで挙げよう。もっとも有名な公式が次のものである。「汝の格率が普遍的法則となることを汝が同時にその格率によって意志しうる場合にのみ，その格率に従って行為せよ」(Kant 1968b, 30)。これは，言うなれば，普遍的な**一貫性の掟**である。最上位の（形式的な）「一般的立法の原理」とは，それが矛盾のないこと，すなわち一貫していることを指すからである。自らの行為の基礎におかれる格率は，この行為に原則的な方向づけを与えるものであるが，それは他の自由な人間の（理性的な）「したいこと」と両立しうるように，すなわち一貫する形で方向づけられていなければならない。そしてそのことは，格率が矛盾なく一般化が可能になるときに，現実のものとなるのである。

このように一般化を考えることは，たいていはすでに子供時代に知っているものである。子供は両親からこう指摘される。「みんながそうしたらどうなるの？」と。たとえこれがかなり不正確な変種に過ぎないことを認めなければならないとしても，である。

誰もが定言命法に従って行為するとすれば，行為が相互に両立しうるのは明らかだろうし，それぞれの個々人の目標やその実行は理性的に実現されるだろう。もちろんそれは理想化された表現だし，カントも別の場所で人間は「曲がった木」からできていると言っており，それを知っていたが，しかし定言命法は普遍的な方向づけとして本質的な助けとなる。例外なく妥当し，それゆえに普遍的に応用でき，そしてあらゆ

---

[11] カントは，本書と異なり，彼の倫理学において日常的行為のための方向づけを問題としているのではなく，むしろ実際には道徳的判断の基礎づけを問題としている。もう1つの重要な著作のタイトルが『**実践理性批判**』（著者による強調）となっているのも偶然ではない。日常思考の道徳的判断能力や実践理性は，普遍的に妥当する道徳思考の基礎の上に立てられなければならず，構想の基礎をそれに対応する形で反省したものがまさに人倫の形而上学なのである。ある意味で，実践的三段論法における(1)を普遍的に妥当するよう規定することが問題なのである。そうだとして，後で明らかになった問題は，倫理的思考がまず「あらゆる経験的なもの」，つまり経験的な条件に関する想定を「注意深く浄め」(Kant 1968a, 389) た後で，そこから再び具体的な行為や判断のためのアーチを引き出すということにある。

[12]【訳注】この文章は，野田又夫訳『カント　プレゴーメナ／人倫の形而上学の基礎づけ』中央公論新社，2005年，286ページから引用した。

[13] 私が子供の時，公園の芝生の上を走らないよう，父親がこの公式を持ち出したことがある。その時私はそれに対して，みんながするなら自分の行為はもう目立たなくなるよと答えた。ただ1人だけ芝生をぺたぺたと歩いていたとしても，それでもそんなに悪いことではないだろう，とも。当時私は，自分が暗にジレンマ構造のコンセプトを使っていることをまだ知らなかった。同様に私には，それと結びついた，お互いにメリットが減ることもまだ明確ではなかったのである。

[14]「だから最高位に立つ元首は，みずからが正義の人物であり，同時に人間でなければならないのである。このようにこの課題はもっとも解決の困難なものである。この問題を完全に解決することは不可能である。人間を作っている〈樹〉がこれほど曲がっているのに，完全に真っ直ぐなものを作り出すことはできないのである。だから自然は人間に，この理想に近づくことを課題として定めているのである」(Kant 1968c, 23)（【訳注】この文章は，中山元訳『永遠平和のために／啓蒙とは何か　他3編』光文社，2009年，47ページから引用した）。

る（理性的な）人間によって（そもそも）承認されなければならないことをそれが要求するからである。

定言命法の第二の形式は次のものである（Kant 1968a, 429）。「汝の人格の中にも他のすべての人の人格の中にもある人間性を，汝がいつも同時に目的として用い，決して単に手段としてのみ用いない，というようなふうに行為せよ」。このいわゆる「**自己目的の公式**」においてカントは，われわれが自分自身のために他者を尊重すべきことを呼びかけている。それゆえ，後に黄金律においてお互いのメリットのための協力という考えが持ち出されるのであり，それが意味するのは，まさに自分のメリットだけが重要なのではなく，他者のためになるよう，他者のメリットをも視野に入れるべきだということ（そして他者の側でもそうなれば，生活をうまくいかせるチャンスは格段に上がるということ）である。

この考察を上でなされた信頼というテーマの考察に関連づけると，それらの考えがかなり補完的であることがわかる。他者の正当な利害ないしは信頼期待の故意の侵害をあり得なくするよう，他者の裏切られやすさを適切に考慮することで，信頼される側が他者を自己目的でもあると見なすと信頼できる形でシグナルするときにまさしく，信頼に値するという現象が現れるのである。逆に信頼する側にとっては，信頼される側の「したいこと」についての情報を得ることがきわめて意義を持つのである。

それでもなお，行為の帰結もまさに重要である。それゆえ企業倫理においてまさに，行為の前提条件と帰結の両方が適切に考慮されるよう，倫理的な方向づけを設定しなければならないのである。これは黄金律の中で実現されるだろう。

そればかりか，「なんらかの形で」望ましい行為の帰結に至ると期待して，「したいこと」に取り組むだけでは倫理は意味ある形とはなりえない。そのようなやり方は倫理をかなり不毛なものにするだろうし，それは抽象的，あるいは世間離れしたものだとも言えよう（1.1.3 節を見よ）。そうではなく「**できること**」にも取り組んだほうがよいのである。以下の 2 つの節ではそれが問題となる。

7.2.3　徳

行為主体の能力は，実際倫理の古典的テーマでもあり，それもとりわけ徳という概念の下に議論されてきた。古典的な徳倫理学者がアリストテレスである。彼にとっても行為の帰結は重要である。理性的に，すなわち道徳的に行為する人間の最上位の目標は，生活をうまくいかせることなのである。それにより，理性的な意志もこのよう

---

[15] この原理は，他の人間を目的としてのみ扱うようにという意味で短縮される時もある。しかし，人的資源管理が従業員を不可避に企業目標の達成のための手段であるとも見なさなければならないことを考えるだけでわかるように，それは不可能なだけでなく，カントもそのように定式化したわけではない（テキストを見よ）。

[16]【訳注】この文章は，野田又夫訳『カント　プレゴーメナ／人倫の形而上学の基礎づけ』中央公論新社，2005 年，298 ページから引用した。

な生活をうまくいかせるための努力と明確に規定される。その際アリストテレスにとって明確なのは，そのような生活が他者との共同体の中でのみ生じるということである。

しかし，どのようにすればそのような生活をうまくいかせることができるのか？単なる認識だけでは十分ではない。われわれが何で何になるかは，われわれの行いから決定的に生じるからである。「**したいこと**」のみでなく，「**できること**」も重要なのである。それに従いアリストテレスは，生活をうまくいかせるための根本的な手段そのものとして徳を挙げている。またそれは，現実を作り出すきわめて多様な状況の中で，その時々で正しい態度を取り，適切に行為することのできる能力でもある。その際アリストテレスは，この態度やそれに備わる能力が**訓練**によってしか修得できないと強調している。これに関して彼にとって重要なのは，そのような行為がしかるべき（個々の「ゲームの」）理解に基づくということであり，そのような理解の中に，改めて意図の意義が現れているのである。

その点で，徳は（道徳的な）行為の帰結と意図とを結びつける。それは必然的な関係という形を取るのではない。そうするには，世界はあまりにも複雑すぎるからである。けれども，徳を手がかりとして，偶然的な世界において生活をうまくいかせるという意図の実現が最もありうるものとなるという理性的な形でなら，それは可能である。

興味深いことに，道徳哲学者としてのアダム・スミスはいろいろな点でアリストテレスの考察を引き継いでいる。そしてここで彼の考察をたどることにする。彼の考察は（コーポラティブ・アクターとしての）企業に関連づけるのにもかなり適しているからである。[18]

アリストテレスと同じくスミスもまた，「**繁栄**」とも言うべき，生活をうまくいかせることを理性的行為の普遍的目標と基礎づけている。そこで彼にとって明らかなのは，自分の繁栄だけが重要なのではないということである。彼の**道徳感情論**は次の文章で始まっている。「人間というものをどれほど利己的とみなすとしても，なおその生まれ持った性質の中には他の人のことを心に懸けずにはいられない何らかの働きがあり，他人の幸福を目にする快さ以外に何も得るものがなくとも，その人たちの幸福を自分にとってなくてはならないものと感じさせる」（Smith 1976a, I, 1, 1）。[19][20]

他者の運命に対するこのような同情を，スミスはさらに以下の形で細かく分類している。われわれは一方で，他者の繁栄を積極的に支援する傾向を持つ。これを**好意の徳**と呼ぶ。しかし他方で，他者に損害を与えるのを回避したがる。スミスはこれを正

---

[17] 生活をうまくいかせるということは，ずっと長く**後悔する**ような行為をしなかったとも特徴づけられる。加えて 7.4 節も参照。
[18] それについては 10.2 節を参照。
[19] 【訳注】この翻訳は，村井章子／北川知子訳『アダム・スミス　道徳感情論』日経BP社，2014年，57ページから引用した。
[20] スミスの著作は，ページ数ではなく部／節／章という分類にしたがって引用される。

義の徳と言っている。自分の繁栄を理性的に促進することが重要な場合は、そこでわれわれの助けとなるのは**知性**の徳（！）である。以上を概観すれば次のようになる。

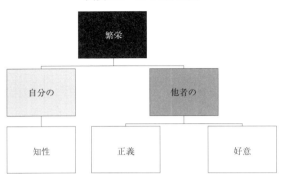

図表 28　いくつかの徳

これら 3 つの徳を、さらにいくらか詳細に描き出してみよう。

われわれ人間は、生まれつき自らの利害を追求する傾向を持っている。それは原則的に正当なことでもある。つまり、あらゆる人間は倫理的に見てその権利を持っているが、それは、われわれを取り巻く人たちが彼らの側で自分の利害を追求する努力と相容れる形でなされる場合に限る。しかしわれわれはそこで、いつも非常に賢く振る舞うわけではない。すなわち、われわれの能力や外部の事情、ならびに自己利害追求の行為が招く帰結を考えて振る舞うわけではない。むしろわれわれは、短期的な誘惑に負けたり圧力に屈したり、これを**後悔**することもよくある。**知性**が意味するのは、そのような関連を認識でき、どのようにこのような誘惑や圧力に対処するのか、それに必要な能力をも開発すること、すなわち理性的な形で自分の利害を長期的に追求することである。また知性があることで、他者や彼らの利害、意図、そしてもちろん彼らの行為や判断を、自分の利害の中で考慮するよう促されるのである。

もっともスミスは、非常に知性的だがいつも自分のメリット**だけ**を考えている人は、決して道徳的に行為するとは認められないことも明らかにしている。これはおそらく誰にでも実感できるものだろう。これは、そのようなアクターが信頼に値しないと評価されるのと同じである。その理由は、同感の欠如、つまりとりわけ自分の行為が損害を与えないというネガティブな形での、他者の繁栄に対する真の関心が欠けていると、相手にとってメリットになることが同時に自分の利害を損なうのではないかと信頼する側が当然恐れてしまうからである。

だからこそ**正義**の徳が重要なのである。スミスは正義について、他者や他者の権利を侵害しない、すなわち権利や法律と同様契約も同じように遵守し、他者の所有権を尊重するための、アクターの素質（や能力）と理解している。

興味深いことに、スミスにとって正義は社会の共同生活のもっとも重要な基礎であ

る。結局それは，ある人の自由と他の人の自由とを共存させ，社会の協働を実現することを意味する。「［……］正義は，［著者注：社会の秩序という］構造物全体をさせる基柱である。これが外されてしまったら，人間社会という巨大な構造物は［……］瞬時に瓦解してしまうだろう²²」。

スミスはこれに関して，制度，権利や法律によって，個々の正義の徳をサポートすることの意義を強調している（次の節を見よ）。同時に彼は，人間が日常的にも制度に敬意を抱こうとしない限り，制度それだけでは決して十分ではないことも明らかにしている。本質的には，まさにここに正義の徳が存在しているのである。

スミスはさらにもう 1 つの徳として，他者の繁栄に向けられた徳である**好意**を挙げている²³。もっとも彼は，この徳は正義よりも下に位置すると強調している²⁴。再度スミスを引用すれば，「したがって，社会に存続にとって善は正義ほど必須ではない。善行がないと社会というものは，あまり快適ではあるまいが，それでも存続しうる。しかし不正が跳梁跋扈する社会は，必ずや破壊されるだろう²⁵」。

信頼関係に関連づければ，以上のことはかなり納得のいくものとなるだろう。すなわち，信頼される側の 1 つひとつの慈善行為は，信頼期待がつねに尊重されるかどうかに関していえば，まだなお信用を生み出さない²⁶。信頼する側の裏切られやすさを悪用しつつ，別の場所で寛大さを示そうとするのは簡単である。このことを単純な例を使って説明するならば，銀行強盗の無責任さ（と犯罪行為）は，略奪したうちの半分を慈善的な目的のために使用することでは埋め合わせられないのである。

7.2.4　制　　度

行為の帰結，意図，そして徳は，道徳的判断にとって根本的に重要である。けれど

---

[21] スミスは，正義が行為者の徳であって，行為の結果あるいは制度の特性ではないと考えていることに注意しなければならない。よってここで言及されている徳は，分配の問題やその正義（不正）に関わるものではないのである。

[22] "Justice [...] is the main pillar that upholds the whole edifice. If it is removed, the great,the immense fabric of human society ... must in a moment crumble into atoms." (1976a, II, 2, 3)（【訳注】この翻訳は，村井章子／北川知子訳『アダム・スミス　道徳感情論』日経BP社，2014年，223ページから引用した）。

[23] 好意は，後になって自分自身もそこからメリットが得られるように，他者に何か良いことをしようとする意図と同じものではない。それはむしろ知性であろう。この場合には，他者の繁栄を純粋に促進すること，つまり利他主義が問題となっている。もっともそれは行為者の側から見た話ではあるが。

[24] このポイントは，後に企業の責任を規定する段になってより重要になる。

[25] "Beneficence, therefore, is less essential to the existence of society than justice. Society may subsist, though not in the most comfortable state, without beneficence; but the prevalence of injustice must utterly destroy it." (1976a, II, 2, 3)．（【訳注】この翻訳は，村井章子／北川知子訳『アダム・スミス　道徳感情論』日経BP社，2014年，222ページから引用した）。

[26] この観点は，後の企業の責任に関する議論において重要な役割を演じる。

も，考慮すべき側面がもう1つある。それが**促進条件としての制度**である（5.2節も参照）。それが意味するのはあらゆる種類の（「ゲームの」）ルールであり，行為を誘導・調整し，上で議論したように，それによってお互いの行動の信用性を実現ないし支援するのである。

制度の道徳的な質を説明する根本的な論拠を展開したのが，ホーマンの経済倫理（1992, 2002, 2014）である。その出発点は，すでに周知の囚人のジレンマである。このタイプの状況においては，個々人は他者と調整することでしか，社会的に望ましい行為の帰結を達成できない。そしてそれゆえ，個々人はそもそも調整しようとまったく試みないことも多い。そればかりか，倫理はこれを個々人に要求すべきでもないだろう。ここに個人倫理の限界がある。ことわざのように正直者が馬鹿を見るのなら，他者はまさしくこれまでの行為のやり方を続けてもよいと勇気づけられているように感じるだろう。「交通量の多さから車をやめようとする人は，今後も車で行く人が増える余地を意図せずして大きくしている。家の駐車場は空きが出てもすぐに再び埋まる。自動車による個人の交通システムからの『降車』の連鎖反応ではなく，他者が持つ自動車の魅力の限界利益を見込まなければならない。『すき間』がまた埋められるまで」（Wiesenthal 1990, 25）。

道徳的行為あるいは責任ある行為が他者によって「搾取」（Homann 2014, 67ffとpass.）されうる状況においては，**集合的セルフ・コミットメント**，違う言い方をすれば適切で信用できるルールの導入が必要である。[27]

競争プロセスによって特徴づけられる市場経済において，この論証はまさに特別な意味を持っている。そこからホーマンは，企業はあえて（市場の）競争にさらされているのだと説明する。[28] しかしながらこの条件下では，道徳的な先行投資を個々の企業に求めることは，全体として間違っているだろう。それは競争上のデメリットの継続を企業にもたらすかもしれない。結果「競争条件下では，制度的な枠組みの秩序が体系的なモラルの場に昇華するのである」（Homann / Pies 2000, 336）。

ここでもまた次のことが言える。制度的環境を考慮することは，行為に関して理性的な（信頼）期待ないし適切な判断をするための本質的な構成要素である。特定の行為の帰結を達成するあるいは避けることが問題となる場合には，その時々の「**ゲームのルール**」も同時に，アクターの「**できること**」を決定的に規定するからである。こ

---

[27] このような論証はそれ自体として新しいものではない。すでにキケロ（Cicero）の説話『クルエンティウス弁護』には，「われわれはみな，自由でありたいがために，法のしもべとなるのである」（53, 146）と書かれている。ちょうど1700年後に，トマス・ホッブス（1980）は同じようなやり方で，社会秩序がどのように作られるのかについての論拠を展開した。彼の『リヴァイアサン』における考察によれば，平和をもたらす共通のルールが必要であり，そしてこのルールを信頼できるものとするためには，貫徹させる機関，まさに絶対的な支配者としての，かのリヴァイアサンが必要なのである。近年ではこのような議論の系統はジェームス・M・ブキャナンの著作『自由の限界』の中で取り上げられ，その後，すでに説明された形でカール・ホーマンが経済倫理のためにさらに発展させた。

[28] 競争の意義については5.2.2節を参照。

の側面を無視すると，アクターに道徳的に過大な要求をしがちである。

　しかしここでもまた，道徳的判断のもう1つの側面を取り入れることが重要である。制度の道徳的な質を指摘するからといって，個々人の「したいこと」や「できること」がもはや道徳的に意味のないものだとは言えないからである。「ゲームのルール」が通用するあるいは有効となるかどうかは，ルールを向けられる側の「ゲームの理解」につねに必然的に結びついたままであることを見ても，すでにそれはあり得ないだろう。そうだからこそ，信頼がそのような根本的な性格を獲得するのである。信頼は，ルールなしには長続きしないとはいっても，ルールがあるだけで保証できるものでは決してないのだから。

7.3 責　任

　これらの考察はいま，企業倫理にとって基本的な意味を持つコンセプト，すなわち**責任**というコンセプトから見て，どのように整理できるだろうか？

　日常において責任について語るとき，一方でそれは，その意味がかなり正確にわかるような具体的な状況に存在しうる。誰かに鍵を預ける，まだ動いている電化製品の監視を委ねる，従業員が明確に指示された注文を受け，特定の時期までに明確に指定された形でそれを仕上げる責任を持つ，外科医は手術する患者に責任を持つ，等々。

　その時何かが起ったとしても，無責任な行動に原因があるのか，あるいは責任を問えない外部の事情によるものなのかも，たいていは明確である[29]。

　多くの場合，このような具体的な責任は制度，とりわけ例えば責任法（Haftungsrecht）によっても定義されている。とりわけこのケースでは，先に挙げた道徳的判断の様々な側面が一緒になって作用していることが明らかになる。すなわち責任は，**行為の帰結**の追求（あるいは特定の行為の帰結を回避すること）に関わるが，しかし同時に，後で彼に責任があると認めるかどうか，あるいは外部の事情により彼には責任を行使することができなかったと受け入れるかどうかは，責任を負う者の「**したいこと**」や「**できること**」，そしてまた**制度的に限定された行為の可能性**にも左右されるのである。

　具体的な責任の割り当てにとって典型的なのが，以下のことである。
1. 責任が割り当てられる課題の領域あるいは状況が十分はっきりとした形で定義されていること。
2. 責任を持つ者が，責任を知覚できるような行為ができること。
3. 責任の引き受けがアクターにとって原則的に受け入れられるものでもあること，経済学的に言えば**インセンティブと両立するもの**であること，すなわち彼自身もそうしようと思えることが，通例十分明らかであること。

---

[29] もっとも，責任者が外部の事情に起因するものだと言っているが，それが正しいかどうか再検討できないこともありえる。つまり再度，信頼問題が生じるのである。にもかかわらず，責任の割り当ては，それでもたいていは原則的に解明されているのである。

それが難しくなるのは，責任の概念が一般的でますます特殊でない形で利用される場合である。例えば企業の責任をめぐる議論がそうである。

　そのような議論は，例えばそれが困難であっても，自由な民主主義においては避けられないものだし，何より重要なものである。ゲームのルールがこの先どのように展開され，新しい発展に合わせられるべきなのか，誰にどのような責任があるのかということ，すなわち，例えば企業はサプライチェーンのすべてに責任を負っているのか，消費者はどのような責任を持っているのか，適切なフレームワークを作ることが第一に政治の課題となるのはどのようなケースか，などについて，社会の中である程度の**共通のゲームの理解**を生み出すことが重要だからである。

　責任に関するこのような一般化された概念において，特殊な課題やその（責任ある）実現だけでなく，より一般的に見て，個々人の自由を（責任ある形で）利用することが重要であることを見ると，それによって**行為の直接の帰結**だけでなく，その長期の影響もまた重要となる[30]。ここで特に重要な意味を持つのは，影響それ自体だけでなく，行為の時点で，後に所与となる将来の行為条件にも同時に影響を与え，部分的にはそれを規定することも重要だ，という考えである。だからこそ，それに対しても同じく責任があるのだ。

　しかし，自分の自由もいつも，自分を取り巻く人々によって（も）作られる行為条件に左右される。その点で次のような根本的な問いが生じる。**人間はどのような条件で互いの自由を認めようとするのか？** 理論上の単純な答えは次のようなものである。この人間が他者に対して自分の自由を責任ある形で利用し，そして，まさにコンフリクトが起こるケースで，第三者を犠牲にして使用しないとき，である。すなわち，**個人やコーポラティブ・アクターの責任は，自分の行為に関わる他者の，正当な信頼期待を傷つけない**[31]**，ということにある**。

　その限りで，責任ある行為は社会秩序ないしお互いのメリットのための社会的協力の基本的構成要素となる。もっともそれは，例えば適切な制度のような他の構成要素もまた存在する必要がつねにあるのだが。

　逆に無責任な行為は，行為の前提条件，それもとりわけ他者が行う信頼への先行投資を利用し，自分の行為によってこれを徐々に損なわせるもの，つまり典型的には先行投資に起因する信頼期待を裏切るもの，と規定できる。いくつか例を挙げよう。

- 1.3.3節で描かれたサッカー選手ルイス・アドリアーノの行動は，この意味で無責任だった。彼は他のプレイヤー，とりわけ対戦相手チームのゴールキーパーやディフェンスの公正への期待ないし信頼への期待を，簡単な方法でゴールを決めるために利用したのである。それによって彼はフェア・プレイを危機にさらしたのである。

---

[30] これはとりわけ，ハンス・ヨナスが責任の概念を広めるのに寄与した重要な考え方の1つであった（Jonas 1979）。

[31] この追記は重要だが，事柄を少なからず複雑にするものである。

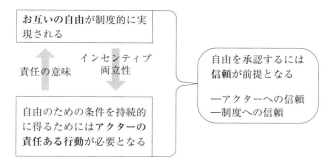

図表29　責　任

- フェア・プレイはそれ自体全員の共通の利害なのに。
- スポーツ賭博の操作は何度も起こっている。操作を企てた者が無責任に行動したことを確かめることそれ自体に精神の偉大さは必要ではない。しかしここで展開されたコンセプトの手段を用いて，無責任さがどこにあるのかを明確に説明することもできる。すなわち操作した人が獲得した利益は，フェアな賭け，つまりまさに操作されていない賭けが重要だという，賭けを行う者の信頼期待を基礎としないと実現できない（そうでなければ彼らは金銭をかけなかっただろう）。しかし操作する人はそのことで行為条件を利用し，同時にそれを毀損しているのである。
- すでに上で，嘘を禁ずるカントの定言命法の説明を引用した。実際，嘘が成功するためには，本当のことを言っているという他者の（信頼）期待が必要なのである。[32]
- アクターが他者にした約束を守らないことで，他者を犠牲にして自らのメリットを実現したとすれば，それは無責任である。このメリットは実践上つねに，この他者，つまり信頼する側の先行投資の結果として生じるものだからである。そしてこの先行投資は，約束が守られるという信頼期待に基づいていたのである。

　　結論：責任は，他者の正当な信頼期待を裏切らないということにある。

---

[32] 厳密に言えば，それは完全に正しいとはいえない。例えばポーカーあるいは多くの交渉状況に際しては，相手が場合によっては本当のことを言っていないということを，双方とも知っていると言えるからである。それに関しては1.4節の叙述も参照。

7.4 後悔するということ

7.4.1 基本思考

しかしなぜ人は責任ある振る舞いをすべきなのか？このような問いかけには多数の解答が存在する。その多くは本書で挙げられた。いささか見慣れないものだが，にもかかわらず納得のいくものであってほしい解答は，さもなければ後悔するのだから，というものである。いずれにしても，そうしなければならなくなるのだから。とりわけ最後に付加したこの文章の中に，「後悔する」というコンセプトのヒューリスティックな力が存在している。これを考えることで，いったいどのような条件の下で無責任な行為を後悔するのかという問いに導かれるからである。この問いに詳しく取り組む前に，すでに何度も聞いてきたように思えるだろうが，その基本思考を改めて定式化してみよう。

倫理は，ここで提示した理解に従えば，道徳的に見て，後悔する，もしくは後悔するはずだと思われる行為をしないという洞察を促進すべきである[33]。「道徳的に見て」という追記が示すのは，前の晩に飲みすぎたので今は頭痛を我慢しなければならないといったことが重要なのではない，ということである。あるいは，衣服を買った次の日にそれが本当は好きでないと気づいたことを後悔する場合もそうである。

もっとも，飲酒と衣服の購入という2つの行為は，他者に対する特定の行為の帰結がそれと結びつく時に倫理の問題となることがある。すなわち，たとえば飲酒運転による帰結とか，セクシャル・ハラスメントによる帰結，監護義務の放棄による帰結など，酔っ払ったことで他人に損害を与えてしまった場合，出発点となった行為は道徳的に見て（も）後悔されるべきだろう。

そして，買った衣服が社会・環境スタンダードをかなり侵害したサプライチェーンを経て生産されたことを知っていた場合，そのような消費が無責任かどうか，同時にここで主張されたアプローチの意味で言えば，後悔されるべきかどうかは，少なくとも倫理的な争点となる。

したがって，お互いのメリットのための社会的協力に有害な行為が問題となるのである。社会から見れば，そのような行為は無責任なものとして特徴づけることができる。それゆえ 7.4.3 節では，行為者にそのような無責任な行いを，必要ならば後悔させるために，そしてそのことによって理想的には，まずそのような行いをしないようなインセンティブを生み出すために，社会に何ができるのかが問題となる。

そのためにはまず，行為者から見て後悔するという現象がどのように見えるのかを

---

[33] あるいは逆に言えば，それをしないことを後悔する，ないしは後悔するはずの行為を実行すること，となる。

7.4.2 後悔することの段階

後悔するとは，自分の自由の利用，すなわち自分自身や他者に対して何らかのやり方でネガティブな帰結をもたらした自らの行いあるいは不実行を，後になって遺憾に思うことである[34]。そのような帰結やそれに応じた遺憾な思いが表れているものをいくつか見てみよう。

- 自分の良心を苦しめる個人の罪悪感。例えば精神的な平穏の喪失，自尊心の喪失，羞恥心など。
- 見つかること，すなわち過誤行為が明るみに出ることへの絶えざる不安[35]。
- 社会的な軽蔑，社会的イベントからの排除，「混乱した状況」の体験，すなわち，インターネットを通じて広められる，ある人に対する一部非常に侮辱的な意見表明のうねり。
- 自分自身が苦しめられている構成員に対する帰結[36]。
- 経歴における恥となる点。それは絶えず蒸し返されるかもしれないし，場合によってはポジティブな結果を忘れさせ[37]，場合によっては自分の仕事が死刑宣告を受けたような状態と結びつく。
- 最後に，罰金あるいは拘留，あるいはその他の物質的喪失もまた，かつての行いを後悔させる原因である。

ここで，人間にはいろんな人がいるという反論を持ち出すこともできよう。それは，

---

[34] そしてこれは，時にあまりにも弱い定式になることもある。
[35] 2006年8月31日付ハンブルガー・アーベントブラット紙に，「やっと終わってうれしい」という見出しで以下のような話が掲載されている。多額の詐欺を働いた詐欺師トーマス・Bは，ハンブルク地方裁判所から2年3ヶ月の拘留刑を言い渡された。48歳のこの男は，長年テネリフェ島で見つからないまま暮らし，犯罪が時効になる寸前にようやく警察に捕らえられた。[…] 彼は90年代中盤にパートナーと共に商品先物取引で投資家から160万ユーロもだまし取ったのである。「やっと終わってうれしい」とその男は語った。彼は10年前にカナリア諸島へ逃亡し，本人の供述によればそこで絶えず発見されることへの不安を抱きながら生活していた（Hamburger Abendblatt 2006）。
[36] 史上最大級の金融詐欺を犯したバーナード・マドフ（Bernard Madoff）は，まだ若い息子のマークが自殺したという結果を経験しなければならなかった。
[37] 典型的な事例は，元プロサッカー選手で長年FCバイエルン・ミュンヘンのマネージャーを務めるウリ・ヘーネス（Uli Hoeneß）である。多くの人に模範的と見られた彼の人生記は，彼が犯した脱税によって黒点で塗られることになってしまった。週刊誌『ツァイト』2013年5月2日号（Gilbert et al. 2013）のインタビューで，ヘーネスは印象的に次のように供述している。「後悔しています，心底に。大変愚かなこと，大きな間違いを犯したのですし，可能な限り修正していきたいです。しかしね，破滅的な状況でひとつだけ，本当によかったことがあります。何年もの間，スイスの口座のために心にやましいことを持っていました。いつも，解決すべきだ，やめるべきだ，と頭の中で思っていました。この考えがいつもそこにあったのですが，それによっていま終わったのです。それが大きな安堵となっています。終わった，やっと終わったのです」。

どのような行為をどのような理由で，すなわち具体的に感じ取ることのできる帰結から後悔するのかを考えてもそう言えるだろう。それは疑いなく正しいのであり，相互作用倫理にとってまさに重要でもある。

それゆえここで，コールバーグ（Lawrence Kohlberg）による道徳的意識の段階に関する区別に依拠して，後悔することの3段階を提案する[38]。それはアクターの様々な「タイプ」に対応したものであり，行為から起こりうる後悔に彼らがどれほど敏感なのかに依存する。無責任な行動を実際にも後悔するインセンティブを，どうすればできるだけ的確に促進できるかに関して，信頼する側にとっても，そして一般的には社会にとっても，この区別は重要である。これらの段階は以下の通りである。

1. **慣習以前のレベル**：行為が自分自身に与える不利な影響のうち，直接的に感じ取ることのできるものだけが原因で後悔することである。自分の行為が他者に与える影響は無視されるか，後悔することの理由とはならない。それに対応するインセンティブ要因としては，例えば彼にとって大事な金銭とかポジションの喪失，（収監されることを含む）刑罰，さらに場合によっては，彼にとって非常に大事な人間へのネガティブな影響なども含まれる。
2. **慣習のレベル**：この段階では，自分の行為の社会的影響や，これが再び自分自身へ跳ね返ってくるかもしれないという事情，とりわけ自分の評判あるいはレピュテーションの毀損が熟慮される。最初の段階と異なり，ここでは自分の行為が他者の目から見て道徳的に間違っていたこと，そしてそれゆえに他者が彼に社会的承認を与えないことが考慮される。注意すべきことは，慣習以前のレベルのインセンティブ要因が同じく作用するということで，つまりレピュテーション作用を熟慮することは追加的なインセンティブなのである。
3. **脱慣習のレベル**：最後の第3段階は，行為が道徳的に間違っていたと自分で認識し，それによって自分の行い（あるいはしなかったこと）を後悔する段階である。この段階はしばしば懺悔と同じと見なされる。この段階になってはじめて内面の立場が表れてくるからである。すなわち，人が無責任な行為を悪いと見なすのは，それがその人にとって好ましくない帰結と結びつくとか，他者がそれを悪いと見なすからだけではなく，自分の行為が道徳的に間違っていたとする基準を自らで内面化したからである。ここでもまた，他のインセンティブも追加の影響力を発揮しうると言える。

---

[38] 社会心理学者のコールバーグは，1970年代に道徳的意識の理論を打ち立てた（Kohlberg 1996）。それによれば，人間には通例6段階の道徳的論証や判断の能力が発達し，その6段階はそれぞれ3つのレベルに分類される。それらの段階は，狭義の利己主義的なパースペクティブから，道徳的，普遍主義的なパースペクティブにまで上がっていく。最初は**慣習以前のレベル**で始まり，そこで人は罰や服従，あるいはあまり深く考えられることのない自分のメリットを方向づけとする。続いて**慣習のレベル**があり，そこでは他者の期待ならびに法が道徳的判断の本質的な方向づけとなる。第3の**脱慣習のレベル**では，既存のフォーマル・インフォーマルな規範の根拠が内面化され，理想的にはそれが普遍主義的な道徳原理に統合される。

コールバーグによる道徳的な論証の3段階の場合と同じく，原則的にはここでも次のことが言える。個人の発展は，たいてい第1段階から第3段階へという一方向でなされる，と。このポイントは，社会的協働の成功にとっての前提条件が原則上改善されるよう，できる限り多くの人間が第3段階に到達することが，社会から見て望ましいというその限りで注目に値するものである。このことはわれわれを次のポイントへと導く。

7.4.3　もう一方の側の責任

これまですでに何度も明らかになったことは，後悔するというテーマにおいても重要であることがわかる。すなわち，ここで提示された相互作用倫理は，個々の行為者だけでなく，「もう一方の側」も見ている。つまり，例えば信頼される側だけでなく，信頼する側も考察しているのである。

それがとりわけ大事になるのは，「後悔する」というテーマの場合には両方の側が問題になるからである。すなわち，行為する者（信頼される側）にとっては，どのような行為の選択肢が後悔をもたらすのかを前もって見積もることが大事であり，「信頼する側」，あるいはその他の社会メンバー，とも言えようが，彼らにとっては，行為者が無責任な行為を実際にも後悔するような条件を生み出すことに，信頼する側は彼なりの貢献をせざるを得ないと言える。

それが「信頼する側」にとって意味することは，挙げられた3つの「タイプ」に対して制裁の条件を生み出すことが，一方で彼の側からの投資に属するということである。そのような制裁は後悔する可能性をもたらし，そしてそれゆえに，少なくとも理念上は，しかるべき行為に先立ち，それ自体（理想的にはきわめて大きな）ネガティブなインセンティブを設定する。すなわち「タイプ1」に対してはとりわけ直接的に感じ取られる制裁を，「タイプ2」に対しては尊敬を剥奪するのに適した形を設定するのである。第3段階に到達している行為者（信頼される側）に対しては，そもそも外的な制裁は必要ない。ここではむしろ，共通の基準のレベル，そしてこれを伝えるということが試練となる。

無責任に行為している信頼される側が後悔するための根拠を与えるような条件を，信頼する側ないしは社会が手に入れることが非常に重要である。そのような条件が生み出されない，すなわち無責任な行動が何らかの形で制裁されることがないなら，ますます無責任に振る舞うようになるという結果はほぼ避けられない。

しかしここでは，無責任な行為が起こりうるケースで，いつもできる限り厳格な法的制裁を用意すべきだという誤解に屈してはならない。ここで5.2節でのゲームのルールに関する詳述を思い出して欲しい。理想的には，ゲームのルールはお互いのメリットのための自由な協働が展開される枠組みを決める。そしてその枠組みは，ルールを適用される側の責任意識を見込めるほど，すなわち傾向的に第3段階に分類できる行為者を見込めるほど，より費用をかけずに，すなわちより自由に作ることができる。

もっとも，道徳的アピールがそれだけではたいてい有効なインセンティブではないことに注意するのも大事である。道徳的アピールは，それ自体としては最初の2つの段階の「タイプ」に対してたいていはほとんど効果を発揮しないからである。ましてや，「道徳を説くもの」としてのそのようなアピールが，反対の効果を発揮するような状況すら存在しうるのである。[39]

　しかし，道徳の教育へ投資することは決して見当外れではない。実際，第3段階の「タイプ」が増え，彼が自発的に責任あるように振る舞う傾向を持つようになればなるほど，責任ある行動も原則的には増えると思われるからである。

　もっとも，以上のことは，どの行為が責任あるもので，どの行為が無責任と見なすべきかに関する，十分な共通の基本理解をも前提にしているということに注意すべきである。先の7.3節では，正当な信頼期待を裏切らないことに責任の本質があるとの考えで締めくくられた。この考えはここでさらに正確に規定される。問題となるのは重要な不一致である。

7.5　重要な不一致（II）

　重要な不一致のコンセプトは，4.4.3節で**信頼の崩壊**として，すなわち信頼する側の信頼期待と信頼される側の実際の行為との間にある差異として導入された。そのような差異は，信頼される側が信頼に値すると，信頼する側が前に仮定していたことを動揺させ，結果として協力を終わらせるまではいかなくとも，少なくとも困難にするものである。

　その際明らかになるのは，信頼する側から見た不一致の重要性に関する問題は，信頼される側から見たものとはたいてい異なるということである。よって一方で，信頼する側があまりにも高い要求を持っていたため，中立的に見れば，あるいはもっと先の方では中立的な観察者から見ればとも言うが，むしろ例えば信頼される側の誤りあるいは過失のようなどのみち起こりうることが問題だったと言えるか，あるいは外部の事情が原因だからもともと信頼関係が被害を受ける必要はなかったと言えるようなことが起こるかもしれない。他方で，実際に重要な不一致が存在するのだが，信頼される側はそれを重要な不一致と気付いていないということもあり得る。

　ここで倫理的に見れば，重要と見なされるべきものについての**共通の理解**に貢献することが重要である。これを規定するに際して，前に挙げた諸側面が役に立つ。

　出発点として**行為の帰結**を挙げる。ここではすなわち，信頼される側の行為の帰結に基づいて生じる，信頼期待の裏切りである。しかし，そのような裏切りのすべてがいつも倫理的に重要だとは限らない。**正当なあるいは当然の信頼期待**が問題となって

---

[39] それについては例えば，ホーマンによる，「道徳を説くことによる道徳の侵食に対抗して」という示唆に富むタイトルをもつ論考（1993, Homann 2002に再掲）を見よ。

はじめて重要となる。これを規定することはかなり要求度の高い問題だろうが[40]，ここでは話を簡単にするためにあるコンセプトを使うことにしたい。それが，すぐに取り上げられる**中立的な観察者**であり，それは道徳的判断にとっての倫理的基準となるものである。

　重要性は，相変わらず，それを導いた**条件**から生まれる。つまり，不一致が場合によっては外部の条件が決定的な要因となって引き起こされたものなの，あるいは実際に信頼に値するものが欠けていたことに起因するのか，ということから生じるのである。具体的な行為の帰結が，信頼される側のコントロールできない範囲にあった経験的条件に起因するものなら，信頼される側が信頼する側の不利になるように行為の自由を濫用したとは想定されないし，それゆえ責任を課せられることもないだろう。

　実現に際して，信頼される側の「**したいこと**」が重要なのか，「**できること**」が重要なのかで事情は異なってくる。それゆえ重要な不一致の分析には，7.2 節で挙げた3つの異なる側面も考察しなければならない。

　よってまず，信頼される側のしかるべき**意図**が認識できるかどうかという問題，すなわち彼は意図的で故意に信頼する側が裏切られるのを見ていたのかという問題が生じる。これを認識するのはたいてい難しいし，それに加えて，第一に信頼される側がそれを隠すことに強い関心を持つと容易に推測されることによって，第二に信頼する側が簡単に「属性の誤り」を犯してしまうことによって[41]，困難になる。属性の誤りに従えば，本来外部の条件によって引き起こされたものが信頼される側に原因があるものとされてしまう。それゆえここでもまた，道徳的判断能力が問われることになる。

　意図をよりうまく評価するのにも役立つもう1つの試金石は，信頼に値することのメルクマールとしての**コンピテンス**（4.3.2.3 節を参照），すなわち7.2.3 節で徳の概念として（なかでも**正義の徳**として）扱った，主観的な能力としての「**できること**」である。信頼される側は，信頼する側の期待を実現できるコンピテンスを持っていたのか？ そして彼はそれより前に，このコンピテンスの構築に投資を行っていたのか？

　最後に，状況に所与の**制度**も重要である。制度もまた決定的に，「できること」，あるいはインセンティブ両立性の条件を一緒に形作るからである。Homann（2014）が示すように，信頼される側が原則的にそれをするつもりであり，そのための個人的資質も備えている場合ですら，制度が無いために，特定の行為を信頼される側に期待すべきではないような状況が存在する。**ジレンマ構造**というタイプの状況においては，特定の行為の帰結を実現するためには他者の協力や制度的な調整も必要となるために，それぞれの個人が単独でそれを実現することを不可能にするような行為の相互依存性が存在する。

　倫理的に見れば，これらの考察がより一般的なコンテクストでなされることが不可

---

[40] その理由はとりわけ，信頼する側の利害は，行為の帰結にかかわる他の人たちの利害とは反対に，慎重に検討されなければならないことが多いからである。

[41] 英語では「基本的な属性の誤り」ないしは「対応のバイアス」と呼ばれる。Gilbert 1998, 5ff. に面白い手ほどきが見られる。また9.1.3 節も参照。

欠である（5章を参照）。このポイントが特に重要なのは，信頼する側それぞれの特殊な信頼期待が裏切られる状況，つまり彼らから見て重要な不一致がある状況が存在しうるが，しかしこの重要な不一致は，信頼される側に向けられるさらに別の（信頼）期待が原因で成立するものだからである。[42] その場合に求められる，様々な利害を**慎重に検討するプロセス**は，しばしば経営活動における最も大きな挑戦の1つである。それだけにいっそう，**信頼**という**資産**を適切な形で考慮することがこの状況では重要になる。

以下のような企業の状況は，経済において典型的な事例である。いくつかの所在地で活動しており，費用という実感的できる理由から生産地の移転を行うが，それが所在地での解雇を伴うとする。この状況では，関係する従業員の信頼期待は簡単に裏切られる，すなわち彼らは経営陣の意思決定を重要な不一致として受け取る。しかしながら実際には，そのような意思決定が多数の別の関係者や彼らの期待に沿うものであり，そのために多くの妥協をせざるを得ないのなら，経営的視点だけでなく，企業倫理の視点から見ても適切な意思決定だとも言えるのである。

それだけにいっそう，そのような状況では**態度**，つまり意思決定を**どのように**伝え，実行するのか，そのやり方が重要になる。その際にも重要な不一致が明白になることもある。関係する従業員はそれを個人的な会話の中で伝えられたのか，公式的な文書を通じて知ったのか（あるいはそれどころか，例えばマスコミのような第三者を通じてまずインフォーマルに知らされたのか）？ そのような状況で彼らはサポートされるのか，すなわち雇用者側が従業員の利害や信頼期待を真剣に考えていることを示しているのか？[43]

もう一度別の形で定式化すれば，不一致の重要性は，倫理的に見れば，信頼する側の観点からだけで決められるものではなく，むしろ，いわば客観化されたパースペクティブである**中立的な観察者**の観点から決められるべきものである。

7.6 中立的な観察者

7.6.1 その思想

われわれにはいまや，たくさんの倫理的考察とコンセプトが与えられている。そうなると，どのようにすれば**道義的観点**を適切な方向づけの形でとらえられるのかとい

---

[42] そのような状況は複合的な忠誠心によって成立しうる。それは例えば，まさに経済や政治における意思決定の担い手がたびたび身を置いているような状況である。

[43] ついでに言えば，この問題は直接の関係者だけに重要なわけではないだろう。まさにそのような状況を，他の従業員，とりわけ取り残される従業員はかなり真剣に見ており，それにふさわしい**シグナル**を心にとどめているのである。

う問題が生まれることになる。1つの有用な形が**中立的な観察者**というコンセプトである。このコンセプトは，同様に哲学者アダム・スミスに由来するものである。たいていは彼から自由な市場経済を連想するが，『道徳感情論』において彼はこのコンセプトを以下のように記述している。「私たちは公正で中立な観察者のやり方を想像し，そのとおりに自分の行動を吟味しようと努める[44]」(Smith 1976a, III, 1, 2)。

中立的な観察者は明らかにリアルな他人ではなく，自らの行為が問題となる場合でも，他者の行為の判断が問題となる場合でも，道徳的判断を下すときにとる（べき）パースペクティブであり，もっとうまくいえば**態度**である。この態度によって，自分が関わっていることから自分自身を引き離し，状況ないし行為に対し，いわば客観的な，**一般化された**視線を投げかけることが可能になる[45]。それは，他者の立場に置き換えて考える能力，そして他者の行為の評価に関して，自らや自らの直接の「したいこと」ないし判断から距離をとる能力を求める[46]。4.4節での議論と関連づければ，中立的な観察者は，行為の**シグナル効果**と解釈できるようなパースペクティブだとも理解できる。

直観的には，この中立的な観察者という道具は，多くの企業が従業員に対する行動規範の中で定式化している方向づけの中にも再度見つけ出せる。例えば以下のようなものである（HSP Competence Network 2014）。「当社の従業員は，難しい意思決定をする際に，つねに以下のような問いかけをする（べきである）。
1. 私の行為は合法か？
2. それはわれわれの価値やガイドラインに沿ったものか？
3. 意思決定は正しいか，個人的な利害から離れたものか？それは公共の検査にも耐えうるものか？」

とりわけ3つ目の点は，中立的な観察者の立場を改めて定式化したものと解釈できる。類似の定式として以下のものが考えられる。「あなたの家族がそれを知るのを」，あるいは別の表現として「明日の新聞に載るのを」「望まないような行為をやめなさい」。計画した行為が明日の新聞で読まれるとしたら，それが自身にとってどのように感じられるのかを問うことで，自分の行いに他者の視点を反映させるのである。

このコンセプトの内容を上手く解明していくためには，思考上の短絡思考を見ていくことが有益である。それは，中立的な観察者はこのような誤った推論を避けるという特徴も持つ，というモットーに従ったものである。ここで扱うテーマには，とりわ

---

[44]【訳注】この翻訳は，村井章子／北川知子訳『アダム・スミス　道徳感情論』日経BP社，2014年，272ページから引用した。

[45] 正義論においては，制度の判断に関してジョン・ロールズが，類似のコンセプトである「無知のベール」を入念に作り上げた（Rawls 1979）。そこでは，思考の上で具体的な状況から距離をとり，きわめて多様な社会的役割や状況の中でそれぞれのルールに関わりうる可能性を想像すること，そしてその後で，すべてのケースでそれに同意できるかどうかを検討することが問題となる。

[46] われわれは他者の行為を判断するとき，たいていはほとんど客観的には判断できず，むしろまず，自分自身にとってその行為がどういう帰結をもたらすのかを見てしまう。

け規範主義的な短絡思考と経験主義的な短絡思考という2つの短絡思考が重要である。双方とも実践的三段論法を使えばより詳しく説明できる。

7.6.2 規範主義的な短絡思考

規範主義的な短絡思考は，信頼する側，あるいは他者に（規範的な）期待を向ける人に典型的に見られる。信頼される側への期待とか要求は，道徳的な規範や原理，あるいは価値から導き出される。しかしその際，信頼される側の経験的条件が適切に考慮されないのである。与えられた条件では時に不可能な行為とか無理のある行為を彼に期待してしまうこともある。特に典型的なのが，**インセンティブ両立性**という条件，つまり信頼される側が正当な自分の利害を持つという事情が考慮されないことである。

シェーマで表せば次のようになる。

図表30　規範主義的な短絡思考

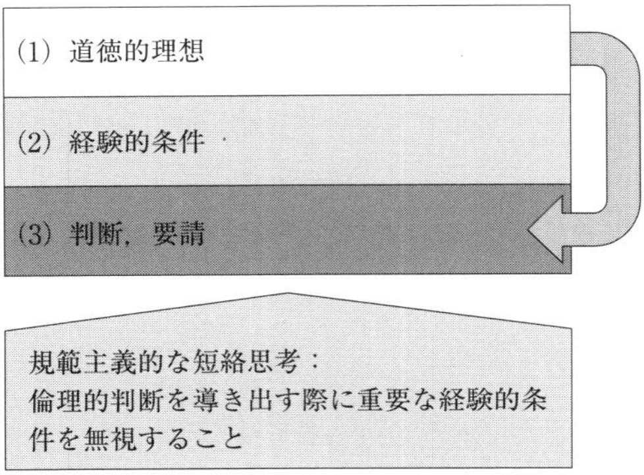

(1) 道徳的理想

(2) 経験的条件

(3) 判断，要請

規範主義的な短絡思考：
倫理的判断を導き出す際に重要な経験的条件を無視すること

規範主義的な短絡思考に関するいくつかの事例が，ここでもコンセプトをより理解することの助けとなるかもしれない。
- 「企業はサプライチェーンにおいて，児童労働を決して認めてはならない[47]」。
- 「製薬企業は，睡眠病（あるいは他の病気）の薬を貧しい人たちに原則無料で与えるべきだ」。
- 「企業はすべての重要情報を完全に公開すべきだ[48]」。

規範主義的な短絡思考に典型的なのは，規範による期待の実現が実際には（とりわけ）「できること」の問題なのに，「したいこと」の問題とされていることである。あ

---

[47] 特定のケースや地域では，それが受け入れられる条件でなされる限りで，児童労働が（まだなお）次善の対案となっている。
[48] 事業上正当な秘匿事項が存在する。

るいは違う言い方をすれば，道徳的理想あるいは道徳的規範を実行するという問題，**どのように**という問題が，表に出ていないのである。このコンテクストではそれは，「**当為の思い上がり**」（Suchanek 2004, 210）とも言える。

　企業にとって，ステイクホルダー集団それぞれによる規範主義的な短絡思考は過小評価すべきでない問題である。企業が社会的に受け入れられるかどうかは，企業が責任あるアクターとして認められているということに決定的にかかっているからである。しかし，企業に対して果たすことができないような要求，あるいはそれ自体道徳的に望ましくない結果を引き起こすことでしか果たせないような要求が突きつけられる場合には，たとえばしかるべきコミュニケーション戦略を使うなどしてそれに理性的に対処しうることが，良い意味で企業に資するものとなるのである。

　このような短絡思考については，個々の規範的価値が前面に押し出され，そこで別の価値も同じく関係することが見過ごされる場合にも類似の形態が存在する。典型的な例は健康保険制度に見られる。そこでは，患者や苦しんでいる人との連帯という道徳的思想が何よりも重要であり，経済学的な思考は批判的に対置させられている。しかし，経済学的思考それ自体の基礎となっているのは，たいてい，まったく根拠づけ可能な価値のイメージなのだ。健康保険制度の従事者，保険金を支払った人，あるいは健康保険の従業員を「搾取する」ことが最終的に重要なのではない。別の言い方をすれば，健康保険制度を機能させ，持続させ続けることそれ自体が重要な道徳的要請であり，この要請は，道徳的な動機に基づく「ゲームの進行」を個々人に要求することで，徐々に破壊されることもあるのだ。

　ある程度の範囲で規範主義的な短絡思考を日常的に絶えず犯してしまうのはおそらく避けられない。たいていは，現実的にふさわしい判断をするのに十分なほど，経験的条件について知らされていないからである。けれども，この関連それ自体について理解しただけでも，当為と存在という不可避の緊張状態をいくらか緩和できるよう扱う助けとなるだろう。[49]

7.6.3　経験主義的な短絡思考

　規範主義的な短絡思考といわば対をなしているのが**経験主義的な短絡思考**である。そこでは理性的な行為に関する規範的基礎が無視される。その点で，これがむしろ行為者の側，信頼される側で生じる短絡思考であるのは偶然ではない。

　周知のシェーマで表してみよう。

---

[49] この緊張関係は根本的な駆動力でもあるので，あまり緊張を緩和する形でそれを扱うべきでないとも論証できよう。そしてそれはある意味正しくもある。けれども，当為がかなり支配する倫理だからこそ，まさに現実に敬意を表することが有益だと，私は思う。それに加えて，この主張は以下の経験主義的な短絡思考に関する議論との関連で解釈されるべきだろう。

図表31　経験主義的な短絡思考

```
(1) 道徳的理想
(2) 経験的条件
(3) 意思決定，根拠づけ  ⇐
```

経験主義的な短絡思考：
意思決定の際に道徳的な理想や価値へ関連づけないこと

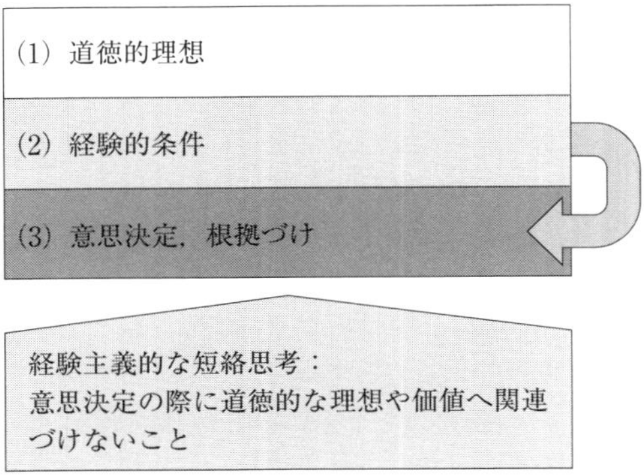

ここでもまたいくつか事例を挙げよう。
- 古典的な事例はまさしく，やむを得ない事情を論拠にすることである。それに従えば，意思決定は，見たところ，「市場」「競争」あるいは「情勢」に運命づけられているように見えてしまう。
- より具体的な例を挙げれば，企業が費用を節約しなければならない時に，納入業者への支払いを遅らせてでも利子収入を獲得する，あるいは自分の流動性を改善せざるをえないと信じており，その際に関係者への影響を気にしていないのなら，これは本書の意味での経験主義的な短絡思考である。[50]
- 前述の状況で，注文，ポジションその他の何にしても，他の誠実なやり方では，腐敗・汚職によって得られた財を得る可能性がないと（も）考えているために，腐敗・汚職行為を犯してしまうことはおそらく多い。
- 企業において，価値，とりわけ企業ないし信頼関係に関する諸価値も考察に含まれている「サニティ・チェック」を受けさせずに，もっぱら指標だけに基づいて意思決定を下さざるを得ないと考えることによっても，経験主義的な短絡思考が成就してしまうことが多い。

経済の「ゲーム」が何らかの形でプレイされ，それゆえこの条件に順応しなければならないのだと示唆するアルバート・カーの論文における論証（上記1.4節を見よ）もまた，一種の経験主義的な短絡思考である。あらゆる状況で多くの条件が所与なのだということは確かに正しい。しかしそれでも実践上，そこで選択肢がもはや残されていないということは決してない。とりわけ，自分の状況を**どうやって自分で扱うのか**は，つねに自分の自由の中にある。

---
[50] その人に自分の行いの規範的な側面は明確なのだが，しかしそれがどうでもよい，ということもありうる。その場合，それは経験主義的な短絡思考ではなく，おそらく無責任な行為である。

したがって，そのような短絡思考に典型的なのは，行為がとりわけ経験的条件の結果と見なされてしまうことである。自由，そして自由を用いて価値を方向づけとして行為する可能性は隠れてしまったままとなり，それとともに（規範的な）**なぜ**という問いかけも，先にちょうど示されたような，責任感を持って**どのように**できるのかということも隠れてしまっているのである。

信頼する側と信頼される側の間に生じる問題は，少なからず，信頼する側が規範主義的な短絡思考の傾向があり，信頼される側が経験主義的な短絡思考の傾向があることから生じる。信頼する側は信頼される側の状況を知らないし，体験していない。それゆえ，行為の可能性をたやすく過大評価し，それができるだろうと期待を膨らませることになってしまうのである。

逆に信頼される側は，彼の状況によってしばしば強く独占されている。すなわち彼は，彼に余地をほとんど与えない，彼の自由を制約するものとしての具体的な条件を，身をもって知っているのである[51]。したがって，両者の間にむしろ共通のゲームの理解がないことが実感できるのである。

まさにそれゆえに，中立的な観察者というコンセプトが助けとなる。すなわち，直接的なイメージ，利害あるいは状況からも思考上距離をとり，いったいどのような（信頼する側としての）期待あるいは（信頼される側としての）行為が，他の人間から見て理性的で状況に合ったものになるのかを見る，ということである。

7.7 黄金律

ここで提示された企業倫理のもっとも根本的な方向づけが**黄金律**である。それには，現実的にはもしかすると世界で承認された唯一の道徳的規範かもしれないというメリットがある。だからそれが，すでに「人類の道徳的な基本公式」と呼ばれていたのも偶然ではないのだ（Reiner 1948）。いくつかの表現を挙げよう[52]。

「他人が君に悪いことをしないよう，何人も何か悪いことを企てないようにせよ」（古代エジプトの知恵の教え）。

子貢（Tzu-kung）が尋ねた。「一言だけで死ぬまで行えるものはありますか？」先生［孔子（Konfuzius）：訳者注］がお答えになった。「それは『恕』（shu）という言葉だろう。自分にして欲しくないことを他人にもしてはならないのだ」（論語［衛霊公篇：訳者注］15,24）。

---

[51] それについては9.1節も参照。
[52] それについてはBauschke 2010を参照。例えばインターネット上には，これとは別の多数のヴァージョンを見つけることができる。

「自分自身にとって気に入らないようなやり方で他人に対して振る舞うべきではない。これはあらゆる道徳の本質である」（マハーバーラタ，Anusasana Parva 113, 8）

「君自身にとって嫌なことを，君の隣人にするな。これは掟であり，その他はすべて注釈である」（タルムード，シャバット，31a）

「人にしてもらいたいことはすべて，君たちも彼らにしなさい！これは立法であり，預言者である」（マタイによる福音書7章12節）。

「君自身が被りたくないことを，他人にしようとするな」（エピクテトス）

「人が君にしたことで君が嫌なことを他人にもしないように！」（ドイツ語のことわざ）

このリストは，コーラン，仏教，その他世界中の多くの宗教の教えや知恵の教えから，あるいは何らかの形で黄金律を拠り所とする多数の哲学者の様々なテキストから，そのヴァージョンをまだかなり拡張できるだろう。

本書では拡張されたヴァージョンが用いられる。それは経済倫理・企業倫理のコンテクストで生まれ，その限りで経済学的な特徴を持つものである[53]。それは以下のものである。

　　　　お互いのメリットのための社会的協力の条件へ投資せよ！

このような黄金律の定式化には，4つの方向づけが含まれている。
1. 投資という方向づけ
2. お互いのメリットという方向づけ
3. 一般化への方向づけ（「社会的協力」）
4. 条件という方向づけ

　1）について：倫理ないし道徳的行為は，自分自身の関心を引っ込めるという意味で，「放棄」をしばしば連想させる。そしてそれは，直接の自己利害を意味するのならば，たいていは正しい。信頼する側を犠牲にして信頼される側が短期のメリットを利用しようとするという状況的コンフリクトの事例は多数見られる。倫理的に見れば，このような短期的なメリットを放棄することが重要である。
　しかし放棄という考えは，（まさに企業倫理のコンテクストでは）動機づけにほとん

---

[53] これについてはSuchanek 2007 も見よ。

ど適さない。そしてこの考えは，このように合理的な目的計算に合わせられている企業のような存在には，体系的に意味ある形で統合できないのであり，よってそれにしたがった倫理的熟慮にはいつも違和感を覚えざるを得ないのである。

それゆえ企業倫理のコンテクストにおいてはまさに，同じ基本理念を別の言葉で表現するのが理に適っているように思われる。それは，より有益な別の考えを連想させ，その他の経済的思考や意思決定の概念，コンセプトや理論にうまく接続できるものである[54]。それはまさに，放棄という考えを**投資**と解釈することである。それは経済学的にも的確なものである。すなわち，投資はたびたび消費を放棄することと表現され，そしてそれは，すでに何度も説明されたように（機会）費用と結びつけられており，まさにそれが放棄という概念が言及しているものに相当するからである。

もっとも，投資という概念は**行為の帰結**も共に視野に入れるものだが，放棄という概念ではそれは一緒に考慮しないのが典型である。対して投資は，それを行うことで特定の結果を達成するために企てられるものであり，おそらく企業における考え方に合うだろう。

しかしここで，道徳的行為を「ビジネス・ケース」に還元させてしまうような，倫理的考察の短絡化という危険がそこで起こる可能性があることも批判的に述べておく必要があろう[55]。以下の考察を無視するならば，それは的確だと言えるだろうが[56]。

2）について：**お互いのメリット**という思考には，進化生物学的ないし社会学的にかなり強化された互恵性という考えが再び見出されるだけでなく，結局は「目的それ自体」としてあらゆる他者を承認するというカントの考えも見出される。その考えはまさに，自分のメリットに投資するのではなく，損害を与えないというネガティブな形で（あるいはスミスが言うように正義という徳に沿うように），他者のメリットをそれ自体として尊重し，考慮することだからである。

3）について：協働に関する節ですでに，あらゆる協働が望ましいわけではないことを見た。倫理の中心的なメルクマールは，行為に関するより大きなコンテクストを考慮し，このより大きなコンテクストの中でもコンセンサスの持つ力をよく考えることである。だからこそ，内容的に世代を超えた協力をも意味する「**社会的協力**」が問題とされるのである。もっともこの定式化には，別の場所で説明したことがはっきりとした形で明らかになってはいない。それは，そのように理解された一般的な社会的協力への重要な投資の1つが，権利の尊重，すなわち第三者に損害を与えないことだ，ということである。

---

[54] このような考えは，改めて意味論ないしゲームの理解が持つ意義を示してくれるものである。

[55] よって，義務論的アプローチの主張者たちはひょっとすると，善きことが彼自身のために行われるべきで，偶然的な行為の帰結のためではないと強調するかもしれない。それに対する返答は，とりわけ7.2節から導き出せる。

[56] しかしこの批判ポイントは真面目に考えるべきである。というのも，別の場所で，ミルトン・フリードマンが社会的責任を利潤の増大としたような（下記参照）短縮的規定が持つヒューリスティックな効果が問題のあるものだということが，それによっても論証されるからである。それはしかし，決して避けられないものである。

4）について：最後に4つ目の方向付けはこのような協力の**条件**を指摘することである。ここで特に**信頼**が指摘されることに，おそらく驚きはないだろう。けれども，協働の成功に有益なそれ以外の条件も挙げることができる。例えば，**徳**という形をとることもあれば，お互いのメリットのための生産的な協力に有益な別のコンピテンスの形を取ることもある**人的資本**や，**社会資本**とか**制度資本**などである。

もっとも，条件という考えに関してこのように黄金律を拡張することには，他のヴァージョンには備わっている，直観的なわかりやすさのようなものがそれによって失われるというデメリットもある。この直接的という側面は，黄金律がもつ非常に大きなヒューリスティックな価値のかなりの部分を構成するものであり，それゆえに古典的な黄金律に合致した，他のいくつか考えられる公式によってもう一度強調するべきである。例えば以下のものがある。

他者の状況に身をおいて考えよ！

まさに具体的な信頼関係にとっては，このような黄金律のヴァージョンはきわめて有用な助けとなる。例えばある従業員に解雇を通告しなければならない人事担当者が，ある瞬間に思考上その状況に身をおいて考えるとしても，（仮定されたように）解雇が必要という事情を前にすれば，たいてい変わることはないだろう。しか**しどのように**というやり方は変わるかもしれない。それは状況に対処する当該の従業員にとってのみ役立つわけではなく，同時に他の人たちにとっても，それぞれの状況で自分たちのことが真剣に考えられていると思えるシグナルにもなる。

もしくは，ある銀行コンサルタントが，助言を求め彼を信用している顧客の状況に身をおいて考える時，少なくとも考えられるのは，はなはだしく間違ったコンサルティングを行う可能性が減るということである。

あるいは従業員をパフォーマンスに従って，そして場合によっては不正にも基づいて，どのようにコントロールするのかを熟慮している人が，措置を選択するに際して，もし従業員がこのコントロール措置にさらされたとしたら彼らはどのような状態になるのか，そして彼はどのように反応したのかを，その瞬間に想像するとしたら，4.5.3節で取り上げられた悪循環を避けることができるケースも多いだろう。

黄金律の基本思考を違う形で定式化するもう1つの事例が，**損害を与えないという掟**（"do no harm"）である。これはとりわけ健康保険制度において重要なものである。[57]

けれども，具体的な相互行為を超えた倫理的問題に対しても，倫理基準として黄金律を繰り返し動員させることができる。これについては詳しく説明しないが，黄金律がもつ方向付けの働きがどのように効果を発揮するのか，いくつかの事例で示されるだろう。[58]

- **黄金律と尊敬**：この関連は，他人の状況に身をおいて考えるべきだという，上で議

---

[57] この思考は，より一般的な形では，基本権の議論（isensee 2003）における「誰にも危害を加えてはならないという掟」としても見られる。

論された定式の中で特に明確になる。そのことは，ここで用いられた黄金律の定式化の中で，誰しもが認める通り抽象的な形で，むしろ間接的に現れている。そしてそれは，尊敬をはっきり示すということが，信頼あるいはお互いのメリットのための協力の成功にとって，最も基本的で最も重要なものの1つだという指摘からもわかる。

- **連帯と黄金律**：6.4.2.1節で説明されたように，連帯とはまさしく，黄金律に沿った行為が方向づけられるべき，お互いのメリットのための社会的協力という理念だと解釈できる。逆に見れば，とりわけ社会政策のような政治的措置は，それがどの程度黄金律に沿った行動を促進するのか，もしくはしないのかという観点から検討できる。
- **正義と黄金律**：この基本価値もまた，直接黄金律と結びつけることができる。よって一方で，経済秩序が黄金律に沿って投資する人に，期待されたメリット，確かにそれは投資にとっての本質的なインセンティブなのだが，それが実際に実現することが**公正**に可能だと保証するなら，その経済秩序は正当なものとみなせると言えよう。これが特に善き**ゲームのルール**，ないしは公正な**ゲームのルール**の問題だということは明らかである。他方でそれは，すべての人ができる限り，そもそも黄金律の意味で投資できるようにするという，**機会の公正**という問題である。これは，労働市場で投資する，あるいは設立者としてしかるべき投資を実行できるよう人々を制度的，個人的にサポートするのに多様な可能性があるのと同じように，教育政策にも関わるものである。
- **持続可能性と黄金律**：ここで展開されたような持続可能性の考えもまた，黄金律の観点から考えられている。お互いのメリットのための（世代を超えた）社会的協力へ絶えず貢献できるためには，つまり黄金律に沿って振る舞うためには，われわれ人間が継続して準備し，能力を備え，物質的，社会的，環境的，そして理論的資源を持つよりほかに重要なものはないからである。そこでは，持続可能性という考えは同時に，黄金律において，きわめて大きなイメージの中で，お互いのメリットのための世代を超えた社会的協働が大事だということも明らかにしている。[59]
- **黄金律と競争**：すでに5.2.2節で，市場経済にとって本質的な競争に関して説明があったことも思い出せるだろう。この競争は，コンフリクトであるにもかかわらず，まさに競争が社会的な協力への投資，つまり黄金律に沿った行為を促進するならば，そして促進するからこそ，社会的に受け入れられるものとなるのである。
- **企業の責任と黄金律**：最後に，ここでもう本書の第3部を先取りして，企業の責任が黄金律に沿った行動と同じものと見なせる，とほのめかしておこう。企業が社会の価値創造に貢献できる，そしてその際同時に自分自身も利益が得られるような投資が問題となるのである。

---

[58] これについてはSuchanek 2007も参照。
[59] それについては5.3節を参照。

結論：お互いのメリットのための社会的協力の条件へ投資せよ！

第 2 部　価値と現実

序　　文

「すべてを理解するということは，すべてを赦すということである。」（スタール夫人）

　この洞察は倫理にとって結局真実の半分でしかないし，最終的には無責任な行為を後悔することも問題にせざるを得ないのだが，そうだとしても，それは日常に適した倫理にとって根本的な意義を持つ知恵を含んでいる。すなわち，他者の行為に関する多くのネガティブな（道徳的）判断は，判断する者が，その行為へと導いた人格の事情とか歴史に関する知識を得た後に修正されたのだ，ということである。経済（あるいは政治やその他社会システム）で意思決定を担う人にありとあらゆることを要求すること，あるいは彼らの行いに対して彼らを批判することは簡単である。しかしその時に，状況の条件や，もしかしたら行為者の経歴についてもより多くのことを知っていれば，これらの要求や批判が修正されることも多い。違う言い方をすれば，現実に関する理解がなければ，道徳的な反省や，それから導き出された，経済，政治，社会における行為者への要求もまた，非現実的でまさしく問題あるものとなることがあるのである。

　例を出そう。全世界の軍備につぎ込まれている予算の少なくとも半分を，代わりに最貧困層の扶助のために利用することを，もちろん想像はできるし，要求することさえできる。この考えは規範的にはすぐに納得できるものだし，なぜそうならないのかと問うかもしれない。道徳的に望ましい状態がなぜまだ現実のものとなっていないのか？　というまさにこのような問いかけは，倫理において真剣に考えるべきものである。それには実際多数の原因ないし理由があるからである。理由を 1 つだけほのめかそう。テロリスト，暴力に訴える反逆者，組織犯罪などに対し民主主義を守る意志を持つ人たちの予算のうち，まさに半分が取り除かれるとしたらどうなるだろうか？

　ここでこのテーマにさらに議論するつもりはないが，はじめは気に入らないとしても，そのままにせざるを得ない**十分な根拠**が実際に存在することがあるのだ，と少なくとも予感はできる。しかし「十分な」というのはとりわけ，そのような根拠が**実態に即している**，すなわち現実を適切な形で考慮しているからである。

　現実を考慮することで，すでに折に触れて話題とされていた特性，すなわち，共通の利害や目標を持っているのに，このような利害や目標が実現されるには行為し

ないことが多い，という特性をうまく理解する助けとなる。それは明らかに道徳的な理想や価値にも当てはまる。

当為と存在の間にこのような差異がある原因を，すでに実践的三段論法を手がかりとして，根本から何度もテーマとしてきた。そこでは例えば，信頼する側が理に適った期待を信頼される側に向けることが問題となっていた。

しかしながら，要求度の高いこのような価値と現実の関係，すなわちゲームをどのようにプレイしたいのかというわれわれのイメージと，ゲームが実際どのようにプレイされるのかというわれわれの知覚との関係を，道徳的な要求の実行という観点から方法的にさらにもう一度テーマにすることは有益だろう。

本書の第1部で道徳的判断のための根本的基準を知ったところなので，第2部では，日常的に経験する価値と現実の差異について，どのようにすればそれを理性的に扱えるのかという問題により多くの力をさきたい。

このような企てが不完全なものにとどまるのを避けることはできない。人間は誰もが違う存在であり，状況もそれぞれ異なったものであるがゆえに，現実は多様なのである。よって，ここで包括的な理論を打ち立てることは完全に不可能である。そうできると考えるのは知識（と当為）の思い上がりだろうし，しかもそのような課題がもたらす計り知れない複雑さを前に，失敗することになろう。そればかりか，包括的な中央集権経済の試みと同じように，それはおそらく失敗するに違いない。中央集権経済の基礎に善良な意図もあったことは疑いないのだが[1]。

それゆえにこの第2部では，価値と現実という緊張領域から生じるコンフリクトに対して処方箋を提供することは問題とならない。目標はむしろ，実践的三段論法をもう一度用いて，当為と現実の差異，価値と現実の差異の橋渡しを目指す<u>方法</u>を仲介することである。それは，理性的な行為，つまり黄金律に沿った行為を通してか，あるいは経験的条件が具体的にするべきことに限界を与えるがゆえに，<u>具体的な状況において達成されるべき物事に期待の方を合わせることを通してか</u>，いずれかによって行われる。

医学のアナロジーを使ってこれを明らかにしよう。誰かが病気になったとして，また元気になってほしい，と（誠実に考えられてはいるが）切実なアドバイスを述べても何の役にも立たない。医者が彼に力を込めて，ただちに病気にかかっている状態を克服すべきだと要求しても，まったく的外れである。それは無責任だろう。そのような**規範主義的な短絡思考**は明らかに問題解決の手助けとならない。

それに代えて問題となるのが，人間の健康がどのように脅かされる，ないしは損なわれるのかということに関する深い理解である。それは栄養の間違った取り方によるものかもしれないし，ウイルス，遺伝子欠陥，あるいはその他の原因かもしれない。

---

[1] 確かにその実施に関わっていたすべての人に対して言えることではないが，しかし根本的な社会的コンフリクトが克服された，自由で公正な，連帯的で階級のない社会を生み出そうとする目標と考えを同じにしていた多くの人たちには当てはまることである。

すなわち，それをもっとも理性的に扱う方法を知るためには，必然的に，健康の障害となっている経験的条件に関してより多くのことを知る必要があるのだ。そうしないと予防とか治療の措置を意味あるように開発できないからである。

　同じことは，これ以外の目標や価値の実現にも言える。経験的条件が有益だったり妨げになったりすることの知識がなければ，目標や価値はせいぜい偶然的にしか達成されないだろう。しかしとりわけ，実現されない場合に，目標や価値を懇願するだけでこれを実現することはまったく不可能だろう。

　その際注意すべきことは，患者と医者の関係と同じで，つねに情報の非対称性が存在することである。例えばメーカーのトップマネジメントは，企業の条件について，ジャーナリストあるいは市民よりも多くのことを知っている。ここでもまた信頼が中心的な役割を演じる。しかしながら，信頼する側となる，企業の意思決定に影響を受ける人たちは，今後企業と協働するかどうかを左右する道徳的判断を下すことになる。その点，協働の継続や成功を望むなら，少なくともある程度の**共通の基準**，つまり（十分）共通したゲームの理解を持つのを避けることはできない。

　しかしこのような共通の基準において問題になるのは，まさに共通の価値だけではない。少なくとも原則の上では，信頼される側がどのような経験的条件にさらされているのか，すなわち彼の行為がどのような制約ややむを得ない事情を抱えているのかについて，ある程度共通した理解も必要である。違う形で定式化すれば，信頼される側は，彼の行為に対する信頼する側の期待が（理性的に）実現できないのはなぜか，どの期待が実現できないのかを，信頼する側にうまく伝えられる必要がある。さらに，しかるべき情報を自ら調達する責任をも持つこともあるのだ。

　それに従って第2部は以下のように分類される。まず8章で，導入部で挙げられた差異を行為者と信頼される側に関連づけ，そしてそれを道徳と自己利益の基本的コンフリクトとして説明する。9章では基本的コンフリクトに導く（可能性がある）典型的な条件の形態や情勢をいくつか例を挙げながら議論する。そして条件はおおかた所与と見なせるので，適切な投資でもいいし，期待に適応することでもいいが，基本的コンフリクトを和らげるためには，どのようにこの条件を理性的に扱えるのかが最低限示唆される。

第8章　道徳と自己利益の基本的コンフリクト

　前章で描かれた方法はあるヒューリスティクスに基づいている。それは「診断」と「予防」ないし「治療」という概念のペアを手がかりとして表すことができるものである。優れた診断がなければ予防措置はしばしば誤ったものになるだろうし，治療に関していえばなおさらである。
　しかし倫理的考察において優れた診断がされないことが多いのはなぜか？　その主な理由はおそらく，善き意志のないことがまさに本質的な原因だと見なされるからである。同時にそれに応じて，このような善き意志を求めるという診断がなされるのである。[1]
　実際，価値と現実の緊張状態が生じる，おそらく最も基本的な形態は，倫理における基本的コンフリクト，すなわち道徳と自己利益のコンフリクトである。しかしこのコンフリクトを善き意志がないという問題として（のみ）解釈するのではなく，第1部で登場したコンセプト上の思考ツール，とりわけ実践的三段論法を利用することは意味あることである。
　そこで実践的三段論法のシェーマを使えば，このコンフリクトを次のように描写できる。

図表32　実践的三段論法（9）

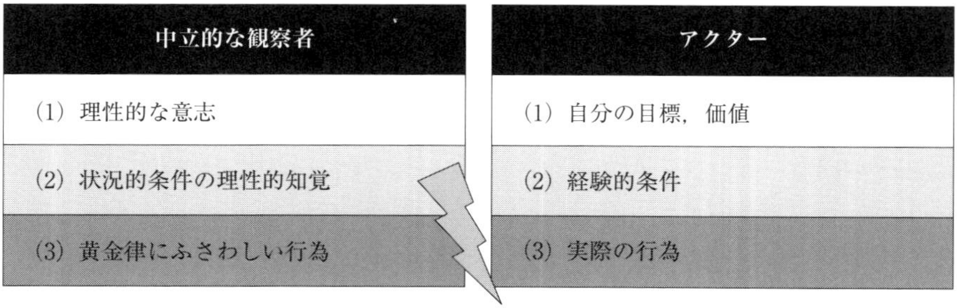

中立的な観察者	アクター
(1) 理性的な意志	(1) 自分の目標，価値
(2) 状況的条件の理性的知覚	(2) 経験的条件
(3) 黄金律にふさわしい行為	(3) 実際の行為

　左側には参照基準が示されている。それはいわば「私は何をすべきか」という問いに対する倫理の返答であり，理性的な「したいこと」と，人間を取り巻く状況に関する同じく理性的な知覚から来たものである。しかしそれは，中立的な観察者があらゆる状況に対して何をすべきか正確に規定するという形で理解されるべきではない。そ

---

[1] これについて根本的な批判は Homann 2014 を参照。

のようなイメージは無意味だろう（「身体に優しい香草入りスクランブルエッグを食べなさい！」）。むしろたいていは，正当な信頼期待を傷つけるような特定の行為を排除することが重要となる。コンフリクトが起こるケースでの自由の利用，あるいは場合によってはそのつどの状況で正しい行為がありえるように仕向ける条件を作り出すことが問題となる。

　右側には（1）実際の選好，目標，信念，知覚，あるいは行為者が「したいこと」ないしは個々人のゲームの理解とも言えるもの，ならびに（2）彼の具体的な状況的条件があり，それに基づいて（3）実際の行為が生み出される。

　われわれは日常の多くの状況でつねに倫理が命ずるようには行為していない，すなわち，中立的な観察者あるいは黄金律に従っていつも行為するわけではないと言わざるを得ない。すべきことと実際の行為の間に**不一致**，すなわち**道徳と自己利益の基本的コンフリクト**が生じているのである。

　この基本的コンフリクトをより理解するのに，さしあたってまず「自己利益」という概念に関して考えられる2つの解釈を区別することが有益である。一方でそれは**意図**，すなわち（1）に関連づけられるし，他方で観察可能な**行動**，すなわち（3）を意味することもある。観察可能な行動は，そのつどの行為の中で，状況に関するあらゆる影響要因（「**インセンティブ**」），そしてこの要因を個々人がどう扱うのかということから結果として明らかになるものである。

　その限りで，この区別は倫理的に重要である。それは，道徳と自己利益の間にある観察可能なコンフリクトの原因を（1），つまり自己利益$_{意図}$だけに，あるいはまず自己利益$_{意図}$に位置づけることが短絡的な場合が多いことを明らかにするからである。

　しかし正当な自己利益もある。そればかりか，自分自身に対しても責任を負わなければならないのだ。それにもかかわらずコンフリクトが起こるのである。すなわち，善き意志があったとしても，経験的条件が「できること」の限界を設定してしまう状

2　これは図表32の矢印で特徴づけられているものである。
3　経済科学においては「顕示選好」が問題となる。ミクロ経済学で依然として支配的な理論は，利害ないし効用最大化が合理的に追求され，相応に実現もなされるものとして（1）を構想し，そして結果として（3）も構想している。それは，際立って効率の良い観察シェーマ（Homann/Suchanek 1989）に行為を従属させ，このようにして「予測可能」にするという方法論的メリットを持つ。もっとも，それによって「個々人のゲームの理解」の問題が大幅に削減される。人間という要因はモデル形成を不可能にするので，方法的に除去されるのだと言えよう。それはそうとして，そのことは，個別科学の枠組みではむしろ問題のある概念である「人間像」を「より現実的に」すると考えられるあらゆる試みにも当てはまる。心理学，生理学その他の理論を用いた，なおかなり多くの細分化や強化，修正は，人間の自由を理論的に完全にとらえることを不可能にするだろう。それは，マーティン・ルーサー・キング（Martin Luther King）の「私には夢がある」のような発言の意味内容を統辞論的分析でとらえることが不可能なのと同じである。
4　例えば経済学者は自己利益という概念を行動に関連づけ，対して倫理学者は意図に関連づけることからわかるように，経済学者と倫理学者との間で意思の疎通が難しいことがあるのも不思議ではない。
5　この先で，ステイクホルダーの多くの要求に対して企業が責任を持つことが類推的に強調されるべきだろう。

況がたびたび存在するのである。一方，この限界はたいてい明確には定義されていない。それは慎重な検討を要する問題，すなわち**実践理性**の問題である。

その際注意すべきことは，行為者のみでなく，それに関わる人たちも問題になるということである。4章の言葉で言えば，行為者としての信頼される側と，信頼する側，そして信頼する側としての彼の期待が問題となるのである。双方とも，事務用品を家に持って帰ることが問題だろうと，人権を侵害することが問題であろうと，何が自己利益として正当で，何が適切ないし不適切と見なされるのかについての評価を持っている。これらのポイントについて，平凡な例でより詳しく解説しよう。

決まった待ち合わせ場所に時間通りに来るという約束を友人としたとしよう。それは彼がそれに応じた（信頼）期待を私に向けているという帰結を伴う。しかし私は1時間遅れて到着した。それは不一致である。つまり**約束**が守られなかったのである。けれどもそれは**重要な不一致**，つまり信頼関係を損なうほどのものだろうか？そうかどうかは様々な要因に依存する。

- 電車あるいは飛行機が遅れたと説明するなら，それはたいていのケースで受け入れられるだろう（しかしすべてではない。下記参照）。
- 家族が重篤な病気になり，病院に行っていたとすれば，それも高い確率で受け入れられるだろう。
- ちょうど集合時間に冷蔵庫を掃除しなければならなかった，あるいはバンジョーを習わなければならなかったと主張するなら，それは決して受け入れられないだろうし，信頼の崩壊を招く原因にさえなるかもしれない。それは，他者の利害への**尊重に欠けていること**がそれによって**シグナル**されるからでもある。

さらに別の理由も数多く考えられる。しかしどれが受け入れられるかは，つねに，この待ち合わせが，そしてそれと共に約束を守ることが，友達にとってどれほど重要なのかにも決定的に左右される。それが拘束力のない待ち合わせでしかないのなら，来ない理由もあまり重要ではないし，それでも受け入れられるだろう。しかし，例えば彼にとって重要な契約を締結する際に私の援助を必要としていたケースのように，その待ち合わせが彼にとって非常に重要だったのなら，私が来なかったことを理由づける要求度合いも高まる。そしてその場合，私がどの程度自分自身遅刻を回避するつもりだったのかが重要となる。

この関連では3つの事柄が重要である。
- **経験的条件**。私にはそれが所与だったのであり（例えば列車の遅れとか予期せぬ家族の病気），それが重要な行為可能性に影響を与えたのである。
- 様々にある行為可能性に対する自分の**順位づけ**，そしてそこで明るみに出る，私が信頼する側の利害に付与する意義（尊重）。
- 私が不一致を説明する（もしくは連絡しないことでまったく説明しないかもしれないという）やり方，つまり，**どのように**，という問題。同じくそこでは，他者の利害に関心を向けている（あるいはまったく関心を向けていない）という**シグナル**が

現れている[6]。

　その際改めて指摘すべきことは，このように具体的に考慮し，検討することすべてによって，「約束は守られるべきである」という原則的な道徳規範が決してなくなるわけではない，ということである。信頼関係にとっては，普遍的な規範をお互いに承認していることができるだけ明確になるのも大事なのである。信頼される側が原則的に規範を，そしてそれと共に信頼する側の正当な利害をも承認していると信頼する側が想定できる場合に，彼はより信頼の付与をしようと思うからである。その際，以下の場合にその承認がよりいっそう大事になると言える。
- その規範がより原則的である場合
- 信頼する側にとって，個別のケースでそれを応用することがより重要になる場合
- 信頼される側が持つ行為の選択肢（すなわちそれに従わないこと）があまり重要でない場合

　これらの条件は付け加えることができるし，あるいは分類することもできるかもしれない。それらは，道徳的な判断を理性的なやり方でアルゴリズム化することが困難であること，もしくは不可能なことを改めて示すものである。それゆえ，われわれが日常で絶えずそのような判断や検討を行っているという指摘は注目するに値する。倫理の課題は，観点や関連を指摘することで，そのような判断をもっと理性的にすることである。

　この場で優先的に問題にすべきポイントは，（(3) の意味，つまり行為という意味での）道徳と自己利益の間にあるコンフリクトの知覚という点から見た，行為条件 (2) の意義である。

　ここでは，中立的な観察者が状況を理性的に知覚するという想定によって，どのような行為を理性的に要求できるのかがすでに明らかになったと言えよう。けれども場合によっては，それは推定によって問題を解明するという結果になるだろうし，結果現実の状況にはほとんど役に立たない解答を与えるだろう。それゆえ，ある意味で，主観的な道徳的判断能力を保証するコンセプト以外の何物でもない中立的な観察者に，方法的なヒューリスティクスを与え，描かれたコンフリクト状況という観点から状況分析を行うことが重要となる。第二部の序文で述べられたように，これが具体的にどのように実行できるのかが不明確な場合，道徳的な要求に抽象的に固執することはほとんど意味をなさない事が多いからである。

　そればかりか，信頼する側のデメリットに直接なるような特定のやり方で行為するよう，行為条件がアクターにかなりの圧力をかける状況も何度も登場する。健康保険

---

[6] ある１つの不一致を別の不一致で，つまり嘘で覆い隠そうとすることも多い。それは場合によってはかなり費用のかかることになるので，結果，以下のヒューリスティクスを真剣に考えることはまったく有意義である。「本当のことを語るなら，後は覚えていなくてもよい」。

制度の事例をまた持ち出せば，経済的な制約とセットになった法的な規準は，最善だが費用のかかる診断や治療の措置を医師が施すのを不可能にすることも多い。しかしそれは，患者には（彼がこれを聞き知るはずだったという限りで）場合によっては重要な不一致として感じ取られることになる。けれどもこのような法的・経済的な行為条件には原則的に同じく道徳的な価値，つまり健康保険制度という制度化された連帯があり，それは安定性や持続可能性という理由から，ある他のケースに利するよう，ある1つの個別のケースでの消費に限界を設定することを必要とするものである。[7]

そのような状況では，別の行動によってコンフリクトを和らげることはあまり問題ではない。むしろ現実との「和解（Versöhnung）」（ヘーゲル），すなわちその**社会的意味**を省察し，同時に実現できることには限界があるという発想を受け入れるような状況条件に気づくことが重要である。[8]

しかし，そのことで道徳と自己利益のコンフリクトが止揚されるのだと主張すべきではない。それはまったく当てはまらない。日常で黄金律に沿って投資をすることはつねに十分可能であり，お互いの信頼に満ちた付き合いであれ，約束を守ることであれ，正当な信頼期待を傷つけないことであれ，（社会的）協働を成功させるためには，それ相応の貢献も必然的に求められるのである。そればかりか，われわれは自分の行為すべてによって不可避に自分の<u>将来</u>の行為条件を生み出しているのであり，それゆえに道徳と自己利益の<u>将来</u>のコンフリクトをできるだけ限度を超えないように気をつける（それを完全に回避することは不可能である。われわれは人間なのだから）のが有意味である。

まさにそれゆえに，次のモットーに従って行為条件をさらに深く理解することが非常に重要となる。「そんなにいいアイディアなら，なぜしなかったのか？」ここで説明された道徳と自己利益のコンフリクトを見れば，個々人の自己利益がそれに対立していたから，と言い返すことはもちろんできるだろう。けれどもそれは，説明によって明確すべきことなのだが，あまりにも単純で，たいてい役に立たない。確かにより深い理解が必要であり，次章がそれに寄与することになる。

---

[7] このポイントはとりわけ9.3節で再び取り上げられるだろう。
[8] このポイントは市場経済を道徳的に判断する際にとりわけ中心的な役割を演じる。

第9章 条　　件

　いま，もっとふさわしい道徳的要求ないし期待とか判断とかを状況に関係づける形で導き出せるよう，基本的コンフリクトに導く（可能性がある）状況的な行為条件をより上手く理解するという試練に取り組むとするなら，ここでは無限で論じ尽くせないほどの課題が問題となることが再度強調されるべきだろう。生活はあるがままに複雑であり，考えられるすべての種類の状況やそこで生み出されたコンフリクトの解決策を用意する理論（モデル，アルゴリズム，レシピ本）は存在し得ない。それは複雑性という理由から不可能なだけでなく，われわれが将来いつか知ることになることをいまは知らないからでもあり，そして人間の自由と関わっているからでもある。[1]

　しかし日常の共同生活を営むためには，お互い期待し合えるものに関する方向づけが必要である。それは抽象的で規範的なイメージとしてのみでなく，他者が実際どのように振るまい，多様な制約を前にして自分自身がどのように理性的に振る舞うべきなのかについての展望にも表れるものである。すなわち，

- 現実的な期待を向けるために，そして，無責任な行為を後悔するという形であれ何であれ，場合によっては同時に信頼される側の条件が責任ある行為を選択させるようにも関与するためには，**信頼する側**にとっては信頼される側の条件をもっと理解することが重要である。同時に，信頼される側の行為条件に関する理解を深めるならば，それは信頼する側が（より）現実的で（より）適切な（信頼）期待や判断を下す助けとなるだけではなく，場合によっては，何ができるか，その限界をよく理解することで，むしろ自分自身がその状況と**折り合いをつける**ことの手助けにもなる。
- 他方で**信頼される側**から見れば，この条件に理性的に順応し，場合によってはこの条件への投資ができるためには，この理解を深めることが重要だし，必要とあらば信頼する側に対してより実感できる形で自分のできることの限界を伝えられるためにも，それは重要である。

　その際，あらゆる人間を最終的に包括する共通のゲームの理解があるとは期待もできないし望ましくもないので，「**多元主義の事実**」（Rawls 1998）が真剣に考えられなければならない。[2] けれども，はるかに複雑で速く進んでいる世界に生き，そこで個々

---

[1] したがって，読者は考察すれば自分自身で考えることから解放されるというわけでもないし，解放されるべきでもない。むしろそれに対しては，単に刺激やヒューリスティクスが読者に仲介されるくらいである。

人の地平や見方がお互いを成長させ合う傾向を持つからこそ，お互いのメリットのための協力にとって成功の妨げとなっている深刻なコンフリクトに関しても，（企業の）日常の大小様々な試練に関しても，まさに責任ある行為のための共通の理性的方向づけがはるかに重要になるのである。それゆえ本章の詳述はそのような方向づけの試みと見なされるかもしれないが，それに改善の余地があるのは疑いないし，確実に完璧でも究極的でもないのである。

以下では，倫理的に見て特別な意義を持つ3つのクラスの条件が批評される。そのうちの2つ，**社会次元**と**時間次元**は，道徳的基準に向けた一般化が問題となるものとして5章ですでに説明された。ここではこれに加えて，潜在的・顕在的コンフリクトと同様，言うなれば倫理的行為の究極的源泉である，**人間が持つ特性**を明確にする。

さらに別の条件も挙げることができよう。例えば生態学的条件も技術的な条件も，かなり重要なのは明らかである。どれほど重要かは，後者に関してはインターネットを見れば明らかだが，工業化の歴史もまた，われわれの生活が新しい技術によってどれほど変化してきたかを示している。

そればかりか，現実にはたびたび条件の**相互依存**も見られ，それが協働の基礎となったりコンフリクトの原因となったりしている。よって情報技術やコミュニケーション技術の変化は，時間次元ないし社会次元にかなりの影響を与えている。結局それはいつも，この条件の変化にどのように対処するつもりなのか，あるいは対処できるのかという，人間の性質に関する問題でもある。

このような複雑性を前にすると，構造化の試みは見込みのないように思えるかもしれない。しかし実際には構造化の試みはまったく普通のことである。われわれはみな，人間の性質，社会的現実，時間やその他多くのことについて明確なイメージを持っている。「理論」，つまりわれわれやわれわれを取り巻く人たちについてのイメージ，あるいは現実がどのような状態なのかについてのイメージなしにやっていくことはまったくできない。次の節ですぐに詳しく見ていくことになる行為条件さえ，それに含まれている。

---

2 この「多元主義の事実」をくだけた形で言えば，あらゆるものは別様にも見え，そして他者もまた同じく別様に見ていると言うことである。この「事実」は，気軽に考えられるものよりも射程範囲の広いものである。あらゆる理性的な人間は，本来われわれにとって明白な価値とか見方を共有しているに違いない，と考えるのも珍しくないからである。しかし他の人間もそう考えているのであり，そこでは，市場，企業，正義その他多くの物事について，まったく別のイメージを持っているのである。それについては9.1.3節も参照。

9.1 人間が持つ特性

9.1.1 序　文

「人間は善への傾きを持っていますが，悪をも行うことができます。人間は現世の利益を超越することができますが，それでもなおその束縛からは逃げられません。この事実を考慮に入れ，個人の利益と社会全体の利益とを相対立するものとしてとらえるのではなく，両者の実りある調和をもたらす方法を探求するならば，社会秩序はいっそう安定するのです」（Johannes Paul II. 1991, 25項[3]）。

　あらゆる人間は尊厳を持っている。倫理にとって根本的なこの命題の意義は，例えば，ドイツの全法律の中で最も重要な基本的価値と見なすことができる基本法の最初の文章に表れている。「人間の尊厳は不可侵である。これを尊重し，かつ，これを保護することが，すべての国家権力に義務づけられている[4]」。
　そして実践的には，どんな倫理体系も，それ自体として尊敬ないし尊重に値する道徳的主体として，何が良くて何が悪いかの考察の基礎として，人間に関するこのような理解を受け入れている。とりわけ，「だから，何事でも人にして欲しいと望むことは，すべてその通りにしなさい！」という（マタイ福音書のバージョンでの）**黄金律**から見た，あらゆる人の尊厳を承認するという道徳的理念は，納得のいくものである。おそらくすべての人が，自分の尊厳が承認されていることを知りたがっている。それゆえ，あらゆる他人の尊厳を承認することは公正なのである。すべての人がそれをすれば，そんな素晴らしい世界はないだろう。
　しかし，道徳的主体としての人間に関するこの重要な倫理的理念は，われわれの日常とは確実に対照的である。ここでわれわれ人間は，自分自身が（そしてもちろんとりわけ他の人も）気まぐれであり，ムラがあり，怠惰であり，シニカルであり，ずる賢く，疲れており，イライラしており，日和見主義的であり，時には邪悪にもなることもすでにわかっている。実行することがわれわれにとって良いことだとわかっていても，実行に移さないという事実と向き合っているのだと，絶えず気づかなければならない。お互いを害するというスパイラルに陥らないよう，**中立的な観察者**が共感，忍耐，親切，寛容を，そしてひょっとすると努力や意志の強さをも，いくらかより推奨するような状況に絶えずいるのだ。それでもわれわれは辛辣なコメントを慎むこと

---

[3]【訳注】この訳は，教皇ヨハネ・パウロ二世著，イエズス会社会司牧センター訳『新しい課題：教会と社会の百年をふりかえって：教皇ヨハネ・パウロ二世回勅』カトリック中央協議会，1991年，52ページから引用した。

[4]【訳注】この訳は，高田敏／初宿正典編訳『ドイツ憲法集［第3版］』信山社出版，2001年，210ページから引用した。

ができず，それが気分を害することになるのだ。事態をいっそう厄介にするだけなのに，嫌な客への電話を先延ばしにしてしまう。ビジネスパートナーにとって重要なはずの多くの情報が伝えられないままなのは，それが一方の側にとってのビジネス条件を悪化させるからである。後悔すると本当はわかっていることをしてしまう。わかっているのに，である。一般的にいえば，そして本書のテーマと関連づけていえば，投資をしないがゆえに，信頼期待が裏切られてしまうのである。

再び価値と現実の緊張状態に関わっていることは明らかである。それは以下の文章で表現できる。

> あらゆる人間は道徳的な主体であり，尊厳を持ち，自由を授けられているが，同時に生物学的，心理学的，社会的などの経験的条件にさらされている存在でもある。彼は自由だが，そこではつねに，あらゆる状況によって与えられた経験という限界に従属しているのである。

われわれは天使ではない。そしてそのような行動を他者も期待しないはずである。他方，われわれは悪魔でもなく，むしろ原則的には，道徳的価値や規範，原理をわかっているのだ。しかし，それもまさに，限界の範囲内だけで言えることである。

そのことは，ダン・アリエリー（Dan Ariely）が『不誠実に関する（誠実な）真実』[5]という素晴らしい著作の中で書いた次のような出来事に，かなりわかりやすく現れている（Ariely 2012, 13f.）。アリエリーはジェフ・クライスラー（Jeff Kreisler）を彼の大学の講座に招待した。クライスラーは，すばやく本当に金持ちになることが大事だと，そして他人をだますのが一番うまくいく方法なのだと，非常に言葉巧みに学生たちを説得しようとした。逮捕されてしまっても，利口な弁護士を使って苦境を脱しなければならない。学生たちも最初はまだ，多くのカネをすばやく稼ぐという考えに魅せられていたが，このような不道徳なお金の稼ぎ方が述べられ，だんだんと明確になるにつれ，彼らにためらいが生まれた。

それぞれの学生が道徳的なためらいを感じた瞬間は各々異なったポイントだったとしても，以下のことは原則的に正しいように思われる。すなわち，たいていの人間は，自分たちに見えている他者に損害を与えて自身のメリットを得ることを阻止するような，道徳的遮断機を備えている（あるいはそれを熟考している）のだ，と。[6]

しかしアリエリーは著書でこう続けている。このような道徳的遮断機もそれはそれで限界がある，と。彼らが最初はまだクライスラーの提案に異議を示さなかったことに，すでにそれが現れている。道徳的に支持できるかできないかは，様々な形で線引きされる。そしてそれはたいてい，状況的条件をまったく考慮することなしに，ある

---

5 【訳注】この書物の邦題は，『ずる―嘘とごまかしの行動経済学』早川書房，2012年である。
6 この実験を1.4節でのカーの考察との関連で見るのは興味深い。カーは，ゲームが実際にどのようにプレイされているのかに注意を払わなければならないと強調している。けれども，どこにその限界はあるのか。そして，このようにお金を稼ぐやり方はともかくそうなされるのだと学生に説明する場合，何が限界となるのか。

いは経済学者なら相対価格ないし機会費用を考慮することなしに，と言うだろうが，厳格に道徳的原理を守るという<u>絶対的</u>なやり方で引かれることはない[7]。人間は決してあらゆる指示を守るわけではないし，誰もがつねに真実を言うわけではない。実践的には皆，状況次第で，明確に妥協をする心構えができている。原則的に他者にもそれを認めている。

　われわれの道徳的遮断機の限界は，かなりの部分，われわれの特性に由来する。つまりそれは経験的条件のことであり，あるいは，われわれの現存在を同時に規定している，生物学的，心理学的その他の条件と言ったほうが良いかもしれない。少しだけ例を挙げよう。

- 疲れ果てたときには意志が弱くなる傾向があるし，誘惑に負けてしまう[8]。
- 意志の力は肉体的な苦痛によってもかなり損なわれる。このケースでは，信頼する側が信頼される側に譲歩する傾向が多数見受けられる。
- オキシトシンのようなホルモンは，誰を信頼するのか，どの程度信頼するのかに決定的に影響を与える（Kosfeld et al. 2005）。もっとも，オキシトシンがより多く出れば自動的に道徳的行動が起こることを意味するのではない。オキシトシンは他者を犠牲にして集団的利他主義を促進することもあるからである（De Dreu et al. 2010）。
- 権威の影響下では，以前には想像もできなかったようなやり方で自分の価値に反する行動をするかもしれない[9]。
- 批判すると制裁されるという恐れを抱かざるを得ない場合には，批判を控えめにする人が多い[10]。
- 自分の将来あるいは企業の将来にとって重要だとわかっている場合ですら，不愉快な真実に直面させられることをとかく避けたがる。そうだからこそ，情報提供者になりうる人は都合の悪い報告をしたことを処罰されるというリスクを嫌うので，高い位にある意思決定者なのに，場合によっては彼が責任をもつ領域での問題のある

---

[7] それでも人間は，いやいやながらも歩調を合わせることも多いのだ。
[8] アメリカの社会心理学者バウマイスター（Roy F. Baumeister）は，これに関して「自我の消耗」という概念を作り上げた（Baumeister/Tierney 2011）。この概念によれば，意志の力は筋肉に例えられる。意志の力は疲労するが，元気づけることもできる。自己のコントロールは，その考えによれば精神的なエネルギーを必要とするが，それは限られてしか使えない。意志の力が道徳的行動のために利用されるという点で，この観察は，アリストテレス的な，徳ある行動の習得に対応するものと解釈できる。
[9] これに関する古典的な事例が，スタンレー・ミルグラム（Stanley Milgram）が1961年に実施した実験であり，それ以来実験は何度も繰り返され，彼の基本命題が正しいことが証明されている。この実験で人々が依頼されたのは，実験の監督者の指示に従い，第三者，すなわち人々には被験者と紹介されている役者が間違った返答をしたら感電させることである。痛みを訴える声が大きくなった（演技だが）にもかかわらず，たいていの被験者たちはますます強い電流を与えるという指示に従ったのである。彼らはこれを，内面の抵抗を抑えて何度も行ったのである。それが明らかにできたことは，本来自分の価値規範とは相容れないような行為をするよう権威にそそのかされるという，多くの人間が持つ傾向である（Milgram 1974）。

開発に関して何も知らないという事態が起こる。
- 倫理的に見て根本的な緊張状態は，一方で人間を決して手段としてのみでなく，同時につねに目的としても扱うことを倫理に要求され[11]，他方で目的として扱うという要求は，具体的な状況では努力やエネルギーが必要になることが多い，ということにある。努力やエネルギーは十分ではないし，それゆえに，時間がないとか，他の物事を煩わせるとか，当然ながらそれに適した人的資本が育成されていないなどの場合には，それだけ調達が難しくなるのである[12]。

このリストは好きなだけ続けることができよう。このテーマの領域に対しては，ここ数年の間に「行動倫理学」という研究の流れが体系的に確立されてきている。これらは，人間が異なる状況条件の下で異なって（道徳的に）行動することに取り組むものである[13]。これまでの考察で何度も実践的三段論法に関連づけてきたので，それは驚くものではないだろう。しかしそのような事態は，古典的な規範倫理学にとっては1つの挑戦である。

なぜなら，人間の道徳的規範の遵守を妨げるのが主として経験的な事情であるなら，道徳的規範をなおさらに熟慮し，練り上げて根拠づけることは，実践的には有益ではないからである。実践的三段論法を使ってそれを表現すれば，そのとき問題は(1)の（道徳的）「**したいこと**」のレベルにはほとんどなく，むしろ(2)の実際の「**できること**」にある。それは，（基本的な感情，反応などに対処できる力を含めた）個々人の能力であったり，道徳的行為ないし責任ある行為を妨げたり，受け入れがたいものにさえするような，制度的あるいはその他の条件であったりする[14]。

ここに，道徳と自己利益の基本的コンフリクトが持つ，いわば第二の側面が現れる。本書の第一部では，とりわけ**理性的な意志**が問題となっていた。すなわちそれは（啓蒙された）自己利益_意図_であり，それは直接的な気質を超越することができ，社会次元や時間次元に埋め込まれていることをますます自覚し，それに従い，中立的な観察者

---

[10] 例えば東ドイツで見られたような矛盾に導いたのが，特にこの事情であった。環境保護に関して東ドイツはもっとも先進的な国家の1つということになっていた。東ドイツは憲法に環境保護を取り上げた初めての政府だったのである。それに従い，市民は汚染と考えられるものを届け出る義務さえあった。同時に，例えば地下水の汚染，土地の浸食や肥料のやり過ぎ，ビオトープの破壊あるいは無責任なゴミ処理など，東ドイツの実際の環境汚染の度合いは，かつての社会主義国家の多くと同様，非常に高いものであった。なぜ市民が，いずれにしても憲法で（！）規定された告発義務を果たさなかったのかについて，おそらくこの場でこれ以上詳しく説明する必要はないだろう。そのような現象について一般的には Kuran 1997 を見よ。

[11] より正確に言えば，カントの定言命法における自己目的の公式によって，である。上記 7.2.2 節を見よ。

[12] それについては，先の節における尊重の事例も参照。

[13] 概要については Trevino et al 2006 を見よ。

[14] ここで明らかにすることはできないが，哲学的に深く掘り下げられるべき問いは，個々人の「したいこと」が結局どの程度，それぞれのアクターの（経験的な）歴史に規定されるのか，というものである。

が是認できるような規範に方向づけられているものである。

いまここでは、**行動**の中にはっきり現れる自己利益、つまり自己利益_行為_が問題となる。それは状況的条件によって形作られており、その範囲は一般的に自覚するよりもはるかに大きくなることも多い。他方で同時にそれは、この条件に対処するための自分の能力によっても決定的に規定される。自分の能力は、かつて行った、あるいは行わなかった**投資**だともいえよう。

以下では、「したいこと」と「できること」に関するこのような関連の、2つの根本的な影響要因に取り組むことにする。それは、信頼に満ちた協働という問題にとって特に意義を持つものである。
1. インセンティブ：状況という事態が持つ力
2. 判断：選択的な知覚パターンの持つ力

9.1.2 インセンティブ：状況という事態が持つ力

心理学者のフィリップ・ジンバルドー（Philip Zimbardo）は、1971年に実施した「スタンフォード監獄実験」という有名な実験で、ランダムな手順を使って、志願してきた参加者に看守と囚人という2つの役割のうちの1つを割り当てた。そこで彼は、2つの役割をできるだけ現実的な状況的条件で特徴づけることに細心の注意を払った。引き続いて参加者は、この役割で1週間、監獄の生活をシミュレーションするよう言われた。ジンバルドーが著書『ルシファー効果』で印象的に書いているように、参加者は一部、程度は異なるとはいえ、ぞっとする程にこの役割と一体化していた。それに伴って、彼らは他者に対する行動に社会規範があることを「忘れた」のである。ここではお互いのメリットのための協力とはむしろ反対のインタラクションになったのだが、こうなったのは、それぞれにとってのメリットがそこから生まれるからというより、状況の持つ構造やダイナミクスがしかるべき行動を生み出したから、つまりジレンマ構造が存在していたからである。

ジンバルドーがこれらの事例を使って示しているのは、それ自体当たり前のことではあるが、それでも通例、かなり過小評価されている実情である。すなわち、われわれの行為はかなり状況条件によって形作られており、われわれの意図が影響を及ぼす範囲は、ふつう想定されるよりもはるかに小さい、ということである。[15]

ここでは、価値と現実の緊張状態に関する、ある意味でもっとも直接的な形態が問題となっている。行動倫理学では、これに関しては「倫理的な行動を目指して努力することと、実際の行動との間の溝」（Bazerman/Tenbrunsel 2011, 1 ff.）とも呼ばれている。問題となるのは、自己₁（*should self*）と自己₂（*want self*）の差異でもある。自己₁とは、自分自身道徳的なアクターだというイメージを持ち、コンフリクトの状況ではしかるべく責任感を持ってふるまうと仮定するものであり、自己₂は、具体的な状況では現実的にふるまい、自己₁が思っているよりもより日和見主義的、順応主義的な行動、意志が弱い行動をとることも珍しくない。[16] 新年を迎えるにあたって抱負を

述べるといったことは，誰もが実践しているだろう。そして少なくも年の初めのうちは，瞬間瞬間で，もっと運動する，もっと健康にいいものを食べる，家族や友達のために時間を使う，例えば家事，納税申告その他のことをギリギリまで後回しにせずに仕事をもっと手際よく行う，などについて，本当にやるぞ，とまだ信じているものである。しかしその後，4週間も経てば，そこまでまだ処理済みのマークがつけられておらず，決意したことすべてを忘れたとして，我に返って総決算を行うだろう。（条件がつきまとう）日常が再び訪れたのである。

倫理においては，すでにアリストテレスやプラトン以来，これら現象は**意志の弱さ**という概念で主題にされてきた。[17]そのヴァリエーションとして，先延ばしにすること（ぐずぐずすること）とか，自己統制あるいは自己規律に欠けていること，あるいは嗜癖もある。

いくつか例を挙げよう。

- 学生だけでなく多くのオフィスワーカーたちも以下のような状況をよく知っているだろう。「すぐにプロジェクト作業にいくよ。あともう少しで（コンピューター・ゲームの）このレベルが終わるから」。[18]
- 苦情を言っており，不愉快な人間とわかっている顧客に電話をかけ直すよう依頼されたが，追い立てるように先延ばしにする。
- データの再点検の責任を担っているが，いくつかの情報を手に入れ，それを頼りにして「もう合っているだろう」とした方が楽である。
- お年寄りあるいは病人の世話の責任を担っているが，自分の怠惰を優先すべく，栄養あるいは液体の十分な補給の世話，あるいは，通常の寝方でない痛みを和らげる姿勢を保つことの世話をしない気質を持つ。

---

[15] われわれ自身の行為に対する状況条件の意義を過小評価する興味深い事例が，ジュリー・ウッドジッカ（Julie A. Woodzicka）とマリアンネ・ラフランス（Marianne LaFrance）による，ジェンダー・ハラスメントの想像と現実に関する研究の中に描かれている。彼女たちはまず，インタビューという状況で女子学生が以下の問いにどのように反応するか，彼女たちに評価を依頼した。「友達はいますか？」「他人があなたを求めていると思いますか？」「仕事でブラジャーをつけることは女性にとってふさわしいことだと思いますか？」質問された人の62％が，なぜこれを質問するのかをインタビュアーに質問するだろうと述べ，68％が回答を拒否するだろうと考えた。別のテスト集団において，被験者たちは実際にこの状況に身を置いたが，この質問への回答を拒否する動きは概して見られず，その後なぜこの質問がされたのかと問う被験者も少数だった（しかも礼儀正しかった）ことが明らかとなった。そのことから，この論文の著者たちは以下のように結論づけた。対決的な行動をとることの帰結に対する恐れは，この質問に答えることへの主観的な憤りよりも強かった，と。ただしそのことは，普通は自分の行動に対して的確に予見されないことは明らかなのだが。

[16] この区別は，例えば前章で挙げられた自己利益の2つの解釈の区別に相当するものである。

[17] アリストテレス（1985）はニコマコス倫理学の第7巻でこのテーマを取り扱い，分析に際して実践的三段論法をも用いている。最近ではとりわけジョージ・エインスライ（George Ainslie）（2001）がこの問題に取り組んだ。

[18] 倫理的に見れば，この事例は，他者の正当な信頼期待がプロジェクト作業の完成に向けられている場合に重要となる。

▪ 早く家に帰るために，定められた安全点検あるいは品質点検を省略してしまう[19]。

本書のコンテクストにおいてそのような現象が重要となるのは，それらが信頼関係を脅かし，そのことでお互いのメリットのための協力をも脅かすからである。そして，組織が信頼に値するかどうかが，組織メンバー個々人のだらしなさ，怠惰あるいは日和見主義によって危険にさらされるかもしれないがゆえに，ここではまさに組織にとってそれがかなりの試練となるのである。それだけに，a) 適切な促進条件（「ゲームのルール」）を整えること，b) 当該関係者に，これが彼ら自身の十分よく理解された利害にも適うものなのだとわからせること，つまりこれに関して共通のゲームの理解を生み出すことが重要となる。

経済学では，行動を適切に分析するのに紛れもなく有益な概念がある。それが**インセンティブ**である。それが意味するのは，「メリットへの期待が状況によって引き起こされ，行為を規定すること」（Homann/Suchanek 2005, 53ff.），つまり，その時々の状況で特定の条件によって実現が可能となる目標や願望である。それは，人が何を行うかに左右されるものである。

インセンティブの例を挙げよう。
▪ 賃金，ボーナスの支払い，利回り，販売収益その他の金銭的メリット。それらは場合によっては，利潤あるいは給与の損失とか罰金というネガティブな形をとることもある。
▪ 特定のポジションに備わる権力や評判。
▪ ある行為と結びついたリスクは，その行為をやめるとか，リスクに対する防護策をとるインセンティブになる。
▪ 社会的承認は，経済科学においてこれまでたびたびその有効性が過小評価されてきたが，かなり強いインセンティブである。
▪ 自分自身ではっきりとわかっている自尊心ないし願望は，特別な種類のインセンティブである。このインセンティブが特殊なのは，他のたいていのインセンティブよりも強く自分自身に依存するからである。

インセンティブというコンセプトに価値があるのは，それが，状況条件の持つ客観的な側面を主観的な知覚や選好と結びつけ，それによって行動様式の分析に道を開くからである。それは道徳と自己利益の基本コンフリクトを体系的に分析するのにかなりの分析的価値を持っている。この価値は，要約すれば以下のように表現できる。**モラルは，それが存続すべきものならば，原則的にインセンティブと両立するものでなければならない。別の形で定式化すれば，人間は彼ら自身の利害に反するような行為**

---

[19] 組織のコンテクストでは，そのような問題はコスト削減の理由から生じることもあるし，主要因となることもある。しかしここでは人格に関連づけられた意志，あるいはより正確に言えば，意志の弱さが話題となることも多い。そこでは金銭だけでなく，「厄介な」課題や義務，活動を主観的に回避することが問題となる。

を継続的に行うつもりはない，となる．それゆえ，このインセンティブ両立性を改善するような行為条件を打ち立てることが絶えず問題となるのである．

もっともそれは，最初に思っていたよりも複雑かもしれない．たびたび見られるように，ここでは「インセンティブ」という理論的コンセプトが，現実を単純に実感できるようなパターンに還元してしまうからである．それは使命ともいえるが，他方，それ自体重要な側面がその際にかすんでしまうというリスクもある[20]．このコンセプトが持つ構造化の機能について，より詳しく見てみよう．

人間の**行為**は，あらゆる状況的インセンティブの結果として再構築できる．上で描かれたように，インセンティブは金銭やステータスに関連づけられた形態，社会的形態やその他の形態を取り，ルール，契約，市場条件，社会関係などのような状況的条件において根拠づけられているものであり，状況的インセンティブに属する．それは，各人が**どのように**状況のインセンティブ条件に対処するのかを規定する個々人の能力や意図がそれに属するのと同じである．ここで行動様式の分析を行うに際して，経済学の根本的な方法上の様式を用いることが有益なのは明らかである．それに従えば，インセンティブ条件の変化は相対価格の変化として描くことができる[21]．

よって，既述のように自尊心は重要なインセンティブである．人は自分の価値に合わせてふるまいたいし，道徳的に下品な人間という感情を持つべきではないとも思う．けれども，例えば高いプレミアムが見込まれる，上司から強い圧力を受ける，それどころか肉体的暴力の脅しまでも受けるといったような別のインセンティブが，自尊心が苦しめられるような別の行為を強く促すという理由から，自尊心を保持することが「高くつく」場合，多くのケースで人間は自分の自尊心のためにどんな対価も支払うわけではないと予想できるのである．

応用志向の倫理にとってこのことが特別な意義を持っているのは，具体的な道徳的行動ないし責任ある行動がしばしば対価を伴うものであり，この対価が高ければ高いほど，概してふさわしい行動を期待できなくなる，ということを含意しているからである[22]．これが信頼関係にとっても重要なのは明らかである．よって，信頼する側がどのような期待を持つのか，この期待がどれほど現実的なのかという問題が改めて生じる．それはまた信頼される側にとっても重要である．

逆もまた真なりである．お金のために何でもする人はおそらくいないだろうし，評判や，もしかすると善き良心もいくらかの労力を必要とする（方が望ましい）．もっと

---

[20] それ自体ヒューリスティックで有意義なコンセプトであるホモ・エコノミクスに関して，同じような考察が可能である．例えばSuchanek 1997, Suchanek/Kerscher 2007を参照．
[21] これに関する別の概念として，費用，収益，もしくはゲーム理論的に言えば支払いがある．シカゴ学派の経済学者であるゲーリー・ベッカー（Gary S. Becker）は，このような経済学的思考を一般的に人間行動に応用するという考察に対してノーベル賞を受賞した．それについてはBecker 1993を見よ．
[22] １つ事例を挙げよう．内部告発が実行されるのは，内部告発者がそれに対して処罰されると期待する必要のない場合である．類似のさらに明確な事例は言論の自由を行使することである．それは，独裁制よりも自由な民主主義の下ではるかに実践されているものである．

うまく表現すれば，人間は，彼らにとって実際それが投資である限りで，つまりどのような収益であれ，彼らに十分な確率で収益をもたらす限りで，黄金律の意味でも**投資をする心構え**があるのだ。

信頼する側と信頼される側，双方共にインセンティブ両立性を高めることに作用できる。よって多くのケースで，信頼する側は，信頼される側の行為状況に影響を与えられるのである。[23] とりわけそれがはっきり現れているのが，雇用者あるいは立法者のケースである。もっとも，労働者が彼の状況のインセンティブ条件に**どのように**対処するのかという個人的な裁量に対して与えられる影響には，幸いなことに，かなりの限度がある。[24] しかし，行動がインセンティブ・デザインにかなり影響を受けること，そしてこれがつねに望ましい方向でなされるわけではないことは，すでに想定できることである。[25] よって，インセンティブの制御を目標とすることは，他人に決められてしまうという印象も生みだす。それはモチベーションを損ねるように作用し，以前にはあったモチベーションをも弱めるものである。[26] もう1つ問題が発生しうるのは，インセンティブは特定の結果をもたらすことをねらいとしているはずなのだが，考えてなかった意図せざる副作用がその際に生じる場合である。[27] この問題が特に生じるのは，インセンティブの制御により短期的な目標が達成されるよう求められる時に，結果が**どのように**もたらされるべきなのかという補足的な指示もなしに，この結果への方向づけだけが重要視される場合である。

その点，インセンティブのデザインという問題においても，既存のルールによるものであれ，道徳的価値によるものであれ，**埋め込まれている**という考えと**不一致の回避**という考えが持つ意義が明らかになる。[28]

逆に，信頼される側が，ありとあらゆる状況に**どのように**対処するのかについての彼自身の能力や気質に投資するかどうかは，彼の手中にある。その際に，体系的に見れば**セルフ・コミットメント**という考え方が中心的な役割を演じる。人は多かれ少なかれ意志の弱い生き物だが，例えば意志の強さを鍛える（Baumeister/Tierney 2011）とか，サポートしてくれる条件を促進する，誘惑あるいは圧力の状況を回避しようと試みる，つまり組織あるいはネットワークがどの程度自分の人的資本をサポートして

---

[23] それについては4.5節を参照。
[24] このポイントは，プリンシパル・エージェント・モデルのインセンティブ・デザインに関する経済学モデルではたびたび無視されている。
[25] これについてはSuchanek/Lin-Hi 2011も参照。
[26] これに関して，文献では「締め出し」あるいは「抑圧効果」が問題となっている。例えばFrey/Osterloh 2000を見よ。
[27] 例えば生徒が優れた得点を獲得した場合に，教師がそれに対して金銭的報酬を得られるようにされていれば，教師は生徒にあまり厳しいことを要求しない，あるいは教育的に間違ったやり方で彼らを助け，例えば社会的コンピテンスを伝えるといった別の教育課題の側面をないがしろにする傾向が生じることも考えられる。もっと知られている事例は企業のトップマネジメントの事例だろう。そこでは，金銭的なインセンティブ（「ボーナス」）が時に無責任な行為に関与させることになってしまうのである。それについては12章も見よ。
[28] それについては12章で再び取り上げる。

くれるのかに応じて，それらに加入したり脱退したりするなどによって，意志の弱さに理性的に対処することはできるのである。

　その際記憶にとどめておくべきことは，信頼される側のしかるべき行動は信頼する側にとってつねに**シグナルの作用**ともなるということである。しかしこれは，このシグナルをどう知覚し，どう解釈するのかということにもつねに左右される。それがわれわれを次のポイントに導くことになる。

9.1.3　判断：選択的な知覚パターンの持つ力

　短絡思考の2つの基本形態についてはすでに7.6節で見た。短絡思考とは道徳的判断能力がつねに才覚の問題でもあることを示すものである。別の言葉で言えば，よくよく考えてみれば性急，歪曲的，不適切その他類似のものと評価できるような判断に，何度も至ってしまうことを示すものである。そのうち**規範主義的な短絡思考**は，信頼する側が他者の行為に期待を向けるが，その際に経験的な状況条件を適切に考慮しない場合に典型的なものであり，**経験主義的な短絡思考**は，信頼される側の行為が状況的インセンティブによって形成されたものであり，その際彼らが道徳的な規範や価値を見失っている場合に典型的なものであった[29]。

　本節では，経験的に引き起こされた制約がわれわれの道徳的判断能力を損なうケースをさらに見ていきたい。そこでの考え方はまたもや，この制約の考察を手がかりとして事例を用いて学んでいくというものである。すなわち，一方で信頼する側が，信頼される側への期待と信頼される側に関する判断を調整するという役割を持つこと，他方で信頼される側が，この制約に理性的に対処する可能性に関して持つ役割を考慮するのである。2つの役割においては，それぞれ，自分の判断と同様他者の判断もより適切に下すこと，あるいは評価できることが重要となる。

　そのことは次の「簡単な」文章からすでに始まっている。それは，すでに本章の最初の方で「多元主義の事実」として言及された「あらゆるものはつねに別様にも見える」というものである。この言明には大きなチャンスがあると同時に，多数の問題の源泉でもある。チャンスがあるというのは，われわれには学習能力があり，われわれの地平を絶えず広げることができるということである。それは例えば，よき書物を読んだり，自分の地域とは異なる文化を持つ地域を旅行したり，新しいパースペクティブを開けてくれるような人との出会いや会話などによってなされる。

　しかしながら，われわれの見方，知覚パターン，理論などが原則的に制約を持っているということには，もっと暗い側面もある。人間はしばしば自分の判断における自分の状況的な知覚パターンによって特徴づけられているのだが，そこではこのパターンが持つ選択性が，人間にとってそれ自体重要となりうるような側面を見えなくする

---

[29] もっともこのケースでは，意志の問題とか他者の才覚が不足しているという問題もたびたび起こりうる。

ことがある．その上，「選択的」ということは，断片化されたという意味でも解釈できる．現実をすべて包括するような視野を持つような人間はいないし，その可能性すらないだろう．人間はつねに断面しかとらえられないし，多くの場合それらは簡単には調和しない．よって自分の信念の中にも内的な矛盾が生じることもある．たいていそれは潜在的なものにとどまってはいるが．

そればかりか，あらゆる人間が自分の歴史を持ち，経験をし，それに対して自分で反省しているので，われわれが世界や自分自身，他者をどのように知覚するのかということに関しても，われわれはみな違っているのである．よって，あらゆるものはつねに別様にも見え，他者もまたそう見えているのである．

ただし，最後の文章は，ラディカルな意味では確かに適切ではない．もしそれが適切なら，コミュニケーションや協働はまったく不可能だろう．相互行為を行う場合には，協力を成功させるような見方を持てばたいてい十分である．けれども，同じ事態が別様に見られ判断される日常現象を誰もが知っているし，それは自分自身でもまったく実感できないような範囲で起こることもある．いくつか事例を挙げよう．

- われわれが引き起こした気候変動は人類最大の脅威の1つだという見方がある一方，気候変動とみなされているものに憤慨するべきではなく，むしろメリットもあるのだという見方がある．
- 農産物を使っての投機は，「食べ物で遊ぶな」というように，不道徳であるという見方がある一方，農作物原料の先物市場はリスクを制限することに役立ち，相応の市場に流動性をもたらすという見方もある．
- 100万ユーロを超えるトップマネジメントの報酬は支持できないという見方がある一方，この報酬は市場価格であり，このポジションにいつか就きたい人にとってまさに不可欠な，抜群の業績をあげようとするインセンティブも提供しているという見方がある．
- フルタイムで働いている見習い労働者にも生活に十分な賃金を支払うべきだという見方に対し，最低賃金をそのような額にすると，仕事場が失われ，最低賃金によって利益を得るはずの人たちに損害を与えるという見方がある．
- 私有財産は生産経済の基礎であるという見方に対し，「所有は窃盗だ！」という見方がある．

これらの例が示しているのは，相異なる見解がかなりのコンフリクトのポテンシャルをはらんでおり，それゆえ信頼に満ちた協力を成功させることに対する，時に巨大にもなる障害になるということである．

それゆえ，あらためて**共通のゲームの理解**が重要だということがわかる．あらゆる協働は，ある程度の範囲まで，特定の前提条件を共有しているということに基づくからである．例えばお互いに認められた権利に関しても，協働の枠組みでのそれぞれの貢献に関しても，あるいは場合によってはこの貢献が起きなかった場合にもたらされる帰結に関しても，そうである．協働する共同体，最終的には社会全体もそうだが，

それが大きくなり，複雑になり，異質になり，ダイナミックになればなるほど，それと関わる試練も明確になり，緊急のものとなるのである。

しかしそれですべてではない。心理学的なレベルでも，理性的な判断の邪魔となりうる障害が様々に生じるからである。ここでもまた行動倫理学が，心理学の多数の認識をよりどころとして，コンフリクトの原因となりうる判断プロセスに関する多くのメルクマールを発見している。事例を用いて挙げてみよう。

- **自信過剰**（*overconfidence*）は，日常的に知られた現象であるのみならず，よく研究されている心理学的な事象でもある。たいていの人間は，いつもでないにせよ，時にはそれに屈してしまうし，他方まさに経営者たちにはたびたびそれが見られる[30]。これは，まずさしあたっては状況の持つ力を過小評価することといくらか関わっている。より成功しており，自らをある領域でのエキスパートだと見なしていればいるほど，これが簡単に起こってしまう。この現象はとりわけ，多くの場合批判的なフィードバックがなされないこと，あるいはそれが抑圧されることによって強くなる。
- **自己奉仕バイアス**（*self-serving bias*）は類似の日常現象であり，そこではわれわれは，物事が実現したということをわれわれの自尊心に寄与するような形で解釈し，批判的な側面を自分に関係ないものと解釈する傾向がある。よって経済や政治における意思決定者や，あるいはスポーツ選手やその他もそうだが，彼らは成功を自分の行為によるものとし，失敗を外部の事情によるものとする傾向がある。お互いのメリットのための協力が重要な場合，それが障害となることもある[31]。
- 逆に，他者の行為を判断する際，望ましくない帰結が起こった時に行為者にその責任を帰するという反対の効果が見られる。これは**帰属の誤り**（*attribution error*）と呼ばれている。信頼関係において逆方向のバイアスがかかる，つまり信頼する側の帰属の誤りが信頼される側の自己奉仕バイアスと組み合わさると，様々な問題が引き起こされるのは明らかである。とりわけ責任についての基準がかなり異なってしまうという問題が重要である。もっとも帰属の誤りは別の形でも問題を生み出すことがある。例えば，ジャーナリストが企業の成功をとりわけCEOの人格によるものとし，このCEOがこの見方を自分の意見としたため，自信過剰（上記参照）が生まれてしまう場合である。それは企業にとっては問題をもたらす（Hayward et al. 2004）。
- **フレーミング**と呼ばれるのは，ある現象（実情など）を「枠に入れて」描くことであり，そこでは同じ現象がかなり違う形で「枠に入れられる」，つまり同じ歴史がかなり違うように伝えられることがある[32]。

まさに最後に挙げたポイントは，企業倫理にとって大きな影響力を持つ。その際問

---

[30] それについては，例えばItzhak et al. 2007を見よ。
[31] 例えばBabcock/Loewenstein 1997は，交渉に関してこのことを示している。

題になるのは，（個人のあるいは共通の）**ゲームの理解**以外のなにものでもないからである[33]。よって，どのような「ストーリー」を投資家に語るのかということも企業にとって大きな影響力を持つことは明らかだし，他方で企業内に存在する自己理解がある種の「共通の物語」としてどのように発展しているのかということも同様である[34]。このような「ストーリー」において，本書で一貫して話題となっていた側面が決定的な役割をも担っているのは明らかである。すなわち，どのような価値が強調され，どのような価値が強調されないのか？ 意思決定はどのように時間的に埋め込まれているのか？どのような根拠が挙げられるのか？ということである。

そのように見れば，企業倫理はとりわけ，最大限の賛同を得られるだけでなく，お互いのメリットのための社会的協力の成功を促進する，最大限のポテンシャルも持つような「フレーム」を生み出す，あるいは「ストーリー」を語ることに用いられるのである。

9.2 時間次元

時間が行為を形作る基本的な条件の一部であることについては，すでに5.3節で見た。だから6.4.2.4節で，持続可能性が基本的価値の1つでもあるとされたのである。現在行うことができるものはすべて，歴史，過去から生じたものである。他方，あらゆる投資は将来志向であり，それゆえに不確実性や予測できない偶然性を背負っている。しかしながら双方とも，ある意味でつねに，われわれの思考の中にしか存在しない。過去は記憶という形を取って，将来は期待，計画や想像された目標という形を取って。その点で，時間次元は根本的に，われわれの「ゲームの理解」とつねにつながっているのである。

---

[32] エイモス・トベルスキー（Amos Tversky）とダニエル・カーネマン（1981）は，ある古典的な実験において，生死に関わる病気に対して考えられる2つの治療のうち，どちらを支持するのかを実験参加者に質問した。治療Aは600人の患者のうち200人の命を救うとされ，治療Bは33パーセントの確率ですべての人の命を救うが，他方反対の確率ですべての患者が死ぬとされている。それがポジティブに記述された（「200人が助かる」）時には，被質問者の72パーセントが治療Aを選択したが，一方ネガティブに記述された（「400人が死ぬことになる」）時には，治療Aを選択したのはわずか22パーセントに過ぎなかった。

[33] このテーマの興味深いヴァリエーションを，ダン・アリエリー（2012, 32f.）がある実験を手がかりにして描写している。その実験は必ずしも科学的なものではなかったが，しかし示唆に富んだ実験だった。実験は彼自身が実施したもので，彼はある学生寮にある冷蔵庫の中にコーラの缶を置いておき，別の冷蔵庫にはドル紙幣を置いておいた。ほどなくしてコーラの缶はなくなったが，紙幣はそのままだった。缶とドル札は，価値という点から見てそれほど違うものではなかったのに，そうなったのである。ここにもまた，どこに線が引かれるべきなのかという知覚の問題があるのは明らかである。それには，他者が何を受け入れられるものと見ており，何がそうでないと見ているのかについての（おそらく無意識の）評価も含まれる。

[34] デイビッド・ボージョ（David Boje）(1991)は，「物語るシステム」（storytelling systems）としての組織について描写している。

本章ではお互いのメリットのための協力の成功を妨げる，あるいは阻止するような条件が強調されていたので，時間次元との関連ではまず2つの側面を挙げることができる。それはすでに知られたシェーマから生まれたものである。

図表33　時間次元における行為（2）

HB＝行為の条件
H＝行為
HF＝行為の帰結

図表33の楕円は，いわば行為者の制限された個人的地平を際立たせるものであり，そこから問題が生じるのである。1つ目の問題として，いまある行為条件をないがしろにすることが挙げられる。いまある行為条件は，過去において作られ，使い果たされたり破壊されたりすることがある資産という性格を持つのに，である。思い出して欲しいのは，信頼がもっとも重要な資産だということである。

第2の種類の問題は，自分の行為が将来の行為条件を作っているという事実をないがしろにすることである。ただし，マイオピア（近視眼的なこと）とも呼ばれるように，それをいつも十分に自覚している（あるいは自覚するつもりがある）わけではないのだが。

第3の問題領域として，時間という資源の貴重さに関する説明と同じ形で，時間の不足というテーマが取り扱われる。

9.2.1　忘れるという問題

組織であれ社会一般であれ，あらゆる共同体の根本的な試練の1つは，共同生活の成功に重要な知識が獲得されて，それを適切なやり方で伝達し，（個人的にも集合的にも）**忘れない**ようにすることである。あらゆるルール，構造，プロセス，一般的に言えば日常で与えられている行為条件は過去から発展してきたものであり，それが理解されていないほど，それが簡単に受け入れられる，あるいは受け取られると期待できなくなる。このことはもっと強調されるべきである。限界の向こうに誘惑が存在するとか，限界は他人が決めたことだと感じ取る，あるいは単に好奇心が強い場合に，特に限界を徹底的にテストすることが，人間が自由を利用することの典型的なメルクマールだからである。

とりわけ企業においてこの現象が容易に起こるのは，ルーティン，手順，プロセス，あるいは構造が企業メンバー個々人に行動のやり方を規定しているのに，その**意味**を彼らがよく分かっていない場合である。それゆえ，適切なトレーニング，「イベント」

あるいはセミナーを利用する，あるいは経営陣が相応のコミュニケーションを行い，この知識の伝達に配慮することが適切である．

もっとも，過去に固執することはそれ自体でも問題となり得る．今日の経済的な発展のダイナミクスを前にすれば，受け継がれてきたイメージ，ルール，構造あるいは手順は，過去には有効だったとしても，その時代が過ぎ去った後で，現在の変化に適応する必要があるのにそれを妨げたり阻止したりすることがある．

9.2.2 マイオピア問題[35]

前節では過去の対処の仕方が信頼に満ちた協働にとって障害となることが問題となっていたが，ここでは，様々な短期的方向づけが自らの行いの長期的帰結を考慮させない，ということが問題となる．これに関しては特に，マイオピア，誇張された割引のみでなく，時間の不一致も取り上げる[36]．

これらの事例はたくさんある．医者に行くこととか，必要だがしたくない仕事のような，不快な事物が先延ばしされる．逆に，予算がそれを許さないのに，消費活動が優先される．もう一方の投資の方が明らかに後により多くの収益が得られるのに，収益は簡単に生まれるが収益額の少ない投資を優先する[37]．マイオピアに関する注目に値する事例を，著書『持つか？在るか？』(1979, 22) の中でエーリヒ・フロム (Erich Fromm) が伝えている[38]．そこで彼は，「個々人が，いま連れていくべき犠牲者よりも，視野にくっきり入っている大災害を優先する」という「よく見られる態度」について記述している．

「アーサー・ケストラーが記述したスペイン市民戦争中の彼の経験は，この広く普及した態度の顕著な一例である．ケストラーが，ある友人の快適な別荘で腰を下ろしていたときに，フランコ軍の進撃が伝えられた．きっと彼らは夜の間に到着するだろう．そして，おそらく彼は銃殺されるだろう．逃げれば生命は助かるが，その夜は寒くて雨が降っていた．そして家の中は暖かく居心地がよかった．そこで彼はとどまり，捕虜となった．そして何週間ものちに，彼に好意を持ったジャーナリストたちの努力によって，ほとんど奇跡的に生命を救われたのであった．この種の行動はまた，大手術を要する重病だという診断をされるのがいやさに，検査を受けるよりは死の危険を冒そう，とする人々にも見られることなのである」[39]．

---

[35] 短期の思考という以下の問題は，別の場所で議論される別の要因としばしば絡み合っているものである．この事情が言及されるのは，信頼関係やそれを疎外するものの個々の要因を孤立させ，それにしたがって「治療する」ことが多くの場合どれほど困難かを，その概念が示してくれるからである．

[36] これについての概論は Elster 2000 を参照．

[37] 会議場で弁士が10年間に予想できる大問題について話しているのに，聴衆はとりわけ翌日の株式市場の情報に気をかけていることを示す風刺漫画は，これを見事に説明している．

[38] 【訳注】この書物の邦訳タイトルは『生きるということ』(佐野哲郎訳，紀伊國屋書店，1977年) である．

[39] 【訳注】この文章は，佐野哲郎訳『生きるということ』紀伊國屋書店，1977年，27-28ページからの引用である．

とりわけ企業においては，そのような思考が様々なケースで見られる。例えば，短期的な利潤は，それを行うのに付随的に費用が発生するがゆえに，より長期の投資を阻止するだけでなく，信頼のような既存の資産を使い果たすような措置をもたらすこともあるが，それが意思決定にとって重要な場合である。だから，「マーケティング・マイオピア[40]」だけでなく，「マネジリアル・マイオピア[41]」も問題となるのである。

しかしながら，規範主義的な短絡思考に相当するようなマイオピアのケースも存在する。そのようなケースが存在するのは，それ自体道徳的に望ましい状態が達成されるべきであることが（短期的に）明白でその時点で重要な場合である[42]。援助が必要な人の連帯的サポートはこの古典的事例である。すでに健康保険制度に関する簡潔な議論で見たように，そのような援助が結局続かないために，つまりこの先の将来のケースにも転用できるものではないために，持続的でないということが起こりうるのである。同じようなことは，構造的な適応の措置が必要なのにもかかわらず職場が「守られる」べきとされる場合や，あるいは市場価格形成に介入することで社会的に望ましい状態を引き起こそうとする，しかし望ましくない意図せざる行為の帰結を伴う市場のフィードバックプロセスが考慮されていない場合に見られる。

そのようなマイオピアの行動様式には様々な理由がある。短期的思考を阻止したいなら，その理由を知ることが重要である。事例を用いて，いくつかの状況が区別できるだろう[43]。

- 多くのケースで，個々人の短気さ，渇望のような，中立的に表現すれば，すばやく状況を良くしようという望みとか，あるいは意志の弱さが見られる。そのようなケースでは，適切なセルフ・コミットメントの形を見つけ，より長期の方向づけや利害関心を引き立たせることに有益な**徳**をできる限り鍛錬することが重要である。
- 経済のコンテクストや企業において重要な多くのケースでは，確かに個人的要因も重要な役割を演じているが，しかし短期的成果への強い圧力を生み出す**制度的構造**も決定的に重要なことが多い。その古典的な例が四半期報告書である。四半期報告書それ自体が問題というわけではなく，むしろそれがかなり意味のある情報機能やコントロール機能を実現でき，それが信頼関係にも重要だという点が問題なのであ

---

[40] この概念は，セオドア・レヴィット（Theodore Levitt）が1960年にハーバード・ビジネス・レビューに公表された同名の論文の中で作り上げたものである。それが意味しているのは，企業が顧客の欲求から製品の供給を考えるのではなく，製品の生産やその特性に集中してしまうことである。その点で，このようなマイオピア的思考の形はもともと時間次元のコンテクストに分類するべきものではなく，むしろ他者の見地から自分の行為を反省しないという問題に分類できる。

[41] マネジリアル・マイオピアとは，より長期的に方向づけられた戦略よりも短期の利潤を好む経営者の傾向を指すものである。この場合には，外部の状況的条件だけでなく，9.1.3節で示唆されたような，日和見主義的な自己利益や先入観にとらわれていることも問題となるだろう。それについては例えばLarwood/Whittaker 1977を見よ。

[42] あるいは逆に言えば，それ自体道徳的に望ましくない状態が回避されるべき場合に，となる。

[43] あらためて強調すべきことは，ここでは問題領域の包括的な描写や取り扱いが問題となるのではなく，価値と現実を関連づけて考察し，そこから理性的で道徳的な判断を行うためのヒューリスティクスを獲得するような倫理的方法の説明が重要だということである。

る（4.5 節を見よ）。問題が起こるのは，それを通してその時々の指標にかなり注目が集まってしまうケースである。そこでは，長期に作用し，上手く測定できないことも多い側面がないがしろにされるのである。あるいはそれが「忘れられる」ともいえるだろう（前節を見よ）。さらに問題なのは，（短期的に）望ましい目標値の達成で得られるボーナスが四半期の数字の達成と結びついている場合である。このケースでは，報告書の制度（そして場合によっては報酬構造）の精査が必要である。[44]

- 短期的な方向付けをもたらしてしまうもう1つの根本的な構造的原因が**競争**であり，それはが企業倫理のコンテクストにおいて絶えず重要な役割を演じるのはもっともなことである。別の場所で説明したように，競争は特定の条件の下ではお互いのメリットのための社会的協働の成功にとって根本的な要因となる。競争は，他者のための仕事を遂行するために自分の才能や力を投入しようというインセンティブを生み出すからである。けれども，それを生じさせる圧力はまさに，短期的な競争優位のためにより長期の戦略や投資が競争相手によって搾取されるかもしれないということ，違う言い方をすれば，長期的な投資の収益をしばらく待つべきなのに，競争下ではそれを待ちきれない，ということも起こる。ここでもまた理論的に明確な解決策を挙げることができる。すなわち，その時々の長期的な目標を競争から引き離すようなフレームワークをデザインすること，あるいはこの目標を競争参加者の判断の要素として「市場が機能するもの」にできる場合にのみ，この目標を競争プロセスの中に内部化するようなフレームワークをデザインすることである。[45]

- 時間地平の短縮がもたらすもう1つの問題は，投資がもたらす収益が多くの人間に依存し，したがってすでに周知のジレンマ構造に陥ってしまうような集合財への投資が問題となる場合に起こる。[46] 各人はここで，はっきりとより長期の方向付けを持っているかもしれないが，それにもかかわらず，他者の協力が不確実であることを理由として，短期的思考に沿う行為をしてしまうことが多いのである。そのようなケースでは，適切なルールという形を取る**集合的セルフ・コミットメント**が必要となる。[47]

- 優れていると思われている短期的行為による，より長期の影響を無視するという規範主義的な短絡思考の問題が存在する場合には，影響関係（がたいてい機能するのだということ）に関しての啓発活動を促進することが大事である。[48] ここではその好例として，市場経済（が機能を発揮すること）に関して経済学が啓蒙していることを挙げられよう。[49]

---

[44] この簡潔な例による考察は，別の形態の報告書にも関係づけることができる。
[45] これに関して，持続可能性という集合概念のもとに，多数の観察や考察を続けて行うことができる。フレームワークの適切なデザインや，ふさわしい共通のゲームの理解の開発という問題に，将来の最も根本的な試練の1つがあると私は判断している。
[46] それについては Brennan/Bchanan 2000 を参照。
[47] それについては下記 9.3.3 節を見よ。
[48] それについては下記 9.3.2 節も参照。

9.2.3 時間の不足という問題

　不足という概念は，これらの概念の中でも簡単に誤った結論を出してしまう概念の1つである。例えば，不足していないのがつねに良く，不足しているのはつねに悪い，というように。しかし絶対にそれが当てはまるともいえない。われわれが有するおそらく最も貴重な資源である時間は，問題がより複雑な事例の1つである。

　例えば時間がたくさんある場合，つまり不足していない場合には，退屈になり，友達が立ち寄ってくれる，バレーボールのトーナメントが開催される，面白い課題が出されるなど，時間の使い方に関する新たな対案が出てくればうれしいだろう。しかしそれはまさに，今度は時間が（経済学的な意味で）不足するようになったことを意味する。時間を別の形で利用する可能性，すなわち機会費用も増大したのである。そしてその後で，例えば気をひく美しいパートナーと時間を過ごすとか，魅力的なプロジェクトが提案されるなど，さらに別の新しく興味深い対案が出てくれば，さらにまた時間が不足することになるが，それが生活の質に関するさらなる利益と結びつくのである。

　もっとも，時間利用の対案がさらに魅力的になればなるほど満足しないようになり，反対に不満になる，ということも起こりえる。ある特定の瞬間から，何かを取り逃したという印象，そしてそれを享受する時間がもうないという印象がしきりに思い浮かぶようになるからである。

　自分が影響を与えられる範囲がわずかしかない規準によって時間の利用がなされるようになると，問題はさらに深刻になる。上司にいつも新しい課題を出されるとか，最終的にお役所問題に煩わされざるを得ないことによって時間の不足が引き起こされると，簡単にストレスになるし，自分自身にとって重要な別の物事をする時間がもはやないという感情が強くなればなるほど，ストレスはますます大きくなるのである。

　実際，時間の不足という問題はかなり多面的である。次の物語は，この多面性のいくつかの側面を示唆するのに役立つかもしれない。

　ある小さな町の郵便局の窓口に長い列ができていた。その列で待つ，高齢の女性と若い男性という2人の客の間で，次のようの会話がなされていた。

男性：「しかし今日もぜんぜん列が進まないですね」。
女性：「本当に。もっと長くかかる日も多いけどねぇ」。
男性：「ここにはどんな用で来たのですか？」
女性：「えーと，もともとは切手を1枚欲しいだけなのよね」。
男性：「ああ，それなら向こうに切手の自動販売機がありますよ。そこで買わないのですか？」
女性：「どうぞお構いなく。もうだいぶ進みましたし」。

---

[49] それについては「経済学者と素人の思考の違い」に関するErnste/Haferkamp/Fetchenhauer（2009）の示唆に富んだ研究を見よ。

男性:「でもまだ前に何人かいますよ。自動販売機に行ったほうが絶対早いですよ」。
女性:「ほんとご親切にどうもありがとう。でもねぇ，孫が元気かどうか，自動販売機は聞いてくれないからねぇ…」。

　もしかすると，この物語から現代人が持つ基本的試練を読み取ることができるかもしれない。その全部を挙げるつもりはないが，2つの側面を指摘しよう。(1) 時間を「獲得し」，「より効率的に」するのに役立つ技術の多くは，人間の交流を減らす。その場合，孫に関して聞く（あるいは信頼関係を強めることのできるダイアログ (4.6節を見よ) を始める）時間はないし，場合によってはそのチャンスすら，もはやないかもしれない。[50]

　もっともその物語には別の側面も見ることができる。高齢の女性の行動は，彼女の後に並んで待っている人すべてに影響する。経済学者ならおそらくこれについて，負の外部性を持ち出すだろう。すなわち，純粋に機能的観点から見れば，人によるサービスがもっとも効果的ないし効率的な取引を実行するために郵便局の窓口がそこに存在しているのであり，孫についての会話は本来それに属さないのだ，と主張できよう。[51]

　いま，2つのパースペクティブを互いに対抗させてそこから利益を得ることには何の意味もない。そして，規範主義的な短絡思考ないし経験主義的な短絡思考が回避されるべきなのはなおのことである。よって，時間の圧力を受けている人に，リラックスした会話に時間をたくさん割いて欲しいと期待するのは，規範主義的な短絡思考だろう。逆に，そのような人間同士のコンタクトが持つ価値を無視し，機能的な要求あるいは節約すべき時間または金銭的費用だけを考えるならば，それは経験主義的な短絡思考だろう。

　そうではなく，その基礎にある，**（技術的な）効率性と信頼との間にある緊張状態**を認識することが重要である。それは，信頼が非効率的だということを意味するのではない。上で強調したように，事態はふつう逆である。すなわち，信頼は様々な観点で効率性を高めることができるのである。ここで問題となるのはむしろ，効率性に焦点を当てることで信頼関係が損なわれ，なくなってしまうとさえ考えられることである。その効率性が厳密に計画された時間管理を伴う場合は特にそうである。信頼関係の保護には絶えず時間も必要なのだから。

　この緊張状態が特に明らかなのは，例えば健康保険制度である。そこでは，医者あるいは看護スタッフが患者のために時間を割く時に治療過程が上手く進行する場合が多い。さらに際立って問題が明るみに出るのは，時間が不足しているために，かなり表面的な既往歴の確認や診断しかできず，それによって後で間違った治療が行われて[52]

---

[50] 社会的な相互行為によって満たされるような欲求が実現されていないことをまったく度外視すれば，であるが。これに関する事例は，お年寄りあるいは介護が必要な人の扶養においても見られる。そこでは，「より効率的な」処理技術を導入すれば確かにコストは節約されるが，しかし社会的なコンタクトを減少させるのである。

[51] 自動販売機に「孫に関する質問」という追加のボタンをつけることは，おそらくほとんど役に立たないだろう。

しまう場合である。これが患者と医者ないし看護スタッフとの間の信頼関係をかなり危険にさらすことを意味するのは，これ以上説明する必要はないだろう。

ここに，もう1つ別の，同じく非常に根本的な緊張状態が，より一般的な形で明らかになる。時間の不足や圧縮によって，経済生活においてまさにそのような活動が，ますます数字，より一般的にはモデルでうまくとらえられる合理的な計画や制御の対象とされるようになる。けれどもそのことは，倫理において問題とされる現象の多くにおいてはまったく当てはまらない。それが表舞台から退く，もしくはまったく「忘れられる」という結果になるからである。そればかりかそれは，人間関係に関して言えば，人間がますます「手段」として扱われ，「目的」としては扱われないことをたびたび意味するのである（上記9.1.1節を参照）。

このような緊張状態に理性的に対処するのに必要なのは，双方の側の理解，すなわち機能的構成要素ないし人間相互間の構成要素だけではない。**時間のバッファー**を組み入れることも尊重することも必要である。ある意味，ここでもまた**セルフ・コミットメント**の問題が重要となる。それは，以下のような組織化されるべき能力という形を取るものである。すなわち，「生きる上で実際重要なこと」のために時間資源を自分のカレンダーに組み入れることのできる能力，そしてその時間が結局は，差し迫った課題や要請のために使うことができ，繰り返し自由に使えるのだと簡単に見なされないよう，予防措置を講じる能力，などである。

それは最終的には，再び態度の問題，**ゲームの理解**の問題でもある。効率性という観点から見て，孫についての会話が純粋に機能的なものとなるなら，おそらく結局はそれにほとんど価値は認められなくなるだろう。つまり，それが生きる上で本質的なものと見なされるとしても，既存の機能システムへの影響が計画の中で考慮されないのであれば，これは簡単に過小評価されてしまうのである。

企業や経済関係一般に典型的な，機能主義が際立っているコンテクストにおいてはまさに，時間のバッファーに関する尊重と関係のレベルに関する尊重も同じく重要である。具体的な措置として重要な事例が，**反省の空間**を設置することである。それは交流に向けられたものであり，全体でのコーヒーブレイクの形をとったり，一方で直接の緊急課題とは距離を置き，他方でより長期に重要なテーマが対象とされるような討論集会を上手く準備するという形をとったりする。[53]

---

[52] 人的な費用を節約したい場合であっても，あるいは職員がますます管理運営の任務に関わるようになり，それにより患者のための時間がほとんど残らない場合であっても，この時間不足は典型的には経済的圧力によって引き起こされるものである。

[53] それについては，4.6節でなされた，信頼関係にとってのダイアログの意義についての説明も参照。

9.3 社会次元

9.3.1 序　文

　道徳的行動を実行する際に日常で起こりうる条件のうち，第3の根本的な種類のものが，社会次元，つまりわれわれはひとりではないという状況から生まれるものである。それは多くの点で素晴らしいものだが，骨が折れたり煩わしいこともあり，危険を伴う場合さえある。

　社会次元において生じるコンフリクトは，基本形としてすでにジレンマ構造のコンセプトの形で言及された。もっと一般的に言えば，信頼というテーマのすべて，そして最終的には倫理の基本問題一般も含めて，それは自由を与えられている2人以上の人間がお互いに関わり合うという事実からだけで生じるものである。

　社会次元において協働の成功に対してどのような障害が生じるのかというテーマで，図書館すべてが埋まってしまうほどなのは当然だろう。民主主義，疎外，権力，あるいはイデオロギーなど，どんなテーマを問題にするかにかかわらず，ある意味で社会科学や精神科学のかなりの部分がまさにそれに取り組んでいるのである。それに対応するように，信頼に満ちた協働を困難にしたり完全に阻止したりするようなコンフリクトの条件群もバラエティに富んだものになっている。ここですべて挙げるのは無理だが，いくつか示してみよう。

- **資源の不足**はしばしば利用に関するコンフリクトをもたらす。それはかなり様々な形で規制されているが，まったく規制されないこともある。あらゆるケースで最善の解決策を準備するような制度的アレンジメントが存在しないのは当然である。例えば国家規制のような共同体的解決が，例えば市場のような個々人の私的な処分権による解決よりも優先されるべき時もあるし，そうでないときもある。あるいはそのコンビネーションが有益なときもある。しかし特に注意すべきことは，どんな解決策もそれはそれで前提条件を有しており，それは普通は簡単に確立できるものではないということである。[54]
- マンサー・オルソン（Mancur Olson）は「**集合的行為の論理**」（2004）において，小集団における共通の利害は，大きな，「潜在的な」集団のそれよりもかなり簡単に実現できることを論証した。大集団のそれは，経験的な組織条件，あるいは違う表現

---

[54] この仮定が自明ではないことは，例えば1972年のローマクラブによる成長の限界に関する有名な研究によって引き起こされた議論に現れている（Meadows 1972）。経済学者たちは，市場が価格メカニズムを通じて，希少となっている資源の消耗という問題を規制するだろうと指摘し，この研究を批判した。そこで彼らは市場が機能することを出発点としていたのであるが，しかしそれはまったく自明のこととは言えない。そのような問題を戦争によって解決しようとすることもできるのである。

をすれば，誰もが共通の利害に貢献するという信頼の基礎を構築する可能性と関連している．それによれば，集団が大きくなるにつれて，協働プロセスをよりルールによる調整に依拠させることが必要になる．

- ポストの配置，資源の配分などに際して自分の集団（家族，一族，団体，あるいは国籍）のメンバーを優遇する傾向を表す**内集団びいき**（In-group-favoritism）の現象は，どの文化でも見られる．そのような行動を取る根拠として，例えば自分の集団のメンバーにおいては共通のゲームの理解がより前提とできることなどが挙げられる．しかしながらその場合でも，集団に所属するための基準がもともと何の役割も果たさないがゆえに，不公正と見なされるべきケースがあるのは疑いようもない．[55]

- 自分の関係集団の内部での**社会的圧力**は，第三者の正当な権利を尊重するという形での責任ある行為を，各人にとってかなり「高くつく」ものにすることがある．この現象は，企業においては，企業が不当な活動，あるいは時に違法の活動に関わっている場合でさえも，企業への忠誠心を求めるという形でたびたび現れる．

- **公共財へ自発的に進んで貢献しようとする意欲**は，決定的に，他者もそうすると感じられるかどうかにかかっている．つまりそれは，望んだ収益が他者の貢献にも依存する場合に，自分の投資がそのような望んだ収益をもたらすだろうという信頼にかかっているのである．実際には，それに相当する社会的なダイナミクスはいくらかより複雑である．一例として，進化ゲーム論から興味深いシミュレーションを挙げることができよう．そこで示されているのは，悪意を持って公共財を破壊する（つもりのある）アクターによってこの公共財が脅かされている場合，フリーライダーでさえも，公共財への貢献を果たそうとする意欲があるということである（Arenas et al. 2011）．

- **文化の違い**は，例えば誤解の可能性があるがゆえに，信頼の構築をかなり難しくすることがある．ここでも，それぞれの「ゲームの理解」に関する文化間の相違が存在するだけではなく，まさにこの違いの存在がいつも予想されるということが重要な役割を演じている．つまり，潜在的な協働パートナーが信頼に値するかどうかということ，そして同じく状況的インセンティブの効果が信頼に値するかどうかということを，どのような基準で根拠づけられるのかが正確にはわからないと仮定するのである（ローカルな法則はどれほどの妥当性ないし有効性を持っているのか？ 社会的ネットワークはどのような役割を果たしているのか？ 相手はこのネットワークにどのように組み入れられているのか？ など）．

- 倫理的に「興味深い」ケースは，多数が特定の道徳的信念を支持しているが，それを少数の人が間違っていると見ているような状況である．[56] 少数派はひょっとすると彼らの側で優れた根拠を持っているのかもしれないが，しかしながら彼らは多数派

---

[55] 例えば Bazerman/Tenbrunsel 2011, 39ff. を見よ．
[56] 考えられるケースは，なんといってもアリストテレスあるいはパウロによって当然と見なされていた奴隷制の受け入れ，あらゆる人間に対する人権の否定，共産主義的な経済体制が社会的に望ましいというイメージ等々である．

の意見を少なくとも経験的条件として考慮しなければならないし，場合によっては多くの妥協をしなければならないだろう。

リストをここからさらに増やすのではなく，本章で何が問題になっているのかをここで思い出してみよう。ここでは価値と現実の緊張関係が考察されていた。より正確に言えば，経験的な条件群が（社会的な）協働プロセスや道徳的価値の実現にとってどれほど広範囲な影響を与えているのか，そして，だからこそこれらの条件を深く理解することが，あらゆる「応用」倫理にとってどれほど重要かを示すことが問題であった。これを基礎としてはじめて，これらの条件を理性的にデザインすることができるのである。そして時には，条件が変更できない，あるいは変更すべきでないことが明らかになった場合には，それら条件と和解することが最善策となる場合もある。その場合は，「現在の十字架における薔薇」(Hegel 1993, 26) を認識することが大事である。

そのためには，体系的に見て特に関心を引く2つのケースをより詳しく考察すべきである。1つは，他者から見て責任感がないとみなされる行為が起こる理由を，機能的な関連に組み入れられているということから説明できるケースである（9.3.2節）。もう1つは，集合的セルフ・コミットメントを打ち立てる，すなわち集合的な責任構造や信頼構造を構築するという挑戦である（9.3.3節）。

9.3.2 疎外と社会システムの機能性

社会次元のコンテクストでは，集団の規模が拡大するにつれて，より一般的に言えば複雑性が増大するにつれて，直接的な道徳的意図と社会システムの機能条件との緊張状態に至るケースがますます重要になる。そしてそれは信頼関係にとってもいろいろな帰結を持っている。

事例については，すでに1.3.3節で健康保険制度に関して，具体的な個別の事例における連帯と，システム全体が持続的に機能するという規範的価値との間に生じた緊張状態の例を見た。後者は健康保険制度の経済的な運営をますます強いるものであり，それはまさに個別のケースで，実感している信頼期待が裏切られるような状況に幾度も至らせる。このような信頼期待がなぜ実感できるかというと，それが一見するとより優れた診断や特に治療を受けられるように思えるからだが，しかし，まったく自然法則による「やむを得ない事情」ではなく，経済的な「やむを得ない事情」を考えれば，それは認められないのである。

けれども，このようなやむを得ない事情の背後にはしばしば，これも同じく正当である利害がある。それは，将来の個別のケースを含めたその他多くの個別ケースをも視野に入れるような，より大きなイメージに個別のケースを**埋め込む**場合にはじめて

---

[57] 実感できるが，正当ではない信頼期待が問題となっていることに注意すべきだろう。

視野に入ってくるものである。医者が患者に半日時間を捧げることは，個別のケースでは確かに可能だろう。けれどもその場合，彼は，1日につきそのような患者を二人しか診ることができないのである。そしてまた，それに対する補償がどのように彼になされるのかという問題も生まれる。

同様に，企業の差し迫った破産と，それによって生まれる作業場の喪失を，個別のケースでは国家の支援によって阻止することも可能である。直接の関係者にとっては，それは幸運なことであり，社会的な困難を回避するものかもしれない。しかしここでもまた，そのような処置が他のケースから見てどのような帰結をもたらすのかという問題が生まれる。それによって，長い目で見れば遵守できないような（信頼）期待，すなわちそれが不公平なシステムになってしまうという期待が生まれるからである[58]。

これを阻止することは，一方で適切な制度的構造の問題，すなわち「ゲームのルール」の問題である。価格という情報を通じて，相対的な希少性や必要な適応プロセスに関して絶えずフィードバックを与えるという市場の偉大な機能は，まさにそこにある。多くの条件が満たされている，という前提付きだが。

けれども，関係者がこのルールを十分理解していない，あるいは，社会であれ組織であれ，彼らの日常的な行為が埋め込まれているシステムを十分理解しておらず，それゆえに自らの行為が他者によって決められたと感じている，ないしは社会的行為の結果が彼らの道徳的期待とは相容れない（不一致）と感じている場合には，どんな最良のゲームのルールも役には立たない。

社会科学的には，このような情勢は「疎外」というコンセプトによっても表されてきた[59]。マルクス（K. Marx）とエンゲルス（F. Engels）は，『ドイツ・イデオロギー』において，この現象に関してもっとも影響力の大きい規定を行っている。「社会的威力，すなわち幾重にも倍化された生産力—それは様々な諸個人の分業の内に条件づけられた協働によって生じる—は，協働そのものが自由意志的でなく自然発生的であるために，当の諸個人には，彼ら自身の連合した力としてではなく，疎遠，彼らの外部に自存する強制力として現れる[60]」（1990, 34）。

疎外を引き起こす制度，つまり分業，私的所有権，競争，国家等々を廃止すること

---

[58] これはまさに，中央集権経済のような，政治が本源的に主導する経済の中心問題であった（し，つねにそうであろう）。「柔和な予算」（Kornai 1986）の可能性は以下のことに導いた。例えば社会主義的な経済の崩壊で明らかになったように，必要な適応プロセスを回避することが，個別のケースで，全体システムのための費用を使って政治的に阻止されたのである。

[59] 興味深いことに，これはすでにアダム・スミスによって取り上げられ，その後ヘーゲル，そしてとりわけマルクスによって主題とされた現象であり，その後マックス・ヴェーバーが「合理化」という概念のもとに取り上げたものである（Löwith 1960）。彼は，分業や私的所有権，国家あるいは市場秩序のような，疎外を引き起こす社会制度が各人に絶えずいくつかのことを要求し，機能システムとしての社会制度が目的，つまり社会的協働という目的のための手段であるがゆえに，とりわけそれらがその意味を自分自身で担うのではなく，間接的にのみ担うと見ていたもの，彼にとってはそれらを廃止することは問題ではない。しかし，まさにこのように機能的に方向づけることによって，それらは事物の法則性の強要にもなるのであり，それは個々のケースでは耐えられないと思わせるかもしれないのである。

によって疎外を取り除くことができるという彼らの観念は，歴史上もっとも重大な誤りの一つだったことは明らかである。今日の経済が持つ莫大な生産性が高度に複雑な構造に基づくことはやむを得ないことだが，そのような構造が個々人に対し絶えず要求を突きつけることも不可避であろう。それだけにいっそう，これら構造に**共通するゲームの理解**に絶えず取り組むことがより重要になるのである。そのような共通のゲームの理解は，その道徳的な質，その「社会的意味」を実感させてくれると同時に，この社会的意味が日常でどのように生み出されるのか，そしてどれくらいの費用がそこから生まれるのかをめぐって，それが機能する方法に関する特徴も理解させてくれるからである。[61]

9.3.3 集合的セルフ・コミットメントの問題[62]

　本章の最後で話題とする例は，再び囚人のジレンマを出発点とする問題領域である。そこでは，複数人のアクターがどのように組織され，どのように自らを縛ることができるのかが問題となる。

　まさに企業倫理にとって，この問題はきわめて重要である。グローバル化された社会におけるグローバルな競争プロセスを（超）国家的に規制するというアプローチはかなり不完全であり，その中で企業の「事業する権利」を危険にしないようなやり方で種々の問題領域に取り組むことは，企業にとって1つの試練となっているからである。例として，人権，腐敗・汚職，児童労働，あるいは紛争鉱物などのテーマが挙げられる。

　そのようなコンフリクト領域は重要な不一致のポテンシャルをかなり含んでいることは明らかであり，たいていは個別企業によって解決できるものではない。加えて，競争上の大きなデメリットを甘受せずにその時々のコンフリクト領域を避けることがいつも可能なわけでもない。つまり，それぞれが道徳的な先行投資を行うケースで，競争相手よりも高い費用を担うことを見込まなければならないだけでなく，他者の行動が原因で問題が今後も存在し続けるために，問題解決にほとんど寄与することもできないという，典型的なジレンマ構造が存在するのである。

　理論上，この問題は集合的セルフ・コミットメントによって解決できる。そして実際に今日ではいくつかの企業が主導するイニシアティブが存在するし，そのような性格を示す分野の全体が主導することもある。

　そのような集合的セルフ・コミットメントの道徳的質は重要なテーマでもあるのだが，ここではそれを議論しない。[63]よって以下の説明では，そのような集合的セルフ・

---

60 【訳注】この文章は，廣松渉編訳，小林昌人補訳『新編輯版　ドイツ・イデオロギー　マルクス／エンゲルス著』岩波書店，2002年，69ページから引用した。
61 それは，経済倫理・企業倫理をますます専門教育に統合することを支持する意見表明でもある。
62 このテーマは，以下で企業に関連づけられるものだけが議論される。ただしその基本思考は，集合的セルフ・コミットメントに関する，考えられるあらゆる他の状況にも原則的に応用できる。

コミットメントが社会的に望ましいと仮定する。

本章の基本テーマに従えば，ここでいま問題になるのは，それ自体は望ましいこのセルフ・コミットメントが実現するかどうかは経験的条件に左右されるということである。（信頼される側として）セルフ・コミットメントがうまく機能するように作り上げようとする場合だけでなく，信頼する側としての企業が責任をどの程度果たしているのかという観点から企業を判断することが問題となる場合も，経験的条件を認識することは重要である。

問題は，すでに6.3.3節で「セカンドオーダーのジレンマ」の概念を用いてルールとの関連で説明されたものに相当する。ジレンマ構造においては，みんな一緒にセルフ・コミットメントをして，みんなで取り決めたルールを遵守することは，全員にメリットがある。ここで議論されたケースでは，例えば児童労働に関わる社会スタンダード，少数派の取り扱い，あるいは従業員に対する安全措置が問題となる。そのようなスタンダードはまさにジレンマ構造の状況に該当する。すなわち，競争条件下では，より厳しいスタンダードを確立・保持することが，生産性の向上や顧客からのより多くのレピュテーションとか賞賛では十分補償できないこともあるほどの費用を引き起こしてしまうので，かなり低いスタンダードを作ってコストを下げるインセンティブが個々の企業に存在するのである。部門全体がより高いスタンダードを導入する圧力にさらされているとするなら，そのようなスタンダードが存在し，その際同じ競争条件が支配していることが，個別企業すべてにとって原則的に利益となる。ただし，<u>他のすべての企業がスタンダードを守り，自分だけ守らない時には，他のすべての企業が高い費用を負担し，自分だけ負担しないことになるので，もっと多くの利益が得られるのだ</u>。

つまり，競争相手間でそのように取り決めた場合ですら，なぜスタンダードを守るべきなのか。問うべきはまたもや，競争相手を信頼できるかどうか，そして彼らが自分を信頼するかどうか，である。

ジャン・ザンメック（Jan Sammeck）（2012）は，集合的セルフ・コミットメントがどれくらい成功するのかは，いくつかの本質的な経験的事情に決定的に依存することを示した。彼は以下のものを挙げている。

1. 測定の問題
2. 企業間の相互依存の範囲
3. 実行の費用

1）について：企業は通常，他の組織よりはるかに**指数**，とりわけ金銭的な性質の**指数**を通じて管理・統制されている。その点で，そのような措置の費用や収益が全体的

---

63 ここでも，あらゆる集合的セルフ・コミットメントが必ずしも道徳的な質を持つわけではないことに注意すべきである。カルテルも集合的セルフ・コミットメントなのである。すなわち，ここでもまた，とりわけ第三者の正当な権利ないし信頼期待が傷つけられるかどうかと問う形で，一般化可能性，あるいは一般的に同意できるかどうかという参照基準が応用されるべきなのである。

に見てどれくらい見積もられるのかを，集合的セルフ・コミットメントに参加する前に確かめることが企業にとっては大きな関心事となる。費用に関しては，たいていはある程度見積もることができる。それは，ポイント3）ですぐに取り上げる費用のことである。それに対して，問題が発生するのは効用を測定することが問題となる場合である。まさに集合的セルフ・コミットメントの場合には明らかに，個々の企業が自分自身のために自らの貢献分から引き出せる効用を見積もるのはきわめて難しい。それと関連づけられる多数の潜在的メリットをうまく数字で把握することが困難なだけでなく，加えてこのようなメリットの発生は様々な前提条件に左右されるからある。そのような前提条件の発生はたいてい不確実である。例えば競争相手の行動がそうだし，政治とか顧客の行動もそれに含まれる。

　例えば十分明確に規定可能な費用が発生すると思われる法律の導入を，集合的セルフ・コミットメントによって阻止することが問題となる場合には，多くの場合効用はより簡単に見積もることができる。その場合，これらの費用を回避することがセルフ・コミットメントの効用として計算できる。サプライチェーンにおいて社会スタンダードを高めることが問題となる場合は，それがより困難なのが明らかである。確かに，現状を維持すること，つまりセルフ・コミットメントを実施しないことにはレピュテーションリスクが伴うし，ボイコットが起これば，場合によってはもっと高くつくかもしれないが，しかし個々の企業にとっては，実際にはここで個々の貢献がどの程度，見積もることのできるほどの違いを生み出すのかを判断することはできないのである。

　2）について：**相互依存**，すなわち集合的セルフ・コミットメントを実施するつもりの企業が相互に依存している範囲は，かなり様々だろう。相互依存の範囲が大きい事例として，化学産業が挙げられる。化学企業は比較的強い交換関係によってお互いに結びついているだけでなく，大事故のようなネガティブな出来事がすぐに業界全体のレピュテーションに影響するという業界特性をも持っている。このような強い相互依存のゆえに，相互にうまく調整し合い，すべての企業に受け入れられるルール群に合意する，あるいはしかるべき実行メカニズムを導入することは容易に可能なのである。

　それに対して，繊維産業のような業界では企業間の相互依存があまりみられない，あるいはエンドユーザーをめぐるはっきりした競合に関して相互依存しているというより強い特徴をもつ。その結果，そこでは化学産業よりもセルフ・コミットメントが成功する見込みが低いということになる。

　3）について：集合的セルフ・コミットメントの実行には**費用**が伴う。この費用には，一方で例えば生産のスタンダードを変更すべき場合，労働条件を改善しなければならない場合，あるいはより高い環境スタンダードが確立されるべき場合などの直接的な実行の費用と，他方でセルフ・コミットメントの実行を信用できるようにするための間接的な費用がある。その理由は依然として以下のような問題が生じるからである。ある企業は他企業もそのセルフ・コミットメントを遵守すると信頼できるか？　そしてその企業は，自分自身が取り決めを遵守すると他企業にどのようにシグナルするのか？　両方の問題は，**インセンティブの武装を施されたルール**の導入によって原則

的に解決可能である。すなわち，統制手段や場合によっては制裁手段を用いることで，セルフ・コミットメントの遵守が個々の企業にとって好ましい選択肢になるようインセンティブを変える，あるいは遵守しないことを**後悔する**ようインセンティブを変えるのである。

けれども，そのようなルールシステムの導入は同じく費用を伴うものであり，それもお互いの信頼が少ないほど，その費用は高くなるのである[64]。

全員がそれ自体望ましいと考えているより高度な行動規準を，実際に成功裏に実行することが個々のケースでどれほど難しいのか。それを示す考察をこれに加えてさらに多数続けることもできよう。違う表現をすれば，集合的セルフ・コミットメントのプロセスに関する条件群に応じて，様々な成果を見込むべきであろう。それは，そのつど問題となるかもしれない根本的価値の相対化を含意するものではない。実践的三段論法の(1)のレベル，社会・環境の目標設定においては，すべては不変である。しかし，レベル(2)の様々な経験的条件に基づいて様々な投資戦略が求められるようになるのであり，妥協が求められることも珍しくはないのである。

---

[64] その場合，企業があまりにも密接に協働することは社会的に見て望ましいわけでもないということもよく考えるべきである。カルテルが結成されるという事態になることで，業績をめぐる競争が場合によってはそれによって被害を受ける場合もあるからである。

第3部　企業の責任

序　文

　以上の詳細な準備を経て，第3部では，これまで展開されてきた考察やコンセプトを，企業倫理の中心テーマである，企業の責任に応用する。

　「企業の責任」というコンセプトは，今日までかなり様々な形で解釈され，議論されてきた。そのことは，これまでの説明を通じてすでにわれわれにつきまとっていた，対象の複雑性ともいくらか関係している。つねに責任ある振る舞いをするという，企業やその意思決定者への要求は，企業が競争能力を保持し，企業の市場価値を上昇させるという要求に比べても，決して要求度の低いものではないし，複雑でないということでもない。そのつど様々な行為の可能性を持つ，尋常でないほど多数のきわめて多様な状況を包含するものが，2つの要求のどちらにおいても，簡潔な言葉で特徴づけられている。このテーマが持つ広範さという性格を前にすれば，このテーマに関する議論がときおり，ある種の浅薄さによって特徴づけられているのもまったく不思議ではない。

　しかしながら，企業の責任というコンセプトにおいて，あるいはインテグリティ，信頼その他の類似した倫理的基本概念それ自体のようなコンセプトにおいてさえも，価値のある概念性が問題となること，そしてその概念性の内容が空虚であるとか，思慮なく利用しているとか，そればかりか濫用するのであれば，それ自体がすでに無責任の形態なのであり，そのように見れば，上で書いた浅薄さは遺憾なことである[1]。なぜなら，それが共通のゲームの理解の根本的な要素だからである。つまりそれ自体が6.1節の意味での方向づけのポイントを表すのであり，その限りで，社会的協力の成功のための条件なのである。

　したがって，「企業の責任」という方向づけポイントに内容を盛り込むために，第3部の考察は以下のように区分される。

　10章では，企業はそれ自体，そもそもどの程度まで責任を割り当てられる主体でありうるのか，という問題を取り扱う。一見したところ，自由に行為できる人間だけが，責任を負うことができる。しかしながら，企業も社会的な出来事に対して（共に）責任を負わせられる「コーポラティブ・アクター」だとみなす十分な根拠はある。それによって，社会における権限をより明確に規定することが可能になる。

---

[1] しかしここでもまた，現実主義的な期待を持つことが理性的である。

続いて11章では，責任がどこに存在するのかということについて，様々なアプローチを考察する。これまでの説明に従えば，ここで責任は正当な信頼期待を実現することだと規定され，その最も重要な側面は，重要な不一致を回避することにあるとすることにも，驚きはないだろう。

　企業の責任に関するこのような規定をより詳しく解明するのが12章であり，そこでは，重要な不一致を同定し，それを診断することの可能性と，それに基づいてそれを予防し，必要な場合には治療する可能性が問題とされる。

　最後に締めくくりとして，ここで提示された「相互作用倫理」の基本理念に沿って，相互行為の相手もまた，彼らの側で責任ある振る舞いをする，すなわち必要な信頼への投資を実行する場合にのみ，企業の責任ある振る舞いを期待できるのだということを，今後の展望として簡潔な形で説明する。責任ある行為がインセンティブ両立的でもあるかどうかは，実践的には行為者それ自身だけでなく，他者の行為にもつねに左右されるからである。

第10章　責任を割り当てられる主体としての企業

　企業は責任を負うことができるのか？　企業は人間でないというのに？　本章においては，以下のようなより明確な形で，この問いを取り上げる。
1. 企業とは何なのか？　以下の問いを理解し，そして，明らかにすることを可能にするためには，何が企業の本質をなし，そして企業が誰のものかを明らかにすることが有益である。
2. 企業に責任を負わせられるのか？答えは，負わせられる！である。それは日常茶飯事である。しかも根拠もある。企業を**コーポラティブ・アクター**とすることで，それを通して企業に責任を上手に割り当てることができ，構造化することができる。
3. 企業に対するそのような［責任の］割り当ては何を意味するのか？結論は，企業として，あるいは企業において，このような割り当てに取り組まなければならないというものである。つまり責任は文字通り，組織化されなければならないのである。企業はその限りで，**制度的アレンジメント**でもある。
4. 個人という「アクター」とコーポラティヴ「アクター」との間には，どこに（重要な）違いがあるのか？　本章の最後では，これまでに人間に関して行われた考察が，企業に問題なく転用できるかどうかをさらに議論する。

10.1　企業とは何か？

　この問題に対しては多数の返答が考えられる。企業は私人の目標のための手段と見ることもできるし，社会における「システム」と見ることもできる。経営学，社会学，法学のアプローチは，企業をそれぞれ違う形で定義するだろう。

　周知のとおり，ここでは企業のことだが，あるものをどのように描写するのかということは問題に依存する。例えば，企業の現象を社会科学的に把握する経営社会学から見れば，企業は「社会システム」であり，その内部では企業のメンバー相互の行動関係，ならびに技術，経済，法律，あるいは文化的な条件によるその影響が分析される。それに対して企業を法的に考察する場合には，別の問題や別の側面が前面に出る。そして，（個別）企業は次のように定義される。「商人の商号とは，商人がそれをもって事業に関する取引を行い，署名をなす名称をいう」[1]。

　経済科学の内部でさえ，企業とは何なのかについて，非常に様々な概念規定がある。ミクロ経済学の理論においては，企業は生産関数と表現され，それはほとんど「ブラックボックス」のままである。そのような捉え方が可能なのは，相対価格という構造

の中で希少な資源の分配を分析することに，特に理論の問題設定が向けられているからである。これに対して，企業（経営）を中心的な理論の中心的な研究対象とする経営学においては，例えば企業は「他人需要を充足するという任務を持ち，自律して意思決定を下し，自分でリスクを負担する，技術的，社会的，経済的，そして環境関連的な単位」として定義される（Bea/Dichtl/Schweitzer 1993, 23）。この定義では，企業の典型的な特性，すなわち家政が自己需要を充足するのとは違って他人需要を充足すること，自律した意思決定を下すこと，そして市場経済において特有なリスクの引き受けが強調されている。そしてそれは，財とサービスの生産と分配に際しての企業の社会的な役割を明確にするものである。

　企業倫理の観点から見て，何が問題なのか？　そして企業を理解する上で，そこから何が得られるのか？

　本書で繰り返し登場している一貫したレファレンスポイントは，お互いのメリットのための社会的協力という問題であり，とりわけ，コンフリクトに至るケース，ないしは信頼が協力の成功の基本条件として重要なケースで，個々人が自分の自由をどのように利用するのかという問題である。それ故に，企業がどうして社会的協力を改善させるための道具なのか，そしてなぜそこで発生するコンフリクト・マネジメントの道具なのか，場合によっては，どうして企業がより信用できる信頼期待の実現のための道具なのか，とさらに特殊な言い方もできるであろうが，そういう観点から考察されるべきであろう。その時にのみ，社会が企業の存在を許容し，それに対応する「ゲームのルール」である企業に関する法律によって，その存在を促進することが意味をなすからである。

　けれども，どうして企業はそのような手段であるのだろうか？[2]　第一の直観的な返答は，企業は**組織**として理解すること，つまり，それによって文字通り様々な人間の自由な行為が「組織化される」，すなわち目標に向けて調整されるものとして企業を捉えるということである。それどころか，実際日常的に利用され，消費される製品のほとんど全ての製造や分配は，この間，個々の多くの行為が密接に絡み合っている（はずの）高度に複雑なプロセスとなっている。

　そのために一度，メーカーにおける以下のような状況を考察しよう。この企業は，新しい製品を市場に投入するつもりである。

- エンジニアは新しい技術水準に従った製品を開発したがる。しかし，これは場合に

---

[1] ドイツ商法典第17条第1項による。そして次の項も興味深い。「(2) 商人はその商号をもって，訴え，又は訴えられることができる」。思い出してほしいのは，制度的条件によって信頼に報いることがインセンティブに沿うものになることで，訴えられる可能性があるということが自分をもっと信頼に値するものにする，ということである。【訳注】これらの条文は，法務省大臣官房司法法制部編『法務資料第465号ドイツ商法典（第1編〜第4編）』（http://www.moj.go.jp/content/001206509.pdf）（最終アクセス2017年2月18日）からの引用である。

[2] ここで次のことが思い出されるかもしれない。私企業（ここではそれが問題となっているのだが）の正当性に意義を唱えられるが故に，そのような私企業の存在を許容しない（社会主義的な）社会が存在した，ということである。

よっては非常に費用がかかり，環境問題を抱えた原材料を必要とするかもしれない。そして，彼のイメージが顧客のもともと望むものに沿っているかどうかはまだわからないのである。

- 財務責任者は心配そうに支払いについて目をやり，四半期報告書の予想値を達成するために，費用を下げるよう，トップマネジメントに言い聞かせる。
- 営業部長は，販売数量を明確に増加させろという圧力のもとにあり，それゆえ製品が優れた特性やサービス性能を持つことを表現した広告キャンペーンを計画する。
- 仕入れ担当者は，彼に提示された部品をできるだけ安く仕入れたがる。
- そしてさらに，持続可能性部門の代表者がいる。彼の任務は，新製品の製造や廃棄物処理において，社会・環境スタンダードに注意を払うことである。

このような簡潔な考察を，他部門，他の製品，複雑なサプライチェーン，競争条件，法律，様々な地域その他を取り入れることで，複雑にすることは難しくないだろう。そして，これらの考察は以下のことを気付かせている。従業員，顧客，下請け業者，投資家，近隣地域，地方自治体など，共にそれに関わっているあらゆる人々の多様で異なる利害がそれぞれ適切に考慮されるような形で，財やサービスの製造や販売に関わる多数の個々人の行為をうまく調整するということは，ありきたりな課題ではないということである。

企業の全従業員が企業の持続という共通の利害を持つが，それに向けて彼らの行為を意味あるように調整するという意味での**一貫性**は，重大な挑戦となっている。それによって，次のような問いが生じる。財務部長，エンジニア，営業部長，仕入れ担当者，そして持続可能性の責任者は何を方向付けとすべきなのか？彼らは必要な情報・知識を持っているのか？さらに必要な資源を持っているのか？誰がどの責任を持っているのか？そしてそれぞれの人は責任ある振る舞いをするにしかるべきインセンティブを持っているのか？そして当然，何度も問うていることだが，やり取りが複雑であっても，全ての関与者が望み通りの成果に貢献すると**信頼**できるのであろうか？

企業はこのような挑戦を克服し，そして目標に導くよう組織するために存在している。そこではもちろん，誰に対しての目標かということが問われる。この最後の問いに関しては2つの返答が思い浮かぶ。それは以下の通りである。

1. 企業の所有者（「シェアホルダー」）の個人的な目標。この目標は倫理について真剣に言及されなければならないだろう。そこには，彼らの自由や自分で決めた生き方を（彼らから見て）意味あるように利用するという理解があり，企業の成果に対する所有者の正当な望みを適切に考慮することは，**自己責任**という考え方に属するものと推測しても良いからである。
2. 企業が**公益**を促進するべきだろうという，社会のメンバー全員が持つ共通の利害。

これら2つの目標の方向づけが相互依存的であることは明白である。つまり，**信頼する側**としての社会から見れば，企業の所有者が持つ原則的に正当な自己利害に余地

を与えること，違う言い方をすれば，**インセンティブ両立性**を考慮することが重要である。

　逆に企業の所有者は，社会の利害を考慮するべきである。なぜなら，彼らの行いは必然的に社会的にあらかじめ与えられた枠組みに**埋め込まれている**からである。彼らは**信頼される側**であり，彼らは社会から自身に認められた自由について責任感を持って扱うよう期待されているのである。別の言葉で言えば，企業は社会から見て**事業する権利**を維持すること，社会から見て企業の存在に同意してもらえることが頼りなのである。企業の責任を解明するということも，まさにそれに合わせられなければならないだろう。

　けれども，責任に関する問いをより厳密に規定可能にするには，以下の問いが必要である。つまり，厳密にいえば，誰が責任の担い手であるのか？企業か？所有者か？トップマネジメントか？従業員か？サプライヤーと関わるのは何か？政治と関わるのは何か？顧客と関わるのは何か？誰が企業の構成員で，誰が企業の構成員でないのかを決めるのは，どのような基準なのか？例えば，「企業の成果に対して貢献するすべて人が企業のメンバーでもある」という場合には，顧客や出資者，そして場合によっては，役人や政治家も企業のメンバーに含められることになるであろう。これに対して，非常に狭い定義を選び，そして企業の所有者だけが企業の本来の代表者であるとすると，零細な株主はある日突然20万人の従業員を抱える企業の代表者になるかもしれないし，一方で従業員自身はその企業に所属しないことになる。企業の境界はどこにあるのか？

　これらの問いの意義は，形式的に考えれば企業に属さないような，下位のサプライヤーが引き起こした行為に対して，企業がその責任を負わせられる場合に特に明らかになる。典型的な例としては，繊維産業における児童労働，あるいは電子機器部門における紛争鉱物である。挙げられた2つの（そしてそれ以外の多数の）事例においては，商品が持つブランドネームから連想される企業が，次のような出来事に責任を負わせられるのである。それは，確かにその企業のバリューチェーンの枠内で起こってはいるが，例えばもともとの行為がなされたサプライヤー，「お買い得価格」で製品を望む購入者，あるいは法的標準を制定する政治家など，他の主体にも同程度の責任を負わせることができると考えられる出来事に対して，典型として責任を負わせられているのである。

　結局，ここにもアルゴリズムは存在しないのだ。それは，誰がどのような責任を負うのかについて，最終的に有効な決定を下すことのできる社会的な機関がないのと同じである。たとえ**中立的な観察者**のコンセプトがまさにこの機関だとしても。むしろ，道徳的判断能力ならびに，同意の得られるスタンダードが持つ意義，あるいは，どのように責任が「分担」されるべきなのかについての「共通のゲームの理解」，と言えよ

---

[3] 社会は，直接・間接に企業の存在に関わる多数の者にとって，ある意味で略語として存在している。

うが，それらが持つ意義が再度明らかになるだろう．

　したがって，それに対する「究極的な」解答が存在しないとしても，企業の責任に関する問いを構造的に捉えられるならば，企業を概念的に把握することは可能である．そのため，ここでは企業の概念を次のように規定する．企業は，**コーポラティブ・アクター**を構成する**制度的アレンジメント**である，と．それは，特定のパフォーマンスをもたらすことに関して信頼期待を担うものであり，同時に**責任を割り当てられる対象**である．

　その際，再び**ゲームの理解とゲームのルールについての分かち難い関係**が明らかになる．ここで「制度的アレンジメント」を問題とする時，この制度がどのように効果を発揮するかは，必然的にその解釈，「ゲームの理解」につねに依存するからである．したがって企業の責任は，そして企業の境界もそうだが，それはその時々に支配的となっている共通の「ゲームの理解」からも生じる．すなわちそれは，支配的でもあり，制度的でもある割り当てや期待から生じるのであり，そこからしかるべきインセンティブが生じるのである．[4] 別の言葉で言えば，法律や社会は，ある人が企業を代表するかのか否か，それとともに企業の名前において責任を負うのか否か，その割り当てをあらかじめ決めているのである．もっともその際，法的な責任負担の分類と社会的な責任負担の分類がばらばらになることもありうる．法的な立場に立ち戻ることが企業にとってつねに解決の手がかりとなるわけではないということは，絶えず明らかになっている．だからこそ，企業にとってそれは特に大事なことである．結局は，社会から見て事業する権利が必要になるのである．

10.2　企業は責任の担い手である

　1999 年，ドイツで 2 〜 3 週間かけて，かつてナチス期に企業が従事させていた強制労働者に対する企業の損害賠償支払に関して徹底的な議論が行われた．国家社会主義の時代には，一部は国家の命令によるものだが，多くの企業において外国の強制労働者（1944 年には約 900 万人）が，ほとんどが劣悪な労働条件とごくわずかな賃金で動員された．大戦後すぐ，かつての強制労働者について請求権が主張されたけれども成果は得られなかった．ようやく 1990 年，2 プラス 4 条約[5]の締結により，ドイツに対して第二次世界大戦来の要求が可能になった．長い交渉の末，政府と産業界がそれぞれ 50 億ドイツマルクを支払うための補償基金が 1999 年に設立された．そしてその見返りとして，支払いに対して発生すると思われた法的訴訟が見送られることにな

---

[4] それによれば，従業員，下請け業者，顧客という 3 つのステイクホルダー集団すべて（さらに別も集団も）それぞれが企業と契約上結びついているが，それにもかかわらず従業員は企業のメンバーと見なされ，下請け業者あるいは顧客とは見なされない．独立性あるいは指示権限のようなわかりやすい基準もまた，ある特定の抽象度を超えるとぼやけてしまう．というのも，従業員は一部の下請け業者よりも簡単に企業を離れることができる場合もあるからである．

った。

　産業側の負担分を回収することを委任された基金イニシアティブは，50億ドイツマルクの取立てにかなり苦労した。2000年10月までに約24万の書簡が企業に発送され，そして年間売上高の千分の一の額でイニシアティブに加盟するよう依頼した。その時点で約4,280の企業がメンバーとなっており，そこで得られる総額は33億ドイツマルクであった。2001年3月13日時点で，約6,500の企業により50億ドイツマルクが調達された。興味深いことに，約半数が1945年以降に設立された企業であった。つまり，強制労働者を従事させたはずもない企業なのである。資金調達の大半が，巨大企業によってなされたのである。

　企業倫理から見て興味深いポイントは，強制労働者の扱いに対する**責任**を負わせられたのが，当時強制労働者に関わっていた**人間ではなく**（彼らは1999年時点で大部分が亡くなっていただろうが），**企業**だという点である。しかし，DAX企業のように複雑な構造を持つ組織に責任を負わせることができるのだろうか？

　それが可能なのは，さしあたりは明らかだろう。企業は上述のように**コーポラティブ・アクター**であり，それ自体としては，その代表者を通じて「行為する」「責任を割り当てられる虚構の主体」（Waldkrich 2002）である。企業は行為する単位として法的に見なされるだけではなく，日々，ジーメンス，VW，ソニー，BP，アマゾンやその他の企業について，あたかもそれが協働する（あるいは，もしかしたら協働しない）アクターであるかのように見なし，そう考えることが一般的である。

　現に，われわれはこのコーポラティブ・アクターに責任を割り当てるだけではなく，**信頼に値する**と見なしている。一部の企業は，それ以外の企業よりも信頼に値すると考えられる。それが意味するのは，これらの企業が信頼期待を満たす，あるいは裏切るという意味において，これらの企業が「行為する」と仮定しているということである。これが，法規制の単なる遵守を明らかに超えたものであることを考慮すべきである。したがって，確かに文言上ではあらゆる法律を遵守しているが，しかしその他の

---

5 【訳注】1990年に調印，1991年に発行されたドイツ最終規定条約のこと。東西ドイツが再統一したことで，分割時代には締結されていなかった包括的な平和条約や停戦協定としてこの条約が締結された。東西ドイツと，米英仏ソという連合国主要4カ国との間で結ばれたことから，2プラス4条約と呼ばれるようになった。

6 このケースには他にもさらに興味深い側面が存在する。例えばすでに言及したように，後で設立されたので強制労働者を雇うことができなかったはずの多くの企業も基金に参加したという事実である。これは，他の企業との連帯ということでは決して説明できないものだろう。納得できる理由として考えられるのは，当時ドイツの全所在地が巻き添えにされドイツ企業が全般的に競争上のデメリットを甘受するという危険を犯したという帰結を伴ったために，彼らはそのテーマを議論に挙げたかった，ということである。

7 【訳注】DAXとはDeutsche Aktien Indexの略称であり，「ドイツ株価指数」を意味する。フランクフルト証券取引所で取引される上場銘柄の中から，特にドイツ企業の優良30銘柄を選んで対象とした時価総額加重平均指数の事で，ドイツの著名な企業が属する。

8 コーポラティブ・アクターというコンセプトは，とりわけジェームズ・コールマン（James Coleman）（1994）に由来するものである。

点では，場合によっては第三者を犠牲にして，法律のあらゆる隙をついて自分の利益を追求しようとする企業が，信頼に値すると認知されないことは明らかである。前に見たように，法律は枠組みを前もって定めるが，態度，つまり**どのように**法的枠組みを遵守するのかまでは決めない。それは「**したいこと**」や「**できること**」によって特徴付けられているからである。まさに，この「**どのように**」に，信頼に値するかどうかがかかっているのである。そしてそれは，原則的に企業にも適用できるものなのである。

実際，このコーポラティブ・アクターという構想はきわめて有用である。企業のメンバーにとって「アクター」という単位が重要な方向づけの機能を持つために，この概念は企業内部ですでに妥当していると言える。仮に，企業の名で表に出るとしよう。その時，企業が目標を追求する，企業が評判を失う，あるいはまさに責任を割り当てられるといったイメージを持つなら，それは実感できることだし，理解できることである。ただし，ここで再び以下のような問題が生じる。それは，企業のメンバーをも信頼しなければならないという問題であり，企業のメンバーが適切な形で企業を代表することが可能であり，また代表するつもりがあるという問題である。

しかしながら，コーポラティブ・アクターの着想が方向づけを作り出すという本来の意義がはじめて現れるのが，企業の外部関係である。コーポラティブ・アクターが1つの単位として登場するという点から見れば，企業の様々な協働パートナー，（潜在的な）投資家，顧客，サプライヤー，メディアの代表者などにとって，企業，企業のパフォーマンス，そして，まさに企業が信頼に値するかどうかに関して**期待をする**ことが非常に簡単にできるようになる。まさに，そこにこそ，ブランドを構築し，マネジメントするという機能が存在する。特に学術的な議論においては，**レピュテーション**も問題となる[9]。

注目すべきことは，これらが機能するために，顧客あるいは投資家が，企業を代表する人格について必ずしも何らかのことを知っている必要はない，ということである[10]。

同様に，このような責任の割り当てを通じて，責任範囲を区分することも可能となる。社会・環境スタンダードの達成，あるいは税金の支払いのような要求は，必ずしも具体的な人格に宛てられる必要はなく，むしろ企業に向けられる。その時，企業は内部でこの要求を実行に対して責任を持つのである。

このような責任の割り当てや責任の区分は，企業にとって大きな意義を持つ。言ってみれば，それが管理やマネジメントの課題なのである。他人に何かを望むのであれば，いずれにしても他人の期待に応えることが重要である。他人に何かを望むのであ

---

[9] これについての基礎は Fombrun 1996 を参照。
[10] もっとも，この文章にはいくらか制限がつけられるべきである。多くの具体的な協働関係においては，例えば投資家あるいは供給業者として個人的に知り合いである人物の評価が，企業が信頼に値すると評価するにあたって，少なからぬ役割を果たしている。また投資家もしばしば，（二重の意味での）企業の将来の相場を評価するために，トップマネジメントのプロフィールをかなり正確に注視しているのである。

れば、いずれにしても他人の期待に応えることが大事なのだ。さらに言えば、これらの期待は、コミュニケーションからの影響を受ける場合もあるのだ[11]。

したがって、前章、特に第4章で行われた考察は、原則的に企業にも応用することが可能である。よって、企業のレピュテーションはコンテクストを構成する重要な要素なのであり、コンテクストの中で**シグナル**（4.4を見よ）が解釈されるのだ。同じ約束でも、信用できるパートナーであるというレピュテーションを持つ企業による約束と、悪評高く、信用できない企業による約束とでは、かなり異なる意味を持つ。もっともなことではあるが、プラスのレピュテーションを持つ企業は、マイナスのレピュテーションを持つ企業よりもはるかに簡単に協働パートナーを獲得できるだろう。このことによって、企業はどのように（責任範囲の）割り当てに対処でき、対処すべきなのか、という問題に導かれる。

10.3　責任の組織化

したがって問題は、コーポラティブ・アクターが実際に統一体として現れるのはどのようにして可能となるのか、ということである。すでに示唆したように、それは組織されなければならない。すなわち、自然人の行為を相互に一貫した形で調整するような構造を構築しなければならないのである。そのことで、1つの企業という印象が生まれるのである。

なぜそうなるのかと言えば、コーポラティブ・アクターが**制度的アレンジメント**として「組織化」され、メンバーは（大なり小なり）決められた**ポジション**（職務記述書）とそれに対応した契約によってその枠組みの中に組み入れられているからである。それは**ガバナンス構造**とも呼ばれ、それがシステムとして企業を制御し、統制するのである。制度的構造の課題は、特に企業のそれぞれのポジションを適切にデザインすることで、つねに付随的に発生する情報問題やインセンティブ問題をできる限り解決することである。

これらのポジションは、仕事の範囲、権限、権利や義務を構成するものであり、それらはこのポジションにいる人がこの先交代しても存続し続ける。それによって安定的持続や予測が可能となり、それが企業の信頼性、つまり企業が信頼に値することの基礎となるのである。ポジションにいる人は、単に私人として振る舞うのではなく、企業の（利害の）代表者として振る舞うのだ[12]。同時にそのポジションは、全体の目標とそれを実施するための戦略が、ポジションの中でつねに**方向づけのポイント**であり続けるような形で相互に関連づけられている必要があろう[13]。

しかしその場合、企業を単位にし、メンバーの協働を成功させるのは、これに関しても制度的構造やルール、契約だけではないということを強調すべきである。企業の

---

[11] それでもなお注意すべきいくつかの相違について、10.4節で議論する。

内部にある「ゲームの理解」，企業文化も，同じく重要である。なぜなら，ルールはいつも解釈されなければならないからである。ルールはまさに，企業においてもメンバーの自由を完全に取り去る形で設定されているわけではない（し，設定されるべきでもない）のである。そしてこのような解釈の際にも，再びまた，ルールに関する自分の理解だけでなく，他者の理解に関する理解，つまりお互いの期待を（より）信用できるものとするような共通の理解を（意味ある形で）発展させることも重要なのである。

10.4 自然人とコーポラティブ・アクターとの間の共通点と相違点

　企業は確かにコーポラティブ・アクターかもしれないが，しかし人ではない。よって，人間に責任があるということが意味するものと，企業に責任があるということが意味するものとでは，違いもあるだろう。

　この違いを特定のパースペクティブの観点から規定することが，ここでも問題になるはずである。特定のパースペクティブとは，社会的協力の成功条件という問題のことであり，その最も重要な条件が**信頼**である。つまり，どうして企業を信頼できるのか，あるいは企業が信頼に値すると保証するために企業の責任者は何をすべきなのか，を推論することが特に大事なのだ。その返答として重要となるものについては，次の2つの章で展開する。とりあえずここでは，この「アクター」をもっと理解することだけに注視しよう。

　実際，自然人に関してわかっている特徴の多くをコーポラティブ・アクターに応用

---

12 しかしながら，誰かに個人的に関係を持つと同時に，同じこの人物と，利害のコンフリクトを必然的に伴うようなビジネス上の関係を維持すべき場合には，当然私人としてとどまることになるが，それは様々な形で緊張状態に導く場合もある。このような状態は同時に，その状況においてある種の予測不可能性を再びもたらす。というのも，制度的なポジションの定義がたとえコーポラティブ・アクターとしての企業の信用を保証すべきだとしても，それはこのポジションを占めている人物にもつねに左右されるからである。それゆえポジションの交代は，以前そのポジションに就いていた人と，従業員，特定の供給業者，顧客，資本提供者，政府代表者など様々なステイクホルダーとの間に構築された信頼がかなり損なわれるかもしれないという事態を必然的に伴いうる。それだけにいっそう，後継として就く人の入念な選定だけでなく，しかるべき引き継ぎもまた重要になるのである。

13 CSRあるいは持続可能性の代理人のようなポジションには難しい面もある。その典型が，横断的なポジションが問題となることである。一方で，ある人物あるいは部門全体に，このテーマに取り組み，場合によっては変更を提案するという措置を使ってこの観点に基づいて企業を詳しく調べることを委託するのは有意味なことだろう。けれども，最後に挙げたポイントを考慮すると，上述の困難が明らかになる。すなわち，とりわけ（広い意味での）費用がそれと結びつけられている場合には，実行するためのコンピテンスがなければ提案が次第に途絶える恐れがある。そのようなコンピテンスを用いて，そのようなポジションないし部門は，他の関連する部門との戦術的・戦略的な「お遊び」が容易にできるのである。

14 すなわち，例えば社会学のような他のパースペクティブから見れば，場合によっては他の相違点が挙げられ，重要となることがありうるのである。

することは，ある程度合理的に可能である．と同時に，より詳しく見れば，そこでの応用には限界があること，そして違いがあることも避けられないのは明らかである．

- 一般的には，すでに示したように，企業は代表者を通じて**行為でき**，それゆえ企業には，信頼に値することや責任が割り当てられると言える．
- 同様に，比喩的な意味で，企業は**意図**を追求すると言える．その「本来の」野心は，最低でも競争で生き残る，そしてたいていは利益を獲得するということにある．もっとも，これは必ずしも企業本来の目標設定だというわけではなく，場合によっては，「衛生要因」のようなもの，あるいは他の目標が追求できるために満たされるべき境界条件だと言うこともできる．ここでいう他の目標が，近年ますます**理想像**の中で表現されるようになってきている．この理想像は，企業において本来関心が向けられるべきなのだが，たとえつねに関心が向けられているわけではないにしても，まさにそれは，理念の上では，意図，つまり企業の目標や，この目標をどのように追求しようと目論んでいるのか，その方法を明確に述べる場なのである．
- コーポラティブ・アクターにとって，**インセンティブ**も重要である．もっとも，このインセンティブにはもっと制約があり，こう言ってもよいのなら，より狭い意味で目的に適うように向けられているのである．人間は，瞑想に耽るべく，修道院とか荒野とかに引きこもることができるが，企業にとってそれに相当するものがあるとは現実的には考えられない．企業にとって典型的なインセンティブには，費用とか品質を理由としてサプライヤーを変えること，新たな顧客セグメントを開拓するという目標を持って製品の新特性を開発すること，はたまたレピュテーションを損ないたくないという理由で倫理的リスクを回避することなど，費用とか収益に直接・間接に関わるあらゆる要因が挙げられる．
- 企業は現実的には，**意志の弱さ**とか，その他人間が典型的に持つ数多くの弱さによ

---

[15] フレデリック・ハーズバーグ（Frederick Herzberg）(1966) は，仕事のモチベーションに関する理論の中で2つの要因を区別している．それらは仕事への意欲とそれに対応するパフォーマンスを規定するもので，1つはモチベーターであり，それはパフォーマンスの内容に関係づけられる．もう1つは衛生要因であり，それは例えば給与，作業場の安全性やその他の労働条件のような，仕事の枠組み条件に関わるものである．彼の理論の本質的観点は，モチベーターは満足を促進しうるが，それが欠けても必ずしも不満がおこるわけではないという主張にある．それとは補足的に，衛生要因は不満を防ぐことができるが，しかしながら満足を生み出すわけではなく，逆に衛生要因が欠けると，不満がもたらされるのである．「衛生要因」という概念が示しているのは，それが欠けると，不衛生と同じく，避けられるリスクを伴うことになるということである．このような区分は外在的と内在的という区別に似ているが，なぜ衛生要因を通じたモチベーションが非常に限られた形でしか生み出されないのか，そして他方で，衛生要因が存在しない，あるいはかなり不十分にしか存在しない場合に，原則的に高いモチベーションがあるのになぜ意欲ないしはパフォーマンスが侵食されうるのかということを明確にすることができる．類似の多くのケースと同じく，この区別もまた，ヒューリスティックに解釈されるべきであり，自然法則のように解釈されるべきではないだろう．

[16] たしかに，経営陣にとってそれに相当する隔絶の場所があるかもしれない．けれどもそのような隔絶の場所も結局は企業目標につながるものだろうし，企業が「棄権する」ことにつながるものではあり得ないだろう．

ってとがめられることはない。しかしここでもまた，比喩的な意味で以下のように言えよう。企業は重要な情報やルーティン，あるいは価値さえも伝達しなくなるという意味で，企業は「忘れる」のだということ，あるいは「組織スラック」[17]，内部のインセンティブ構造が不十分である，ポジションの配置が不適切である，管理の脆弱性などの理由で，企業は特定の信頼期待に応えることができなくなる，ということである。

- 同時に，最後のポイントに関して明らかになることは，企業は構造やプロセスを目的に合うようにデザインすることで，原則的にわれわれ人間よりもうまくそのような弱みを意図的に除去できるということである。しかしそれは，これら構造やプロセスを占めているのが結局は人間であるという事実を忘れさせるものであってはならない。その限りで，「人間要因」は除去できないのである[18]。

- より一般的に言えば，企業は目的を形成する主体であり，その目的に合わせて制御・統制できる。合理性が原則より高いならば，信頼を「マネジメントする」ということにとっては，それはさしあたっては長所である。それにより企業はさらに意図通りにコンフリクトの領域を探索・分析できるし，セルフ・コミットメントを行い，しかるべきシグナルをコミュニケートできるからである。もっとも，このような制御や統制を測定可能な指標（特に財務指標）に極端に還元してしまうという危険も，まさにこのようなコンテクストにおいてはつねに存在するのである。その際には，尊敬や尊厳その他のような測定できない側面が「忘れ」られるという危険があるのだ。

- より興味深い相違は，原則的に企業の時間的視野に制限がないということである。だからこそ，150年以上存続している企業もたくさんあるのだ。もっとも，一部は場合によっては短期間のためだけに設立されたものではあるが。信頼に値するかどうかというテーマから見れば，それは良い知らせである。時間の視野が原則上長ければ長いほど，協働能力を持続して保持するインセンティブもまた増大するからである。

企業倫理から見て特に関心があるのは，企業に**徳**があるとも見なせるかどうか，である。実際，それは可能である。以下においては，7.2.3節において紹介された3つの徳を取り上げる。3つの徳とは，すなわち，知性，正義，好意のことである[19]。

まず**知性**について。これは，企業自身の繁栄を理性的に，すなわち長期志向で押し

---

[17] 組織スラックとは，例えば利用されていない過剰生産能力，利用されない市場チャンスやその他による，組織における資源の非効率な利用のことを指す。

[18] これは，とりわけ理論を作るにあたって，絶えず非常に大きな挑戦となるものである。合理的選択によって特徴づけられたアプローチは，ホモ・エコノミクスの想定を用いることでこれに対応している。ドイツにおける経営学の父であるエーリッヒ・グーテンベルク（Erich Gutenberg）もまた，「精神的・肉体的主体」を「固有の問題の源泉」として，明確に理論から除外したのである。Gutenberg 1967, 42 を見よ。

[19] それについては Suchanek 2014b も参照。

進めていくという意味で，株主価値への方向づけ，ないしは自分の競争能力の保持，あるいはそのできる限りの改善であると解釈できる。**自分自身に対する責任**は，そのような形を取るならば，彼ら自身にとって道徳的に正当である。それについては，後で企業の責任をより詳しく規定する際にも考慮すべきである。

企業が企業行為において第三者の正当な権利や利害に損害を与えないよう顧慮するのが大事だというならば，**正義**という徳も企業に転用できる。これに関しては，企業の**インテグリティ**にもかかわる話である。その際記憶にとどめておくべきことは，徳の高さが現れるのは，他者の権利や利害を自分のために尊重するだけでなく，この権利を実際にそれ自体として承認する時だということである。前者だけなら，それは知性にとどまるだろう。

もっと難しいのは，**好意**のケースだろう。他者の繁栄を完全に「私利私欲なく」促進するということは，特定の目的のため，そして普通はそれ以外の目的のために設立されたはずの組織である企業においては，むしろそのレゾンデートルに合致しないだろう。[20]しかしおそらく，企業が「顧客志向」，「従業員志向」などのスローガンを真剣に考える場合にまさしく，企業は特定の意味で成功するだろう，とも言えよう。そのような方向づけが企業自身の利益（自分の競争能力など）を高めることに向けられているだけでなく，顧客，従業員などの繁栄をも実際に促進する意図を持つ場合に初めて，そのような方向づけは好意という徳に合致するものとなるのだ，と再び指摘できる。

しかしながら，企業というコンテクストにおいては，好意というカテゴリーは問題をはらむものであり続ける。それは次章でも明らかになるだろう。以下，考えられる2つの問題領域を挙げることにしたい。

「好意」がはらむと思われる問題の1つは，それが第三者の正当な要求ないしは（信頼）期待を裏切ることがある，ということである。上司が特定の従業員に対しことさら好意的な場合，本当に真の意味で好意的なだけで，決して日和見主義的に好意的な訳ではないとしても，それは他の従業員にとっては，場合によっては当然不公平あるいは不適切ととらえられるかもしれない。[21]より一般的に表現すれば，個々の人物あるいはステイクホルダー集団に対する好意は，道徳的な質を失うべきではないとすれば，第三者を犠牲にするものであってはならない。

もう1つ別の問題は，自分の所有していない資源を使って好意を行う場合，それは問題をはらむというものであり，所有者が支配していない企業においてまさに起こりうるものである。[22]内容的には，これは前の議論の一特殊事例に過ぎない。そのような

---

[20] それに関しては，そのような利己的でない行いを表現することにまさに照準を合わせているCSRに関して，その様々な解釈が問題となる次章でもう一度立ち戻ることにする。

[21] これは，正義が体系的に優位であることを示すもう1つの事例である。

[22] この論拠は，CSRのコンテクストにおいては特に重要である。よってここに，企業の「社会的責任」の特定の形態に対する，ミルトン・フリードマンの強く正当な論拠がある。それについては次章を見よ。

ケースでは，資源の所有者の正当な（信頼）期待が適切に考慮されないからである。

それゆえ企業倫理から見れば，すでにスミスが強調していたことを改めて繰り返そう。すなわち，正義という徳に際立った意義が認められるべきであるということである。企業が信頼に値するかどうかは第一にそれ次第だからであり，倫理的に見れば，好意の徳も知性の徳もそこに埋め込まれているからである。

後悔するというカテゴリーも，制限付きで企業に応用できる。ただし，それは比喩的な意味でしか解釈できない。だから，「良心の呵責」，あるいは狭い意味での自尊心の喪失のようなものは存在しないだろう。[23] それでもなお，7.4.2 節で描かれた，慣習以前，慣習，脱慣習という 3 つのレベルの後悔を企業にも転用することには意味があろう。

- **慣習以前の段階**：この段階では，当該企業において道徳的カテゴリーは考慮されない。典型的には，その時々の釈明確率で乗ぜられた罰金が当該の行為による収益よりも高いことで，企業行為が財政的なデメリットをもたらすかどうかということに単に注意を払うだけである。
- **慣習的な段階**：これは断然最も普及している段階だろう。ここでは企業は，ビジネス・ケースを最優先の方向づけとしている。すなわち，その戦略や戦略の実行措置を，企業の財政的成功に合わせているのである。もっともその際，企業は，特にレピュテーションのマネジメントに見て取れるような倫理的なチャンスやリスクを考慮している。そこに，先に挙げた企業との違いもある。これはすでに少なからぬ範囲で道徳的判断能力を前提としているからである。したがって，直接的に目に見える財務的な損失，あるいははっきりとした競争上のデメリットだけでなく，とりわけ「グッドウィル」「ブランド価値」あるいは「レピュテーション」のような，その価値が他者の道徳的判断に左右されるような企業価値の毀損をも伴う行為を後悔することになるだろう。
- **脱慣習の段階**：この段階の企業は「価値によって動く（value-driven）」。その企業にとっては，競争で成功することを制約条件として，社会的な付加価値を創出することが最優先に重要となる。ここでは，所有者によって率いられた企業，あるいは創業者が企業の「DNA」に持続的な価値を植え付けているような企業が取り上げられることが多い。その一事例がボッシュである。1919 年に創業者のロバート・ボッシュ（Robert Bosch）は以下のように述べている。「私はつねに，信頼を失うよりもお金を失うほうがよいという信条に従って振る舞っていた。私の約束が不可侵のものであること，そして私の商品の価値や私の言葉への信念は，私にとっては，一時的な利益よりも高いところに位置していた」（Bosch 2011）。そのような企業では，企業文化，すなわち内部で共通の「ゲームの理解」が生まれている。それは企

---

[23] しかしながら，企業が良心を持つことができるかどうかという問題についての，ケネス・E・グッドパスター（Kenneth E. Goodpaster）とジョン・B・マシューズ（John B. Matthews）(1982) の内容豊かな考察も見よ。

業のメンバーに無責任に振る舞わせないだけではない。第三者へ損害をもたらすような行為が起こったとき，それは企業のメンバーを苦しめ，雰囲気を悪くもするのである。すなわち，無責任な行為は間違っており，そのような行為がされないことは喜ばしいことなのだという基本的な理解が，企業自身において支配的となっているということである。まさしくそれは，その企業にとって物質的に感知できる帰結（だけ）から生じるのではないのである。

これらの区分が関心を引くのは，企業が自身の自由を責任あるように利用することが社会（すなわち社会のあらゆるメンバー）のためにもなるし，そしてそれゆえに，責任ある行為がネガティブに制裁されないような条件，そしてそれと補完して無責任な行為を後悔するような条件を社会が生み出すこともまた重要だからである。それに対応して，法的に規制を行う場合にもステイクホルダーの行動の中にも，企業の「タイプ」にとって何が関わるのかということが反映されるべきだろう。[24]

---

[24] これに対する事例の1つが連邦量刑ガイドラインである。そこで企業の逸脱行為に関する量刑は，企業が倫理的スタンダードに一致して行為するのにどのような努力を行ったのかということにも連動することになっている。

第11章　企業の責任

11.1　序　文

　社会における企業の責任に関する問題，より一般的には，企業の役割に関する問題は，ここ約25年でかなり意義を持つようになっている。その根拠は数多くある。本書のロジックで言えば，この根拠を以下のように要約できる。

　企業の自由の余地，すなわち協働のチャンスやリスクが著しく拡大するにつれて，信頼（ないしは信頼に値するかどうか）という要因が持つ意義，そしてそれとともに，責任感を持ってこの企業の自由を利用するという問題も，非常に大きくなってきた，ということである。

　もっと詳しく描写しよう。

　壁の崩壊と，それに起因した中央集権の経済システムの退却，グローバル化，移動・コミュニケーション費用の急速な低下は，**個人の自由**や実現可能な協働利得を計り知れないほど**拡大**させた。企業はより容易かつ低費用で国境を越え，費用対効果の高い情報交換システムを利用し，それによってグローバルなサプライチェーンを構築し，新しい市場を獲得できるようになったのである。

　同時に，とりわけ**競争**という形で，潜在的・顕在的な**コンフリクト**の数が増大するのも避けられなかった。それも，ゼロサムゲームという意味ではなく，原則的に非常に大きな非ゼロサムゲーム，すなわちグローバルな価値創造が著しく増大したという意味である。[1] しかし，グローバル化が意味するのはまさしく，ドイツの企業がブラジルや中国市場を獲得することを可能にしただけではなく，別の国の競争相手を自らの陣地で体験するということでもある。企業は，きわめて多様で異質な**信頼期待**を伴う制度，文化，ガバナンス構造やインフラ構造が非常に複雑に絡み合っている中に身をさらしているように見える。

　これらの信頼期待は多様であるだけではなく，相容れないこともある。よって，既存の「ゲームのルール」の中でうまく機能するシステムを用いても，コンフリクトは一部分しか軽減されない。そのため，例えば境遇が不平等なので，ヨーロッパの社会

---

[1] よって，世界の国民総生産は1980年から2010年までに100%以上増加し（bpb 2014），1990年から2010年の間には，7億人が極度の貧困状態から脱することができるようになった（United Nations 2014, 4）。

スタンダードを簡単にアジアで打ち立てるということは認められない。逆も同じく考えられない。男性と女性を差別しないという期待は，ヨーロッパ諸国ではすでにいつも簡単に実現可能なものだが，サウジアラビアのようないくつかの国々では，差別が法的に規定されている。

そして，ゲームのルールのシステムを細かく定義できたとしても，なおも少なくとも2つの問題が残ることになる。(1) 誰がこれらのゲームのルールを信頼できるものとして貫徹させ，場合によってはこの先も問題なくさせるのか？ (2) ゲームのルールはどのように解釈され，どのゲームの理解が支配的なのか？

そのことから，企業は（少なくとも）二重の試練に直面しているように見える。まず，企業はグローバルな競争において，成功した地位を確保しなければならない。なぜなら，現在ではほぼグローバルになっている競争圧力のもとで利益を獲得するという圧力が高まっているが，その競争圧力を限定的にしか効果のない「ゲームのルール」で統制することもまれではないからである。それと同時に，企業はますます自らが責任あるアクターであることを証明せよと社会から要請されている。なぜなら，コーポラティブ・アクターとしての企業には，社会的に望ましくないと見なされるような行為の結果から生じる責任を，負わされることが多いためである。言い換えれば，企業は多様で具体的な問題については言うまでもなく，気候変動，腐敗・汚職，はたまた社会的不平等に至るまで，社会的な問題状況に対する責任を「何らかの形で」有するアクターだと見なされているのである。

競争圧力の高まりと責任負担の増大という2つの試練の結びつくことで，**道徳と利益の基本的コンフリクトが高まる**ことになる。言い換えれば，**倫理的リスクが増大している**のである。

そのように見れば，「企業の社会的責任」（CSR）についての議論が急増していること，そして今日多くの大企業において，（その方法はしばしば多種多様であるが）このテーマに取り組む独自の部署が，あたかも当然のように存在していることは，全く不思議なことではない。世間では，企業が活動の一部分を社会問題の解決にあてることができるし，あてるべきだという意見，ただそのような意見はどちらかというと不明確ではあるが，そのような意見が展開されているからである。そして，企業はそれに応じなければならないのである。

しかし，どのようにすればいいのか？ どのような問題があるのか？ 企業はどのような貢献を果たすべきなのか？ そして，企業として責任ある行動をしていると，どのようにシグナルするのか？ それに適した基準は何か？ 社会は，ないしはこのような責任を要求する人たちすべては，どのような期待をしているのか？ そしてま

---

[2] これは，差別しないことを含んだ内部行動規範をたびたび持つような多国籍企業にとっては，まったく些細でない問題となるだろう。

[3] 企業の責任（Unternehmensverantwortung）とCSRは，たびたび違うコンセプトとして用いられている。しかしながら，以下においては企業の責任という意味でCSRを解釈することにする。

た，責任の境界はどこにあるのか？ということも問われなければならない。

これらの問いに対しては，様々な答えが考えられる[4]。それらの内の3つについて，以下でより詳細に考察したい[5]。
1. 企業の責任とは「善き行い」である。
2. 企業の責任とは利潤の増大である。
3. 企業の責任とは第三者の正当な利害を裏切ること無く信頼に満ちた協働へ投資することである。

11.2 企業の責任とは慈善なのか？

この問題に関しては，おそらく依然として最も普及している以下の理解が問題となる。企業の責任は，たいていCSRと略字で表記されて，**企業は社会的に関与する**，つまり社会的な要請あるいは環境的な要請に適したプロジェクトや活動に「自発的に」尽力し，そうして企業が社会に「何かお返しをする」ことで，いわばその「好意」を示す，という意味で理解されている，ということである。これに関する典型例には，例えば以下のようなものがある。
- 慈善目的の寄付，失業中の青少年に対してのプログラム，学校での啓蒙キャンペーン
- 社会あるいは環境に関連した活動に従事する労働者の仕事の免除
- 熱帯雨林保護のプロジェクト，保育所とかホームレスの住居などへの現物寄付
- 博物館とか地域，社会的組織などへのプロボノプロジェクト

これらの事例に共通しているのは，以上のことによって企業が公共の福祉に目に見える貢献を果たしていることである。一見したところ，まさにそこにこの戦略の大きなメリットも存在している。それぞれのプロジェクトや活動は，それ自体としてみれば，たいていは社会的に有意味なものであり，企業はたいてい，善き事としてそれを行ったのだ，と強調しているからである。慈善（「コーポレート・フィランソロピー」）によって責任を示しているのである。

加えて，活動やプロジェクトが具体的だということには，うまくコミュニケーションできるという大きな長所がある。インターネットや事業報告書の中で，あるいは講演や会議の時に，企業が社会的に関与し，それによって「善き市民」（「善き企業市

---

[4] そこではアプローチ次第で，挙げられた問いのいくつかは返答されないままとなるだろう。
[5] ステイクホルダー・マネジメントという見出し語で要約されるような（それについてはLin-Hi 2009, 14 ff. を見よ）これ以外の解釈のグループは，わざわざことさらには考察しない。原則的に，規範的なステイクホルダー・アプローチの考え方は，ここに紹介した第3のアプローチに相当する。そこで問題となるのは，自身の行為の中でステイクホルダーの正当な（信頼）期待を適切に考慮するということである。

民」）として存在するという事実，そしてその方法が実感できるような形で表現されている。

　しかし，責任は本当に各々の善き行いと同一視することができるのだろうか？マフィアがあるときは病院を支援し，またあるときは困窮した芸術家を支援したとしても，彼らは「責任ある」組織として定着できないだろう。おそらく，（ひょっとするとマフィアの構成員自身以外の）誰も，そのような「善き行い」を根拠にして，組織が責任を果たしていると保証することはないだろう。

　「責任」を割り当てるにあたっては，各々の慈善的な行為以上のことが問題となっていることは明らかである。むしろ，一般的な素質，態度が問題となる。言い換えれば，結局，**何**ではなくて，**どのように**が重要であり，個々の善い行いを成し遂げることよりも，むしろきわめて多様な状況で自由を原則的にどのように利用するのかが重要である。[6]

　より正確に言えば，「善き行い」は企業の利潤から資金を賄われる。そして，このようなCSRのアプローチにおいては，**この利潤がどのように獲得されるのかについては考察されない**。そのため，ここでは，まさに**中核事業**そのものや，どのようにこの中核事業が進行するのかという方法が，**考慮されないまま**になってしまっている。しかし，まさにここに，本来の責任の問題が存在する。すなわち，従業員はどのように扱われ，供給業者はどのように扱われるのか？顧客が不利になるように情報の非対称性に付け込むのか？環境費用を社会や将来世代の費用に外部化するのか？もしかして人権を侵害するのか？という問題が生まれるのである。

　これは次のようなことを意味する。ある企業が，確かにいくつかの善き行いを成し遂げてはいるが，本来の中核事業においてむしろ責任に反する振る舞いをしているならば，それはまったく無責任なことである。これに関する極端な事例が，エンロン社の事例である。この会社は2001年に無責任さが原因で倒産に至った。とりわけ無責任だったのが決算や報告の方法であり，企業の財務状況について事業パートナーを計画的に欺き，彼らに実際には存在しない企業の利益を信じ込ませた。しかし同時に，エンロンは模範的な「企業市民」と見なされていた。本社所在地のヒューストンには，エンロンが支援した社会施設ばかりだったのである。

　別の表現をすれば，中心となる問題は行為のパターンの**不一致**に存在する，ということである。つまり，企業があるときは慈善を行い，またあるときは日和見主義的，反道徳的あるいは犯罪行為をするなら，それらの行為は一致していないと言える。つまり，1つひとつの慈善は，別のところで起こした誤った行為を，簡単には償うことはできないのである。企業の責任について問題となるのは，実際には，免罪符の販売ではなく，**コーポラティブ・アクターが全体としてどのように自分の自由を利用する**

6　それゆえ，そのような活動に関連して，企業が免罪符の販売を非難されること，つまり個々の善い行いによって「罪」を相殺することが非難されるのも偶然ではない。類似した非難としてブルーウォッシングあるいはグリーンウォッシングが挙げられる。それについては例えばLubbers 2002を見よ。

のか，ということである．その際に，全体の印象，すなわちアクターが信頼できる（信頼に値する）のか否か，ということが決定的である．そしてこの全体的な印象は，個々の活動からだけではなく，多数の個々の活動のパターンからも構成されている．これに関して，4.4.2 節で話題とされた非対称性が思い出される．すなわち，個々の「善き行い」よりも，ポジティブな全体の印象を「反証する」ものそれぞれに，明らかに高い重要性が認められるということである．企業の責任を巡る議論において問題となるのは，（コーポラティブ・）アクターの特性としての責任なのだが，以上の点から見ると，それはある意味では**分割不可能**である．すなわち，相応しい**レピュテーション**を構築することが求められているときに，たまにだけ責任ある振る舞いをする，ということはできないのである．すでに折に触れて用いたサッカーとの比較を手がかりに明らかにすれば，例えば相手チームのトッププレイヤーを故意にケガさせるといったかなりハードにプレイを行い，レフェリーを取り込もうとするが，しかしその後で，お金を持っていない若い観客に無料で入場することを認め，場合によってはアイスクリームまでおごる場合，このチームが「善き行い」をしたと主張しているとしても，それが責任に関する優れた事例と見なせる，とは決して言えないだろう．

　場合によっては，「善き行い」によって自分の責任をシグナルする試みも，ほとんど非生産的であろう．企業がまさしく利潤志向でなく，利己的でもないという「ゲームの理解」を伝えようとしているなら，その時企業はまさに，利潤の獲得が重要となるはずの自身の中核事業を衰退させることになるし，利潤の獲得と道徳的な振る舞いが本質的に対立するものだという，広く流布している見解を増長させてしまうことになる．

　そのことでもって，「コーポレート・フィランソロピー」が企業の全体戦略の一部として合理的でないとするのは間違いである．すなわち，黄金律に従い，それが**お互いのメリットのための社会的協力の条件へ投資すること**だと理解できるのならば，それ自体として「善き行い」は全く責任あるものとなり得る．

　同様に，企業がそのような「善き行い」をするにあたって，経営的観点，「ビジネス・ケース」に目を向けるのも，倫理的に問題があるわけではない．企業が競争において生きながらえるつもりであるならば，企業はその活動の持つ成功への効果を問わなければならない．つまり，**お互いのメリットのための協力**が重要なのである．

---

[7] 固有の学問分野である，企業の社会的無責任をめぐる議論がこの考察に取り組んでいる．それについては Kotschen/Moon 2011; Lin-Hi/Müller 2013 を見よ．

[8] 思い出してほしいことだが，利潤と道徳は，原則的に対立するものでも，つねにずっと相互に調和するものでもない．むしろ，それらを両立させるために，絶えず投資が必要なのである．

[9] そこでよく考えるべきことは，その実現がたいていは別のステイクホルダーの期待の実現と競合してしまうような**信頼期待**を，そのような活動が呼び起こしてしまうということである．その限りで，費用が節約されるべき時代において，このような活動が真っ先に削減されることは不思議ではない．その時，ひょっとするとそのことは，困難な時代においては第一に倫理（責任）を節約するのだという理解，つまり倫理はある種の「ぜいたく」なのだ（それについては 1.1.4 節を参照）という理解をもたらすかもしれない．

それでも,「善き行い」はそれ自体でまた, 社会的に認められるかどうかということに埋め込まれていると見るべきである[10]。言い換えれば, それは第三者を犠牲にしてなされるものであってはならない。それは, 無責任なやり方で獲得された利潤で賄われるという間接的な形態にも当てはまる。

> 結論:企業の慈善行為は意味ある投資となり得るが, 企業の責任を置き換えるものではないし, 信頼に値するというシグナルとしても, 適切な範囲は限られている。

11.3 企業の責任とは利益の獲得なのか?

40万ユーロをもらえるという幸運な境遇にいると考えてみよう。ただし, お金を相応しい形態で運用するための時間と運用方法が欠けているため, 財産管理人を雇うとしよう。一年後, 財産管理人が良いニュースを持ってきた。彼は, お金を運用するには不利な市場の条件にもかかわらず, 8.5%の利回りが生じ, 40万ユーロから43万4千ユーロになったと言っている。なんと素晴らしいことか。そして彼は, その中の1万1千ユーロを, 善意のプロジェクト, すなわち彼の故郷にある病院の支援のためにとっておいた。その病院は, 緊急に財政的な支援が必要だったのであり, その寄付は現地の人々にとっては非常に善きものとなるだろう。それは確かに, 正しいことである。

当然, ほとんどの人が, そのような財産管理人をこの先も信頼するとは思えないだろう。たとえそのようなお金の使い方を気高いと考えていたとしても, それは彼らのお金であり, そして, 彼らはもしかしたら, 何か別のことをする計画があったのかもしれない。財産管理者は, お金を所有者の意向に沿って管理しなければならないという責任を持つ。すなわち, 彼は独断で「善い行い」をできないのである。少なくとも, それが所有者の意図であるのかどうかが, 明確でないのであれば。

これは, ノーベル賞受賞者ミルトン・フリードマンが, 企業倫理に関する最も多く議論された論文の1つ (Friedman 1970) の中で, 社会に対する企業の慈善行為に反対するために提示した重要な論拠である。正直言って, それはいくらか単純化された説明ではあるけれども。彼によれば, 企業の責任は利益の増大以外には何もない。企業が社会問題あるいは環境問題を解決するべきであるというイメージは, 彼にとって社会主義の傾向を持つ (危険な) 歩みであった。彼は社会主義を次のようなイメージと同一視している。公共の福祉に対して全ての人が公式に権限を持つが, 事実上, 誰一人としてそれに関して貢献することなく, その代わりに横暴と権力の濫用が, 倫理的な考え方を取り繕うための非効率的な活動と結びついて支配的となっている, とい

---

[10] 第5章と第7章を参照のこと。

うイメージである。

とりわけ，彼は次のように指摘している。費用を意識して希少な資源を効率的に投入することによって，需要者の要望に目を向け，そして企業家的な発想で市場における競争優位を獲得し，その結果としての利益を獲得するために，経営者に資源が委ねられる。しかも，その資源は彼の所有物ではないのだ！市場経済においては，「ゲームのルール」はまさにそのような観点に向けられている。社会問題や環境問題の解決に対しては，別の「プレイヤー」が存在するのだ。ここでフリードマンは国家を挙げている。

そればかりか，フリードマンによれば，**利潤は信じるに足り得る方向づけの尺度**によって，経営者のパフォーマンスを判断するための最良の基準である。利益が獲得されるのは，消費者の利害が満足させられ，そして価値創造プロセスの効率的な組織によりそれが達成されるときだけだからである。[11] 当然フリードマンは，このためには明確な法的な枠組みや競争が機能することが必要であることを知っていた。そして，彼はおそらく企業のレピュテーション，あるいは従業員のモチベーションを高める活動に抗弁するつもりはないであろう。これらは利益の増大に寄与するからである。だからこそ，「**企業の社会的責任は，利潤を増大させることにある**」。まさにこれが大事なのだ。

フリードマンの論証には，【訳者追記：首尾一貫した】コンセプトであるという点で大きな優位性がある。すなわち，その背後にはしっかり練り上げられた（経済学）理論があり，それは，企業が市場に埋め込まれており，それゆえ制度的な構造があらかじめ設定されていることを考慮しているということである。そのような構造は，機能上原則的に「国家の繁栄」の促進に向けられているのである。[12] そのことで彼の論証は，「ゲームのルール」が無視されるような種類の道徳的論証を回避している。そのような種類の論証は，例えば望ましくない意図せざる帰結を無視することにより，道徳的判断が埋め込まれていることへの考慮がないために規範主義的な短絡思考へと導かれる，という帰結をもたらしてしまうのである。しかしながら，フリードマンの論証にも欠点がある。[13]

倫理的な観点からの最も重大な欠点としては，フリードマンの視点は，以下のような利益の獲得に貢献するものすべては倫理的に正当化されるというモットーに従って，安易に，**狭義の「ゲームの理解」**を導いてしまうことである。そのモットーとは，けれどもそのようなゲームの理解は，たやすく腐敗・汚職に導いてしまう。すなわち，例えば環境汚染とか，腐敗・汚職，リスクを冒して安全対策にかかる費用を節約すること，粉飾決算のような，**中立的な観察者**が疑問の余地なく**無責任**と呼ぶ利益獲得の方法も正当化されてしまうのである。

---

[11] 法律と利潤が企業行為に関する2つの決定的な尺度であるというアルバート・カーの立場（1.4節を見よ）にこれが近いことは明らかである。
[12] ミルトン・フリードマンは論証の中で，決定的な形でアダム・スミスを引き合いに出している。
[13] これについて詳細は Suchanek 2004c を見よ。

ここでフリードマンは，この利益の獲得の方法は違法だとか，違法にすべきだと反論できる。すなわち，企業の自由をそのような形で利用するのを法的に禁止することが国家の任務なのだ，と。けれども，フリードマンの論証から導かれるそのような**国家への責任転嫁**は問題であり，それどころか，彼自身の関心に矛盾する。彼の関心は，常に新しく生じるコンフリクト領域の解決に責任を持つより，国家の規制欲に制限を課せというものだったはずなのだ。このようなやり方では，コンフリクト領域だけでなく，企業の自由もまた脱規制されるだろう。すでに本書で何度も論証したように，自由を合法的に濫用する可能性を最低限に抑える形で，ルールは自由を精密に誘導することはできないし，すべきでもないだろう。それ自体についてはフリードマンも同様に考えていたが，彼は企業倫理から見て重要な，個々の責任に関する問題を取り扱わなかった。それは，彼が国家のフレームワークや市場競争が原則的には責任ある行為を生み出すのだと仮定していたからだ。

　肯定的に言えば，フリードマンは疑いなく，自由と責任は必然的に結び付くという見解を共有している。けれども彼は，そのことから生まれる企業にとっての挑戦を議論のテーマとしていない。そして，一方で規制と競争を通して企業に自由をもたらすと指摘し，他方でこのような自由の使用が「詐欺や欺瞞なく[14]」利用されると仮定することで，その挑戦を軽視しているのである。それは，若干の叙述を並べ立てつつ，経済は「浪費や放漫なしに」成功すると満足して断言するような経営学のアプローチと同じである。経営学のアプローチでは，どこに浪費や放漫があり，とりわけどのようにそれらを回避できるのかについて詳細な説明はないのだ。

　責任ある経済という挑戦は，残念ながら長い間，経営学においてそのような軽視が一般的であったがために，テーマにされていない[15]。つまり，理論の中で，コンセプト，関連，そして，実践にとって重要なモデルと手段が開発されてこなかったのだ。その結果として，経営学を貫く「ゲームの理解」においては，このような挑戦は存在しないのである。

　しかしながら実際には，競争という条件の下で責任ある行動をすることは決してありきたりなことではない。しかも，**企業の責任を実行することは利益の獲得と体系的に矛盾するものであってはならない**からこそ，それはなおさらである。前に説明したように，市場競争という条件の下で活動する企業にとって，利益を規則的に獲得することが必要なのは当然である。この市場経済システムは，まさに原則的に，利益の実現が社会の利益にもなるように作られているのである。それに加えて，当然のことながら，企業の責任に関するコンセプトの中でこのような考えに反するコンセプトはいずれも，実践において真剣に扱われる見込みはないのである。

　問題はまさに以下の点にある。利益の獲得（株主価値，競争優位など）の重要性を

---

[14] この "without deception or fraud" という表現は，彼の 1970 年の論説の結論に見られるものである。

[15] そこでは他の理由も同じく重要な役割を演じていた。それについては例えば Ghoshal 2005 を見よ。

もっぱら強調する際に，パースペクティブ，「ゲームの理解」が狭められ，そして「ビジネス・ケース」が，あらゆるものを支配下に置き，それがたやすく「マネジリアル・マイオピア」[16]へと導き得る，ということである。ここでも再び，個々のゲームの理解だけではなく，既存の構造，事実上の「ゲームのルール」，ならびに「プレイヤー」に対してのインセンティブの条件を生み出す企業の意思決定者が持つ事実上の共通のゲームの理解が想定されている。

補足して付け加えるべきことは，企業の責任は自己利益の増大を絶えず追い求めることだと世間に表明することは，逆に賛同を得られないだろうということである。このように考えると，企業の責任を利益の獲得と同一視することは，世間からの信頼を得ることに適していないことがわかる。その理由は様々であり，その一部はこのあとすぐに取り扱う。

しかしながら，企業にとって利益の獲得は不可欠だということも強調すべきだろう。市場競争という条件の下では，企業は競争能力を維持し，利益を獲得することにつねに注意を払わなければならない。それはとりわけ，将来の行為条件に**投資**でき，このようにして**自己の責任**で振る舞えるようにするためでもある。

> 結論：利益の獲得には第三者に損害を与える無責任な形態が存在するので，企業の責任と利益の獲得を同一視することは誤りである。しかし利益の獲得は，企業が有する自己責任の本質的部分である。

11.4 企業の責任とは正当な信頼期待を実現することである

前節の考察は，改めて次のような形で受け取ることもできる。すなわち，企業はできることならば利益を得たいのだ，と。さもなければ企業は市場で生き残れないからである。そして，企業が利益を得ることは，全体の責任を構成するのに不可欠な**自己責任**に関してのみ重要だというだけではない。企業を適切に規制する制度的条件が企業が効率的な形で社会的に望ましいパフォーマンスをもたらし，まさにそのことで利潤を獲得できるように作られているからでもある。

しかしながら，利潤が様々な方法で獲得されうるという状況も問題であることがわかっている。以下の図表 34 では，モデルの形で単純化して概観できる。

---

[16] それについては 9.2.2 節も参照。

図表34 利潤獲得の種類

「Win-Win」についての事例は多数存在する。本来，これらの事例は経済における一般的なケースである。
- パン屋はパンを焼き，利益を上乗せして客に販売する。
- 旅行代理店はすばらしい休暇を提供し，それに対しての手数料をもらう。
- 企業は従業員に賃金を支払い，彼らは価値創造に貢献する。
- 投資家は企業にお金を提供し，それに対しての配当をもらう。

しかしながら，企業自身が相手に不利益を与えて利潤を得るという状況の事例も存在する。そのようなWin-loseの状況には次のものがある。
- 顧客が隠された欠陥を持った製品を手に入れる。
- 従業員が彼の価値体系と合わない物事をしなければならないという圧力をかけられる。
- あるサプライヤーがその産業の大口顧客のために高度に特殊な投資を行った。そのサプライヤーは，この顧客の要望にだけ合わせた製造ラインを構築した。これは，大口の顧客が長期間，大量の部品を買い取るという信頼の下になされるはずであった。しかし，契約上の取り決めが存在する場合においても，大口の顧客は後で交渉し，購入価格をかなり下げようとするだろう。その際その大口顧客は，生産ラインが自分に合わせた形で利用できない場合にそのラインは今の価値をドラスティックに失う，ということにつけ込んでいる。経済学において，これはホールドアップ問題と呼ばれている[17]。

ここでも，そのようなWin-Lose状況の事例はさらに多数存在するが，その一部はすでに前のところで信頼を濫用する事例として挙げられた。そのような状況が社会的に望ましいものではないこと，そしてその限りで無責任と見なすことができることや

---

[17] 相互に発生しうるこのような問題について，Klein（1988）が有益な叙述を行っている。

その理由については，ここでこれ以上根拠付ける必要はないだろう。

けれども，どんな Win-Win 状況であったとしても，いつでも社会的に望ましいわけではない。すでに 5.2 節で，第三者に損害を与えるがゆえに社会的に望ましくない協働を考察してきた。そのような状況は，企業行為のコンテクストにおいてもしばしば存在する。

- 沖合に有毒物質を沈めることその他の環境汚染のケース
- 原材料の発掘に「邪魔な」その土地の住民の権利（人権）を侵害すること
- 例えばディビデンド・ストリッピング[18]のような，第三者に損害を与える租税回避
- 公認会計士により隠された粉飾決算
- 例えば 2008 年の金融危機において顕在化した，費用とリスクの社会化

これらのケースのいずれにも言えることだが，すべてにおいて，企業は，例えば顧客あるいは投資家のようなそれぞれの相手と，お互いのメリットのためにうまく協働しているが，しかしそれはまさに第三者を犠牲にして行われていることも多い。その第三者には，時には例えば納税者あるいは将来世代のような，間接的にしかそれに関わらない人たちも関係している。

倫理的な観点からは，少なくとも一見したところでは状況は明確である。つまり，そのような形で利潤を獲得することは無責任なのである。

しかしながら，企業の日常の観点，あるいはどのように「ゲームが実際に行われるか」という観点からは，どうして企業は利潤を断念するべきなのか？ という根本的な問題が生じる。なぜなら，直接的にパートナーが損害を受ける（Win-Lose）場合でも，第三者の正当な利害が損害を受ける場合でも，利潤の放棄が求められることが明らかだからである。

そのような種類の利潤の獲得は道徳的スタンダードに沿っていないのだ，という単なる倫理的な返答は，それ自体としてみれば，たいていあまりにも弱すぎる。その返答には，価値と現実についての結びつきが欠落している。言い換えれば，それには経営の観点を適切に考慮したヒューリスティクスが欠落しているのである。一般的に言われている経営の考え方によれば，利潤の獲得は企業を経営する上でまさに重要な方

---

[18] ディビデンド・ストリッピングとは租税デザインの一種であり，それによって資本収益税を回避することが可能となる。それは法律の間隙に付け込むことで実現可能となり，すなわち，それ自体はゲームのルールに適合した形で実行される。その際に，株式は相対的に高い価格で，配当金が分配される期限の直前に売却される。そしてそのすぐ後に，再び，分配が反映されたより低い価格で買い戻されるのである。配当金による利潤は税法に含まれるはずだが，前述の方法で獲得された利潤は税法に含まれない。そのような行為は，少なくとも現状においては，未だにゲームのルールに合致している。しかしながら，正直な納税者を犠牲にしたものである。ともかく，ゲームはそのようにプレイされるのだ（なぜならそのようにプレイできてしまうのだから），と主張することもできる。もっとも，そのような行動は傾向上インテグリティの毀損に寄与するという考え方をもシグナルしている。なぜなら，その基礎となっているビジネスモデルが付加価値に向けられたものでないことは明らかであり，むしろ第三者を犠牲にして，法律の抜け穴につけ込むことに向けられているからである。

向づけのポイントなのであり，ミルトン・フリードマンがそれに合わせて自分の立場を定式化したことも偶然ではないのである。経営の研究教育においても，普通はこのような「ゲームの理解」が教えられ，企業の経営構造がそれに合わせて作られていることも普通である。

その際，すでに上でフリードマンのポジションを議論する際に明らかにされたように，利潤の獲得は，「詐欺や欺瞞なしに（without deception and fraud）」行われるということが仮定されている。けれども，この仮定は見かけほど単純ではない。この想定には，第三者を犠牲にして，自分のメリットになるように自分の行為の余地を利用する可能性があまりにも多いことは明らかだし，これが既存の法律の枠内で行われることもあるのだ。その上，そのようにすることへのかなりの（競争，費用などの）圧力が存在するかもしれない。別の表現をすれば，それに携わる意思決定者が，「ともかくゲームはそのようにプレイされているのだ」と指摘することまでできてしまうのだ。

利潤と道徳の間のコンフリクトについてのそのような状況においては，倫理的な方向づけを経営的パースペクティブのコンセプトに翻訳できることが重要である。その場合にのみ，経営活動の中で，<u>体系的に</u>，倫理的なパースペクティブに適切に注意をはらうことができる良い機会が存在するからである。

ここで紹介されたアプローチから見れば，そのようなコンフリクトにとってのヒューリスティクスは以下のものである。すなわち，**利潤の放棄が見返りの有る投資**であるならば，そしてそのような投資は，たいていの場合，信頼への投資となるはずである。それは**意味のある**ことである。

そのような投資が見返りの有ることは，すでに4章で提示した。以下においては，信頼（ないしは信頼に値する）という資産の特性を示す，いくつかのポイントを改めて要約しよう。

信頼は次のことによって，**費用の低減**を可能にする。
- 業務上の能率の改善と効率性の向上（柔軟性の向上，官僚機構の抑制）
- 官公庁とのやり取りに関わる費用を下げる。
- より適切な「エンプロイヤー・ブランディング」（雇用者としてより魅力的であること，配置転換の少なさ，有能な従業員の定着率を高める）によって，人件費を低くする。
- リスクを低減すること（係争が少ない，リスクプレミアムが少ない，統制のための経費が少ない，メディアあるいはNGOから攻撃可能性が低い。）

同様に，**価値創造**は以下のことによって**改善**できる。
- イノベーション力の向上
- 従業員のモチベーションを高める。
- レピュテーションの改善
- 顧客のロイヤリティの向上
- 様々なステイクホルダーの協働意欲を全体として高めること

図表 35 企業の価値創造

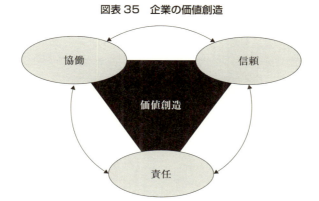

このリストをさらにもっと増やすことができるだろう。それは，体系的に見れば，図表35で表せるような比較的単純な考察に起因するものと見なすことができる。

この図に従えば，社会的にみて，第三者の正当な利害を損なうことなく，お互いのメリットのための社会的な協力の改善に寄与することは，企業の根本的な任務である。端的に言えば，**社会的に望ましい価値創造**が問題になるのだ。[19]

このような価値創造のためには，計り知れないほど多くの貢献が必要になるが，企業はこれらをコーディネートすることで価値創造を成し遂げる。しかしその場合，どんな企業に対しても重要な問題が存在する。それは，**どうやって価値創造に必要不可欠な協働パートナーを獲得するのか**という問題である。

この本質的な疑問の返答には２つの部分がある。一方で，顧客，従業員，投資家，サプライヤー，つまり端的に言えばステイクホルダーは，**約束**によって獲得される。価値創造へのステイクホルダー達の貢献に対して，彼らが協働することを魅力的に思うような見返りを，彼らに約束するのである。

実際に，どんな企業も日々，そのような約束を多数している。

- **広告**において，製品やサービスのパフォーマンスや優位性だけでなく，特殊な性質，保証，品質その他の基準の遵守などなどが約束される。
- **求人広告**の中で，将来従業員となる人は，キャリアの見通しが開かれていること，課題が挑戦的であること，チームの雰囲気が抜群であること，トップマネジメントとの密接な協働，自分の責任範囲，その他多くのことが約束される。
- **目標の取り決めに関する話し合い**の中で，しばしば従業員が達成すべき到達点が決められるだけでなく，報奨金，昇給，出世の可能性その他のインセンティブもこの到達点の達成と関連づけられており，それゆえそれらは約束されているのである。

---

[19] この概念の中に，第三者に損害を与えないということが含まれていると考えることができる。

- ホームページとか企業パンフレット，**企業発表**，**年次報告書**には，企業が**価値**，基準，業績その他のことを決意表明する，すなわち**自身**でこれらにコミットするという発言を行っていることが見受けられる。
- アナリストとか投資家との**会議でのやり取り**で，重要な指標の達成が約束される。
- **官公庁**に対しては，例えば許可についての申請の際に，法律，通達書その他の基準の遵守についての義務がある[20]。同様に，明確ではないかもしれないが，これは**世間**に関しても成り立つ。
- **企業のスローガン**も，一般化され，高度に圧縮された約束であり，同時に方向付けのポイントでもある[21]。

　これらの約束は全て，ある目的に寄与するものである。その目的とはすなわち，企業との協働が約束される人たちそれぞれの利益になるということ，したがって，企業の価値創造に貢献することが彼らにとって見返りがあるということを彼らに確信させなければならない，ということである。価値創造への貢献には，製品を買うこととか監督官庁のサイン，あるいはNGOによる反企業キャンペーンの断念など，無数に存在する。

　しかしながら，これらの約束は，上で立てられた問いに対する返答の前半部でしかない。後半部は，これまで述べたことに従えば，ほとんど驚くことはないかもしれないが，以下のような内容である。すなわち，約束をされる側は，企業に対して約束が実際にも守られるという**信頼**を寄せなければならない。企業は，より魅力的な約束をすることもできるが，しかし，その約束が守られると確信できない限り，企業は普通，約束相手を獲得することはできないだろう[22]。

　これを背景とすれば，企業の責任がどこに存在するのかということは，比較的容易に定めることが可能である。つまり，それは**正当な信頼期待をかなえること**にあるのだ，と。その理由は，このことが，**お互いのメリットのための協力の成功にとって最も重要な条件**だからであり，それに従ってその条件に**投資する**ことが重要なのである。

　このことに関しては，2つの重要な側面が指摘される。1つは，**正当な信頼期待**が大事であり，それらは達成されなければならないという形で既に取り上げられた。こ

---

[20] 現行法は重要なのだから，これは当然のことだと考えることもできよう。けれども，**自由**やそこから生まれる**信頼**の問題を考えれば，（コーポラティブ・）アクターが特定のルールを守るとはっきりと公言するか否かは改めて違いを生み出すだろう。

[21] スローガンは内外に向けた方向づけのポイントであるが，それが持つ意義はたびたび過小評価されている。それゆえこれは，かなり入念に選別されるべきだし，困難に耐えうるかという観点から検査されるべきだろう。

[22] 厳密に言えばこの主張は，例えば信頼する側の特性を手がかりとして（4.3.1節を見よ）さらに詳しく述べることもできよう。よって例えば，その選択肢は信頼する側が協働する意欲があるかどうかにかなりの影響を与えるだろう。付け加えて言うべきことは，ここではナイーブな信頼が問題となっているのではない，ということであろう。信頼する側からはつねに，状況やその状況によって与えられた，そのつどの約束を実現するないしは実現できるためのインセンティブ条件も見られているのである。

の側面が重要なのは，企業に対して正当ではない信頼期待が向けられることも珍しくないためである。それは例えば，行き過ぎた利回りを求める大投資家とか不適切な価格の引き下げを要求する大口の顧客のような，その都度の協働パートナーの権力ポジションに基づくものかもしれないし，一般化した信頼期待を企業に持ちこみ，最高度の社会スタンダードや環境スタンダードを要求する場合に典型的な，個々のステイクホルダーの**規範主義的な短絡思考**に基づくかもしれない。

　第2に，第1のポイントとも関連するのだが，ここでもまた，本書ですでに何度も強調されたことが問題となる。企業がした約束を**すべて**守るというだろうと期待することは，まったく非現実的であろう。別の言葉で言えば，**不一致**が起こるのは避けられないのである。だからこそ，**重要な不一致を回避する**ことがいっそう重要になる。これは次章で考察対象とする。

　ここでは，一致を確保する手助けとなる重要なものが2つあり，それは以前に行った考察から推論することができ，それゆえ企業の責任を規定する上で必要不可欠な構成要素である，ということだけ指摘しておこう。

　正当な信頼期待のかなりの部分は，条文化されている。すなわち，現行の（法的）**ルール**を守ることは，企業の責任を果たす上で，重要な側面の1つである。そのことは例えば，約束をする時にこのルールと両立できることが保証されていなければならない，ということを含意している。さもなければ，不一致がすでに最初から内包されてしまうことになる。

　約束やルールと並び，（道徳的）**価値**[23]も根本的な方向づけのポイントであり，一致を確保する際の手助けとなる。その中には一般化可能な規範的選好が凝縮されており，それは同時に正当な信頼期待を特徴づけるものともなる。

　以上の内容を要約すると，企業の責任に対しての以下のような短い規定が与えられる。

- 約束を守ること
- 現行のルールに従うこと
- 道徳的な価値を守ること！

　以上のことを通じて，正当な信頼期待を裏切ること（すなわち重要な不一致）を避けよ。

　これは，内容から言えば，企業の責任のための短い規定として同じく使える，**お互いのメリットのための社会的協力の条件へ投資せよ！** という黄金律の内容を豊かにする方法以外の何物でもない。

---

[23] この価値は6.4節の対象となっていた。

第12章　重要な不一致（Ⅲ）

　この章では重要な不一致の回避を取り上げる。それはたいてい，責任ある行為のセンセーショナルな形態だ[1]，とは言えないが，最も重要な形態ではある。これに焦点を当てるのは，**コンフリクトが起こるケースで自由を利用する**という一般的な問題に端を発し，4.4.2節でテーマとされた非対称を参照しながら**信頼する側の正当な信頼期待を裏切らない**ということに特別の注意を向けた考察を行ってきた結果である[2]。

　以下のように区分して考察される。12.1節では，4.4.3節と7.4節で見た重要な不一致のコンセプトをもう一度要約して繰り返す。続いて，この不一致を同定すること（12.2節），診断（12.3節），予防（12.4節），そして治療（12.5節）に関して考察される。

12.1　重要な不一致を理解するために

　以下においては，原則的に企業の視点から重要な不一致を考察するが，**中立的な観察者**というメガネを用いる。すなわち，理性的な共通の「ゲームの理解」を代表し，それによって企業が理性的な形で方向づけるべき基準を作り上げられるような観点を通して見るというのである。その場合，企業への期待，あるいは責任範囲はどこまでなのかという境界が問題となる場合は特に，「ゲームが実際にはどのようにプレイされるのか」もつねに考慮すべきである。それによって，基準や根本的な倫理規範，倫理的価値が疑問視されるわけではないのだが，日常では，どの妥協案を実行可能なのか（そして，実行できないのか）についての方向づけを持つことも大事である。

　重要な不一致とは，正当な信頼期待と後悔する（あるいは社会の側から見れば後悔

---

[1] センセーショナルでないと言うのは，たいていのケースでは単に，「日々の要求」（マックス・ヴェーバー）を満たし，向けられた正当な期待を実現することだけが問題となるわけではないからである。この種の責任ある行動に関する，「ニュースとはならない性質」とでも言えるようなものは，企業が責任をどのように示すのかが問われている時には，それ自体ですでに企業にとって試練となっている。CSR報告書のページをそれだけで一杯にすることはできないのである。しかし現実には，責任を具体的に感じられるということが，日常において，それを殊更に報告するに値するほどの何か特別なものなら，それもまた由々しきことであろう。

[2] 道徳的に手本とすべき行為に関する1つひとつの事例は疑いなく刺激を受けるものだが，体系的に見れば，社会的な協働を持続させるためには，反道徳的な行為を防止することの方が大事である。それについては，好意よりも正義の徳の方が優先されるというアダム・スミスの意見も参照（7.2.3節）。

すべき）自分の行為との間にある不一致であった。さらに10章では，コーポラティブ・アクターとしての企業も特定の意味で行為を「後悔」することがあると述べた。つまりそれは，正当な信頼期待を裏切るような企業行為が原因で，現状あるいは将来の利益が顕著に減ってしまう場合に生じるものである。それは例えば以下のことを通して現れる。

- 顧客・投資家の流出
- 信用あるいは保険料においてリスクの割増金が高くなること
- 値上げとか費用のかさむ契約条件に現れるような，サプライヤーとの関係悪化
- 官公庁との関係が悪化し，例えば認可やより詳細な審査などで遅れを引き起こすこと
- モチベーションの低下とか不安感などから従業員の生産性が下がること
- 企業文化が損なわれ，伝えられてきた価値が信頼を失うこと
- 市場で責任を伴う失敗を犯し，そのことで容易に非政府組織あるいはメディアの標的になってしまうこと[3]

　不一致が重要となるのは，以下に挙げる，相互に結びつけられた2つのレベルが作用しあうからである。すなわち，一方は信頼する側，つまりここでは企業のステイクホルダーにとっての意味であり，彼らの信頼期待が裏切られるからそれが意味を持つのである。もう一方は企業にとっての重要性であり，信頼する側の期待を裏切ると，信頼される側としてのコーポラティブ・アクターにそれが反作用し，信頼される側はそれを「後悔する」，あるいは倫理的に見てそうする根拠を持つがゆえに，それが重要となるのである。

　そうはいっても，企業にとって重要な不一致とは正確には一体何なのか？ここでもまずはいくつか例を挙げよう。

- 何度も催促や警告を繰り返したのに，サプライヤーはそれが費用のかかるプロセスにはならないだろうと考え，未決済の勘定を清算しないこと[4]。
- 品質が劣悪で，マークも付いておらず，生命にも関わる場合さえある材料が生産において混入した食料品の販売。
- 様々な種類の腐敗・汚職[5]
- 納得の行く理由がなければ守られないような給付を従業員に対して確約すること（給与の引き上げ，昇進のステップ，再教育）
- ランキングとか順位表，地位表で指名する際の操作[6]

---

[3] 例えばネスレ（Nestlé）は，1970年代から1908年代初頭まで，母乳の代わりとなる製品，そしてその商品化の方法に関して，非政府組織と対立していた。興味深い論究として，Newton 1999 がある。このケースは今日まで，ネスレに対し費用をかけさせた批評家にとって，1つの方向づけポイントであり続けている。

[4] その結果生じる流動性の問題が原因でサプライヤーが重大な問題を抱えたり，破産にまで至ったケースもある。

- 事実の隠蔽から会計操作にまで及ぶような，企業の真の財務状況に関して投資家を欺くこと[7]
- 社会的・環境的な安全基準や品質基準をすり抜けるとか無視することで，第三者に深刻な危険をもたらすこと[8]
- 重要な不一致のうち特に露骨な形を取るのが，人権侵害である。

これらの重要な不一致のうち，明確にそれだと思われるものもいくつかある。しかしながら，重要な不一致が過剰な期待，あるいは規範主義的な短絡思考による可能性もあろう。だから企業は，一定の条件下では原則的に受け入れられるような行為（をしないこと）を批判されることもあるのだ。
- 例えば予告された解雇に対する一般大衆の怒りはそれに該当する。けれどもこれは市場経済の一側面だし，企業にも利益になり，正当なものなのだが[9]。
- 製薬会社には，貧しく，貧困に起因する疾患に苦しんでいる人々に対して，無料，もしくは非常に低価格で薬物を送達するとか，いわゆる希少疾患に関してより多くの研究を行うなどの期待が向けられることがある。しかし，双方とも損失になることはほぼはっきりしているし，それは自己責任の原則に抵触するものでもある[10]。
- サプライチェーンにおける児童労働を，多くの人々が十把一絡げに拒絶する。そしてそれに応じて，例えば繊維産業とかチョコレート産業の企業には，サプライチェーンに児童労働を入れないで欲しいという期待が向けられることになる。けれども，働く児童の収入が家計の一部に貢献し，時にそれが生死に関わるような多くの国々では，そのような立場は経験的条件を満たすものではない。その上，子供が働くサプライヤーを切るとなると，その子供は仕事を失い，そうして児童ポルノとか採鉱

---

[5] 有名な事例としてはジーメンスの事例がある。2006年に，同社が新規受注を確保するために汚職支払いのシステムを使っていたことが明らかとなった。そこから生じた罰金の支払い，訴訟費用，弁護士費用，コンサルタント費用，ネガティブなレピュテーションの影響，そして特に，一時的には少なくともあった企業文化へのネガティブな影響，あるいは従業員への負担があったのであり，企業が自身の行為を「後悔」したのは疑いようもない。これについてはWeidenfeld 2011が示唆に富んでいる。

[6] ADAC【訳注：Allgemeiner Deutscher Automobil-Club：全ドイツ自動車連盟】は2014年，毎年ドイツ人が好きな自動車を選んで授与する「イエロー・エンジェル（Gelber Engel）」賞に関して，新聞の大見出しを飾った。ADACは参加者の数と選ばれた乗用車の順位を操作したのである。その結果，組織の信頼が危機に陥ったが，それは特にメンバーの解雇によって明らかとなった（Tauber 2014）。

[7] そのような古典的なケースとして，エンロンの事例がある。

[8] 大規模な産業事故のうち少なからぬ数のものが，他の理由と並んで，コスト削減措置に基づいて安全基準を遵守しなかったことが原因として挙げられている。この種のケースで最も悲劇的なのが，ボパールで1984年に起こった化学事故である。イソシアン酸メチルという有毒ガスの流出により，何千もの人々が死亡し，何十万の人々が今日まで後遺症で苦しんでいる。それについてはVarma/Varma 2005を見よ。

[9] もっともその場合，それに応じたステップがどのように伝達され，実施されるのかということが重要な問題となる。

[10] Suchanek/Lin-Hi 2007を参照せよ。

のような（もっと）悪い仕事への転職を余儀なくされることもある。児童から子供時代を奪ってはならないというだけでなく，教育に投資すべきだという道徳的直観（実践的三段論法におけるレベル（1））は，確かに無条件で同意できるのだが，しかし現実的に見て，受容可能な妥協が見出されるべきだ，ということが改めて明らかになる。[11]

これらの事例にもその他の事例にも典型的なのは，道徳を背負ったテーマ，あるいは例えば解雇のような具体的な状況は，道徳的判断のきっかけとして利用されるのだが，その他のステイクホルダーに対する帰結も含めた道徳的要請の実現費用は考慮されない，ということである。つまり，規範主義的な短絡思考が典型的な形で存在しているのである。

倫理的に見れば，そのようなケースにおいてつねに重要な不一致が存在するわけではない。別の言い方をすれば，倫理的な意味における重要な不一致には，レファレンスポイントとしてつねに**正当な信頼期待**が存在している。それは，正当でない期待は企業にとって，場合によっては重大となりうるような問題にはなりえない，ということを意味するのではない。しかし，そのことから企業の責任に対して，同じ要求がなされるわけではない。むしろここでは，正当でない要求ではなく，まさに**正当な要求**を企業に行うことが，それぞれのステイクホルダーの責任である[12]。にもかかわらず，企業はステイクホルダーからのそのような（場合によっては）正当でない要求にうまく対処できるのである。すなわち，ある意味では，正当でない要求は企業にとっていわば経験的条件なのである。

ある不一致が重要となるのは，それぞれのステイクホルダーやその期待が裏切られたからだ，という訳でもない。そのようなことだっていつも起こるし，回避することはできないのである。問題の本質は，他者が見ても，あるいは倫理的視点から最も厳密な言い方をすれば，**中立的な観察者**が見ても，それが重要な不一致なのかどうか，ということである。もっとも，ここでも理論的に見れば，ただ1人のステイクホルダーの**正当な信頼**を裏切っただけだとしてもそれは重要な不一致である。たとえ他の誰もそのことを知らず，それゆえに信頼される側としての企業にとってそこから影響が何も感じられないとしても，である。しかしあらかじめそれを知ることはできない。この点においては，道徳的な行為それ自体のためだけに，正当な信頼期待をつねに実現しようとする試みが正しいのではない。信頼の破壊から生じるリスクの観点からも，行為をしかるべき形で方向づけることは理性的である。すなわち，<u>無責任な行為は，自分自身にとってもリスクを顕在化するのである</u>。

今日のコミュニケーションメディアを通じて，個別の出来事がいつでも素早く伝わるという時代ならばなおさらのことである。これに関しては，信頼期待の「実証」と

---

[11] これについて参考になる研究がBasu 1998である。
[12] これに加えて，「今後の展望」における簡素な説明を参照のこと。

「反証」が非対称であることが思い出される．多くのケースで実際に信頼期待の裏切りをもたらすのは，1つひとつの出来事なのである．

12.2 同定すること

重要な不一致でも，すぐにそれとわかるものは疑いなく存在する．それはすでに挙げられたような，例えば人権侵害，大掛かりな腐敗・汚職，承諾なしに従業員を全面的に監視すること，劣悪な形での劣悪な形態での児童労働等々である．

けれども，つねに簡単には規定できないような不一致も存在する．例えば以下のものであろう．
- 不一致かどうかがまったく問われないこと
- 特定の不一致が，後悔することになるはずの無責任な行為と感じられないこと．
- 自分の行為が外からどのように見られているかを，かなり過小評価してしまうこと
- 特定の価値とかルールとかが無視されてもよく，約束が守られる必要はない（他の人も守らないだろう）という形で現実にはゲームがプレイされるのだ，というゲームの理解が支配的であること．
- 不一致が重要となるか否かを決める境界が不明確なこと．

いくつか事例を挙げよう．
- ドイツでは1999年まで外国での賄賂の支払いが税制上控除可能だったのであり，企業としては，そのような実践が十分正当なものと見なされ，だから（外国での）賄賂は倫理的リスクを増大させないと考えることはまったく可能だった．
- どこまでがいわゆる利益調整[13]と見なされ，どこからが他の市場参加者の信頼期待を傷つける虚偽情報と見なされるのか？
- 広告における誇張表現は，どこまでなら普通のものと見なされ，どこからが消費者への詐欺と見なされるのか？
- 正当とは見なされない為政者に自社の製品を販売することは道徳的価値に違反するのか？軍備のケースならば道徳的価値に違反することは明白であるが，贅沢品ならば，支配者の消費に寄与するだけかもしれない．
- コンサルタントが将来の収益を「楽観的に」予測することで，クライアントに喜ん

---

[13] 利益調整とは，企業の成果指標を「脚色」することである．それは，経営陣が投資家やアナリストに対して語りたい「ストーリー」に合うような企業のイメージを表現したものである．よって例えば，一貫性や信用性をシグナルするために，指標をなめらかにする，つまり大きな振れ幅を回避しようとするのである．そのような行動は，法の範囲内にとどまるだけでなく，「ゲームに沿っている」．つまり，費用や収益の状況の多くは，時間的な調整余地を与えているのである．しかしながら，それを実践することが詐欺，つまり重要な不一致に至るような限度もまた存在するのである．

でもらえるように，彼らから見て情報を「ポジティブに表現する」こと

　一般的な形で表現すれば，「道徳的な線」はどこで引かれているのか，ということである。したがって，不一致が重要かそうでないかを決めるという挑戦は，以下のことの中で明らかになる。
- 法律違反や約束を守らないことは確かにすべて不一致ではあるが，つねに<u>重要な不一致</u>になるわけではない。
- （信頼される側として）自分では多くの不一致を重要ではないと見なすかもしれないが，しかし（信頼する側の）関係者はそれをきわめて重要だと見なすかもしれない。
- 1人ひとりの関係者は不一致を重要と見なすかもしれないが，その他のステイクホルダーの多くはそう考えないかもしれない。満足に扱われなかったお客は，場合によっては企業にクレームをつけるかもしれない。けれども，ここでの不一致は顧客の要求が高すぎたり顧客の態度によるものかもしれない。また，従業員が燃え尽きてしまうほどのストレスを感じているとき，その原因は企業の条件が悪いことにあるかもしれないが，上司が対処できないような圧力をその従業員自身が受けていることによるかもしれない。

　これらの挑戦に正しく対処できるのが，**中立的な観察者**というコンセプトである。中立的な観察者は，少なくともその考えに従えば，理性的な人間なら誰しもが本来同意できるであろう，一般化された基準を作るからである。それが意味するのは，中立的な観察者がそうだと見なす限りで不一致は実際にも重要だと見なされる，ということだけではない。それぞれのステイクホルダーの要求や要請が，中立的な観察者の客観的な視線に耐えるものでないのなら，裏切られた期待を重要だと承認せよという彼らの要求を拒絶することも，原則的には可能である。

　したがって，重要な不一致を同定するにあたっては，彼らが自身の行為についてこのような見地を取ることができる能力へ投資するということが重要である。そのためには，関連づけのポイント，あるいは**方向づけのポイント**が必要である。ステイクホルダーの正当な信頼期待はそのような方向づけのポイントに根拠づけられるし，同時にそれは事業遂行の構造やプロセス，手段にもつなげられるのである。このような方向づけのポイントは，**一致しているかどうかのチェック**のために利用できるのである。

　ここでは，6章で取り上げ，議論した，方向づけポイントの3つの根本形態である，約束，ルール，価値を用いることができよう。

　約束：11.4節においてすでに，様々な事例を手掛かりとして，企業が他者との協働を獲得しようとする場合には，企業は日常的に，絶え間なく多くの約束をするし，約束をせざるをえないということを見た。その際，企業は約束を受け取る側の期待に影響を与えるし，それに影響を与えようともする。しかしながら，約束を守らないのに，

その時々のステイクホルダーの協働意欲を得るために約束を利用するのがあらかじめわかるような約束をする誘惑に駆られる（あるいは別のインセンティブを与える）ことも非常に多いだろう。そのような状況に重要な不一致の萌芽が見られることは，これ以上詳細に説明する必要はない。

それに従い，企業にとって重要な不一致になり得るものや実際の重要な不一致を同定する方法として重要なのは，なされた約束のうち典型的なものを考察し，それがどの程度日常で実際に守られる（可能性がある）のかをテストすることである。

以下の問題提起についてのリストは，そのようなテストがどのように拡充できるのかを簡単に輪郭を示すだろう。

- 具体的な約束をどのようにし，一般的な約束をどのようにするのか？
- 様々な約束は互いに両立可能なのか？
- その時々の協働パートナーは約束からどのような要求や期待をするのか。すなわち，彼らは約束をどのように解釈するのか？
- なされた約束が達成されるような条件は，企業においてどのようにデザインされるべきなのか。従業員は，懸命にそれに関わるインセンティブを持っているのか？約束を守るということに関して，彼らのゲームの理解はどのようなものなのか？
- 企業は約束が破られるというケースに備えているのか？
- 特にライバル企業や，その時々の約束される側もそうだが，相手は自分に対する相応の解釈を通じてこの約束を利用できるのか？
- 競合相手は何を約束するのか。そしてどの程度その約束を方向づけとできるのか？
- ライバル企業が明らかに守れない約束をし，なおかつその約束により顧客を獲得する場合，どのように反応するか？
- このリストは明らかに拡張できるし，あるいは企業のその時々の具体的状況に適合させることもできるだろう[14]。

ルール：その時々に執行されているルールや契約，スタンダードは，重要な不一致を同定する方向づけのポイントとして，ある意味もっとも明白なものである。その間，特にいくつかの国々に立地する大企業にとっては，きわめて多くの相異なる法律，規範，スタンダードなどに適切に対応することが，かなり大きな試練となった。

それゆえ，この側面がきわめて重要であることを考えると，近年，**コンプライアンス**[15]という概念のもとで，このようなテーマ領域に関して多くのことが行われてきたことも不思議ではない。その間，実践的にどんな大企業も，「法律の遵守」というテーマに専念する担当者，あるいは部署さえも持っており，多数の綱領が起草された。それゆえここでは，しかるべき監査が，法的なリスクという点のみでなく，倫理的に見て

---

[14] それはまた，重要な不一致の予防ないし診断に関する以下の節の説明と関連づけて考察されるべきでもあろう。
[15] 典型例として，例えばWieland et al. 2010のハンドブックを見よ。

も重要な意義を持つのだ，すなわちそれは信頼への投資とも見なせるのだ，と指摘できれば満足である。内容的に，法律違反はつねに重要な不一致をもたらすポテンシャルを持っているからである。

しかしその際，「ゲームの理解」というテーマが二重の意味で重要になる。

一方で，それは法律の解釈という意味での**共通のゲームの理解**や，一国における公的なルールが持つ相対的な意義に関わる。ドイツ，イタリア，ロシア，中国という4つの異なる地域を挙げるだけでも，同じルール，あるいは同じ公式的契約でさえも，協力やお互いの信頼性にとってかなり異なる意味を持つだろう。それに従い，それぞれの法規範あるいは契約規範を守るとか守らないとかについても，異なる意義を持つだろう。信頼する側から見てもまさに重要なポイントは，もっと現実的に見て，信頼される側に何が期待できるのかを見積もることである。したがって，いくつかの国においては非公式の規範の遵守が法的ルールよりも重要な場合もあるし，またはその逆もありうる。

他方で，重要な不一致が発見されるかどうか，そしてどの重要な不一致が発見されるのかということにかなり影響するのが，**個々人のゲームの理解**である。逮捕されないということを第一の目標とするような種類のコンプライアンスにも投資できることは疑いないからである。その場合にも，促進条件，つまり法的なルールを受け入れるという形で信頼に投資することが第一の問題だったからではなく，自身の機会主義的な行為から生じるデメリットを避けたかったという理由による重大な法律違反という形で，重要な不一致は起こり得るだろう。

これに対して，起こり得る重要な不一致を避けることを目指して，既存のルールと自分の行為が一致しているかどうかをチェックするという態度は，責任あるものである。

そのようなチェックに際しては，ルールの遵守だけが問題になるのではない。例えば他のルール，あるいは重要な約束とか価値とかと対立しているために，ルールが（正確には）遵守すらされ（え）ないようなケースにおいて，その背後にある態度が**信頼に値すること**，つまりとりわけコンピテンスやインテグリティを保証しようという努力を確かなものにすることも大事である。

価値：価値は重要な不一致を同定する方向付けのポイントとして重要だというわけではないが，最も困難なものである。次々節においてさらに詳しく議論するように，自身にとっての価値を定義することは，企業にとってきわめて意味あることである。ただしこれは，言うは易く行うは難し，である。単に願望を表現したもの，あるいは他人がポジティブな反応を示すような，魅力的な言葉を見つけることが重要なのではないからである。この価値が本当に事実上の方向付けや，信頼に値するシグナルであるべきなら，自分の行動がそれに一致していなければならないだろう。

そうだからこそ，原則的に価値は重要の不一致の同定することに非常に適しているのだ。個々人との付き合いにおいては，尊敬とか公正という基本的価値に反することが，比較的うまく確認できるからである。従業員，サプライヤーあるいは顧客を尊敬

なく扱うこと，あるいは不公正に扱うことに，同定するための野心的な研究論文の執筆は必要ない。それは，むしろ道徳的な意識や適切な感受性の問題である。

はるかに難しくなるのは，これまで既に何度も話題となった，以下のような考慮すべき複雑な問題を明らかにすべき時である。すなわち，誰とビジネスをするのか？ 宣伝あるいはレポート報告のどこからが欺瞞になるのか？ どこからが腐敗・汚職なのか？ 影響力の大きい人（大口の顧客，投資家，政治家等々）に対し，どのくらいの「好意」ならばまだ認められるのか？ サプライヤーをどれくらい正確に見て取ることができるのか？

重要な不一致のポテンシャルという観点から，検討すべきケースがどれくらい複雑なのか，どれくらいの範囲なのかということ次第で，一致しているかどうかのチェックは当然のことながら大なり小なり費用がかかるものとなろう。どんなケースでも，すでに挙げられた3つの方向づけのポイントと組み合わせて，以下のことを問うことも有意義である。

- 利害関係を持つ集団はどのような期待を持っているのか？[17]
- 立法者はどのようなスタンダードを規定したのか？他にもスタンダードが規定されているのか？ ライバル企業はどのスタンダードに合わせているのか？
- 不一致が起こるとしたら，それは外部の事情によるのか，それとも内部の事情によるのか？ 不一致が生じたときに，自分が信頼に値すると思わせつつ，経験的な条件を持ち出して実感できる形でその不一致を説明できるのか？
- 意思決定によってどのような倫理的なリスクが発生するのか？

そのような一致のチェックにおいては，**企業は何のために存在しているのか？** という問いが，もしかすると最も重要と言えるかもしれない。4.4節で特に詳しく説明したように，企業の行為やコミュニケーションは，企業が信頼に値するということの**シグナル**だからである。そしてシグナルを通して，自分の将来の行為条件が必然的に作られるのである。[18]

12.3 診　　断

重要な不一致というコンテクストにおいて「診断」というキーワードを使うのは，それが「火のないところに煙はたたぬ」といった性質のものではなくて，例えば9章

---

[16] 持続可能性という基本価値はもっと難しいケースだろう。
[17] これに関して，黄金律は他者の立場になって考えるという古典的な解釈において役立つ。
[18] このポイントは，行動規範が高度に様々に定義できること，あるいは自身のブランドネームが様々な特色を持つことも明らかにするだろう。企業の責任という領域においても，「プレミアムブランド」と「ディスカウンター」が存在するが，だからといって後者が正当でないものだと位置づけられるべきではない。

で議論されたように，たいていは経験的な条件に**埋め込まれている**からである。このような条件は，確かに行為を規定するものではないが，「できること」の限界を決める。それがわかっていればいるほど，このような限界をうまく扱える。すなわち，「できること」を生み出せるのだ。

このような現実は無尽蔵に複雑であり，それを感じる可能性も無限にある。つまり，あらゆることはつねに別様にも見えるのである。そうならば，本節で包括的で余すところのない体系化を行うことはできないのだ，と再度強調すべきだろう。むしろここでも，以下の説明はヒューリスティックでまったく暫定的な指摘と理解できる。それはとりわけ以下のような基本的思考を明確にするはずである。すなわち，信頼は抽象的なものではなく，つねに具体的なものであり，一方で信頼される側の状況的条件，そしてその条件の扱い方に左右され，他方で信頼する側の期待に左右される，ということである。

それに従い，ある1つの方向づけが，すでに知られたシェーマを提供する。そこから，重要な不一致が起こる原因に関する一連の情勢を導き出せるだろう。[19]

図表36　重要な不一致の原因の状況

ステイクホルダー／出資者	企業	
(1) 価値	(1) 価値と約束	②
(2) （知覚された）条件	(2) 条件	① ③
(3) 期待　　　　　④	(3) 行動	

1. 「できること」に限界を設定する，企業の（外部）環境ないしは状況条件
2. 企業の「ゲームの理解」，あるいは「**したいこと**」，すなわち，どのようにその時々の状況条件を扱おうとしているのか，に関するその方法。
3. 内部で構築された「**できること**」，すなわち構造，プロセス，能力，あるいはそれらが持つ欠点。
4. 最後にもう1つ，外部の状況条件の特殊例としてあげられるのが，信頼する側の期待である。

12.3.1　企業の環境条件

企業に激しい圧力を与えるとか，あるいは「誘惑」さえもそうだが，そのような外

---

[19] 以下の区別はいつでも精密というわけではない。

部的な状況的条件は多数存在する。例を挙げれば以下のようになるだろう。
- 企業が活動する地域の法構造に欠陥があるとか、一貫性がない。それはしばしば腐敗・汚職の起こりやすい環境を生み出してしまう。
- 「ゲームがプレイされる」方法のせいでインテグリティを保つことができないような、逆方向の市場構造
- 激しい競争圧力[20]
- 社会の急激な変化や、それに伴う不確実性の上昇
- 複雑性

　このリストはまだまだ不十分だし、かなり一般的であるのは誰しもが認めるところであるが、中身があり、かつ同時に一般的な形でそれを詳細に記述することは不可能だという理由からも、それは比較的簡潔にとどめざるを得ない。そうするには、種々の企業の条件はあまりにも多様すぎる。だから、高度な工業機械を製造する、小規模な中小企業は、およそ11万の従業員を抱え、80カ国で操業する、化学産業の業界リーダーであるBASFとも、従業員が5人しかいないインターネットサービス業のスタートアップとも、まったく異なる挑戦にさらされていると感じるだろう。
　この環境条件はたいてい自分ではどうしようもできないが、自分にとって「**できること**」の限界を設定する。だから、信頼する側から見て行為を判断する際に、それを特に適切に考慮することは大事である。だからといって、決してそれは、責任がすべて免除されることを意味するわけではない。それは、このような環境条件を**どのように扱うのか**ということに特に現れている。
　そうなると、すでに信頼というテーマに関して重要な第二のポイントに到達していることになる。

12.3.2　企業の「したいこと」

　1人のアクター、ここでは企業が外部の状況条件に**どのように**対処するのかということは、倫理的にみて根本的であり、それゆえそこに、重要な不一致の**まさに**本質的な源泉、とは言えないまでも、1つの源泉があることは偶然ではない。
　それが言及しているのは、**企業の目標関数**であり、あるいは**理想像**に現れるような企業の**価値体系**である。しかしそれが意味するのは、キラキラしたパンフレットとか企業のウェブサイトとかで見られる、聞こえの良い言葉の綺麗な羅列ではない。問題となっているのはむしろ、実際に機能している方向づけ、つまり、企業において行為ならびにプロセスや構造を形作る、（実際の）共通の**ゲームの理解**である。
　それに従えば、重要な不一致が起こる最も重要な原因から、以下の2つが挙げられ

---

[20] 企業倫理の古典的なケーススタディの多くが示しているように、企業の無責任の原因は、その時々の企業が受ける競争圧力にあることも多い。

る。
a) 無責任な行為を押し進めてしまう**企業文化**
b) **管理者によるネガティブな模範機能**

　a) について：一部ドラスティックな形で企業を崩壊へと導いた企業文化の事例はたくさんある[21]。企業メンバーの（現実の）ゲームの理解としての企業の文化は，かなり行動様式に影響を与える。無責任な行為を促し，促進するだけでなく，直接的にモチベーションを低下させ，それゆえに重要な不一致の本質的な原因の源泉となりうるような企業文化の典型的なメルクマールをいくつか考察すれば，そのことは明らかとなる。責任志向でない企業文化のメルクマール[22]に属するのは，例えば以下のものである。
- 価値は公に公表されているが，真剣に受け取られていない。
- 企業のメンバーが，短期的な場合もある財務指標だけにほとんどの目を向けており，他のあらゆる目標とか価値がその実現に向けられてしまうこと
- うそをつくとか，重要な情報を隠すとか，「限界を試す」，この限界には法律も含まれるが，そういったことをするよう，従業員が鼓舞されること
- 行動規範の違反がほとんど処罰されないこと
- リスクマネジメントが量的なリスクしか考えず，信頼関係に典型的な質的なリスクを考察しないこと
- 適切なルール，あるいは公正や尊敬のような価値によって誘導されることなく，高い競争圧力が内部で構築されること
- 意思決定がコンフリクトをはらんでいるのにもかかわらず，それに関してオープンな議論が全くないこと
- 公にテーマとすべきでない特定のテーマが存在すること
- 企業においても，とくに約束が守られないという形で，重要な不一致が生まれる。
- 従業員が不適切な方法で監視され，統制され，もしかすると脅迫されるかもしれないということ
- そして特に言えるのは，経営陣がネガティブな模範を示しているということである。これは次のポイントへと導く。

　b) について：経営陣がどのように振る舞うのかが従業員にとって本質的な方向づけのポイントの1つであることは確実といってよい。とりわけトップマネジメントが高潔な行動を示すなら，傾向上，以下のようなケースとは異なる行動様式が従業員に見られる。それは，経営陣が社会の利害よりも自分自身の利害を優先し，企業の利害さえも優先させないようなケースである。そのようなケースでは，他者は彼らにとって目的のための手段に過ぎず，それゆえまったく自己目的を持たないという印象を従

---
[21] この古典的な事例は，例えばエネルギー大手のエンロンを参照のこと。
[22] これに関しては，「赤旗（red flags）」と呼ばれることもある。

業員の行動やコミュニケーションに伝えることになるし，価値の意義や，信頼という資産の持つ性格の意義を意識させてくれないのだ。

　経営陣がその種のネガティブな模範を示せば，それはたいてい，重要な不一致に有利になるような従業員への方向づけに現れる[23]。従業員は関わろうとしなくなり，疑いを持ちつつも，企業あるいはステイクホルダーの利害さえも軽視し，自分の（短期的な）利害を優先させるよう動機づけられる。その場合，従業員が機会主義的あるいは無責任だからこうなるというケースは少ない。むしろ，自分が努力するとか責任ある振る舞いをすることがそのような管理者に賞賛されず，ネガティブに制裁されることさえありうるという印象を彼らが持つからである。

　逆にこうも言えよう。従業員は管理者から，重要な不一致を避けるために重要な方向づけを得られないのだ，と。これは予防に関する節でさらに詳しく取り上げることになる。

12.3.3　企業が「できること」

　企業が最良の意図を示しているとしても，コーポラティブ・アクターに，重要な不一致を避ける**能力**がないことはありうる。それに従い，ここでもまた，日常の経営にとって以下のことが責任ある行為の本質的な前提条件となる。すなわち，内部で構築し，保持し，さらに発展させることが重要な条件のすべてをより深く理解することであり，それだけでなく，特にそのような条件を効果的にデザインすることである。それによって，企業は信頼に値すると認められ続けるのである。これは企業のあらゆる領域に関わるので，ここでもすべてを包含する構造を使って重要な不一致の多様な源泉を整理することは不可能である。よってここでも，そのような多様な条件の配置に関する大まかなリストを挙げてみよう。

- 倫理的に見て最も重要な問題の源泉は，経営陣や従業員にその**適性**がないことである。価値や信頼，インテグリティに関する（経済学的な！）意義を理解しておらず，これらを経営活動においてどのように適切に考慮し，実施できるのかという知識も育成されていないとすれば，遅かれ早かれ信頼の崩壊に至ると予想せざるを得ない。
- もう1つの根本的な問題の源泉は，あまりにも偏った方向づけを持ち，価値あるいは信頼という資産が適切に考慮されていないような**インセンティブ・システム**にある。典型的なのは，例えば成果がもっぱら金銭的なインセンティブに依拠しており，この成果が**どのように**達成されるのかという問題が重視されていない場合である。
- 例えば管理者側のコミュニケーションが不明確でぼんやりとしているとか，意思決定の理由が示されないとか，困難な状況にどのように対処すべきかについての指示がないなどのような，**従業員に対する方向づけの不在**も，同様に従業員の不満足とかモチベーションの低下，あるいはコンピテンス不足のような問題をもたらすこと

---

[23] これに関する事例としてもエンロンのケースが役立つ。

が多い．フィードバックの文化がないのも同様である．そこでは，管理側からであれ，従業員から上司に対してであれ，批判的なフィードバックが回避されてしまうのである．ただし，過ちに関する「ゼロ・トレランス文化」もあまりうまく行かない．これはそもそも行為するのを萎縮させることも多いし，特に起こりうる過ちをもみ消す傾向をもたらすからである．

- 経営の意思決定やプロセスを制御し，コントロールするために，**指標**（key performance indicatiors）を導入し，基準としても利用することは，原則的には有効である．このような企業管理の側面が問題となるのは，それが「測定できることの強要」をもたらすときである．そこでは，測定できないものはすべて意味のないものとされたり，あるいは視界からまったく消される，いわば「忘れ去られる」のである．そのような状況で典型的なのが経験主義的な短絡思考である．そこでは信頼という資産や，尊敬や公正，信頼のような価値が日常的に存在していないし，それゆえ行為する際も考慮されないのである．

- 特に大企業では，**複合的なロイヤリティ**が生じるのは避けられない．つまり，特にトップマネジメントが，フォーマル・インフォーマルな足かせをもたらす様々なネットワークに取り込まれるということである．その際に明確な価値の規定や法規程がない限り，簡単に縁者びいきやその他類似の現象が生まれるし，そこでは企業の目標体系や価値体系という点から事実に即して経営意思決定が下されず，遅かれ早かれ重要な不一致を生み出すような機会主義的な利害から意思決定が下されるのである．

- 重要な不一致の源泉として明白なのは，**早期警告システムやリスクマネジメントのシステムが不十分なこと**である[24]．具体的な重要な不一致の原因は多数存在するし，これら原因のかなりの部分はすでに挙げた統制的監視のシステムの影響下にあるので，そのようなシステムが欠如しているとか不十分にしか機能しない場合に，重要な不一致をもたらすような展開に至ると考えるのはもっともなことである．

- 最後にもう1つ，**ルール，あるいはそれを守らせる部署が内部で信頼されていない**という問題が挙げられるだろう．今日，あらゆる大企業が実践上何らかの形で行動ルールを持っており，それは万一の違反の場合には制裁も下せる．しかし，違反しても制裁が行われないということは簡単に起こる．例えば縁者びいきとか守らせる力がないとか，あるいは制裁しなければならない従業員が経営上損なわれるべきでない重要な機能を果たしているといった事情である．もっともそのようなケースで

---

[24] 2013年の終わり，北米の小売企業ターゲットは，ハッカーが情報システムに入り込み，およそ4千万のクレジットカード情報が不正取得されるという事態を経験した．それは企業に対して広範な影響をもたらした．顧客の信頼はかなり損なわれ，それは特に収益に表れた．2013年の第4四半期の収益は，前年度に比較して46%下がった．ターゲットがそのような攻撃にうってつけだったのは，特に大規模な「データマイニング」を押し進めていたこと，すなわち顧客の選好や購買行動に関してできる限り多くのデータを収集していたことで有名だったからである．安全性の欠如に決定的だったのは，とりわけ専門的な訓練を完全には受けていない人物が警告シグナルを誤って解釈したことにあったようである（Riley et al. 2014）．

は，そのように制裁がなされないことのシグナル効果が，行動規範が信頼に値するからという理由で見過ごされることが多い。

12.3.4　ステイクホルダーの期待

どんな企業も，様々な期待や要求，利害を持つ様々なステイクホルダー集団と関わっている。そのことだけですでに1つの試練である。これらの期待や要求，利害はたいてい異質なだけでなく，コンフリクトを内包しているからである。いささか極端な言い方をすれば，次のようになる。
- 顧客は価値の高い商品を，非常によいサービスで，低価格で欲する。
- 従業員は労働時間が短く，できるだけ高い報酬の支払いを望む。
- 投資家はローリスク・ハイリターンを望む。
- サプライヤーはできる限り高い価格で確実に部品を引き受けて欲しい。
- NGO はできる限り高い社会・環境スタンダードの実現を望む。
- 学術機関やその他の組織は，財政その他の支援を望む。

企業がすべての要望を余すところなく応じることは不可能であることは容易にわかる。だからこそ，上ですでに議論された約束の遵守と並んで，企業が過剰期待に対抗できることに注意を払うのがより重要になるのである。（経済学の）理論においては，この問題は市場が機能するという形で解決される。つまり，法律が要望を規制し，それ以外の場合には，市場価格により，どの成果がどの価格でもたらされるのかが解明される。

その際，疑問の余地なく重要な方向付けは存在しているのだ。それも，そのことはライバルにも該当するということがわかっているからなおさらのことである[25]。それでも，試練は残っている。そのうち特に2つを挙げよう。

1つは，**権力ポジションを意のままにできるステイクホルダー**の期待から生じる。すなわち大口の投資家，大口の顧客，影響力の強いサプライヤーその他の，重要な不一致を引き起こす行為をするとかしないとかの圧力を，企業にかなり与えられるポテンシャルを持つステイクホルダーである。企業はそのような「協働パートナー」を倫理的リスクとみなし，このリスクを自身の意思決定にうまく取り込むことができる。

もう1つの問題は，**不適切な道徳的要求**である。それは例えば規範主義的な短絡思考の議論において，すでに何度も話題となった。そのような要求に対峙する企業にとっては，客観的ないし経営的事実や情報を提示することだけが重要というわけではない。世間の議論においてそのような情報は，それだけでは，規範的に立てられた要求

---

[25] しかし具体的な状況では，それがミクロ経済学のモデルほどに明確でないこともかなり多い。価格における透明性は決して所与ではない。とりわけ，供給者の信頼性（レピュテーション）は値上げを正当化する事もかなり多いが，そのことから，特殊な財やサービスが相互にかなりズレてくることもあるがゆえになおさらである。

や批判に対する有効な反論とはなりえず，**経験主義的な短絡思考**と解釈されるだけである。むしろ必要なことは，企業の行為が道徳的価値や規範に沿っていること，そしてなぜ沿っているのかを示す規範的言明にこのような情報を埋め込むことである。すなわち，例えばあらゆる関係者の利害が考慮されており，それが実感でき，受け入れられるものであること，あるいはこう言ってもよいのなら，**中立的な観察者**の立場に沿っているものである，ということである。[26]

12.4　予　　防

重要な不一致を効果的に予防するためには，**状況的コンフリクト**において，**信頼に値するセルフ・コミットメント**を行うという措置が必要である。それを用いて，**信頼に値するということをシグナル**することができる。本書の第2部の考察に従えば，そのような措置は重要な不一致を同定し，診断するための認識を方向付けとするべきである。すでに今となっては何度も強調されたことだが，「したいこと」だけでは，コンピテンスが欠けている限り，ほとんど作用しない。

このケースで言えば，それは，重要な不一致が避けられるべきであること，なぜ避けられるべきなのか，自分のコンテクストにおいて典型的なケースはどこに存在するのか，その原因はどこにあるのか，そして，理性的に対処する可能性はどこにあるのか，といったことに関する深い理解である。[27]

企業倫理から見れば，効果的な予防に決定的な手がかりが特に3つある。それは7.2節において，行為についての重要な道徳的前提条件として挙げられたものである。すなわち，**意図**，効果的で責任ある企業の行為としての**徳**，そして，**促進的な制度構造**である。

12.4.1　意　　図

企業の「したいこと」は二重の形で規定できる。双方の側面とも，理想的に見れば相互に矛盾がない。一方で，**理想像**はコーポラティブ・アクターの意図と呼ぶことのできるものに合致している。[28] 他方で，企業のメンバーの方向づけは，それが**企業文化**の基本的な構成要素として生じることからもわかるように，企業の「意図」としても解釈できる。

---

[26] これらの問題の複雑性については Schiel 2014 を参照のこと。

[27] 有益な理解は，価値マネジメントの概念についての議論においても見出すことが可能である。例えば，Wieland (Hg. 2004) を参照のこと。

[28] 経営学的に「企業目標」を問題にするのは，当然のことである。しかし実際には，理想像はそれ以上のものを含んでいる。理想像は，**どのようにしてこの目標が達成されるべきなのか**という「態度」を表現しているからである。

理想像は，最も一般的なレベルでは，典型的に3つの構成要素から成り立っている。
- **ヴィジョン**：私たちはどこに向かいたいのか？
- **ミッション・ステイトメント**：私たちは何のために存在するのか？
- **価値体系**，あるいは**行動原理**の体系：私たちはどのように目標を達成したいのか？

協同組合による商業コンツェルンであり，食品スーパーであるREWEグループの理想像の実例を見てみよう（REWE-GROUP 2014）[29]。

図表37　REWEの理想像

ビジョン：顧客，販売員，従業員に対する最高のパフォーマンス

ミッション：ともにより良い生活を
私たちは自らの協同組合原則を支持すると宣言します。私たちは継続と安全のための強靭な共同体として存在し，そして自立した人たちを支援します。私たちは国際的，協調的で，イノベーティブなネットワークであり，多様性の力を活用します。私たちはお客様のために，生活を楽で心地よくする解決策を見つけます。

基本的価値：
- 私たちは共同体という意味で自己の責任を意識して行動します！
- 私たちはお客様のために行動します。私たちは市場との仲介者ですから！
- 私たちは新しいものに積極に取り入れます。停滞は後退ですから！
- 私たちはオープンに，信頼と尊敬を持って対応します。嘘ではありません！
- 私たちは最善の解決策に向けて奮闘し，熟慮の上で決定し，一貫して行動します！
- 私たちは責任を自覚し，継続して行動します！

もう1つ別の事例として，製造技術のリーディングカンパニーであるTRUMPFグループの理想像を挙げよう。そこでは，「企業の原理」というタイトルが付けられている。

TRUMPFは世界的なテクノロジー企業のリーダーであり，品質は高く，製品は突出しており，プロセスは高効率的で，そして成果も素晴らしいです。わが社が成功したのは，共通の価値を生き，そして一致している目標を達成しようと努めているからです。企業の原理はこの価値と目標を明確に示し，それを企業にとり入れます。そこには，われわれの行為や相互のやり取りの要求や尺度が書かれています。それは企業において活動するものすべてをつねに拘束するものです。

---

[29]「理想像とその実践可能性は，経営陣のためのセミナーを強固に構成するもので［あり］，そして経営陣の後継者育成プログラムにおいてますますテーマに［され］る」と当企業が印象的に語っているということを，述べておいてもよいだろう。同書参照のこと。別の言葉で言えば，共通のゲームの理解に投資しているのである。

私たちの目標：私たちは顧客，従業員，所有者，そして社会を同じように満足させます。私たちはあらゆる労働分野，ならびにすべての製品や業績において世界標準からみて技術的，組織的にリードしています。私たちは今現在の部門平均をはっきりと上回るような，継続的な成長を達成しようと努力しています。同様に，私たちは研究開発並びに投資のための高い必要経費を自力で担うことができるほどの売上高総利益率を獲得します。

私たちの従業員：私たちは従業員に対して，企業全体が従うべき同一の第一級の業績基準や品質基準を要求します。職場の安全は，私たちにとって高い優先順位を持ちます。公平な報酬も同様です。従業員の個人的・専門的コンピテンスを，幅広い教育システムにより向上させます。私たちは精神的な余裕，あるいはデザインの余裕に配慮し，そして批判をチャンスとしてとらえていきます。私たちはお互いに尊敬して接し，そして精神的で物質的な財産の保護に共に配慮します。

私たちの管理スタイル：われわれ経営陣はあなたたちの日々の行為に，TRUMPFの価値を伝達します。私たちは，経営陣がイニシアチブ，オープンさ，そして自信を提示すると期待しています。管理についての能力は個人的で専門的コンピテンスに由来しています。管理とは，イノベーションを刺激するということも意味しています。われわれ経営陣は意思決定プロセスに従業員を関与させています。経営陣と従業員間のコミュニケーションは，礼儀，尊敬，そして信頼によって特徴づけられています。われわれ経営陣の振る舞いは，模範的であるべきです。

社会における私たちの企業：私たちは企業として社会的責任を負っています。私たちは自由を求める基本秩序，公正な市場経済，そして自由な競争を支持しています。私たちが活動する国々の法律と文化を私たちは尊重します。私たちは社会的な発展を促進し，そして人間の役に立つイノベーティブなアプローチやプロジェクトをすべての拠点で支援します。私たちは平等を尊重し，いかなる種類のものであっても差別待遇を拒絶します。

同時に，私たちは企業内外のコミュニケーションにおける透明性，信頼性，そしてオープンさを尊重します。それが信頼を作り出すからです。そして，とりわけ環境と健康の保護が私たちにとっては切実な問題です。したがって，私たちは経済的な行動の有害な影響を回避するために，その時々の最善の技術を応用します。

この2つの事例は，理想像が持つ2つの重要な機能を気づかせるものである。つまりそれは，**企業の内側に向けて**，どこに企業のメンバーの共通の目標が存在し，そしてそれはどのように獲得されるべきなのかについての**共通の方向づけ**を提供するものである。それと結びつくのが，モチベーション効果を得ようとすることであり，**セルフ・コミットメント**である。

企業の外側に向けて，それは企業の**自己理解**を伝えるものであり，それによって，**協働パートナーとしての魅力と信頼の正当性**が表現される。

しかし理想像は，それが言葉に実感がこもっていなければ，それ自体抽象的なまま

であり，いわば血が通っていないのである。

　したがって，メンバーの個々人の方向づけが企業の「意図」の補完的な部分だと見なすことができ，それは様々なやり方で影響を与えることができる。特にそれに関係するのが経営陣のコミュニケーションであり，なかんずく役員のコミュニケーションが大事である。

　けれども，**共通のゲームの理解**[30]を発展させるようなその他様々な要因にも重要な役割が認められる。すなわち，セミナー，トレーニングその他のイベントであり，それらは理想像の内容を直接・間接に言葉にするものである。

　その際，9.1節で議論したように，企業の「したいこと」をそのように規定する際に，この「したいこと」，特に価値を**現存させること**，そして他方でそれが自分のコンピテンスにも，そしてまた自分の状況にも合うように規定すること，この2つが重要な挑戦となる。それゆえに，次に挙げる2つの側面との関連で，この側面を考察するべきである。

12.4.2　徳

　すでに何度も強調したように，責任が実践されるか否かは，善き意志の問題だけではない。意志の実行が文字通り組織化されるべきだということは，まさに企業にも当てはまることなのだ。

　「できること」をしかるべき形でデザインすることは重要な不一致の回避をねらいとしているのだが，それは（企業の）徳を育成することとも解釈できる。事実上，それはたいていの企業で日々見られるような多数のプロセスや構造に現れているものである。それゆえに，**ポジションを効果的で意図に沿うようにデザインすることがまさに重要である**。それはその時々の権利や義務，指示とインセンティブを伴い，**意図を一貫して実行することをねらいとするものである**。これに関しては，2つの主導的な問題が重要である。

1. **どのような課題に対してどのような資源が調達されるのか？**　実例を使って，2つのポイントを挙げることにする。

　1つ目に，**時間は貴重な資源**だということである。だからこそ，この資源がどのように企業に投入されるのかということが，1つの示唆に富んだ**シグナル**となる。それは経営陣の側から従業員に対してもそうであるし，別のステイクホルダーに対し

---

[30] ここで改めてもう一度，この概念はある程度慎重に解釈されるべきだ，ということを指摘しておこう。企業のメンバーにとっても，すべてがつねに別様にも見えるということ，あるいはあらゆる人間が自分の信念や利害，価値のイメージをもっており，それは他の人たちのそれと完全には一致しない，ということは企業のメンバーにもお互いに当てはまるということなのだ。だとしても，まさにここで議論されている規範的な方向づけとして，グループ，ここではつまり企業という単位はグループアイデンティティを形成するのであり，それはある種の共通の「意図」でもあると考えることもできるし，そう見えることもあるのだ。

てもそうだろう。ダイアログや省察のために時間を捧げるということに関してもそうだろう。9.2.3節で概観したように，重要なことのために**時間のバッファー**を理性的にマネジメントするということは，**持続可能な経済**のための有益な手段である。2つ目に，企業の責任や持続可能性その他のテーマを影響力ある形で提議できるよう，このようなテーマに専門的に関わる企業内ポジションに十分なコンピテンスを与えることは，デザイン上，野心的な課題である。ここから生じる典型的な困難さは，これが横断的なテーマであり，それゆえに他の多くの部局にまで関係し，したがって権限上のコンフリクトやその他効果を下げてしまう状況を簡単にもたらしてしまうということである。

2. 第二の根本的な問題は，**どのような行動がどのように正当な評価がされるのか，あるいは制裁されるのか？** ということである。この問題がとても重要なのは，実際に行為を正当に評価する方法に，どのような貢献にどれくらいの価値が認められるのかが読み取れるからである。これは，何回も取り上げた**インセンティブ**をデザインするという問題に関連している。その，依然として最も影響力の大きな形態が**報酬体系**である[31]。しかし，同様に重要な不一致という観点から見た場合，企業の基本価値とあっていない行為にどのように対処するのかという問題も影響力が大きい。

会計制度，「バランスト・スコアカード」[32]，リスクマネジメントのシステムのような様々な経営手段もまた，そのような一貫した企業目標への方向づけに役立つ。もっとも，ここでは企業目標だけしか考えられないこともある。すなわち，手段の選択や実施に際して，ここでテーマにあげた企業の行為の側面，つまり，**状況的コンフリクトにおいて高潔な行為を保証する**ことに，場合によっては，ほとんど価値がないと見なされるということである。例えば簿記システムは，ある意味で，例えば収入と支出の一致をチェックする手段だが，この一致のチェックは様々な**ゲームの理解**を使って実施できる。

それゆえ倫理的に見れば，経営手段がすべて重要だという時に，結局ここでもまた繰り返し，**どのように経営陣と従業員，つまり特有のポジションの持ち主が，その時々の自由に利用するのかという問題が重要になる**，ということを強調するべきである。その限りで，採用される際にすでに，企業のメンバーのしかるべき能力やポテンシャルを考慮することは，「徳」，すなわち企業のコンピテンスを育成するための重要な構成要素である。同じく重要なのは，従業員がコンフリクトに満ちた状況に対処すると

---

[31] その他のインセンティブとして，例えばポジションやそれに結びついた権限や肩書，特別賞与とか，財産形成に役立つ給付とか公用車といった物質的利益，あるいは職場と労働時間のデザインの可能性，職場の人間関係を作ること，家族と仕事の両立可能性，そして尊重もそうであるが，それら非物質的なサービスである。

[32] バランスト・スコアカードとは，企業活動の制御やコントロールのための手段の1つであり，そこでは様々なパースペクティブが指標を使って測定され，関連づけられる。例えばKaplan/Norton 1997. を参照のこと。

いう問題を有しているとき，重要な不一致を回避するためのコンピテンス，とどのつまり**道徳的判断能力**を的確に教育する，あるいは情報やアドバイスを提供することも重要である。[33]

　（あえて表現するなら）企業の道徳的判断能力を構成する重要な要素の１つは，しかるべき部門，あるいはポジションの形で，あるいは諮問委員会の形でもよいが，重要な不一致という形で起こりうる倫理的なリスクに関する，より複雑な事例のための特殊なコンピテンスを内部で育成することである。もっとも原則的には，（企業の）責任に対する責任は限定的にしか委譲できないとも言える。その限りで，できる限りのすべての企業メンバーを，その時々に適切な形で，重要な不一致を識別させ，回避するための道徳的判断能力の育成に関わらせることが重要である。

　この間，数多くの企業は，すでにそのための多くの手段を有している。特にその中で挙げられるのが**行動規範**である。それは，その時々の企業が身を置いていると感じている典型的なコンフリクト領域に対して，比較的特殊な方向づけをしばしば与えている。**ホットライン**も，その従業員がサポートを受ける際に有用であることは明らかである。しかしとりわけ，すぐ前の節で取り扱った意図，企業の原理，そしてその本質的な方向づけを，絶えず日々のビジネスと関連付けることが有益である。

　同時に，すでに示唆したように，内部の構造やプロセスのデザインに際して，**インセンティブ両立性**の問題を入念に考慮するべきである。それが意味するのは，経営陣や従業員にある特定の振る舞いをさせるために個別にインセンティブを設定するということではない。それは確かに個別のケースでは意味あるだろうが，しかし望ましくない副作用のリスクを伴うことも多い。的をしぼってインセンティブをデザインすることによって，特定の目標に焦点を合わせてしまうからである。それは，行為の別の観点，それは形のないことも多いが，それを容易にフェードアウトさせ，ある意味でそれを「忘れ」させることができるのである。企業が個別の課題の達成に対して意図的にボーナスを与えるが，しかしこの課題が**どのように**達成されるのかを問わない場合，簡単に重要な不一致が起こってしまうだろう。

　したがって，重要な不一致を予防するという点から見れば，インセンティブ両立性のチェックの裏面もまた重要である。つまり，企業における責任ある行為が評価されるのか，あるいは罰せられるかというチェックである。例えばある従業員が，無責任なやり方でコストを下げるとか，利益を上げることに対して，同僚が褒めたたえられるとか昇進する，あるいは金銭的に報いを受けたのに，自分はそのような行動をしないことを非難されるといった経験をした時に，責任ある行為に関するインセンティブが両立しないケースが明らかに存在している。そのような企業文化が，重要な不一致に至る基盤を数多く提供していることは明らかである。

　逆に，なぜある企業が「徳が高い」かと言えば，その企業が（インセンティブの）

---

[33]「したいこと」と「できること」の間にはより密接な関係が存在するということが再度ここで明らかとなる。

構造，プロセス，情報システム，しかるべき人事政策，特に経営陣の模範的行動によって，**知性**（競争力の維持），**正義**（正当な信頼期待の実現），そして**好意**（お互いのメリットへの方向づけ）が促進されるような文化を発展させているからである。

これに関して絶えず重要なのは，マネジメントの実際の行動やコミュニケーションの一貫性を追い求めることである。それはこの行為を実感させ，企業の基本価値と両立させるものである。特に重要なのは，悪い知らせを伝えることが大事な状況も含めた，コンフリクトが発生するケースにおける一貫性である。

12.4.3 促進的な制度構造

われわれ人間が自分自身について知っていることは，企業にもある程度当てはまる。行為が理性的であり，適切に理解された意味での利害に沿っているかどうかは，「したいこと」の問題だけではなく，またわれわれが「できること」，すなわち能力の問題だけでもなく，外部の状況条件の問題でもある。それはわれわれの意図や価値を現実のものとするのを容易にすることもあるし，難しくすることもあるからである。

このような外部条件にはきわめて多種多様な要因がある。雰囲気，技術の状態，法体系，その時々の場所における文化的条件，そして特に（外部の）ステイクホルダーの行動などである。これらの要因の一部は実践的には完全に企業のコントロール領域の外にあるし，一部最低限でも影響を与えられるものもある。

倫理的に見れば，重要な不一致を予防するという点で，**ゲームのルール**と**他者のゲームの理解**という2つの側面が特に重要である。両者は企業のコントロール下にはないのだが，それでも場合によっては，企業がそれに影響を与える，つまり**条件に投資**できる可能性は存在している。

それに応じて重要な役割を演じるのが**コミュニケーション**だが，それについてはすでに前の節で言及した。同様に，企業自身がルールを設定するという**集合的セルフ・コミットメント**についても，すでに9.3.3節で議論した。そこでは様々な困難が指摘された。それでもなおここで強調すべきことは，上で議論されたことを理由として，与えられる効果に限界があるとしても，そのようなイニシアチブに関与することには意味がある，ということだろう。とりわけしかるべき態度でそれが実施されれば，そのようなプロセスは**学習プロセス**に対して価値ある空間を提供するだろうし，同時に重要な**シグナル**ともなり得るのだ。

ここでは，原則的に企業が促進的な外部条件に積極的に作用できる2つの方法を簡単に考察しよう。1つが，よりよいルールという目標をもつロビーングであり，もう1つが，共通のゲームの理解を促進するという目標を持つステイクホルダー・ダイアログである。

ロビーングは世間的にはあまりよい評判がない。特権を獲得・保持し，社会のためになるルール変更を都合が悪いとして阻止するといった形で，全体の費用で企業の個別的利害だけを利するという疑いがあるからである。

そのようなことが起こるのは疑いないし，そうなれば重要な不一致と見なされる。しかしロビーングそれ自体は，完全に，お互いのメリットのための社会的協力の重要な構成要素となり得る。立法者がフレームワークを適切にデザインしたい場合に，真っ先に新しい規制に関係する人たちにどのような影響を及ぼすのかについての情報を必要とするからである。結果を有意義に評価することができるよう，高度に特殊な技術的知識や情報，あるいは自然科学的，経済学的な知識や情報さえも必要となることが多い。そして企業やその連合団体はまさにそれらを駆使できるのである。

他方で，立法者のイメージや利害，制約を当該企業に伝え，そのことで受容してもらおうとすることが問題であれば，ロビーングに携わった人たちはまた別の方向性を持った仲介機能も持つことになる。

それについて，「経済的に責任ある行為のための理想像[34]」では以下のように言われている。

「政治の意思決定プロセスが公益志向であるためには，あらゆる関係者が自分の利害を適切に主張する必要がある。企業の管理者たちが責任ある振る舞いをするということが意味するのは，自分の利害を透明性を持って主張することである。

公正な政治的決定のプロセスや公共的な意見形成の前提となるのは，意思決定を行うにあたり，あらゆる関係者が考慮され，その利害が注意深く相互に検討される，ということである。経済に対する社会の期待を見れば，経済が責任感を持って利害を主張することは正当なだけでなく，絶対に不可欠なことである。もっとも，企業はその利害をオープンにしなければならない。わざと間違った情報を出すとか事実をゆがめることは認められない。だからこそ，透明なやり方でわれわれのコンピテンスや見方を意思決定プロセスに取り入れ，そのためにもダイアログの新しい方法を探求するだろう。その際，将来的には，重要な社会集団との交流をもっと積極的に行うことになろう」。

このようにロビーングのポジティブな機能を強調するからといって，前に取り上げた一面的な影響付与という問題が存在しうることを無視すべきではない。よってここでもまた，信頼に値するということ，インセンティブ両立性，セルフ・コミットメント，ルール，ゲームの理解に関するこれまでの考察すべてを適用することが重要である。

企業が促進的な条件にポジティブな影響を与えられる第二の方法が，**ステイクホルダー・ダイアログ**である。それはいわば，**有益な共通のゲームの理解への投資**である。

---

[34] 経済的に責任ある行為のための理想像とは，経済や企業，そしてその経営陣たちの世間からの信頼を強めようとするドイツ企業のイニシアチブであり，2010年に始まった。これは次の3つを通して実行される。(1) 根本原則への義務。最も重要な第一原則は「経済は人間の福祉を促進しなければならない」というものである。(2) 信頼を徐々に損なう6つのコンフリクト領域を挙げること。(3) コンフリクト領域を顧慮してどのように振る舞うのかについての明確な立場を取ること。さらに詳細な情報は WCGE 2014 で見られる。

ダイアログが持つ主要な意義についてはすでに4.6節で強調した。特に指摘したのは，そのようなダイアログが，情報の伝達という意味での「コミュニケーション」に還元できるものではない，ということである。もしそのような還元が起こってしまったら，少なくとも，信頼を樹立し，重要な不一致を予防するということに関して，それはむしろ非生産的となるだろう。

　したがって，ポジティブに表現すれば，このようなダイアログにおいては，<u>お互いのメリットのための協力にとっての基礎を確かめることが重要である</u>。このことは，実践的三段論法のヒューリスティクスに沿って言えば，次の3つのステップを取る形で意味あるよう実行できる。[35]

1. 協力のために有益な，共通の信念や価値，利害の探求
2. 共通の利害を実現する際に考えられる障害の探求
3. この障害やしかるべき投資戦略を理性的に扱う可能性の探求

　はっきりと述べておくべきなのは，ステイクホルダー・ダイアログを成功させるためには，つねにポイント1に取り組んでおき，ポイント2の対象となる万一の障害は，つねに共通の利害という基礎に関して関連づけられるべきだ，ということである。

12.5　治　　療

　重要な不一致をもたらすポテンシャルをそれ自体として持っていないような企業は存在しないだろう。例えば70カ国で操業する，19万人の従業員がいる大企業を考えてみれば，異端児がかなりいるとか，誤解が生じるとか，圧力を受けて間違った意思決定を下してしまうなどといったことは，ほとんど不可避である。

　いま，もし重要な不一致のポテンシャルを持つ出来事，すなわち重要な約束を守らないとか，かなりの法律違反が起こるとか，一般に認められた道徳的規範に反するなどの出来事が起こったら，信頼にとって重要な問題が生じる。すなわち，<u>企業，あるいは責任ある管理者，とりわけトップマネジメントは**どのように**この状況に対処するのか</u>，という問題である。重要な不一致の発生に対する直接の行動は，信頼される側が送るもっとも重要な**シグナル**の1つである。この，どのように，の中に，信頼される側，ここでいう企業の**態度**が現れるからである。すなわち，そのような状況は，信頼に値するかどうかにとってのいわば試金石なのであり，それ自体として特殊な状況なのである。そのような状況への投資は難しいが，報いはあるだろう。

　以下で，ここでもすべてではないにせよ，いくつかの措置を挙げてみよう。それは重要な不一致を周知のものにする投資なのである。[36]

- まず大事なのが，**現実から逃げないこと**である。自分の間違いを見ないあるいは認

---

[35] それについてより詳細にはSuchanek / von Broock 2012を参照。

めない，責任を他人に押し付けると言ったことは，残念ながら人間の行為の典型特性である。ここでも，**中立的な観察者**の力を借りることが有益である。すなわち，他者のメガネを通してその状況に目を向け，9.1節で議論されたような，そこから生じるゆがみをできる限り避けることである。

- 同様に，まさにそのような危機的な状況で方向づけを与えてくれる（はずの）**自分の価値を確認すること**も重要である。それが企業にすでに存在し続けているのであればなおさらである[37]。

- それ以上に，信頼に値することに関するこれまでの説明を見れば，**意図していなかったのだということを特に明確にせよ**という推奨は，意外なものではないだろう。これをシグナルすることはそれほど単純ではない。主張した方法にもよるが，ただ単にそれを表明することにほとんど効果はないからである。その限りで，信頼に値するようになるためには，これを適切な行為で補うことが必要である。

- そのような重要な不一致を阻止するような措置がそれ自体として存在しているという指摘は，さしあたってはこれに属する。

- さらに別の措置として挙げられるのが，例えば原因や責任を解明することのような，帰結を把握することである。責任を負うものには釈明する義務があり，場合によっては制裁を受けなければならない。原因は，それが起こる可能性に応じて除去されなければならない。この措置はそれ自体として重要なだけでなく，「誤り」から，まさに重要な不一致が生じたということから学んだということ，そして同じようなことを再び繰り返さないと決意したという**シグナル**でもあるのだ。

- シグナルとしてもう1つ重要なのが，重要な不一致から損害を受けた人の**補償**である。ここでも再び，行為それ自体だけでなく，**どのように**ということも重要なシグナルとなる。どのように補償されるのか，その方法は態度についての情報を与えるだろうか？補償が主に戦略的な理由でなされたという印象が持たれるなら，信頼に値すると思われるためには，それはあまり価値がないだろう。本当に損害を防ぐことに関心を持っているとは伝わらないからである。それに対して，「積極的悔悟」だと信頼できる形で伝えられた補償は，自分が信頼に値すると（再び）思わせるものだろう[38]。

---

[36] 体系的に見れば，このテーマはクライシスマネジメントにかなり関連している。これについては例えばPearson/Clair 1998を参照。

[37] これに関する古典的なケーススタディが，いわゆるタイレノール事件である。製薬企業のジョンソン・エンド・ジョンソンは，1982年，大ヒットした鎮痛剤タイレノールが7名を死亡させたとして，その責任を負わせられるという事態に遭遇した。事件がシカゴで局所的に発生したものであり，そこでいくつかの製品にシアン化合物が混入されていたことがすぐに明らかになったのだが，同社はただちに官公庁やメディアと全面的に協力し，3100万箱以上の回収，消費者に対する警告の発行やホットラインの設置を決めたのである。すなわちそれは，企業が信頼に値することを説得的にシグナルするものだったのである。それについては例えばMurray/Shohen 1992を見よ。危機をうまく克服するために重要な原因は，同社が「クレド（Credo）」という価値体系に集中的に投資したということにもあった。Hartley 2004, 303ff. も参照。

- 興味深いことは，はっきりと謝罪することもまた，自分が信頼に値するものと思わせること，あるいはステイクホルダーの協働への意欲を保持，あるいは再度獲得する有効な手段になりうるということだ。ここでも，損害を受けた人に向けたシグナルだけでなく，すべてのステイクホルダーに向けたシグナルが重要だということを思い出すべきである。もっとも，法的な側面も同じく注意しなければならない。
- 権力を持つものやメディアと協働するやり方も重要なシグナルである。
- 最後に，再び信頼に値すると思われるためには**素早い反応**が重要な意義を持つということを強調すべきである。長く待たせたり，自分が協力したことや共犯であることを否定したりすればするほど，信頼に値する態度との一貫性をシグナルする可能性は減少する。

締めくくりとして強調すべきことは，まさに危機の時代において，とりわけ自分が信頼に値することを立証し，即座の否定，拒絶，回避やその他類似の戦略を取らないことは，確かに要求度の高いものだが，しかし，まさにこのことから，とりわけそのような状況において，自分が信頼に値するパートナーであるというレピュテーションへ**投資する**，いいチャンスが生まれるということもまた確かだ，ということである。しかしそのような投資は，すでに前もってしかるべき「**したいこと**」や「**できること**」に投資していた場合にのみ，実行できるものだろう。

---

[38] この点については単純でないことも多い。罪（共犯）を自白することは，場合によっては，他方の側から法的につけ込まれるかもしれないからである。

今後の展望：ステイクホルダーの責任

　これまで提示されてきた理解に従えば，責任ある企業は重要な不一致を回避し，そのためにしかるべき措置に投資しようと努力する。しかし，このことがそれに応じた形で繰り返し実現され，実現可能となると期待できるのは，このような責任ある企業がそのためのサポートを見出し，企業の行為を最終的には経済的成功とも両立させられる場合だけだろう。別の言葉で言えば，**責任ある振る舞いをする企業は，原則的にその行為が他者から正当に評価されることを信頼できなければならないのだ。**
　それは，「割に合うなら責任ある振る舞いをしますよ，あるいは信頼に報いますよ」というモットーに従う「ビジネス・ケース」に還元される，ということを意味するのではない。本書において繰り返し明らかになったように，そのような考え方の中に自分自身が信頼に値したいということが表れるだろう。信頼に値するということはインテグリティに基づくのであって，純粋に戦略的に「ずる賢く」成功を求めることに基づくのではない。けれども，市場で存続し続けたいという「自己利害」が正当であることはどんな企業にも認められるべきである。特に，知性の徳というキーワードで議論したように，市場で自分が存続することを適切な形で考慮し，そのことで企業メンバーの正当な利害を考慮することは企業の（自己）責任である。
　さらに付け加えて言えば，**まさに責任ある企業が成功することは社会の利益にもなる。**逆の表現をすれば，無責任に振る舞う企業がそのことで市場で成功できるならば，そのような振る舞いが他の企業に伝染することに不思議はない。ここで，3.3節のジレンマ構造のモデルが想起されよう。そこでは個々の「プレイヤー」は，彼が協働しているのに他者が協働しないならば，「愚かな人」とされたのである。最終的にどの振る舞いが正当に評価されるかは，経験的にはつねに状況条件に左右される。そこでは人間や組織は，「成果」が不確実であり，すぐに発生しない場合でも，黄金律に従い絶えず投資することが絶対に不可欠なことである。
　けれども，お互いのメリットの実りある協力のためには，無責任な振る舞いが原則的に制裁もされる，つまり，場合によってはそれを後悔すると見込まれることが絶対に必要である。
　しかし，そのことはまさに他者の責任である。だからこそ，「相互作用倫理から見れば」，それを視野に入れることが重要なのである。ここでは，このことをとっかかりとして扱うにとどめるが，企業の責任というテーマにおいてこの側面は，これまで受け

---

[1] 再度強調すると，信頼への投資が成功する保証はない。なぜなら，現実が複雑で不確実なことは避けられず，そのため運の要素も重要な役割を演じるし，それだけでなく誠実だが能力がないということも誰しもありうるからである。

てしかるべき体系的な関心を向けられてこなかった，ということは指摘すべきだろう。
　よって，手掛かり的にではあるが，企業と関係がある様々なステイクホルダーの責任を考えてみよう。

- **政府**に責任があるのは明らかである。政府は，企業の活動の「ゲームのルール」をフェアで持続可能な競争，ならびに責任ある行為と企業の成功の両立可能性を実現するような形でデザインできる枠組みを持っているのである。グローバル化によってかなり難しくなっているとはいえ，国家の義務は存在し続けるのである。
- **顧客**も同様に重大な責任を持つ。ある意味で顧客は，最終的に，企業がその製品を販売したいときに方向づけとしなければならないものである。顧客がしかるべき形で支払うことができ，その意欲があり，そして違法な形で要望を述べることがないことを前提とすれば，顧客の利害や要望を方向づけとするよう企業に強制することは，まさに市場競争の重要な機能の１つである。しかしこれは，どの製品がどのような条件で市場で成功するかは顧客次第だ，ということも意味する。これに関して，責任ある行為についてインセンティブと両立できると見なせるものに関する若干の制約を計算に入れなければならない。チョコレートでも，**繊維製品**でも，電子製品でもなんでも，平均的な消費者というのは，たいていはサプライチェーンの詳細を問い合わせ［でき］ないだろう。ここでは，**情報仲介者**，あるいは**信頼仲介者**が重要な任務を担っている。
- **従業員**にも責任がある。興味深いことに，他と比較すればそれに関しての文献はほとんどない。たいていは，企業あるいは管理者の従業員に対する責任がむしろ重要である。けれども，従業員には自由の余地があり，これを責任あるようにも無責任にも活用できる。
- **サプライヤー**は，彼ら自身が企業なので，それゆえ企業の責任についての考察は直接適用することができる。それにもかかわらず，顧客に近い活動をする企業に比べ，倫理的な議論の関心を集めることはあまりない。
- **非政府組織**（NGO）はこの間，社会構成的に重要な役割を占めるようになった。その役割とはまさしく，しばしば重要な不一致を明らかにし，糾弾することである。ただし，典型的は特殊なテーマに焦点が集まっている。これは正当なことだが，しかし別のテーマ，つまり他のステイクホルダーの利害にほとんど注意が払われない，ということにもなってしまう。またそれは規範主義的な短絡思考に傾きがちでもあり，そのことはむしろ彼らにとっては明白なことである。なぜなら，彼らの関心事を世間に表明することこそ彼らの任務であり，彼らのアイデンティティとなることが多いからである。彼らは理想的な形で，中立的な観察者のパースペクティブを代表している。けれども，ここでもまた，価値と現実の緊張関係を計算に入れるべきである。この組織も同じく，自分の行動に影響を与える状況条件の下で行動する。それには例えば，メンバーとか寄付金とか，あるいは有力者を巡る競争を挙げることができる。
- 多様な**信頼仲介者**ももう１つ明らかに重要なグループである。彼らは企業を評価す

ることで重要な情報を供給している。メディアと同様に，彼らは中立的な観察者の機能を満たしている。もっともそれは，たいてい財務報告とか支払い能力，あるいは製品の品質のような特殊な側面に向けられているのだが。まさにそれゆえに，注意深い判断を下し，その際に当該の情報や信頼できる源泉を用いるのと同時に，道徳的判断能力，すなわちこの情報を活用し解釈するふさわしいコンセプトも用いるという重大な責任も彼らにはあるのだ。インターネットの時代にはまさに，そのような信頼の仲介人はますます重視される。

- レピュテーションが企業にとって非常に重要な資本になっている時代において，**メディア**が重要な役割を演じるのも当然である。彼らは責任ある企業あるいは無責任な企業を報道し，そのことでその他のステイクホルダーに行為の方向づけを与えるし，それだけでなく企業自身にも彼らの行為や評価に関するフィードバックを与えるからである。ここでもまた，理性的に考えれば，あまりにも高い期待を持つべきでない。メディアも，妥協を強いられるような経験的条件にさらされているからである。

- 最後にもう1つ，大きなステイクホルダー集団を挙げるべきだろう。彼らは企業の責任文化に対して主に間接的ではあるが，同様にかなりの影響を持っている。**教育システム**の代表者を例として挙げよう。本書でなされた考察を鑑みて，個々人の「ゲームの理解」や共通の「ゲームの理解」が倫理的に見てお互いのメリットのための信頼に満ちた根本的支柱であることが何度も明らかとされたことを考えれば，特にその重要な意義が明らかになる。幼稚園から様々な再教育の仕組みに至るまでの教育システムにおいて，その道徳的な判断を下すためのコンセプトやカテゴリーが伝えられているのである。

　ただし，理性的な道徳的判断に必要になるだろうコンセプトやカテゴリーがつねに伝えられるわけではない，ともいうことも真実である。それは一方で学校制度に当てはまる。例えば，市場と競争に関する内容のある規範的判断を下すことができるための基礎となるような，適切な経済学教育が不足しているからである。他方で，経済科学の教育のなかで倫理に関する省察が広く抑制されてきたことが，企業の意思決定の倫理的な次元が十分に分析できなかったことの原因にもなったのではないかという推測には，十分な根拠があるのだ。

ここでは様々なステイクホルダーの責任を簡単に示唆するにとどめたが，これらは責任ある企業行為を正当に評価すること，そして無責任な行為を制裁することという，対となる2つの形で用いられる。そして，この場合はそれ自体責任を（二重の意味で）とらえることが重要なので，次のことが改めて明らかとなる。まさに「多元主義という現実」を前にして，誰がどのような責任を負うことができ，負うべきなのか，どのルールがそのための促進条件と見なされるのか，どのようなコンセプト，理論，論拠，思考パターン，価値，あるいはその他社会的ディスコースの要素が，お互いのメリットのための社会的協力の成功を促進するのに適しているのか，これらについて絶えず

意思疎通することがどれほど重要なのか。

　ここには，決して経営学部だけに限定されない，研究や教育の幅広い活動領域が開かれている。先に挙げた社会メンバーにはすべて，社会的協力に貢献することが求められているからである。そして，企業の場合と同様に，ここでもまた消費者，政治家，ジャーナリスト，教育者などが責任ある行為をすることを困難にする，あるいはまったく阻害さえするような多数の経験的条件が見出されるだろう。しかしそのことは，このような条件を改善することに投資しないことの理由にはならない。お互いのメリットのための信頼に満ちた協力という枠組みの中で，自由を責任ある形で利用するという可能性の中に，最終的には，生活をうまくいかせるための鍵があるのだから。

参考文献

Ainslie, G. (2001): Breakdown of will. Cambridge, New York: Cambridge University Press.
Akerlof, G. A. (1970): The Market for Lemons: Quality Uncertainty and the Market Mechanism. In: Quarterly Journal of Economics 84 (3), S. 488-500.
Ambraseys, N.; Bilham, R. (2011): Corruption kills. In: Nature 469, S. 153-155.
Andras, G. (2008): Integrity Due Diligence: neue Säule im Due Diligence Prozess. In: Zeitschrift für Risk, Fraud and Governance 3 (5), S. 205-208.
Arenas, A.; Camacho, J.; Cuesta, J. A.; Requejo, R. J. (2011): The joker effect: cooperation driven by destructive agents. In: Journal of Theoretical Biology 279 (1), S. 113-119.
Argyris, C. (1952): The Impact of Budgets on People. New York: Controllership Foundation.（内田昌利訳［1979/1980］,「人間に対する予算の影響1952（上／下）」『北海学園大学経済論集』26巻4号／27巻3号, 133～161頁／97～117頁）。
Ariely, D. (2012): The (honest) truth about dishonesty. How we lie to everyone – especially ourselves. First edition. New York: HarperCollins Publishers.（櫻井祐子訳［2012］,『ずる―嘘とごまかしの行動経済学』早川書房）。
Aristoteles (1985): Nikomachische Ethik, übersetzt v. E. Rolfes, 3. Aufl. Hambrug: Meiner.（渡辺邦夫訳／立花幸司訳［2015／2016］,『ニコマコス倫理学（上／下）』光文社古典新訳文庫）。
Arrow, K. J. (1972): Gifts and exchanges. In: Philosophy and Public Affairs 1 (4), S. 343-362.
Auto Bild (2003, 07. 11.): Am Anfang zählte der Charakter. In: Auto Bild. Online verfügbar unter http://www/autobild.de/artikel/100-jahre-fuehrerscheinpruefung-43515.html,zuletzt geprüft am 24. 07. 2013.
Axelrod, R. (1984): Die Evolution der Kooperation. München: Oldenbourg.（松田裕之訳（1998）,『つきあい方の科学―バクテリアから国際関係まで』〔新装版〕ミネルヴァ書房）。
Babcock, L.; Loewenstein, G. (1997): Explaining Bargaining Impasse: The Role of Self-Serving Biases. In: Journal of Economic Perspectives 11, S. 109-126.
Barzel, Y. (1977): An economic analysis of slavery. In: Journal of Law and Economics 20 (1), S. 87-110.
Basu, K. (1998): Child Labor. Cause, Consequence, and Cure, with Remarks on International Labor Standards: World Bank Policy Research Working Paper 2027. Online verfügbar unter http://www-wds.worldbank.org/external/default/WDSContentServer/WDSP/IB/2000/02/24/000094946_99031911111649/Rendered/PDF/multi_page.pdf,zuletzt geprüft am 13.11.2014.
Baumeister, R. F.; Tierney, J. (2011): Willpower. Why Self-Control is the Secret to Success. London et al.: Penguin.（渡会圭子訳［2013］,『WILLPOWER 意志力の科学』インターシフト）。
Bauschke, M. (2010): Die goldene Regel. Staunen – Verstehen – Handeln. Berlin: EB-Verlag.
Bayertz, K. (1998): Solidarität – Begriff und Problem. Frankfurt am Main: Suhrkamp.

Bazerman, M. H.; Tenbrunsel, A. E. (2011): Blind Spots. Why We Fail to Do What's Right and What to Do about It. Princeton/Oxford: Princeton University Press. (池村千秋訳／谷本寛治解説［2013］,『倫理の死角 なぜ人と企業は判断を誤るのか』NTT 出版)。

Bea, F.X.; Dichtl, D.; Schweitzer, M. (1993): Allgemeine Betriebswirtschaftslehre. 6. Aufl. Stuttgart/Jene: Gustav Fischer. (F.X. ベア／E. ディヒテル／M. シュヴァイツァー／森昭夫／小林哲夫編著［1998/1999/2000］,『一般経営経済学〈第1巻〉基本問題／〈第2巻〉管理／〈第3巻〉給付過程』森山書店)。

Becker, G. S. (1993): Der ökonomische Ansatz zur Erklärung menschlichen Verhaltens. 2. Aufl. Tübingen: Mohr Siebeck.

Bentham, J. (1996): An introduction to the principles of morals and legislation. Oxford: Oxford University Press. (ジェレミ・ベンサム著／ミル著／大河内一男編［1977］,『世界の名著38 ベンサム ミル 道徳及立法の諸原理序説 自由論 代議政治論 功利主義論』中央公論社)。

Benartzi, S.; Thaler, R. H. (1995): Myopic loss aversion and the equity premium puzzle. In: The Quarterly Journal of Economics 110, S. 73-92.

Birsch, D.; Fielder, J. H. (Hg.) (1994): The Ford Pinto Case. A Study in Applied Ethics, Business, and Technology. New York: New York Press.

Bockel, A. (2015): The golden rule in sports: Investing in the conditions of cooperation for a mutual advantage in sports competitions. Wiesbaden: Springer.

Böhm, F. (1961): Demokratie und ökonomische Macht. In: Institut für ausländisches und internationales Wirtschaftsrecht (Hg.): Kartelle und Monopole im modernen Recht. 2 Bände. Karlsruhe (Bd. Ⅰ), S. 3-24.

Boje, D. M. (1991): The storytelling organization: A study of storytelling performance in an office supply firm. In: Administrative Science Quarterly 36 (1), S. 106-126.

Bosch (2011): 125 Jahre Technik fürs Leben. In: Robert Bosch GmbH, Unternehmenskommunikation, Stuttgart. Online verfügbar unter http://www.bosch.com/content2/publication_forms/de/downloads/125_Jahre_Bosch.pdf,zuletzt geprüft 13.11.2014.

bpb (2012): Bruttoinlandsprodukt (BIP) EU – USA – China. Bundeszentrale für politische Bildung. Online verfügbar unter http://www.bpb.de/nachschlagen/zahlen-und-fakten/europa/135823/bruttoinlandsprodukt-bip,zuletzt geprüft am 14.10.2014.

Brennan, G.; Buchanan, J. M. (2000): The reason of rules. Constitutional political economy. Indianapolis: Liberty Fund. (深沢実監訳／菊池威約／本田明／小林逸太訳［1989］,『立憲的政治経済学の方法論―ルールの根拠』文眞堂)。

Buchanan, J. M. (1984): Die Grenzen der Freiheit. Zwischen Anarchie und Leviathan. Tübingen: J. C. B. Mohr (Paul Siebeck). (加藤寛／黒川和美／関谷登／大岩雄次郎訳［1977］,『自由の限界―人間と制度の経済学』秀潤社)。

Buchanan, J. M. (1995) : Individual rights, emergent social states, and behavioral feasibility. In: Rationality and Society 7 (2), S. 141-150.

Carr, A. Z. (1968): Is business bluffing ethical? In: Harvard Business Review: January-February 1968, S. 143-153.

Chao, L. (2011, 09, 09.): Alibaba Aims to Repair Reputation. In: Wall Street Journal. Online verfügbar unter http://online.wsj.com/articles/SB10001424053111904836104576560112274537564, zuletzt geprüft am 14.10.2014.

CNN Money (2001, 26. 11.): 401 (k) investors sue Enron. Online verfügbar unter

http://money.cnn.com/2001/11/26/401k/q_retire_enron_re/, zuletzt geprüft am 11. 10. 2014.
Coleman, J.S. (1994): Foundations of social theory, Cambridge/London: Harvard University Press. (久慈利武訳 [2004/2006], 『コールマン 社会理論の基礎〈上／下〉(社会学の思想)』青木書店)。
Dasgupta, P. (1988): Trust as a Commodity. In: D. Gambetta (Hg.): Trust, Making and Breaking Cooperative Relations. Oxford: Basil Blackwell, S. 49-72.
De Dreu, C. K. W.; Greer, L. L.; Handgraaf, M. J. J.; Shalvi, S.; Van Kleef, G. A.; Baas, M.; Ten Velden, F. S.; Van Dijk, E.; Feith, S. W. W. (2010): The neuropeptide oxytocin regulates parochial altruism in intergroup conflict among humans. In: Science 328 (5984), S. 1408-1411.
Demsetz, H. (1969): Information and efficiency: Another viewpoint. In: Journal of Law and Economics 12 (1), S. 1-22.
Elkington, J. (1999): Cannibals with forks. The triple bottom line of 21st century business. Oxford: Capstone.
Elster, J. (2000): Ulysses Unbound. Cambridge et al.: Cambridge University Press.
Enste, D. H.; Haferkamp, A.; Fetchenhauer, D. (2009): Unterschiede im Denken zwischen Ökonomen und Laien – Erklärungsansätze zur Verbesserung der wirtschaftspolitischen Beratung. In: Perspektiven der Wirtschaftspolitik 10 (1), S. 60-78.
Filla, J. (2014, 16.03.): Von Teamgeist und süßen Tüten. In: Der Tagesspiegel. Online verfügbar unter http://www.tagesspiegel.de/wirtschaft/karriere/wettbewerb-beste-arbeitgeber-in-berlin-brandenburg-2014-von-teamgeist-und-suessen-tueten/9619926.html, zuletzt geprüft am 12. 11. 2014.
Fombrun, C. F. (1996): Reputation. Realizing Value from the Corporate Image. Boston, Massachusetts: Harvard Business School Press.
Fraleigh, W. P. (1984): Right actions in sport. Ethics for contestants. Champaign: Human Kinetics Publishers.
Frey, B. S.; Osterloh, M. (2000): Managing Motivation. Wie Sie die neue Motivationsforschung für Ihr Unternehmen nutzen können. 1. Aufl. Wiesbaden: Gabler.
Friedman, M. (1970, 13.09): The Social Responsibility of Business is to Increase Its Profits. In: The New York Times Magazine, S. 122-126. (トム・L・ビーチャム／ノーマン・E・ボウイ著, 加藤尚武監訳 [2005], 『企業倫理学Ⅰ 倫理的原理と企業の社会的責任』晃洋書房, 83-91頁)。
Fromm, E. (1979): Haben oder Sein. Die seelischen Grundlagen einer neuen Gesellschaft. Ungekürzte Ausg. München: Deutscher Taschenbuch Verlag (DTV Sachbuch). (佐野哲郎訳 [1977], 『生きるということ』紀伊國屋書店)。
Gambetta, D. (2000): Can We Trust Trust? In: D. Gambetta (Hg.): Trust: Making and breaking cooperative relations. Oxford: University of Oxford, Department of Sociology, S. 213-237.
Gambetta, D. (2000): Mafia. The Price of Distrust. In: D. Gambetta (Hg.): Trust: Making and breaking cooperative relations. Oxford: University of Oxford, Department of Sociology, S. 158-175.
Gambetta, D.; Hamill, H. (2005): Streetwise: How taxi drivers establish their customers' trustworthiness. New York: Russell Sage Foundation.
Ghoshal, S. (2005): Bad Management Theories Are Destroying Good Management Practices. In: Academy of Management Learning & Education, Advanced

Institute of Management Research, (AIM), UK and London Business School 4 (1), S. 75-91.

Gilbert, C.; Kilz, H. W.; Lebert, S. (2013, 18.08.): „Es war der Kick, pures Adrenalin". Interview mit Uli Hoeneß. In: Zeit Online. Online verfügbar unter http://www.zeit.de/2013/19/uli-hoeness-interview, zuletzt geprüft am 08. 10.2014.

Gilbert, D. T. (1998): Speeding with Ned: A personal view of the correspondence bias. In: J. M. Darley; J. Cooper (Hg.): Attribution and social interaction: The legacy of Edward E. Jones. Washington: American Psychological Association, S. 5-36.

Gioia, D. A. (1992): Pinto fires and personal ethics: A script analysis of missed opportunities. In: Journal of Business Ethics 11 (5/6), S. 379-389.

Goodpaster, K. E.; Matthews, J. B. (1982): Can a Corporation Have a Conscience? In: Harvard Business Review 60, S. 132-141.

Granovetter, M. S. (1973): The Strength of Weak Ties. In: American Journal of Sociology 78 (6), S. 1360-1380.

Gutenberg, E. (1967): Die Unternehmung als Gegenstand betriebswirtschaftlicher Theorie. Berlin 1929 und unveränderter Nachdruck. Frankfurt am Main: Verlag Sauer & Auverman. (高橋慧訳 [1978]，『経営経済学の対象としての企業』法律文化社)。

Hamburger Abendblatt (2006, 31.08): „Ich bin froh, dass es endlich vorbei ist". In: Hamburger Abendblatt. Online verfügbar unter http://www.abendblatt.de/nachrichten/nachrichten-des-tages/article816219/Ich-bin-froh-dass-es-endlich-vorbei-ist.html, zuletzt geprüft am 07 10.2014.

Hare, R. M. (1983): Die Sprache der Moral. 1. Aufl. Frankfurt am Main: Suhrkamp. (小泉仰／大久保正健訳 [1982]，『道徳の言語』勁草書房)。

Hartley, R. F. (2004): Business Ethics: Mistakes and successes. Hoboken: Wiley.

Hauff, V. (1987): Unsere gemeinsame Zukunft. Der Brundtland-Bericht der Weltkommission für Umwelt und Entwicklung. United Nations.

Hayek, F. A. v. (1969): Der Wettbewerb als Entdeckungsverfahren. In: Freiburger Studien. Gesammelte Aufsätze, Tübingen: Mohr Siebeck, S.249-265.

Hayek, F. A. v. (1996): Die Anmaßung von Wissen. In: W. Kerber (Hg.): Die Anmaßung von Wissen. Neue Freiburger Studien. Tübingen: Mohr Siebeck, S.3-15.

Hayek, F. A. v. (2003): Recht, Gesetz und Freiheit. Tübingen: Mohr Siebeck. (西山千明／矢島鈞次監修，水吉俊彦訳 [2007]，『法と立法と自由Ⅰ ハイエク全集1-8』春秋社)。

Hayek, F. A. v.; Gerhardt, W. (2011): Der Weg zur Knechtschaft. Neuaufl. 2011. München: Olzog. (西山千明訳 [2008]，『隷属への道 ハイエク全集Ⅰ-別巻』 新装版 春秋社)。

Hayward, M. S. A.; Rindova, V. P.; Pollock, T. G. (2004): Believing one's own press: the causes and consequences of CEO celebrity. In: Strategic Management Journal 25 (7), S. 637-653.

Healy, P. M.; Palepu, K. G. (2003): How the Quest for Efficiency Corroded the Market. In: Harvard Business Review 81 (7), S. 76-85.

Hegel, G. W. F. (1993): Grundlinien der Philosophie des Rechts. Ges. Werke Bd. 7. Frankfurt am Main: Suhrkamp. (尼寺義弘訳 [2009]，『法の哲学』晃洋書房)。

Herzberg, F. (1966): Work and the Nature of Man. Cleveland: World Publishing Company. (北野利信訳 [1968]，『仕事と人間性―動機づけ―衛生理論の新展開』東

洋経済新報社)。
Hillesheim, J. (1987): Der Absatz von Konsumgütern über Kaffeefahrten. Göttingen: O. Schwartz.
Hirschman, A. O. (1989): Der Streit um die Bewertung der Marktgesellschaft. In: A. O. Hirschman (Hg.): Entwicklung, Markt und Moral. Abweichende Betrachtungen. München et al.: Hanser.
Hobbes, T. (1976): Leviathan. Stuttgart: Reclam. (水田洋訳 [1992],『リヴァイアサン 1/2』改訳版 岩波書店)。
Homann, K. (1988): Rationalität und Demokratie. Tübingen: Mohr Siebeck.
Homann, K. (2002): Wider die Erosion der Moral durch Moralisieren. In: K. Homann und C. Lütge (Hg.): Vorteile und Anreize. Zur Grundlegung einer Ethik der Zukunft. Tübingen: Mohr Siebeck.
Homann, K. (2014): Sollen und Können. Grenzen und Bedingungen der Individualmoral. Wien: Ibera/ European University Press.
Homann, K.; Drees, F. (1992): Wirtschafts- und Unternehmensethik. Göttingen: Vandenhoeck & Ruprecht.
Homann, K.; Pies, I. (2000): Wirtschaftsethik und Ordnungspolitik – Die Rolle wissenschaftlicher Aufklärung. In: H. Leipold und I. Pies (Hg.): Ordnungstheorie und Ordnungspolitik – Konzeptionen und Entwicklungsperspektiven. Stuttgart: Lucius & Lucius, S. 329-346.
Homann, K.; Suchanek, A. (1989): Methodologische Überlegungen zum ökonomischen Imperialismus. In: Analyse & Kritik 11, S.70-93.
Homann, K.; Suchanek, A. (2005): Ökonomik. Eine Einführung. 2. überarb. Aufl. Tübingen: Mohr Siebeck.
HSP Competence Network (2014): Verhaltenskodex der HSP Competence Network GmbH. Leitlinien für das tägliche Miteinander in unserem Unternehmen. Online verfügbar unter http://www.hsp-competence.de/Verhaltenskodex.194.0.html, zuletzt geprüft am 09.10.2014.
Hume, D. (1985): A treatise of human nature. Harmondsworth, Middlesex, England, New York: Penguin Books. (木曾好能訳 [2011],『人間本性論 1 知性について』新装版 法政大学出版局)。
Isensee, J. (2003): Das Grundrecht als Abwehrrecht und staatliche Schutzpflicht. In : Isensee, J. und Kirchhof, P. (Hg.): Handbuch des Staatsrechts der Bundesrepublik Deutschland. 3. Aufl. Heidelberg.
Itzhak B. -D.; Graham, J. R.; Harvey, C. R. (2007): Managerial Overconfidence and Corporate Policies: NBER Working Paper No. 13711. Online verfügbar unter http://www.nber.org/papers/w13711.pdf, zuletzt geprüft am 13. 11. 2014.
Jackson, J. B. C.; Kirby, M. X.; Berger, W. H.; Bjorndal, K. A.; Botsford, L. W.; Bourque, B. J.; Bradbury, R. H.; Cooke, R.; Erlandson, J.; Estes, J. A.; Hughes, T. P.; Kidwell, S.; Lange, C. B.; Lenihan, H. S.; Pandolfi, J. M.; Peterson, C. H.; Steneck, R.S.; Tegner, M. J.; Warner, R. R. (2001): Historical overfishing and the recent collapse of coastal ecosystems. In: Science 293 (5530), S. 629-638.
Jonas, H. (2003): Das Prinzip Verantwortung. Versuch einer Ethik für die technologische Zivilisation. Frankfurt am Main: Suhrkamp.
Kahneman, D. (2011): Thinking, fast and slow. First Edition. New York: Farrar, Straus and Giroux. (村井章子訳 [2014],『ファスト & スロー（上／下）あなたの意思はどのように決まるか？』早川書房)。
Kahneman, D.; Knetsch J. L.; Thaler, R. H. (1986): Fairness as a Constraint on Profit

Seeking: Entitlements in the Market. In: The American Economic Review American Economic Association 76 (4), S. 728-741.

Kant, I. (1968a): Grundlegung zur Metaphysik der Sitten. Akademie-Ausgabe Bd. 4. Berlin: de Gruyter, S. 385-463. (中山元訳 [2012],『道徳形而上学の基礎づけ』光文社古典文庫)。

Kant, I. (1968b): Kritik der praktischen Vernunft. Akademie-Ausgabe Bd. 5. Berlin. de Gruyter, S. 1-163. (中山元訳 [2013],『実践理性批判 1/2』 光文社古典文庫)。

Kant, I. (1968c): Idee zu einer allgemeinen Geschichte in weltbürgerlicher Absicht. Akademie-Ausgabe Bd. 8. Berlin: de Gruyter, S. 15-31. (中山元訳 [2006],「世界市民という視点からみた普遍史の理念」『永遠平和のために／啓蒙とは何か 他3編』光文社古典文庫)。

Kant, I. (1968d): Über ein vermeintes Recht, aus Menschenliebe zu lügen. Akademie-Ausgabe Bd. 8. Berlin: de Gruyter, S. 423-430. (小倉志祥訳 [1988],「人間愛から嘘をつくということ」『カント全集 第13巻 歴史哲学論集』理想社。)

Kaplan, R. S.; Norton, D. P. (1997): Balanced Scorecard. Strategien erfolgreich umsetzen. Stuttgart: Schäffer-Poeschel. (櫻井通晴訳 (2001),『キャプランとノートンの戦略バランスト・スコアカード』東洋経済新報社)。

Kidwell, R. E. (2004): „Small" Lies, Big Trouble: The Unfortunate Consequences of Résumé Padding, from Janet Cooke to George O'Leary. In: Journal of Business Ethics 51, S. 175-184.

Kiser, E.; Barzel, Y. (1991): The Origins of Democracy in England. In: Rationality and Society, S. 396-422.

Klein, B. (1988): Vertical Integration as organizational ownership: The Fisher Body-General Motors relationship revisited. In: Journal of Law, Economics, and Organization 4, S. 199-218.

Kohlberg, L. (1996): Die Psychologie der Moralentwicklung. Frankfurt am Main: Suhrkamp.

Kornai, J. (1986): The Soft Budget Constraint. In: Kyklos 39, S. 3-30.

Kosfeld, M.; Heinrichs, M.; Zak, P. J.; Fischbacher, U.; Fehr, E. (2005): Oxytocin increases trust in humans. In: Nature 435 (7042), S. 673-676.

Kotchen, M. J.; Moon, J. J. (2011): Corporate Social Responsibility for Irresponsibility: NBER Working Paper 17254. Online verfügbar unter http://www/nber.org/papers/w17254.pdf, zuletzt geprüft am 13. 11. 2014.

Kreps, D. M. (1990): Corporate Culture and Economic Theory. In: J. E. Alt und K. A. Shepsle (Hg.): Perspectives on positive political economy. Cambridge/New York/Melbourne: Cambridge University Press, S. 90-143. ((抄訳) 周佐喜和訳 [1986]「企業文化と経済理論」土屋守章編著『技術革新と経営戦略――ハイテク時代の企業行動を探る』日本経済新聞社, 253-268 頁。)

Kuran, T. (1997): Leben in Lüge. Präferenzverfälschungen und ihre gesellschaftlichen Folgen. Tübingen: Mohr Siebeck.

Larwood, L.; Whittaker, W. (1977): Managerial Myopia: Self-Serving Biases in Organizational Planning. In: Journal of Applied Psychology 62 (2), S. 194-198.

Levitt, T. (1960): Marketing Myopia. In: Harvard Business Review 38 (4), S. 24-47.

Lewicki, R. J.; Bunker, B. B. (1995): Trust and Relationships: A model of trust development and decline. In: B. B. Bunker; J. Z. Rubin (Hg.): Conflict, cooperation and justice. San Francisco: Jossey Bass.

Lindenberg, S. (1993): Club hierarchy, social metering and context instruction: Governance structures in response to varying self-command capital. In: S.

Lindenberg und H. Schreuder (Hg.): Interdisciplinary perspectives on organization studies. Oxford: Pergamon Press, S. 195-220.

Lin-Hi, N. (2009): Eine Theorie der Unternehmensverantwortung. Berlin: Erich Schmidt Verlag.

Lin-Hi, N.; Müller, K. (2013): The CSR bottom line: Preventing corporate social irresponsibility. In: Journal of Business Research 66 (10), S. 1928-1936.

Löwith, K. (1960): Max Weber und Karl Marx. In: Gesammelte Abhandlungen. Zur Kritik der geschichtlichen Existenz. 2. Aufl. Stuttgart, S. 1-67. （柴田治三郎訳[1966]、『ウェーバーとマルクス』未来社）。

Lubbers, E. (2002): Battling big business: countering greenwash, infiltration, and other forms of corporate bullying. Monroe, Me: Common Courage Press.

Luhmann, N. (1973): Zweckbegriff und Systemrationalität. Über die Funktion von Zwecken in sozialen Systemen. 1. Aufl. Frankfurt am Main: Suhrkamp. （馬場靖雄／上村隆広訳[1990]、『目的概念とシステム合理性——社会システムにおける目的の機能について』勁草書房）。

Luhmann, N. (1989): Ethik als Reflexionstheorie der Moral. In: N. Luhmann (Hg.): Gesellschaftsstruktur und Semantik. Bd. 3. Frankfurt am Main: Suhrkamp, S. 358-447.

Luhmann, N. (2009): Vertrauen. 4. Aufl. Stuttgart: UTB. （大庭健／正村俊之訳[1990]、『信頼——社会的な複雑性の縮減メカニズム』勁草書房）。

Marx, K.; Engels, F. (1990): Die deutsche Ideologie. In: K. Marx und F. Engels (Hg.): Werke. Berlin/DDR: Dietz Verlag. （廣松渉／小林昌人訳[2002]、『ドイツ・イデオロギー 新編輯版』岩波文庫）。

Mayer, C. (2013): Firm Commitment: Why the corporation is failing us and how to restore trust in it. Oxford: Oxford University Press.

Mayer, R. C.; Davis; J. H.; Schoorman, F. D. (1995): An Integrative Model of Organizational Trust. In: Academy of Management Review 20, S. 709-734.

McKean, R. N. (1975): Economics of Trust, Altruism, and Corporate Responsibility. In: E. Phelps (Hg.): Altruism, Morality, and Economic Theory. New York: Russell Sage Found, S. 29-44.

McLean, B.; Elkind, P. (2004): The smartest guys in the room. The amazing rise and scandalous fall of Enron. New York: Portfolio.

Meadows, D. L. (1972): Die Grenzen des Wachstums. Bericht des Club of Rome zur Lage der Menschheit. Stuttgart: Dt. Verl. -Anst. (Dva informativ). （ドネラ.H. メドウズ著[1972]、『成長の限界——ローマ・クラブ「人類の危機」レポート』ダイヤモンド社）。

Miceli, M. P.; Near, J. P.; Dworkin, T. M. (2013): Whistle-blowing in organizations. New York: Psychology Press.

Milgram, S. (1974): Obedience to authority. An experimental view. London: Tavistock. （山形浩生訳[2012]、『服従の心理』河出書房新社）。

Mill, J. S. (1985): Der Utilitarismus. Stuttgart: Reclam. （川名雄一郎／山本圭一郎訳[2010]、『功利主義論集』京都大学学術出版会）。

Mitglieder des Bundesverfassungsgerichts (Hg.) (1958): Entscheidungen des Bundesverfassungsgerichts. Nr. 28. Tübingen: J. C. B. Mohr (Paul Siebeck).

Möllering, G. (2006): Trust: Reason, Routine, Reflexivity. Bingley: Emerald.

Moynihan, R.; Henry, D. (Hg.) (2006): A Collection of Articles on Disease Mongering. Public Library of Science. Online verfügbar unter http://www.ploscollections.org/downloads/plos_medicine_diseasemongering.pdf, zuletzt geprüft am

13.11.2014.

Murphy, D. E. (2002): The Federal Sentencing Guidelines for Organizations: A Decade of Promoting Compliance and Ethics. In: Iowa Law Review 87, S. 697-719.

Murray, E.; Shohen, S. (1992): Lessons from the Tylenol tragedy on surviving a corporate crisis. Medical Marketing and Media 27 (2), S. 14-19.

Newton, L. H. (1999): Truth is the Daugther of Time: The Real Story of the Nestle Case. In: Business and Society Review 104 (4), S. 367-395.

Novethic (2010): European Asset Owners: ESG Perceptions and Integration Practices. Online verfügbar unter http://www.forum-ng.org/images/stories/nachhaltige_geldanlagen/esg_survey_2010.pdf, zuletzt geprüft am 13.11. 2014.

Olson, M. (2004): Die Logik des kollektiven Handelns. Kollektivgüter und die Theorie der Gruppen. 5. Aufl. durchges. Tübingen: Mohr Siebeck. （依田博／森脇俊雅訳［1996］,『集合行為論—公共財と集団理論［新装版］』ミネルヴァ書房）。

Osterloh, M.; Weibel, A. (2006): Investition Vertrauen. Prozesse der Vertrauensentwicklung in Organisationen. Wiesbaden: Gabler.

Ostrom, E. (1990): Governing the commons. The evolution of institutions for collective action. Cambridge, New York: Cambridge University Press.

Paul, Johannes, Ⅱ (1991): Centesimus Annus. Stein am Rhein. （イエズス会社会司牧センター訳［1991］,『新しい課題：教会と社会の百年をふりかえって：教皇ヨハネ・パウロ二世回勅』カトリック中央協議会）。

Pearson, C. M.; Clair, J. A. (1988): Reframing crisis management. In: Academy of management review 23 (1), S. 59-76.

Pies, I. (2001): Eucken und von Hayek im Vergleich. Zur Aktualisierung der ordnungspolitischen Konzeption. 1. Aufl. Tübingen: Mohr Siebeck.

Pope, D. G.; Schweitzer, M. E. (2011): Is Tiger Woods Loss Averse? Persistent Bias in the Face of Experience, Competition, and High Stakes. In: American Economic Review 101, S. 129-157.

Popper, K. R. (2005): Logik der Forschung. In: H. Keuth (Hg.): Gesammelte Werke. 11. Aufl. Tübingen: Mohr Siebeck. （大内義一／森博訳［1971/1972］,『科学的発見の論理（上／下）』恒星社厚生閣）。

Priddat, B. P. (2009): Zuviel Vertrauen? Über Moral und Finanzen. In: Zeitschrift für Wirtschafts- und Unternehmensethik 10 (1), S. 8-17.

Rawls, J. (1977): Gerechtigkeit als Fairneß. Freiburg: Alber. （田中成明著［1979］,『公正としての正義』木鐸社）。

Rawls, J. (1979): Eine Theorie der Gerechtigkeit. 1. Aufl. Frankfurt am Main: Suhrkamp. （矢島鈞次監訳［1979］,『正義論』紀伊國屋書店）。

Rawls, J. (2003): Politischer Liberalismus. Frankfurt am Main: Suhrkamp.

Reiner, H. (1948):Die „Goldene Regel". Die Bedeutung einer sittlichen Grundformel der Menschheit. In: Zeitschrift für philosophische Forschung 3 (1), S. 74-105.

REWE-Group (2014): Leitbild. Online verfügbar unter http://www.rewe-group.com/unternehmen/leitbild/, zuletzt geprüft am 11.10.2014.

Riley, M.; Elgin, B.; Lawrence, D.; Matlack, C. (2014, 13.03.): Missed Alarms and 40 Million Stolen Credit Card Numbers: How Target Blew It. In: Bloomberg Businessweek. Online verfügbar unter http://www.businessweek.com/articles/2014-03-13/target-missed-alarms-in-epic-hack-of-credit-card-data#p1, zuletzt geprüft am 12.11.2014.

Rivoli, P. (2006): Reisebericht eines T-Shirts: Ein Alltagsprodukt erklärt die

Weltwirtschaft. Berlin: Econ Verlag.

Röpke, W. (1958): Jenseits von Angebot und Nachfrage. Erlenbach-Zürich/Stuttgart: Rentsch.

Rosenthal, R. (1982): Games of Perfect Information, Predatory Pricing, and the Chain Store Paradox. In: Journal of Economic Theory 25 (1), S. 92-100.

Rousseau, D. M.; Sitkin, S. B.; Burt, R. S.; Camerer, C. (1998): Not so Different after All: A Cross-Discipline View of Trust. In: Academy of Management Review 23 (3), S. 393-404.

Sally, D. (1995): Conversation and Cooperation in Social Dilemmas: A Meta-Analysis of Experiments from 1958 to 1992. In: Rationality and Society 7 (1), S. 58-92.

Salter, M. S. (2008): Innovation Corrupted. The Origins and Legacy of Enron's Collapse. Cambridge/London: Harvard University Press.

Sammeck, J. (2012): A New Institutional Economics Perspective on Industry Self-Regulation. Wiesbaden: Gabler.

Sandel, M. (2012): Was man für Geld nicht kaufen kann: Die moralischen Grenzen des Marktes. Berlin: Ullstein.（鬼澤忍訳［2012］,『それをお金で買いますか──市場主義の限界』早川書房）。

Schelling, T. (1980): The Strategy of Conflict. 12. Aufl. Cambridge, Massachusetts and London, England: Harvard University Press.（河野勝訳［2008］,『紛争の戦略──ゲーム理論のエッセンス』勁草書房）。

Schiel, C. (2014): Moralisches Risikomanagement. Berlin et al.: Springer.

Simmel, G. (1968): Soziologie. 5. Aufl. Berlin: Duncker & Humblot.（居安正訳［2016］,『社会学（上／下）社会化の諸形式についての研究』新装復刊版 白水社）。

Sims, R. R.; Brinkmann, J. (2003): Enron Ethics (or Culture Matters More than Codes). In: Journal of Business Ethics 45 (3), S. 243-256.

Sinn, H.-W. (1986): Risiko als Produktionsfaktor. In: Jahrbücher für Nationalökonomie und Statistik 201, S. 557-571.

Slovic, P. (1993): Perceived Risk, Trust, and Democracy. In: Risk Analysis, 13 Jg, S. 675-682.

Smith, A. (1976a): The Theory of Moral Sentiments. Unter Mitarbeit von v. D. D. Raphael and A. Skinner (Hg.). Oxford: Bd. 1 der Glasgow Edition of the Works and Correspondence of Adam Smith.（村井章子／北川知子訳［2014］,『道徳感情論』日経BP社）。

Smith, A. (1976b): An Inquiry into the Nature and Causes of the Wealth of Nations. Unter Mitarbeit von v. D. D. Raphael and A. Skinner (Hg.). Oxford: Bd. 2 der Glasgow Edition of the Works and Correspondence of Adam Smith.（山岡洋一訳［2007］,『国富論 国の豊かさの本質と原因についての研究（上／下）』日本経済新聞社出版局）。

Spiegel Online (2014, 24. 08.): Angriff mit Wurfgeschossen: Kamerunischer Fußballprofi von Fans tödlich verlertzt. In: Spiegel Online. Online verfügbar unter http://www.spiegel.de/sport/fussball/kamerunischer-fussballprofi-ebosse-von-fans-toedlich-verletzt-a-987778.html, zuletzt geprüft am 25. 08. 2014.

Stehr, N. (2007): Die Moralisierung der Märkte. Eine Gesellschaftstheorie. 1. Aufl. Frankfurt am Main: Suhrkamp.

Suchanek, A. (1997): Verdirbt der homo oeconomicus die Moral? In: K. R. Lohmann; B. P. Priddat (Hg.): Ökonomie und Moral – Beiträge zur Theorie ökonomischer Rationalität. München, S. 65-84.

Suchanek, A. (2004a): Die Rolle empirischer Bedingungen für die Wirtschaftsethik.

In: P. Ulrich; M. Breuer (Hg.): Wirtschaftsethik im philosophischen Diskurs – Begründung und „Anwendung" praktischen Orientierungswissens. Würzburg: Königshausen & Neumann, S. 203–211.

Suchanek, A. (2004b): Ökonomische Unternehmensethik. In: V. Arnold (Hg.): Wirtschaftsethische Perspektiven VII. Berlin: Duncker & Humblot, S. 79–101.

Suchanek, A. (2004c): Gewinnmaximierung als soziale Verantwortung von Unternehmen? Milton Friedman und die Unternehmensethik. In: I. Pies; M. Leschke (Hg.): Milton Friedmans ökonomischer Liberalismus, Tübingen: Mohr Siebeck, S. 105–124.

Suchanek, A. (2006): Überlegungen zu einer interaktionsökonomischen Therie der Nachhaltigkeit. In: U. Ebert (Hg.): Wirtschaftsethische Perspektiven VIII, Berlin: Duncker & Humblot, S. 229–245.

Suchanek, A. (2007): Ökonomische Ethik. 2. Aufl. Tübingen: Mohr Siebeck.

Suchanek, A. (2011a): Der Wittenberg-Prozess der Chemie-Sozialpartner. In: J. Wieland; A. Schack (Hg.): Soziale Marktwirtschaft: Verantwortungsvoll gestalten. Frankfurt am Main: F. A. Z.-Institut für Management-, Markt- und Medieninformationen GmbH, S. 54–66.

Suchanek, A. (2011b): Nutzen und Kosten von Verhaltensregeln aus unternehmensethischer Sicht. In: Neue Zeitschrift für Arbeitsrecht (Beilage 1/2011), S. 3–8.

Suchanek, A. (2014a): Ökonomische Ethik – Grundlagen und Empfehlungen. In: W. v. Eiff (Hg.): Ethik und Ökonomie in der Medizin. Heidelberg: medhochzwei Verlag, S. 111–124.

Suchanek, A. (2014b): Freiheit und Vertrauen. Unternehmerverantwortung in einer offenen Gesellschaft. In: Hüther, M.; Bergmann, K.; Enste, D. H. (Hg.): Unternehmen im öffentlichen Raum. Berlin: Springer, 2014, S. 251–264.

Suchanek, A.; von Broock, M. (2012): Stakeholder-Dialoge: Investitionen in ein gemeinsames Spielverständnis. Lutherstadt Wittenberg, Halle, Saale: Wittenberg-Zentrum für Globale Ethik; Universitäts- und Landesbibliothek Sachsen-Anhalt (Diskussionspapier / Wittenberg-Zentrum für Globale Ethik, 12, 5). Online verfügbar unter http://nbn-resolving.de/urn:nbn:de:gbv:3:2-19710.

Suchanek, A.; Kerscher, J.-K. (2007): Der Homo oeconomicus: Verfehltes Menschenbild oder leistungsfähiges Analyseinstrument? In: R.; A. Schmidt (Hg.): Individuum und Organisation: neue Trend eines organisationswissenschaftlichen Forschungsfeldes. Wiesbaden: Gabler, S. 251–275.

Suchanek, A.; Lin-Hi, N. (2007): Corporate Responsibility in der forschenden Arzneimittelindustrie. In: Jahrbücher für Nationalökonomie und Statistik, 227 (5/6), S.547–562.

Suchanek, A.; Lin-Hi, N. (2011): Eine Betrachtung von Anreizen aus unternehmensethischer Perspektive. In: Zeitschrift für Controlling & Management 55 (3), S. 12–15.

Tauber, A. (2014, 04. 04.): Viertelmillion Mitglieder kündigen beim ADAC. In: Die Welt. Online verfügbar unter http://www.welt.de/wirtschaft/article126584434/Viertelmillion-Mitglieder-kuendigen-beim-ADAC.html, zuletzt geprüft am 14. 10.2014.

The Guardian (2008,24.10.): Greenspan – I was wrong about the economy. Sort of. Online verfügbar unter http://www.theguardian.com/business/2008/oct/24/economics-creditcrunch-federal-reserve-greenspan, zuletzt geprüft am 11. 10. 2014.

Toffler, B. L.; Reingold, J. (2003): Final accounting. Ambition, greed, and the fall of Arthur Andersen. First Edition. New York: Broadway Books.

Trevino, L. K.; Weaver, G. R.; Reynolds, S. J. (2006): Behavioral Ethics in Organizations: A Review. In: Journal of Management 32 (6), S. 951–990.

Tversky, A.; Kahneman, D. (1981): The framing of decisions and the psychology of choice. In: Science 211 (4481), S. 453–458.

United Nations (2014): The Millennium Development Goals Report 2014. New York.

United States Sentencing Commission (2011): 2011 FEDERAL SENTENCING GUIDELINES MANUAL. CHAPTER EIGHT – SENTENCING OF ORGANIZATIONS. Online verfügbar unter http://www.ussc.gov/guidelines-manual/2011/2011-8b21, zuletzt geprüft am 12.11.2014.

van Quaquebeke, N.; Topcu, Ö. (2008, 05.04.): Respekt ist das soziale Schmiermittel der Gesellschaft. In: Hamburger Abendblatt. Online verfügbar unter http://www.abendblatt.de/vermischtes/journal/thema/article910740/Respekt-ist-das-soziale-Schmiermittel-der-Gesellschaft.html, zuletzt geprüft am 12.06.2010.

Varma, R.; Varma, D. R. (2005): The Bhopal Disaster of 1984. In: Bulletin of Science, Technology & Society 25 (1), S. 37–45.

Vedanta (2012): About Us: Vision & Values. Online verfügbar unter http://www.vedantaresources.com/about-us/our-story/vision-values.aspx, zuletzt geprüft am 18.04.2014.

Vinten, G. (1994): Whistleblowing – fact and fiction. An introductory discussion, in; ders. (Hg.): Whistleblowing. Subversion or Corporate Citizenship?, S. 3–20.

von Broock, M. (2012): Spielzüge – Spielregeln – Spielverständnis. Eine Investitionsheuristik für die Soziale Ordnung. 1. Aufl. Marburg: Metropolis-Verlag.

Waldkirch, R. (2002): Unternehmen und Gesellschaft. Zur Grundlegung einer Ökonomik von Organisationen. 1. Aufl. Wiesbaden: Deutscher Universitätsverlag.

WCGE (2014): Top-Manager und Unternehmer unterzeichnen Selbstverpflichtung. Wittenberg-Zentrum für Globale Ethik. Online verfügbar unter http://www.wcge.org/html/de/529.htm, zuletzt geprüft am 12. 11. 2014.

Weidenfeld, U. (Hg.) (2011): Nützliche Aufwendungen. Der Fall Siemens und die Lehren für das Unternehmen, die Industrie und Gesellschaft. München: Piper.

Wieland, J.; Steinmeyer, R.; Grüninger, S. (2010): Handbuch Compliance-Management. Konzeptionelle Grundlagen, praktische Erfolgsfaktoren, globale Herausforderungen. Berlin: Erich Schmidt Verlag.

Wieland, J. (Hg.) (2004): Handbuch Wertemanagement: Erfolgsstrategien einer modernen corporate governance. Hamburg: Murmann Verlag.

Wiesenthal, H. (1990): Ökologischer Konsum – ein Allgemeininteresse ohne Mobilisierungskraft. In: E. Hildebrandt (Hg.): Ökologischer Konsum. Schriftenreihe des IÖW 25: Berlin, S. 21–32.

Williamson, O. E. (1990): Die ökonomischen Institutionen des Kapitalismus. Tübingen: Mohr Siebeck.

Wolf, M. (2009): Business Angels, Startups und Vertrauen. Eine theoretische Betrachtung aus interaktionsökonomischer Perspektive, Hamburg: Dr. Kova.

Wolf, M. (2013, 15.05.): Wie Business Angels und Start-ups gegenseitiges Vertrauen gewinnen. Parameter und Handlungsempfehlungen für Akteure im informellen Beteiligungskapitalmarkt. In: Börsenzeitung, S. 20.

Woodzicka, J. A.; LaFrance, M. (2001): Real Versus Imagined Gender Harassment. In: Journal of Social Issues 57 (1), S. 15-30.
Yamagishi, T. (2001): Trust as a Form of Social Intelligence. In: K. S. Cook (Hg.) Trust in Society. New York.
Young, S. B. (2003): Moral capitalism. Berrett-Koehler Publishers.
Zimbardo, P. G. (2008): Der Luzifer-Effekt. Die Macht der Umstände und die Psychologie des Bösen. Heidelberg: Spektrum, Akad. Verl. (鬼澤忍／中山宥訳 [2015]，『ルシファー・エフェクト ふつうの人が悪魔に変わるとき』海と月社)。

訳者あとがき

　本書は，Andreas Suchanek, *Unternehmensethik. In Vertrauen investieren*, Mohr Siebeck, Tübingen, 2015 の全訳（一部を除く）である。

　企業倫理が叫ばれるようになって久しいが，企業の不正や企業不祥事は後を絶たない。日本でも，近年では例えば三菱自動車の燃費不正問題や東芝の不正会計問題が世間を賑わせた。企業の社会的責任（CSR）や企業倫理が正面から議論されるようになったのは最近だとしても，企業が誕生して以来，企業の不祥事はこれまで絶えず存在し，問題視されてきたのであり，企業不祥事は，ある意味では不可避の現象と言えるかもしれない。しかし，だからといって不祥事が野放しでよいというわけでは決してない。企業不祥事は「古くて新しい問題」なのであり，われわれがつねに解決を求めつつ，きわめて解決が困難な問題なのである。

　本書も，そのような「きわめて解決が困難な問題」に対する1つの回答を試みるものである。これまでの同種の取り組みに見られない本書の特徴は，「信頼」という観点から企業倫理問題にアプローチしている点である。本書を読めばわかる通り，本書はきわめて理論的・抽象的であり，明確な処方箋の提供を行っているわけではない。しかし，上で述べた通り，企業不祥事が簡単に解決できるものではなく，根本的なものであるがゆえに，このような抽象度の高い議論が必要なのである。「信頼」から企業倫理にアプローチする，高度に抽象的で理論的な本書をあえて日本語に訳出したのは，このような理由からである。

　本書の著者アンドレアス・ズーハネクは，現代ドイツにおける「経済倫理・企業倫理（Wirtschafts- und Unternehmensethik）」論を代表する論者である。1961年，ニーダーザクセン州・シュタットハーゲン生まれで，キールとゲッティンゲンで経済学を学び，ヴィッテン・ヘルデッケ大学で博士号を取得，その後，アイヒシュタット＝インゴルシュタット・カトリック大学で教授資格を取得し，1999年に師であるカール・ホーマンの同大学における「経済倫理・企業倫理講座」を引き継ぎ，教授に就任した（ホーマンのこの講座は，ドイツ語圏で初めて開設された「経済倫理・企業倫理講座」である）。そして2004年より，ライプツィヒ経営大学院（HHL – Leipzig Graduate School of Management）（以前のライプツィヒ商科大学）における「Dr. ヴェルナー・ヤックシュテット経済倫理・企業倫理講座（Dr. Werner Jackstädt-Lehrstuhl für Wirtschafts- und Unternehmensethik）」の教授を務めている。

　ズーハネクは，その研究の初期には経済学の方法論的な問題に取り組んでおり，ポパー（K.R.Popper）の批判的合理主義の観点から経済学の方法論的なレベルでの統合的アプローチを提示した『経済学のアプローチと理論的統合（*Ökonomischer Ansatz und theoretische Integration*）』（1994）を著した。その後，『規範的環境経済学

(*Normative Umweltökonomik*)』（2000）で教授資格を取得し，ホーマンの講座を引き継いで以降，経済倫理・企業倫理の理論的研究に取り組み，師のホーマンが提唱した「秩序倫理（Ordnungsethik）」をともに継承・発展させることに従事してきた。その成果として，例えば『経済学的倫理学（*Ökonomische Ethik*）』（2001）や，ホーマンとの共著である『経済学入門（*Ökonomik. Eine Einführung*）』（第二版）（2005）等があるが，とりわけ2004年にHHL教授に就任以降は企業倫理の問題に集中的に取り組んでおり，本書はその最新の成果である。また彼は，非営利団体であるヴィッテンベルク・グローバル倫理センター（Wittenberg-Zentrum für Globale Ethik：WZGE）の理事を務めるなど，自らの学問上の仕事を実践的に応用する活動にも熱心である。

本書の独自性は多岐にわたるが，われわれが本書を日本語に訳出する上で重要と考える3つの特徴を以下で説明したい。

1.「経済倫理・企業倫理」という視点

日本で「企業倫理」と呼ばれる研究領域は，ドイツではWirtschafts- und Unternehmensethik，日本語に訳せば「経済倫理・企業倫理」と呼ばれている。日本では，企業倫理は単独で議論されているのに対し，ドイツでは企業倫理はつねに「経済倫理」の枠組みの中で議論されている。経済倫理とはわれわれの経済的行為や経済現象一般に関する倫理学的考察を行う学問であり，応用倫理学の一種であるが，経済学との関係や市場における経済的行為の倫理性などが議論される。日本において経済倫理に関する研究は盛んとは言えないが，ドイツでは理論的考察を中心に活発な議論がなされている。例えば2015年に刊行されたシュレック（P. Schreck）とアーケン（D. v. Aaken）による編著『経済倫理・企業倫理の理論（*Theorien der Wirtschafts- und Unternehmensethik*）』[1]では，10に近い理論アプローチが，提唱者自身によって紹介されている。そのいずれもが，経済と企業の倫理を包括的に考察できる倫理学理論であり，肯定的であれ批判的であれ，経済学と自らの関係をつねに考察しているものである。

日本（やアメリカ）のように，経済倫理の考察なしに企業倫理が語られる場合，場合によっては企業の（経済的）現実を無視した，あるべき理想や規範にあまりにも引き寄せられた議論が展開されることがある。例えば「今回の企業不祥事は，過度の利益追求にその原因があった」，など。つまり，企業の現実とは相容れない倫理規範をそのまま企業に応用する議論である。これは本書で「規範主義的な短絡思考」と呼ばれた現象である。そのような議論は確かに一理あるかもしれないが，しかし企業が市場経済の競争を戦っているという厳しい現実を考えれば，そのような議論は実り豊かな解決をもたらさないだろう。

---

[1] v. Aaken, D. / Schreck, P. (Hrsg.), *Theorien der Wirtschafts- und Unternehmensethik*, Berlin, 2015.

われわれの考えによれば，ここに，企業倫理を「経済倫理」の観点から議論する重要性が表れている。企業は何よりもまず社会における「経済的行為主体」なのであり，経済的観点から考察することなしに企業の倫理を考えることは，企業本来のあり方をとらえることができず，結果問題解決に寄与できないのである。この意味で，企業倫理の観点から見れば否定されることの多いフリードマンのCSR否定論は，市場における企業の経済的行動という経済倫理的な観点からの問題提起として，むしろ意義のある論考だったとも言える。ともあれ，企業が市場経済においていかなる存在なのか，経済主体としてどのような活動を行っているのかといった点から，倫理的な反省的考察を行うこと，つまり経済倫理の考察は，企業倫理を語る前提としてきわめて重要である。この意味で，原著のタイトルが『企業倫理（Unternehmensethik）』となっている本書にあっても，実に3分の2（第1部，第2部）が経済倫理の考察に当てられている。また他のドイツの経済倫理・企業倫理の教科書を見ても，多くは最初に経済倫理の考察が行われているのであり，このような思考法の重要性が鑑みられるのである。

　この考察に従えば，経済的行為の倫理性は，企業だけに求められるわけでないことになる。すなわち，われわれも含めたすべての経済主体の倫理性を問うことで，どこまでが国家や規制主体の責任で，どこまでが企業の責任か，といったことが問うことができるようになるのである。この点に，ドイツ流の「経済倫理・企業倫理」の優位性があると考えられる[2]。

2．個人倫理と制度倫理，そして「相互作用倫理」へ

　われわれの経済行動，そして企業の経済行動をどのように倫理的に方向づけるのかという問題がつねに経済倫理・企業倫理における中心的な議論となるのは当然だが，これまで，その方法について実に様々な議論が展開されてきた。それらを分類することは当然困難だが，あえて分類すれば，大きく2つの議論に分かれると考えられる。それが，「個人倫理」と「制度倫理」である。

　前者の個人倫理は，倫理への方向づけを，人間個人や内面の心理，規範意識などに求めるアプローチである。例えばカントの「善意志」あるいは「良心」がその典型だが，倫理的方向づけの最終的根拠は，制度などの人間の外部にあるものではなく，人間の内面，価値規範，倫理意識などにあるとする見方である。

---

[2] 余談だが，このようなドイツにおける経済倫理重視の企業倫理の展開や，経済倫理・企業倫理における理論重視の方向性は，ドイツの経営経済学（Betriebswirtschaftslehre）の伝統と軌を一にしているように思われる。というのも，ドイツ経営経済学は設立当初から経営の経済学的な分析として展開されてきたし，周知のようにドイツ経営経済学は4度にわたる方法論争を経験するなど，理論・方法論的考察を中心として展開されてきたからである。現代のドイツ経営経済学においては，グローバル化などの要因によりこれらの独自性が見られなくなっているが，ドイツの経済倫理・企業倫理においてドイツの経営経済学の伝統が息づいていると言える（ちなみにドイツ語圏経営経済学会（Der Verband der Hochschullehrer für Betriebswirtschaft e. V.）の作業部会において，企業倫理は方法論部会に統合され，同じ部会で議論されている）。

後者の制度倫理は，倫理への方向づけを，人間をとりまく環境の側に求めるアプローチである。具体的には，法律などの公式的な制度，あるいは文化，価値，意味などの非公式的な制度などが方向づけとして挙げられる。このアプローチでは，反倫理的行為は人間の気質や性格とは関係なく出現するとし，その解決策を制度や秩序などに求めているのである。

　とりわけドイツの経済倫理・企業倫理においては，特にこの両者がいわば対立するアプローチとしてとらえられてきた。そして，ズーハネクの学問上の師であるホーマンの「秩序倫理」は，後者の制度倫理を代表するアプローチだとされている。

　ホーマンは，市場経済における「囚人のジレンマ」の状況，すなわち彼が「ジレンマ構造」と呼ぶ状況を倫理問題の出発点とし，ジレンマ構造では，個々人が邪悪な性格であろうがなかろうが，相手をだまそうとする意図を持っていようがいまいが，相手の出方次第で，自分の利益を考えて反倫理的な行為を取ってしまうと見る。ホーマンはこのことから，倫理の方向づけを人間個人に求める個人倫理のアプローチは，近代以前であればいざ知らず，とりわけ複雑な市場経済システムが発達した現代社会では有効ではないとし，「枠組み秩序（Rahmenordnung）」，すなわち法律やその他制度など，人間を外側から制御するレベルに，「モラルの体系的な場」を求めたのである。

　ズーハネクは，基本的にこのようなホーマンの秩序倫理を出発点としている。しかし本書を読めばわかる通り，ズーハネクは単にホーマンの秩序倫理を肯定的に継承しようとしているわけではなく，むしろ批判的に発展させようとしている。それは，序文にある「相互作用倫理（Interationsethik）」という，彼独自の倫理学を表す名称に現れている。彼は，倫理問題の根源は，人間の「相互作用（Interaktion）」から生じると考えている。「ジレンマ構造」も相互作用の場であり，その意味でホーマンの議論を受け継いでいると見ることができるが，しかしズーハネクは，倫理問題の解決を，ホーマンの言う制度や秩序のレベルに議論をとどめていない。彼の理論の核にあるのが，信頼する側と信頼される側，双方に当てはまる「より大きなイメージ」であり，それを実現するためには，ホーマンが重視していた「制度」あるいは「秩序」のみでなく，人間の意図や能力，さらに「徳」のような，これまでホーマン学派においてあまり議論されてこなかった側面も重要だとされている。その過程では，とりわけ個人倫理においても近年注目されている，「行動経済学」あるいは「経済心理学」で議論されている概念も登場する。本書では，倫理問題を考察するにあたり，「個人」や「秩序」だけに焦点を当てるのではなく，むしろ倫理問題の観点を人間間の「相互作用」に置き，相互作用にまつわる様々な観点を取り上げることで倫理的方向づけをもたらすというスタンスを取っているのである。この意味で，本書はホーマンの秩序倫理を忠実に引き継ぐのではなく，むしろホーマンが考慮していなかった側面も積極的に考察対象とし，批判的に乗り越えようとしていることがわかるのである。

3．「信頼」から見た企業倫理アプローチ：信頼の原理的考察

　本書のタイトルにあるとおり，ズーハネクは「信頼への投資」が倫理的方向づけの

核であり,「黄金律」だとしている。「信頼」という現象に関しては,これまで様々な学問分野で検討がなされてきた。日本で著名なのが,社会心理学の視点から「信頼」の研究に取り組んでいる山岸俊男の一連の研究である[3]。山岸の研究は,多数の心理学の実験から「信頼」現象を包括的,原理的に追求する試みであるが,彼の言う「社会的ジレンマ」,すなわち本書の言う「ジレンマ構造」が信頼研究の核となっており,その意味で本書と重なり合う部分は多い。また社会学ではルーマンが,彼独自の概念である「複雑性の縮減」として「信頼」を考察しているし,ギデンズ(A. Giddens)[4]もまた信頼に触れている[5]。

このように,「信頼」はこれまでも学際的に検討されてきたと言える。その中で本書は,経済倫理・企業倫理の観点から「信頼」にアプローチするものである。しかし,本書を見ればわかる通り,ここでは経済学的な発想をベースとしつつ,心理学など様々な議論を参照しながら,信頼という現象の包括的で原理的考察が行われている。そこで信頼という現象は,「信頼する側」が「信頼される側」に「信頼を付与する」ことだとされ,それを出発点として,信頼に関するあらゆる側面の考察が行われているのである。そして,上でも述べた通り,従来のホーマン学派の「秩序倫理」におけるルールや制度,秩序レベルの議論のみならず,心理的側面や「徳」など,信頼には様々な観点が関係するとし,倫理的方向づけとして信頼に「投資する」ことが重要だとしたのである。

この意味で,本書は経済倫理・企業倫理としてのみでなく,「信頼」に関する基礎研究への新しい貢献としても意味あるものと考えている。

本書の信頼に関する原理的考察は,例えばエージェンシー理論の「プリンシパル」と「エージェント」による契約関係を想起させるものだが,例えばエージェンシー理論におけるエージェンシー関係においては,原則的には,「信頼」の問題は考慮されない。むしろ,限定合理性と機会主義という想定の下,場合によっては相手を搾取してでも自分の利益を最大化することがありうるのである。このような関係において,信頼は想定できないだろう。

一方本書の分析では,信頼を成立させるような条件に「投資せよ」という倫理命題が提示されている。よって,機会主義的な行動が想定される場合でも,そのような機会主義的な行動を抑制する,あるいはそれを実現する体制を整えるために,「信頼へ投資する」のである。

しかし,本書は単に二者間の信頼関係が成立すれば良いとしているのではない。そ

---

[3] 例えば 山岸俊男(1998),『信頼の構造:こころと社会の進化ゲーム』東京大学出版会,山岸俊男(1999),『安心社会から信頼社会へ:日本型システムの行方』中央公論新社など。

[4] Luhmann, N. (1973), *Vertrauen. Ein Mechanismus der Reduktion sozialer Komplexität*, 2. Aufl., Ferdinand Enke Verlag.(大庭健/正村俊之訳『信頼——社会的な複雑性の縮減メカニズム』勁草書房,1990年。)

[5] Giddens, A. (1990), *The Consequence of Modernity*, Polity Press.(松尾精文・小幡正敏訳『近代とはいかなる時代か?』而立書房,1993年。)

のような信頼関係は,「第三者の正当な信頼期待を裏切ることなく」, すなわち社会全体のメリット, あるいは「Win-Win」となるような形で構築されなければならない。そこに大きな役割を果たすのが「中立的な観察者」であり, そのような「より大きなイメージ」という観点から, 信頼への投資が行われなければならないのである。

もちろんこれらは倫理学の立場からの主張であり, エージェンシー理論に対する直接の批判になるわけではない。しかし, 日本語版の序文において著者自身も述べている通り, われわれの生活において信頼は根本的なものであり, 信頼なしには社会は成り立たないのである。近年経済学においても信頼という概念が注目されているが, この意味で, 信頼は社会科学が取り上げるべき重要な現象であり, 本書も倫理学の範疇にとどまるのみならず, 信頼に関する一般理論への貢献も果たしているといっても過言ではない。

このような「信頼」を基礎とした経済倫理・企業倫理は, とりわけこれまでの経営学や企業倫理においては, 少なくとも理論的にはこれまであまり触れられてこなかったアプローチであるが,「お互いのメリットのための社会的協力の条件」である「信頼」は, 企業においては, 企業の「意図」としての理想像や企業文化, 企業の「徳」としての行動規範, ホットライン,「ホイッスル・ブローイング」制度の導入, 企業の「促進的な制度構造」としての, 業界標準のような集合的セルフ・コミットメント, ロビーイング, ステイクホルダー・ダイアログなどを通して実現されることになる。これらは, 企業の現実を無視した過度の規範が企業に求められるという「規範主義的な短絡思考」と, 企業の経済的競争という現実のみを考えて価値規範を無視するという「経験主義的な短絡思考」という2つの短絡思考を避け,「道義的観点」という大きなイメージを考慮しながら, 社会全体の利益を実現すると同時に, 企業自体の利益をも追求することを目指している。高度に理論的な本書ではあるが, これらの主張は必ず企業の実務に対しても役立つものとなろう。

翻訳にあたっては, 序文, 日本語版への序文, 第1章, 第1部と第2部 (第2章から第9章) を柴田が, 第3部 (第10章から第12章) と今後の展望を岡本がそれぞれ訳出した上で, 2人ですべての訳文を逐次検討した。元来ドイツ語の翻訳はどうしても硬くなりやすく, また専門書・研究書の場合は, 他の専門研究者を意識して, より原著を意識した翻訳を行うという慣例も一部存在したが, 本書は専門外の読者も想定し, 原著のニュアンスを逸脱することなく, できる限り平易な文章に翻訳することを心がけた。よって, 訳語の厳密な統一もあえて行っていない。このような翻訳意図が適切に実現されているかは読者の評価を待つこととしたい。もちろん誤訳などに関するあり得べき責任はすべて訳者に帰するものである。

本書は様々な方々の協力によって翻訳・出版に至ることができた。心から感謝申し上げたい。

まずは, 本書の著者であるズーハネク先生に心からの感謝を申し上げたい。訳者の一人柴田は, 2015年4月より1年間在外研究の機会を得, 以前から面識のあったズ

ーハネク先生にHHLの訪問研究員としての受け入れをお願いした。先生は受け入れを快諾くださったのみならず，ライプツィヒでの住居の手配やその他生活の様々な点についてご配慮下さった。ライプツィヒでの1年にわたる快適な研究生活は，ズーハネク先生のお力添えなしには決して実現し得なかったであろう。柴田が在外研究をスタートさせてまもなく，本書が出版され，すぐに献呈いただいた。ズーハネク教授が信頼に関する経済倫理・企業倫理研究を進めていることはすでに承知していたが，本書を見てすぐ，その独自性やインパクトの大きさを認識し，翻訳を申し出た次第である。ズーハネク先生はすぐに承諾くださり，お忙しい中，翻訳に関する度重なる様々な質問に丁寧にお答えくださり，また版権取得の際にも最大限のご配慮を頂戴した。そのような多大なるご配慮に対し，本翻訳が期待に応えるものであるかどうかわからないが，ズーハネク先生の理論を日本へ紹介する第一歩として本書の出版が実現したことをもって，少しでもこれらのご恩に報いることができればと思っている。なお，出版社からの要請もあり，紙幅の関係上，原著の「インタビュー（Interview）」ならびに「補足（Exkurs）」のすべて，「1.3.2節　ケース：道路交通（Das Beispiel Straßenverkehr）」，「第10章　企業のコンテクストとしての市場（Märkte als Kontexte von Unternehmen）」を，ズーハネク先生の了承の下に割愛させていただいたことを申し添えさせていただく。

　近年ではITの発達により，メールやSkypeなどを用いて，海外とのコミュニケーションが格段に実現しやすくなったため，現地で翻訳することのメリットは少ないかもしれない。しかしながら，訳者として長期間著者の下で研究し，著者と何度もコミュニケーションを取り，人柄なども含めて多くのことを知った上での翻訳は，単にメールでやり取りする以上の効果を翻訳にもたらしたものと信じている。

　関西学院大学の海道ノブチカ先生には，翻訳にあたり同文舘出版をご紹介くださり，翻訳に対し絶えず励ましのお言葉をいただいたことに，心より感謝申し上げたい。海道先生は2017年3月をもってめでたく関西学院大学での定年を迎えられる。先生の今後のますますのご活躍とご多幸をお祈り申し上げたい。

　本文中にいくつか登場する法律の条文や法律用語に関しては，香川大学法学部の佐川友佳子先生と春日川路子先生からアドバイスを頂戴した。ここに感謝申し上げたい。

　研究書の出版事情が大変厳しい中，出版をお引き受けくださった同文舘出版の中島治久社長には心から感謝申し上げたい。また取締役編集局長の市川良之氏には，編集作業にあたり大変お世話になった。感謝申し上げたい。

　2017年1月

柴田　明／岡本丈彦

事項索引

[あ行]

安定性……………………………………… 134

意思決定……………………………………… 37
意志の強さ……………………………………… 50
意志の弱さ………………… 50, 198, 199, 208, 232
一貫性……………………… 39, 91, 112, 225
一貫性の掟…………………………………… 157
一貫性のなさ………………………………… 41
意図… 50, 152, 154, 156, 171, 187, 232, 267, 270
イノベーション………………………………… 1, 6
意味………………………………………… 140
インセンティブ…… 60, 63, 70, 75, 76, 80, 85, 103, 135, 136, 139, 168, 170, 187, 197, 199, 200, 220, 225, 232, 245, 258, 271
インセンティブ・システム…………………… 264
インセンティブ両立性……… 16, 17, 26, 171, 174, 200, 201, 226, 272
インターネット………………………………… 56, 76
インテグリティ………………… 90, 91, 234, 262

ヴィジョン……………………………… 132, 268
裏切られやすさ…………… 72, 77, 83, 91, 154, 158, 161
衛生要因……………………………………… 232

縁者びいき…………………………………… 115
エンドゲーム……………………………… 124, 126, 127
エンプロイヤー・ブランディング…………… 248
エンロン……………………………………… 254, 240

黄金律…… 12, 14, 18, 48, 148, 155, 158, 177, 178, 190, 193, 241, 260, 278
お互いのメリット……………………………… 179
オデュッセイア……………………………… 49

[か行]

外因的なインセンティブ……………………… 24
会計偽装……………………………………… 115
カイザース・テンゲルマン…………………… 99
化学産業……………………………………… 219
価格メカニズム……………………………… 213
科学理論……………………………………… 94
学習プロセス………………………………… 273
価値……………… 43, 93, 142, 143, 144, 251, 259
価値創造………… 58, 69, 145, 237, 246, 249, 250

価値体系………………………………… 262, 268
価値と現実…………………………………… 184
価値マネジメント……………………… 144, 267
ガバナンス構造……………………………… 230
株主価値……………………………………… 234
カルテル………………………………… 114, 218
為替リスク…………………………………… 60
慣習以前の段階……………………………… 235
慣習以前のレベル…………………………… 168
慣習的な段階………………………………… 235
慣習のレベル………………………………… 168
間接的な費用………………………………… 140
感度（awareness）…………………………… 14

機会費用……… 12, 46, 48, 52, 71, 77, 90, 91, 133, 140, 179, 195, 210
企業市民……………………………………… 240
企業の社会的責任…………………………… 238
企業の社会的無責任………………………… 241
企業の責任（Unternehmensverantwortung)… 164, 181, 221, 222, 227, 237, 238, 242, 244, 245, 250
企業文化……… 121, 143, 231, 235, 253, 254, 263, 267, 272
企業目標……………………………………… 267
企業倫理…… 1, 2, 3, 6, 8, 9-13, 69, 105, 119, 120, 124, 127, 145, 153, 158, 163, 177, 178, 204, 205, 209, 217, 221, 224, 233, 235, 242, 244, 267
希少性………………………… 26, 27, 41, 216
帰属の誤り（attribution error)…………… 204
期待………………………………… 78, 130, 261
機能するコンフリクト……………………… 118
規範………………………………………… 5
規範主義的な短絡思考……… 28, 33, 174, 175, 177, 184, 202, 208, 209, 211, 243, 251, 254, 255, 266
規範的な方向づけのポイント……………… 131
規範倫理学……………………… 10, 134, 196
基本権………………………………… 36, 120, 180
基本法………………………………… 36, 193
教育システム………………………………… 280
共産主義………………………………… 36, 112
競争………………… 6, 116, 117, 118, 181, 209
協働……………………………… 54, 59, 113
協働パートナー……………………………… 249

協働利得･････････････････････････････ 56, 71
京都議定書･･････････････････････････ 136
共有財････････････････････････････ 56, 61
規律付け機能････････････････････････ 117
金銭的なインセンティブ･･････････････ 201

グリーンウォッシング････････････････ 240
繰り返しゲーム･･････････････････････ 125

経営学････････････････････････ 6, 224, 244
経営社会学･･････････････････････････ 223
経験主義的な短絡思考･･････ 28, 33, 175-177, 202, 211, 267
経験的条件･･････････････････････ 188, 195
経験的な方向づけのポイント･･････････ 132
経済学･･････････････････････････ 199, 209
経済倫理・企業倫理･･････････････････ 178
契約･･････････････････････････ 88, 106, 136
契約理論････････････････････････ 17, 155
ゲーム･････････････････････････････ 18, 31
　　──の進行（Spielzüge）･･････ 1, 19-22, 25, 37, 106, 175
　　──のルール（Spielregeln）･･････ 1, 19-21, 23-25, 37, 38, 75, 106, 119, 120, 142, 152, 162, 164, 169, 199, 216, 224, 227, 237, 238, 245, 247
　　ゲームの理解（Spielverständnis）･･････ 1, 19-25, 37, 39, 45, 52, 60, 71, 78, 79, 83, 92, 99, 102, 106, 108, 122, 142, 144, 152, 155, 159, 163, 179, 185, 187, 205, 212, 214, 217, 227, 231, 238, 243-245, 248, 256, 259, 261, 263, 271, 280
　　共通の──･･････ 17, 18, 20, 57, 62, 81, 99, 101, 103, 108-110, 115, 126, 137, 139, 142-144, 152, 164, 177, 191, 199, 203, 209, 221, 226, 227, 235, 252, 259, 262, 268, 270, 273, 274, 280
ゲーム理論･･････････････ 61, 86, 92, 109, 125, 126
結婚･･････････････････････････････････ 62
健康保険制度････････････････････ 25, 26, 28
顕示選好････････････････････････････ 187
健全な不信･･････････････････････････ 112
憲法裁判所･･････････････････････････ 120

好意･･････････････ 89, 161, 233, 239, 252, 273
行為･･････････････････････ 19, 47, 121, 232
　　──の徳････････････････････････ 159
　　──の帰結･････････ 47, 151, 154-156, 179
　　──の選択肢････････････････････････ 46
　　──の方向づけ････････････････････ 152
行為条件･･････････････････････ 47, 123, 150

公益･････････････････････････････････ 225
後悔する･･････ 48, 52, 71, 80, 103, 107, 159, 160, 166-169, 183, 191, 220, 235, 236, 252, 253, 256
交換･････････････････････････････ 58, 62
公共財･･････････････････････････････ 214
交渉････････････････････････････････ 109
公正････････････････････････ 8, 22, 147, 148
厚生経済学･･････････････････････････････ 34
行動････････････････････････････････ 187
行動規範････････････････････ 173, 260, 272
行動原理････････････････････････････ 268
行動理論･････････････････････････････ 74
行動倫理学････････････････ 196, 197, 204
合理化･･････････････････････････････ 216
功利主義･･･････････････････ 3, 153, 154, 155
合理性･････････････････････････････ 61, 126
合理的選択･･････････････････････････ 233
コーディネーション・ゲーム･･････ 130, 131
コーポラティブ・アクター･･････ 17, 145, 159, 164, 221, 223, 227-229, 231, 238, 240, 241, 250, 253, 264, 267
コーポレート・フィランソロピー･････ 239, 241
顧客････････････････････････････････ 279
互恵性･･････････････････････････ 145, 179
心地よい緊張････････････････････････ 116
コスト・マネジメント････････････････････ 8
国家社会主義････････････････････････ 227
古典的三段論法････････････････････････ 95
コミュニケーション･････････ 88, 270, 273, 275
コンセンサス･･････････････････････ 17, 155
コンテクスト･････････････････････････ 38
コントロール････････････････ 107, 108, 138
コンピテンス････････････････ 89, 90, 171, 271
コンプライアンス･･････････････ 140, 258, 259
コンフリクト････ 27, 35, 41, 90, 116, 135, 152, 252
　　状況的──････ 24, 70, 76, 86, 89, 97, 121, 133, 178, 267, 271
根本的非対称性･････････････････････････ 93
根本的変容･････････････････････････････ 78

[さ行]

最大多数の最大幸福････････････････････ 154
サニティ・チェック･･････････････････ 176
サプライチェーン･････････ 9, 65, 66, 114, 219, 254
サプライヤー････････････････････ 66, 253, 279

ジーメンス･････････････････････････ 254
シェアホルダー････････････････････ 225
時間次元･･････････ 121, 127, 149, 192, 196, 205, 206
時間の貴重さ････････････････････････ 127

時間のバッファー 212, 271
時間の不足 210, 212
時間を超えた一貫性 122
事業する権利（licence to operate）...... 38, 217, 226, 227
シグナル 81, 88, 101, 104, 128, 129, 172, 188, 230, 260, 267, 270, 273, 275, 276
――の作用 202
シグナル機能 143
シグナル効果 173
資源のストック 124
資源の統合 58, 62
資源の不足 213
自己₁（should self）............................. 197
自己₂（want self）............................... 197
自己責任 225
自己奉仕バイアス（self-serving bias）...... 204
自己目的の公式 158, 196
自己利益意図 187, 196
自己利益行為 197
自己理解 269
資産 33, 69, 124, 128, 172, 206
市場 112
自信過剰（overconfidence）.................. 204
システム信頼 79, 82
慈善 239
持続可能性 9, 122, 126, 148, 149, 181, 205, 209, 260
持続可能な開発 148
持続可能な価値創造 33
自尊心 200
「したいこと（Wollen）」.... 14, 40, 42, 44, 68, 71, 81, 89, 133, 143, 152, 153, 156-159, 163, 171, 174, 186, 196, 197, 229, 261, 267, 277
実践的三段論法 (der praktische Syllogismus)...... 15, 33, 40, 43-45, 67, 81, 94, 100, 109, 119, 120, 157, 174, 186, 196, 198, 220, 255, 275
実践理性 42, 188
実践理性批判 157
児童労働 32, 99, 218, 254
自発的な自己義務 138
支払い 73, 100
四半期報告書 208
指標（ker performance indications）... 233, 265
資本 142
社会関係に埋め込まれている 54
社会次元 113, 147, 192, 196, 213, 215
社会主義 36, 242
社会的市場経済 146
社会的承認 199

社会的責任 179
自由 ... 6, 14, 36, 37, 38, 40, 55, 57, 60, 64, 65, 67, 72, 73, 76, 113, 151, 252
――の利用 152
従業員 279
――に対する方向づけの不在 264
囚人のジレンマ 60, 162
集団的利他主義 195
重要でない不一致 98, 100, 102
重要な不一致（relevante Inkonsistenz）..... 10, 16, 24, 62, 74, 86, 97-99, 103, 144, 155, 170-172, 188, 190, 217, 222, 251, 252, 254-260, 262-264, 266, 272, 274, 276, 278
状況的条件 50, 51, 261, 262
状況的インセンティブ 49, 200, 202, 214
状況に基づく信頼 82
条件 171, 180
――への投資 51, 52
情報仲介者 279
情報内容 95
情報の非対称性 75, 240
将来の行為条件 149, 156, 190
処分権 57, 62, 213
――の相互承認 57
所有権 58
ジョンソン・エンド・ジョンソン 276
指令（Präskriptivität）........................ 152
ジレンマ構造 ... 60, 62-64, 68, 107, 109, 110, 138, 157, 171, 197, 213, 217, 218, 278
進化ゲーム 214
人権侵害 32, 99, 254
新制度派経済学 78
診断 260
信頼 7, 15, 22, 30, 33, 34, 50, 68, 69, 123, 128, 137, 146, 158, 163, 172, 180, 185, 213, 225, 231, 250, 261
ナイーブな―― 111
――の機能 67
――の跳躍 76
――の付与 67
――の崩壊 170
――への投資 13, 97, 222
信頼期待 24, 66, 78, 115, 146, 147, 155, 158, 161, 164, 165, 170, 191, 194, 215, 216, 228, 237, 241, 253
正当な―― 30, 90, 165, 170, 187, 190, 222, 235, 239, 245, 250-252, 255, 257
信頼ゲーム 69, 70, 84
信頼される側 ... 66, 67, 75-81, 84, 86, 87, 89, 91, 93, 96-101, 104, 106-108, 110, 154, 158, 161, 169, 171, 174, 175, 177, 178, 188, 189, 191,

195, 200-202, 226, 257, 259, 261
信頼する側‥‥ 66, 67, 72-89, 92, 93, 95-101, 104, 107, 108, 110, 146, 154, 158, 161, 165, 169, 171, 174, 177, 178, 185, 188, 189, 191, 195, 200-202, 218, 225, 253, 257, 259, 261
信頼仲介者……………………………… 279, 280
信頼に値する……… 65-67, 81, 89-91, 95, 96, 139, 228, 259
信頼付与………………………………………… 86
信頼問題………………………………………… 135
人倫の形而上学……………………………… 157

スクリーニング………………………… 75, 104, 105
スタンフォード監獄実験………………………… 197
ステイクホルダー……… 16, 30, 127, 175, 187, 231, 234, 236, 241, 248, 249, 251, 253, 255, 257, 264, 277
　権力ポジションを意のままにできる──‥‥ 266
ステイクホルダー・アプローチ………… 119, 239
ステイクホルダー・ダイアログ………… 273-275
スポーツ……………………………………… 21

生活をうまくいかせる（gelingendes Leden）
　………………………… 2, 4, 17, 154, 158, 281
正義………… 147, 161, 179, 181, 233, 235, 273
　──の徳………………………………… 159, 252
正議論…………………………………………… 173
制裁…………………………………………… 138
精神科学………………………………………… 121
制度………………………………………… 161, 171
正当化原理としてのコンセンサス……………… 119
正当化の機能………………………………… 144
正当な自己利害…………………………… 225
制度化された連帯…………………………… 29, 146
制度的アレンジメント………… 112, 223, 227, 230
制度的構造…………………………………… 152
政府……………………………………………… 279
セカンドオーダーのジレンマ……… 137, 139, 218
責任…………………… 11, 15, 36, 56, 163-165, 228
責任法………………………………………… 163
絶対性………………………………………… 156
セルフ・コミットメント…… 14, 16, 40, 46, 48-50, 52, 72, 87-89, 128, 133, 143, 148, 201, 208, 212, 218-220, 233, 269
　個別的──…………………………………… 129
　集合的── ‥ 129, 162, 209, 215, 217-220, 273
　信頼に値する──…………………………… 267
ゼロサムゲーム…………………………… 83, 237
　非──…………………………… 62, 118, 237
繊維産業……………………………………… 219
全称命題…………………………… 94, 95, 96

選択肢………………………………… 76, 84, 133
早期警告システム……………………………… 265
創業者………………………………………… 130
相互依存……………………………………… 219
相互作用倫理……………… 17, 168, 169, 222, 278
相対価格……………………………………… 195
疎外…………………………………………… 140
属性の誤り…………………………………… 171
組織……………………… 51, 58, 199, 205, 224
組織スラック………………………………… 233
尊敬………………………… 146, 147, 180, 193
損失回避……………………………………… 74, 75

［た行］

ダイアログ……… 62, 80, 106, 109, 110, 211, 275
態度………………… 90, 172, 173, 212, 267, 275
タイレノール事件……………………………… 276
多元主義の事実…………………… 191, 192, 202
脱慣習化の段階……………………………… 235
脱慣習のレベル……………………………… 168
脱権力化機能………………………………… 117
妥当性要求の一般性（Allgemeinheit des Geltungsanspruchs）……………………… 152

チープ・トーク………………………………… 92
チーム作業…………………………………… 62
知性……………………………………… 233, 273
　──の徳…………………………………… 160
中央集権経済…………………………… 184, 216
中立的な観察者（Unparteiischer Betrachter）
　13, 14, 18, 170-173, 177, 186, 187, 189, 193, 196, 226, 243, 252, 255, 257, 267, 276, 280
直接的な費用………………………………… 140

定言命法………………………… 10, 157, 158, 196
ディビデンド・ストリッピング………………… 247
データマイニング……………………………… 265
適応のプロセス……………………………… 123
「できること（Können）」‥ 15, 16, 40, 42, 44, 51, 68, 71, 81, 89, 133, 153, 158, 159, 162, 171, 174, 187, 196, 197, 229, 261, 262, 264, 270, 277
デュー・ディリジェンス……………………… 105

ドイツ株価指数……………………………… 228
ドイツ工業規格……………………………… 134
ドイツ商法典………………………………… 224
ドイツ不正競争防止法（UWG）……………… 136
ドイツ保険協会……………………………… 137
同一化に基づく信頼…………………………… 82

当為の思い上がり……………………………… 175
道義的観点（moral point of view）……… 13, 14,
　112, 153, 172
討議理論……………………………………… 155
討議倫理学………………………………… 3, 17
投資……… 33, 34, 46-48, 52, 57, 62, 72, 124, 128,
　138, 141, 142, 190, 194, 197, 273, 274
道徳…………………………………………… 7
道徳感情論……………………………… 159, 173
道徳的遮断機…………………………… 194, 195
道徳的判断能力……… 7-9, 13, 14, 18, 40, 85, 118,
　124, 151, 189, 202, 226, 272, 280
道徳と自己利益の基本的コンフリクト… 187, 196
道路交通……………………………………… 112
徳… 152, 158, 159, 171, 179, 180, 195, 233, 235,
　270, 271
特性に基づく信頼…………………………… 82
トップマネジメント………………… 201, 203, 263
どのように… 41, 45, 177, 229, 267, 272, 275, 276
取引費用………………………………… 68, 104, 143
トリプル・ボトム・ライン………………… 148
奴隷制………………………………………… 214

[な 行]

内因的なインセンティブ…………………… 24
内集団びいき（In-group-favoritism）……… 214
内部告発……………………………………… 200

ニコマコス倫理学…………………………… 198
2プラス4条約……………………………… 227

ネガティブな模範…………………………… 263
ネスレ（Nestlé）…………………………… 253

能力……………………………………… 51, 264
望ましいコンフリクト……………………… 116
望ましくない協働…………………………… 113

[は 行]

排除効果……………………………………… 57
排他的な信頼………………………………… 111
パイロット契約……………………………… 132
発見機能……………………………………… 117
バランスト・スコアカード………………… 271
反証…………………………………………… 94
反省の空間…………………………………… 212

東ドイツ……………………………………… 196
ビジネス・ケース…… 12, 179, 235, 241, 245, 278
非政府組織（NGO）…………………… 133, 253, 279
非対称性…………………………………… 74, 123

非対称性原理………………………………… 96
費用……………………………………… 45, 46, 47, 219

ファーストオーダーのジレンマ…………… 139
不確実性…………………………… 59, 68, 75, 76, 84
複合的なロイヤリティ……………………… 265
複雑性…………………………………… 68, 140
　――の縮減………………………………… 144
不信…………………………………………… 112
不適切な道徳的要求………………………… 266
負の外部性…………………………………… 211
腐敗・汚職………… 5, 8, 32, 46, 99, 114, 140, 253
不法就労……………………………………… 114
ブラックボックス…………………………… 223
ブランドネーム……………………………… 260
フリーライダー……………………………… 214
プリンシパル・エージェント・モデル…… 201
プリンシパル・エージェント関係………… 63
ブルーウォッシング………………………… 240
フレーミング………………………………… 204
文化意義……………………………………… 121
分業……………………………………… 59, 63

放棄…………………………………………… 178
方向づけのポイント……… 35, 129-131, 137, 143,
　144, 221, 230, 247, 251, 257, 259
報酬体系……………………………………… 271
ポーカー……………………………………… 30
ホールドアップ問題………………………… 246
保険…………………………………… 59, 60, 63
ポジション………………………………… 230, 270
補償…………………………………………… 276
ホットライン…………………………… 272, 276
ホモ・エコノミクス…………………… 200, 233
ボンディング作用…………………………… 77

[ま 行]

マーケティング・マイオピア……………… 208
マイオピア…………………………… 206, 207, 208
マタイ福音書………………………………… 193
マネジリアル・マイオピア…………… 208, 245
マフィア……………………………………… 114

ミクロ経済学…………………………… 187, 223, 266
ミッション・ステイトメント……………… 132, 268

ムカデゲーム………………………………… 125
無責任………………………………………… 243
　――な行為………………………………… 166
無知のベール………………………………… 173

メーカー……………………………………… 224
目標関数………………………………………… 262
モチベーション…………… 51, 201, 243, 248, 253
　——の機能……………………………… 144
物語るシステム（storytelling systems）…… 205

[や行]

約束… 4, 5, 8, 88, 91, 93, 132, 133, 165, 249, 250, 257, 258
やむを得ない事情…………… 28, 33, 44, 110, 215
予期されざる偶然性…………… 76, 97, 106, 143
予防……………………………………………… 267
より大きなイメージ…… 19, 35, 39, 47, 112, 215

[ら行]

利益調整（earnings management）…… 98, 256
利益の獲得……………………………………… 244
理解……………………………………………… 19
利害コンフリクト……………………………… 85
利潤の獲得……………………………………… 32
リスク…………………………………………… 59
リスクマネジメント…………………… 63, 265
理性的な意志…………………………………… 196
理想像………………………… 232, 262, 267-269
利他主義………………………………………… 161
リバイアサン…………………………………… 55
良心……………………………………………… 167
両面価値…………………………… 6, 111, 117
倫理………………………… 4, 11, 12, 118, 131, 183

倫理学…………………………………………… 3, 5
ルーティン……………………………………… 206
ルール…… 19, 23, 31, 52, 93, 134-140, 251, 258
　——がオープンである………………… 141
　——の体系……………………………… 29, 38
レピュテーション……… 16, 17, 97, 137, 168, 229, 230, 232, 235, 241, 243, 248, 266, 277, 280
レファレンス・ポイント……………………… 118
連帯………………………………… 15, 26, 27, 145, 181
連帯共同体……………………………………… 146
連邦量刑ガイドライン………………………… 236
ローマクラブ…………………………… 148, 213
ロビーング……………………………… 273, 274

[わ行]

忘れる…………………………………………… 206
われわれを取り巻く人たち（Mitmenschen）
　……………………… 38, 42, 45, 51, 160, 192

(欧語)

ADAC…………………………………………… 254
CSR……………………… 5, 6, 95, 238, 240, 252
DAX……………………………………………… 228
ISO……………………………………………… 134
NGO……………………………………… 250, 279
REWE…………………………………………… 268
TRUMPF………………………………………… 268
UWG…………………………………………… 136

人名索引

[あ行]

アイレス（Eiles, M.）……………………… 21
アージリス（Argyris, C.）………………… 107
アドリアーノ（Adriano, L.）…… 21, 22, 24, 33, 147, 164
アーペル（Apel, K.-O.）…………………… 155
アリエリー（Ariely, D.）……………… 194, 205
アリストテレス（Aristoteles）…… 2, 153, 158, 159, 195, 198, 214
ヴェーバー（Weber, M.）………… 121, 216, 252
ウッドジッカ（Woodzicka, J.A.）………… 198
エインスライ（Ainslie, G.）……………… 198
エピクテトス（Epiktet）…………………… 178
エボッセ（Ebosse, A.）…………………… 23

エンゲルス（Engels, F.）………………… 216
エンブレイシィズ（Ambraseys, N.）……… 114
オストロム（Ostrom, E.）………………… 139
オデュッセウス（Odysseus）…………… 49, 50
オルソン（Olson, M.）…………………… 213

[か行]

カー（Carr, A.）………… 2, 30, 102, 176, 194, 243
カーネマン（Kahneman, D.）……… 74, 148, 205
カント（Kant, I.）…… 7, 9, 39, 153, 156, 158, 165, 179, 196
ガンベッタ（Gambetta, D.）…………… 67, 105
キケロ（Cicero）…………………………… 162
キーザー（Kiser, E.）……………………… 66
キッドウェル（Kidwell, R.E.）…………… 102

キング（King, M.L.）·························· 187
グーテンベルク（Gutenberg, E.）············· 233
グッドパスター（Goodpaster, K.E.）·········· 235
クネチュ（Knetsch, J.L.）························ 148
クライスラー（Kreisler, J.）······················ 194
クレプス（Kreps, D.M.）············· 106, 143, 144
ケストラー（Koestler, A.）······················· 207
孔子（Konfuzius）································ 177
コール（Kohl, H.）································ 90
コールバーグ（Kohlberg, L.）··········· 168, 169
コールマン（Coleman, J.）······················ 228

[さ行]

ザンメック（Sammeck, J.）····················· 218
子貢（Tzu-kung）································ 177
シラー（Schiller, F.v.）·························· 54
シェリング（Schelling, T.）················ 89, 129
ジンバルドー（Zimbardo, P.）·················· 197
ジンメル（Simmel, G.）·························· 75
スタール夫人（Madame de Staël）············ 183
スミス（Smith, A.）········ 59, 159, 161, 173, 216, 235, 243, 252
スロヴィク（Slovic, P.）·························· 96
ゼーガー（Seeger, R.）··························· 23

[た行]

ターラー（Thaler, R.H.）························ 148
トベルスキー（Tversky, A.）···················· 205

[な行]

ニーバー（Nuebuhr, R.）························ 45

[は行]

ハイエク（Hayek, F.A.v.）······················· 10
バウマイスター（Baumeister, R.F.）·········· 195
パウロ（Paulus）································· 214
ハーズバーグ（Herzberg, F.）·················· 232
バーゼル（Barzel, Y.）··························· 66
バッハ（Bach, J.S.）······························ 42
ハーバマス（Habermas, J.）···················· 155
バフェット（Buffett, W.）························ 97
ハミル（Hamill, H.）····························· 105
ビルハム（Bilham, R.）·························· 114
ヒューム（Hume, D.）··························· 54
ブキャナン（Buchanan, J.M.）···· 34, 55, 77, 162
プラトン（Platon）······························ 198

フリードマン（Friedman, M,）······ 32, 179, 234, 242, 243, 244, 248
フロム（Fromm, E.）····························· 207
ヘア（Hare, R.M.）······························· 152
ベッカー（Becker, G.S.）························ 200
ヘーゲル（Hegel. G.W.F.）·············· 190, 216
ヘーネス（Hoeneß, U.）·························· 167
ベーム（Böhm, F.）······························· 117
ボッシュ（Bosch, R.）···························· 235
ボージョ（Boje, D.）······························ 205
ホッブズ（Hobbes, T.）················ 55, 155, 162
ポパー（Popper, K.R.）··························· 94
ホーマン（Homann, K.）··· 55, 153, 162, 170, 171
ポンパドゥール夫人（Marquise de Pompadour）
·· 149

[ま行]

マッキーン（McKean, R.N.）··················· 146
マシューズ（Matthews, J.B.）·················· 235
マドフ（Madoff, B.）····························· 167
マルクス（Marx, G.）···························· 149
マルクス（Marx, K.）···························· 216
マンデラ（Mandela, N.）························ 37
ミル（Mill, J.S.）································· 154
ミルグラム（Milgram, S.）······················ 195
モリエール（Molière）··························· 151

[や行]

山岸俊男（Yamagishi, T.）······················ 83
ヨナス（Jonas, H.）······················· 148, 164
ヨハネ・パウロ二世（Johannss Paul II.）··· 193

[ら行]

ラフランス（LaFrance, M.）···················· 198
リヴォリィ（Rivoli, P.）·························· 113
ルイ15世（Ludwig XV）························ 149
ルソー（Rousseau, J.-J.）······················ 155
ルーマン（Luhmann, N.）··········· 7, 68, 89, 109
レーニン（Lenin, V.）···························· 107
レヴィット（Levitt, T.）·························· 208
ロック（Locke, J.）······························· 155
ロールズ（Rawls, J.）················ 122, 147, 173

[わ行]

ワイルド（Wilde, O.）····························· 7

[著者紹介]

アンドレアス・ズーハネク（Andreas Suchanek）

1961 年　ドイツ・シュタットハーゲン（Stadthagen）生まれ
　　　　キール大学とゲッティンゲン大学で経済学を学んだ後，
2000 年　アイヒシュテット・インゴルシュタット・カトリック大学経済科学部経済倫理・企業倫理講座教授
2004 年　ライプツィヒ経営大学院（HHL-Leipzig Graduate School of Management）「サステナビリティとグローバル倫理」講座教授
2009 年　同大学院ドクター・ヴェルナー・ヤックシュテット経済倫理・企業倫理講座教授（現在に至る）

　その他，非営利組織ヴィッテンベルク・グローバル倫理センター（Stiftung des Wittenberg-Zentrum für Globale Ethik e. V. (WZGE)）の理事なども務めている。

専攻：経済倫理・企業倫理，企業責任の理論，信頼マネジメント

〈訳者〉

柴田　明（しばた　あきら）　第1章，第1部，第2部を担当
1978年　愛知県名古屋市生まれ
2001年　名古屋市立大学人文社会学部卒業
2009年　慶應義塾大学大学院商学研究科後期博士課程単位取得退学
2009年　香川大学経済学部講師
2010年　香川大学経済学部准教授
2011年　博士［商学］（慶應義塾大学）
2018年　日本大学商学部准教授（現在に至る）
専攻：経営学史，企業倫理

岡本　丈彦（おかもと　たけひこ）　第3部，今後の展望を担当
1987年　岐阜県大垣市生まれ
2009年　関西学院大学商学部卒業
2014年　関西学院大学大学院商学研究科博士後期課程単位取得退学
2014年　高松大学経営学部助教
2015年　高松大学経営学部講師
2015年　博士［商学］（関西学院大学）
2019年　高松大学経営学部准教授（現在に至る）
専攻：コーポレートガバナンス，企業倫理

平成29年4月20日　初版発行　　　　　　《検印省略》
令和3年10月25日　初版3刷発行　　　　　略称：企業倫理

企業倫理：信頼に投資する

訳　者　ⓒ　柴　田　　　明
　　　　　　岡　本　丈　彦
発行者　　　中　島　治　久

発行所　同 文 舘 出 版 株 式 会 社
東京都千代田区神田神保町1-41　　〒101-0051
営業（03）3294-1801　　編集（03）3294-1803
振替 00100-8-42935　　https://www.dobunkan.co.jp

Printed in Japan 2017　　　　　　　　印刷・製本：萩原印刷

ISBN978-4-495-38801-0

JCOPY 〈出版者著作権管理機構　委託出版物〉
本書の無断複製は著作権法上での例外を除き禁じられています。複製される場合は，そのつど事前に，出版者著作権管理機構（電話 03-5244-5088，FAX 03-5244-5089, e-mail: info@jcopy.or.jp）の許諾を得てください。